西华师范大学筹建博士点基金资助项目
“女子教育的历史经验与当代女子教育改革研究”成果之一

青年学术丛书·教育

YOUTH ACADEMIC SERIES-EDUCATION

社会女性观与中国女子高等教育

杜学元 著

人民出版社

责任编辑:李　惠　pphlh@126.com
封面设计:肖　辉
版式设计:雅思特雅
责任校对:史　伟

图书在版编目(CIP)数据

社会女性观与中国女子高等教育/杜学元 著. -北京:人民出版社,2011.8
ISBN 978-7-01-010050-0

Ⅰ.①社…　Ⅱ.①杜…　Ⅲ.①妇女教育:高等教育-研究-中国
Ⅳ.①G649.2

中国版本图书馆 CIP 数据核字(2011)第 136788 号

社会女性观与中国女子高等教育
SHEHUI NUXINGGUAN YU ZHONGGUO NUZI GAODENG JIAOYU

杜学元　著

人民出版社 出版发行
(100706　北京朝阳门内大街 166 号)

北京瑞古冠中印刷厂印刷　新华书店经销

2011 年 8 月第 1 版　2011 年 8 月北京第 1 次印刷
开本:710 毫米×1000 毫米 1/16　印张:21.5
字数:348 千字　印数:0,001-2,000 册

ISBN 978-7-01-010050-0　定价:45.00 元

邮购地址 100706　北京朝阳门内大街 166 号
人民东方图书销售中心　电话 (010)65250042　65289539

前　言

女子高等教育是相对于女子中低层次而言的一种高层次的教育，是以培养女子高素质即妇德、妇言、妇容、妇工以及高文化为目的的教育。社会女性观是一个社会对女性看法的总和，主要包括女性角色观、女性价值观、女性道德观、女性知识观、女性能力观、女性审美观、女性教育观、女性人才观、女性职业观等。它左右和影响着女性的成长和发展，是社会政治、经济和文化的综合反映。基于中国两千多年历史文化所形成的社会女性观对中国女子高等教育的产生和发展有着深远的影响，以男性为中心的社会观念所形成的学术定势和知识体系都难以客观地反映女子高等教育的真实情况，而用女性主义视角（women's perspective or feminism perspective）来审视中国女子高等教育发展的历史轨迹，可以还原其本来面目。

当我们用女性主义视角审视中国女子高等教育时，发现其起源于先秦，并且拥有独特的实施体系和内容体系。在壬子癸丑学制以前的中国，女子高等教育的实施体系有：家庭——主流系统，社会（政府社会教化机构、家族宗族以及民间交往等）系统——第二主流系统，宫廷——家庭、社会的补充和家庭的延伸系统，寺庙——家庭、社会与宫廷的补充系统，学校和留学——偶尔的系统。当时，中国女子高等教育以"明明德、亲（新）民、止于至善"和"修身、齐家、治国、平天下"为培养目标，其主要内容是"道德之学"的女子"四德"，即妇德、妇言、妇容和妇工。在壬子癸丑学制以后，女子高等教育的实施体系发生了一些变化：学校——主流系统，留学——第二主流系统，社会（政府教化机构、宗族家族、女子团体、女子报刊及民间交往等）和家庭——补充系统，寺庙——偶尔的系统，宫廷——罕见的系统。同时，女子高等教育的内容更为丰富，尤其学校女子高等教育的内容逐渐规范化和法制化，已经形成较为完整的女子高等教育内容体系。虽这一时期的女子高等教育不在本书的讨论范围之内，不过我们在论述晚清后期的女子高等教育时已开始体现这种变化。

用女性主义视角对中国先秦至晚清的女子高等教育进行研究，形成我们的关怀主义女子高等教育价值观。中国精英女子的知识经验在人类发展的历史长河中具有独特地位，应得到社会的认可和发扬。女子高等教育是女性发展和社会进步所必需的，它不仅能提高女性的自身素质和社会地位，同时还是促进社会进步的重要途径，是“修身、齐家、治国、平天下”的重要工程。只有变更落后的社会女性观，才能促进女子高等教育的发展。

本研究以社会女性观的发展变化及其对中国女子高等教育的影响作为切入点，按女性主体意识的压抑时期（先秦至两汉）、复苏时期（魏晋至五代）、初步沦落时期（宋元）、彻底沦落时期（明至前清）、复兴时期（晚清），分别讨论了各个时期的社会女性观与女子高等教育，认为中国传统文化的社会女性观强化着中国传统的女子高等教育，而女性主体意识的觉醒是变革传统女子高等教育的重要前提。随着社会的进步和女性主体意识的发展，在近现代社会，女性观发生了很大的变化，尤其是男女平等观的确立促使女子与男子一样平等地接受各类高等教育，女子接受高等教育后又加快了社会女性观的变革，促进社会物质文明和精神文明的提高。因此，女子高等教育对于女子发展和社会发展都是十分必要的，还原中国女子高等教育的历史，总结其发展经验，对于现在及以后的女子高等教育的发展具有重要的借鉴价值。

本研究的独特价值在于：

在研究视角上，采用了女性主义研究视角，研究方法上采用了以史为主、史论结合的方法，研究维度上抓住社会女性观、女性主体意识的发展变化及其相互影响，从而还原了中国女子高等教育的真实面貌，改变了人们长期认为的中国古代无女子高等教育的传统观念。

在研究观点上，不仅重新界定了女子高等教育概念，而且认为社会女性观对女子高等教育有着深远的影响，女性主体意识的觉醒又促使了中国女子高等教育的改革。

在史料的挖掘、整理与综合上，为中国高等教育史的研究填补了重要的一页，这也是本研究的核心内容。在本研究之前，虽然有不少学者的研究涉及了中国女子高等教育，但基本上都囿于近现代范围。本研究的重点则在古代女子高等教育上，许多内容都是在原始文献中寻找的。这一史料的挖掘方面的价值可能超过研究方法与研究观点方面的价值。

目 录

CONTENTS

导 论

研究中国古代女子高等教育史的新视角

——女性主义的研究视角

一、问题的提出

本问题的研究是基于以下的缘由提出的：

（一）弥补高等教育史研究的不足

我们在阅读中国高等教育史方面很有代表性的著作时，发现了一个较为特别的现象，那就是这些高等教育史书很少谈到女子高等教育，特别是古代和近代女子高等教育。如西南师范大学熊明安著的《中国高等教育史》[①] 在古代部分只在汉代谈到了班昭，总共约 1200 字；另在北朝孝文帝改革和李贽的教育中涉及了很少一点；在近代只在清末的教会大学中提到 1905 年建立的华北协和女子大学、1908 年建立的华南女子大学，在蔡元培的教育思想中提到他主张的男女同校，在范源廉的教育实践中提到他倡议送女学生到日本留学师范，在共产党的女子高等教育中，叙述了上海平民女校高等班、中国女子大学。涂又光先生所著的《中国高等教育史论》[②] 中，只是在附录中第三部分谈到了女子教育，共 15 页，主要谈了班昭的女子教育。郑登云、余立等著的《中国高等教育史》[③]，只谈到了民国之后的女子高等教育，之前没有涉及。曲士培著的《中国

① 熊明安著：《中国高等教育史》，重庆出版社 1983 年版、1988 年修订版。

② 涂又光著：《中国高等教育史论》，湖北教育出版社 1997 年版。

③ 郑登云、余立著：《中国高等教育史》上、下卷，华东师范大学出版社 1994 年版。

大学教育发展史》[①] 几乎未涉及女子高等教育。其他如朱汉民、李弘祺主编的《中国高等教育史论》，高奇的《中国高等教育思想史》等，对女子高等教育也论述甚少。如果按传统的高等教育观来审视教育历史，这些高等教育史书在相当程度上反映了中国高等教育的实际。不过，如果我们用另一种视角——女性主义的视角（women's perspective or feminism perspective）来审视高等教育的历史发展时，我们就会发问：难道历史上高等教育就真的这样与女子无缘吗？情况并非完全如此。在中国高等教育史中未能真实地反映占人口一半的女性所受的教育情况，这不能不说是一个遗憾。

美国著名女性历史学家琼·凯利—加多（Joan Kelly—Gadol）在她的颇具影响的文章中这样写道："我仅想指出，如果我们引用傅立叶的名言——妇女的解放是衡量一个时代人类解放的尺度，我们对所谓进步发展的认识，如古典的希腊文明、文艺复兴和法国大革命，将会得到令人震惊的重要评价。对妇女来说，雅典的所谓进步，意味着纳妾制和对公民妻子的囚禁；欧洲的文艺复兴，意味着使资产阶级的妻子们专事家务以及对女巫愈演愈烈的跨阶级的迫害；法国大革命也明显地把妇女排斥于自由、平等、'博爱'之外。突然间，我们以新的双重视角来重新观察这些历史时期，眼前呈现的是不同的画面。"[②] 当我读到这段文字时，联想到中国女子的生活，到目前为止，我们是否真的看清了中国女子的生活，不带男性的偏见，不以男性为中心。尽管，笔者也是男性，还是想尽力探求一下，于是我便在完成《中国女子教育通史》、《中外女童教育简史》、《外国女子教育史》后开始关注女子高等教育问题。特别是在华中科技大学求学后，朱九思先生、涂又光先生、文辅相先生等治学的严谨促使我进一步地思考。导师文辅相先生殷切期望我花时间重点研究一下中国女子高等教育，我欣然同意；在聆听涂又光先生所讲授的"高等教育哲学"课后受益匪浅，拓展了思路；而文辅相先生以及赵炬明先生和贾永堂先生的细心点拨，更使我走出了研究中的迷雾，尽力去发掘和还原中国女子真实的教育生活。

---

① 曲士培著：《中国大学教育发展史》，山西教育出版社 1993 年版。

② ［美］琼·凯利—加多著，闵东潮译：《性别的社会关系——妇女史在方法论上的含义》，载于王政、杜芳琴主编：《社会性别研究选译》，生活·读书·新知三联书店 1998 年版，第 85 页。

（二）走出男性主义视角的误区

在过去很长的时期内，女性处于受歧视的地位，她们的知识与经验未受到尊重，于是女性主义者主张以教育和社会中的性别歧视为敏感点，探讨这种性别歧视的原因和消除教育中性别歧视的途径与方法。D. 斯彭德（Dale Spender）在她编辑的《修改男性的研究：女性主义对各学科的影响》一书中指出：对女性主义至关重要的一个前提，是认识妇女一直被系统的知识所遗漏，而在这个知识体系中男性就他们自身进行系统的阐述，而通常使妇女隐而不见或是将其归入异类；妇女作为独立存在的人一直被学术界所忽略①。女性主义者认为，“男性中心”的视角建立的学术规范，不能成为妇女研究的视角和立场，于是她们创立了自己的学术规范，特别强调应重视女性的经验与体验，认为女性在社会上的差异如同女性在生理上的差异一样，不应该被抹去，而应该在各方面承认其独特价值和视角，重视女性独特的体验、情感和思维方式。同时她们更强调女性文化在社会进步中的地位和作用，要求社会承认其存在与独特的价值。而在女性教育研究方法论上的一个突出点就是“性别—女性视角”，就是“破除对大一统的‘人’的迷信，从‘有性人’的角度来审视人类与社会”，她们发现，知识与经验在性别上是有差异的，而这种差异性在男性占统治的社会中常常被忽视。男性通常是以自己的认知经验和价值判断来看待女性的知识与经验，这样就会出现男性中心主义的教育观。由于男子在进入阶级社会中除受家庭教育、社会教育、寺庙道观教育和宫廷教育外，还有机会受学校教育，且学校教育在传播知识与培养能力方面更加系统，办学层次可以通过学校教育制度加以规范。因此，男子在评判历史上的教育时，就会轻视与自己知识和经验无关的女性的知识经验。正如美国学者麦克米伦所说：“一旦我们把妇女问题的内容补充进去时，我们对过去的看法就会合理地改变，我们对历史问题的理解也会加深。”② 基于这样的观点，我们有必要重新审视中国高等教育的历史。当然，我们并不是要用 Herstory——女性的历史来代替“他史”（男性的历史）History，而是要恢复历史的本来面目，还女子高等教育与男

---

① Spender，Dale，1981，Men's Studies Modified：The Impact of Feminism on the Academic Disciplines. Oxford，Pergamon，转引自 Robinson，Victoriaced. Introducing Women's Studies——Feminist Theory and Practice ，p. 2，London，Macmillan.

② 转引自臧健：《中国妇女史研究的回顾》，《中国史研究动态》，1993 年第 2 期。

子高等教育以同等重要的地位。

（三）重新认识中国女子高等教育的起源

1. 传统观点举隅

传统的观点认为：中国女子高等教育起源于清末，距今只有 100 年左右的历史。这是以女子高等学校出现为依据的。此观点有以下学者的著述为证：

（1）潘懋元先生的观点

潘懋元先生认为："古代中国，没有女子教育的地位。因为中国古代的传统文化所灌输的是'男尊女卑'的意识，提倡的是'三从四德'（'三从'指在家从父，出嫁从夫，夫死从子；'四德'指妇德、妇言、妇容、妇工），认为'女子无才便是德'。除宫廷和贵族家塾外，女子不能像男子一样入学读书。鸦片战争（1840）之后，西方列强，获得在中国传教、办学的权力。最早在中国创办的教会学校，可考察的是英国东方女子教育协会 1844 年在浙江宁波设立的阿尔特塞女子学校（Aldersay Girls School）。教学生识字、教义、算术和一些生活知识，相当于小学程度。到 1860 年，这种女子学校在全国增至 11 所。最早创办的女子高等学校，也是教会设立的华北协和女子大学（1905）（后改为燕京大学）和福建华南女子文理学院（1908）。从创办女子小学到创办女子大学，这个过程长达 60 年之久。至于政府举办的女子大学还更晚，1919 年北京女子师范学校升格为国立北京女子高等师范学校，它是国民政府举办的第一所女子高等学校。在此期间，西方文化逐渐传入中国，主张学习西方，举办新式学堂的洋务派和维新派中的进步人士，都认为有必要给女性以一定的教育机会。维新派的经元善于 1898 年在上海创办经正大学，这是中国人自己创办的第一所私立女子学校。接着，革命派的蔡元培创办爱国女校（1902）、吴怀疚创办务本女学（1902）。这两所女子学校在全国影响很大，各地纷纷响应，到 1907 年，全国私立女子学校竟达 428 所。但守旧的清政府，不但不予承认，还多次命令各地撤销、查办、关闭新生的女子学校。只是由于遭到进步人士的抵制、社会舆论的谴责，才不得不于 1907 年颁布《女子小学堂章程》和《女子师范学堂章程》，从学制上承认女子教育的地位，但限于办小学和师范，并且不允许男女同校，也不允许办女子中学，更不允许办女子大学。'五四'新文化运动，冲击了传统文化和封建礼教。1919 年，蔡元培主持的北京大学接收了 9 名女青年为旁听生，引起社会很大震动，因为中国自古有‘男女不同席’的古训。1920年，北京大学和南京高等师范学堂相约进一步公开招收女大学生，打破‘男女有别’的性别界限，实现青年男女同校，同坚持封建礼教的顽固分子进行了一场激烈的斗争。但文化的进步是不可阻挡的，全国高等学校纷纷‘开女禁’（招收女生），人数也不断增加。到新中国建立前，女大学生最多时达两万多名，占大学生总数的17.8%。”①

（2）赵叶珠女士的观点

赵叶珠认为：“‘五四’运动冲击了旧的思想和礼教，妇女要求解放、要求男女平等的呼声更加高涨。在我国，由政府设立的第一所女子高等教育机构当推北京女子高等师范。该校由北京女子师范学校发展而来，1917年设国文、教育专修科，次年开设手工图画、博物专修科，其程度相当于高等专科或大学预科性质，1919年4月，教育部将其改立为北京女子高等师范学校，成为政府兴办的第一所女子高等教育机构。此时，由于女子教育思想在社会上的广泛流行，要求大学开放女禁的呼声也日益高涨，1920年北大正式招收女生入学。任南京高等师范校长的陶行知先生于1919年12月在第十次校务会上，提出‘规定女子旁听案’，获通过并定于1920年夏正式招收女生，由于反对者甚众，南高师与北大联系并采取一致行动以打破阻力。终于南高师于1920年公开招考女学生。此后，全国许多高校便陆续招收女生。”②

（3）王珺女士的观点

王珺认为：“近代以来，随着女子学校教育的产生和发展，女子争取与男女平等受教育权力，尤其是享受高层次教育权之事便提上了议事日程，19世纪80年代后期，就有人公开呼吁‘如果已经给男孩子大学教育，那就一定要给女孩子教育，如果给男孩子医务训练，那么一定要给女孩子医务训练……’。类似的思想在当时有相当影响，经过社会各方面的努力和多因素的促成，女子高等教育最终在中国确立，获得了一定程度的发展，造就了一批掌握现代知识的、自尊、自信、自强的职业女性，对中国近代社会的变革产生了重要影响并极大丰富了中国高等教育制度

① 潘懋元：《女子高等教育：文化变迁的寒暑表——中国女子高等教育的过去、现在和未来》，《集美大学学报》2001年第3期。

② 赵叶珠：《近代中国女子高等教育的产生及启示》，《江苏高教》1997年第3期。

的内涵。”[①] 可见，王女士也认为中国女子高等教育是近代才有的事。

（4）张国艳女士的观点

张国艳认为：“在19世纪20世纪之交，较早觉醒的中国人号召革除陋习，倡导女学；蔡元培、陶行知等率先顶风而上，打开面向女性的大学之门，开创了女子接受高等教育的先河。”[②] 可见，张国艳也认为在19世纪末以前中国是不存在女子高等教育的。

2. 笔者的主张

以上这些观点与笔者的考察不符。我们认为，不能把女子高等教育局限于学校女子高等教育的范围，如果从全面的观点看女子高等教育，结论就全然不同。中国女子高等教育不是起源于清末，而是起源于先秦。因为：

（1）高等教育的划分标准具有相对性，不能仅以学校教育或知识之学为标准

高等教育是相对于初等教育和中等教育而言的，而是否受到高等教育，是按受教育水平作为划分标准的。一般而言，随着女子受教育程度的提高，女子高等教育就会出现。当然，不同时代，女子高等教育的目标、内容、方式方法等可能有所不同，但随着高深学问的出现，以传授高深知识、高尚道德、高水平技能的女子高等教育也就出现了。《大学》是一本专门研究高深学问的著作，是研究中国古代高等教育的理论著作。它对高等教育提出了这样的培养目标：“明明德、亲（新）民、止于至善”，并提出了实现这一教育目标的八条途径，即格物、致知、诚意、正心、修身、齐家、治国、平天下。总之，是“修己治人”，而且以“修身”为本。由于特定的历史原因，社会尽管为中国女子在治国、平天下方面提供的机会不多，但纵观历史，我们还是可以看到一些女子在治国、平天下方面所具有的卓绝才能，而之所以具备这种才能，是因为她们受到了高等教育；与此同时，中国古代社会在培养女子修身、齐家的素质方面确实煞费苦心，其培养目标也定得很高，可以说，中国古代女子高等教育偏重女子修身、齐家的素质的养成；而男子高等教育除注重修身、

---

① 王珺：《中国近代女子高等教育的发展及价值述略》，《武汉交通管理干部学院学报》2003年第2期。

② 张国艳：《我国女子高等教育发展现状、制约因素及对策》，《社科纵谈》2000年第6期。

齐家素质的养成外，还重视男子治国、平天下素质的培养。修身、齐家的学问是十分深奥的。我国著名哲学家南怀瑾先生在《原本大学微言》中这样评价道："'齐家'的妇女真伟大"，他说："天下、国家、社会的基本单位便是'家'。所谓'齐家'的'齐'，在古代读作持家的'持'，也有读作治国的'治'，同时也包括有维持和治理的两重意义。如果了解了这个基本道理，可以说，中国两千多年来的儒家理想中的'齐家'，只有在过去朴实无华的农村家庭里，每每可以看见那种'满眼儿孙满檐日，饭香时节午鸡啼'的怡然自乐的田园景象。不过，这样的殷实家庭，一定是有一个有德而有持家之道的老祖母或主妇，作为真正幕后的主持者，并不一定是当家的男人或老祖父的成果。所以我经常说，中国文化中，维持传统的家族人伦之道的，都是历代中国妇女牺牲自我的成果，是母德的伟大，不是男士们的功劳。……母教，才是天下文化教育的大教化事业。大至国家、民族，小至一个儿女，没有优良传统贤妻良母的教育基础，那就什么都免谈了！"[①] 他在谈到周室三母（古公亶父的后妃太姜、文王的生母太任和文王的后妃太姒）有良德贤才对建立周室贡献甚大后这样评述道："周室由古公亶父到季历、文王三代，都有贤妃良母助兴周室。所以能形成姬周王室七八百年的宗室王朝，都是由其上辈'齐家、治国'的德育教化而来，并非偶然徒然的提三尺剑，一战功成而得的天下。因此，后世尊称别人的妻子叫'太太'，便是从周室有三位'太'字辈贤妻良母，母仪可风的典故而来，并非是随随便便的口头语。"[②] 他还明确提出"治国齐家须用女宝"，"《大学》所讲'治国在齐家，首先所提出的'之子于归，宜其家人，而后可以教国人'，便是依照传统文化《周礼》的精神，要点是讲一个家族、家庭中，首先需要有一个具有妇德的女主人，才能使这个家庭、家族父子兄弟、上下老幼，各得其'宜'。这样，当然可以使这个家庭中的男人们，向外发展事业，不但无内顾之忧，同时还可以得到贤内助的助力了！"[③] 因此，"在人道上的第一重宝，就是'女宝'，也就是贤良有德的后妃。"[④] 尽管中国古代女子很难进学校接受教育，但家庭、寺庙、社会或宫廷为女子确实提供了高深的学问，这是

① 南怀瑾：《原本大学微言》，复旦大学出版社 2003 年版，第 157 页。
② 南怀瑾：《《原本大学微言》，复旦大学出版社 2003 年版，第 350—351 页。
③ 南怀瑾：《原本大学微言》，复旦大学出版社 2003 年版，第 407 页。
④ 南怀瑾：《原本大学微言》，复旦大学出版社 2003 年版，第 408 页。

事实。而高深学问并不是只有通过学校才可给人们提供的，尤其是在古代社会更是如此。加之学问包括知识之学和德性之学两个方面，中国古代之“学”不像西方偏重“知识之学”而是偏重“德性之学”，“科学亦是一种学，它有其本性与基本精神，而且源远流长。它亦不能充当或代替德性之学。”① 涂又光先生对《大学》一书研究后有这样精辟的论述：“‘大学’的专著是《大学》，汉儒编入《礼记》，宋儒重编为‘四书’之首，逐步升级，越升越高，至于极高，而《大学》全文无‘校’字，也没有当做‘学校’讲的‘学’字，《中庸》亦然。可见《大学》（以及《中庸》）的精神，重在‘学问’，不重在‘学校’。这套学问就是‘明明德’，以修身为本，进而齐家、治国、平天下，配天地。这套人文学问，如此广大，不可能重在学校。这是中国高等教育‘人文’阶段的特点”②。我很赞成先生的看法，中国古代的女子高等教育几乎不是通过学校来加以实施的。

到了近代，中国女子教育除传统的培养目标外，把为社会服务的高层次女性人才作为重要的培养目标，逐渐打破了传统的以修身、齐家为主要目的的培养目标，但修身、齐家的培养目标仍很有影响，就是整个民国时期的女子高等教育目标都有所反映。女子高等教育在19世纪起逐渐以学校作为实施的途径，由古代偏重于“德性之学”而逐渐向偏重于“知识之学”转变，此后女子高等教育则更重视女子科学素养的养成。

到现代社会，尤其是20世纪90年代开始，女子高等教育既重科学素质的养成（“知识之学”），也重人文素质的陶冶（“德性之学”），培养完人的女子高等教育的理念逐渐形成。

（2）就高等教育形式与内容看十分丰富，不能仅以学校教育为形式、知识之学为内容

女子高等教育，它包括学校女子高等教育（起源于周代，在近代才获得了真正的发展）、家庭女子高等教育（起源于商代）、宫廷女子高等教育（起源于商代）、寺庙女子高等教育（起源于汉代）、社会女子高等教育（起源于周代）。在清末以前的历史长河中，女子创造了灿烂的文明和文化，在政治、经济、教育、科技、道德、宗教、文学、艺术等诸多方面都取得了伟大的成绩，如果我们说她们没有受过高深的教育就能取

---

① 牟宗三：《略论道统、血统、政统》，见牟宗三著：《生命的学问》，广西师范大学出版社2005年版，第51页。

② 涂又光著：《中国高等教育史论·总论》，湖北教育出版社1997年版，第6页。

得如此伟大的成绩，既不合乎逻辑，也不合乎历史事实。正如涂又光先生所说："中国女子教育的最佳理想是：在人文精神方面实行教化，让人人都做圣贤；在科学技术方面实行教练，使部分人成为专家。两方面都不可偏废，偏废哪方面都危险！"① 人文教化当然主要不是通过学校，至少在20世纪之前的中国女子教育的情况是如此。而科学技术的教练主要依靠学校，当然，家庭教育和社会教化也有不可磨灭的功绩。在相当长的历史时期内，人文教化主要是由家庭女子高等教育、宫廷女子高等教育、寺庙女子高等教育和社会女子高等教育来完成的。因此，我们在叙述中国清末以前的女子高等教育时，主要不是谈学校女子高等教育，而是谈上述内容便不难理解了。

为了更好地说明中国女子高等教育的起源，我们通过清理历史，认为中国女子高等教育的起源可以用下表加以明示：

表1　**中国女子高等教育起源简表**

起源类别	标志或事件
学校女子高等教育	周时出现为出嫁女子进行专门培训的宗室之学，学程三个月，教学内容是成人（大人）之学，教育程度高于此前女子所受的教育程度，多为大学问，这实为中国学校女子高等教育的萌芽。
家庭女子高等教育	夏朝时，家庭对女子已承担教育责任，但是否注重女子大学问的传授，现无史料佐证。商代武丁之妻妇好（妣辛）通过家庭形成卓绝才能，在祭祀、军事方面学问很深，故认为家庭女子高等教育起源于商代。
宫廷女子高等教育	夏桀时宫廷有女乐三万，但是否有女子高等教育，史证欠充分。商时有从事宫廷女乐教育的太师、少师，如著名乐师师延向商纣献"靡靡之乐"；商末，太师疵、少师抱乐器奔周；殷虚妇好墓出土有五件一组的编铙、其他商墓也有出土。根据现有材料，认为宫廷女子高等教育起源于商代。
寺庙女子高等教育	汉代安徽临淮人徐小季是在道教方面很有建树的女子，"仿老子《道德经》，著《经说》六篇"，并著有《老子传》。东汉明帝（58－75）时，有后宫阴夫人等190余人和京师民家妇女阿播等121人出家，明帝在城内建3所寺庙加以安置。可见，寺庙女子高等教育起于汉代。

① 涂又光著：《中国高等教育史论》，湖北教育出版社1997年版，第425页。

（续上表）

起源类别	标志或事件
社会女子高等教育	夏商时已有法律，如何普法不清楚，故夏商是否有社会女子高等教育，史证欠充分。周时，实行宗法制、采风制（卫庄姜有《绿衣》、共姜有《柏舟》、百里奚妻有《琴歌》、赵简子夫人女娟有《河激歌》等，都与此有关）、“田畯”制、“女闾”制，表明周时社会教化已形成制度。故认为社会女子高等教育起源于周代。

（3）就女子高等教育性质来看具有差异性与独特性，不能以男子高等教育等同于女子高等教育

女子高等教育也可理解为女子所受到的不完全等同于男子所受的类型的最高层面的教育，即女子所接受的高尚思想道德教育、高深知识教育、高超的技能和能力培养、强健的体魄训练等的教育。在“男尊女卑”思想占统治地位的古代社会和近代社会，女子受高等教育的人数与男子相比相对较少，但女子受高等教育的水平并不比男子低，同时，女子在受高等教育的内容上也有很大的差异性，我们不能按传统的男子高等教育的内容来衡量中国古代和近代的女子高等教育，我们必须看到它的性别差异性。我们将“高等教育”划分为“男子高等教育”与“女子高等教育”时，就自然承认了不同性别高等教育确实存在的差异性。事实上，这种差异不仅在不同的性别中存在，在不同的群体中也存在。况且，我们过去以及现在称道的高等教育几乎是以男性的价值判断作为划分标准的，实质是男性文化中的高等教育。不承认女子在壬子癸丑学制建立之前受过高等教育，是对女子智慧与能力的贱视，是对女子创造历史伟大功绩的抹杀。尽管我们承认古代以及近代一段时间由于种种原因，高层次女性人才的数量较男性为少，但从各时代所出现的一批批令男子汗颜的女子，也可说明，女子当时受高等教育的质量也不一定就比男子低！就是一向不被男子瞧上眼的女工①技术，其实也有很高的水平。正如韩愈所说：“术业有专攻”②，我们不能因为只承认男子有高深知识、高尚道德、高深学问和高超技能而否认女子！世上不只有矛盾律，排中律也是存在的。简单的肯定与否定，使我们吃过大亏，这促使我们汲取经验教训，还女子教育以本来面目，那就是古今都有女子高等教育。为了更好

① 女工：又作“女功”、“女红（gong）”。在中国古文献中与“妇工”、“妇功”、“妇红（gong）”含义相同。

② ［唐］韩愈撰，严昌校点：《韩愈集》卷12《杂著·师说》，岳麓书社2000年版，第158页。

地说明在制度化中国女子高等教育之前中国确实存在女子高等教育，我们以下表加以说明。

表 2　　中国部分女子受高等教育情况及社会贡献简表

时期	施教者		受教者			
	姓名	学术造诣或人品状况	姓名	学习层次	社会贡献	受教途径
先秦	傅母	道德高尚学识渊博	庄姜	改掉不良行为及淫佚之心；从事文学创作	成为妇女榜样；在文学上有造诣，作品《绿衣》流传至今	家庭
先秦	任挚国、王季、姒莘国、周文王等	道德高尚、学识渊博的政治家	周室三母（太姜、太任、太姒）	形成良德贤才	为周朝建立和发展贡献大，母仪天下；精通胎教学说	家庭宫廷
秦汉	班彪、班固、姆师	史学家	班昭	参与正史修撰，学问渊博，涉及社会学科和天文	续完了《汉书》，还著有赋、颂、铭、诔、问、注、哀辞、书、论、上疏、遗令共十六篇，有《东征赋》、《女诫》等行世；教育皇后和妃嫔；大史学家马融的老师	家庭、宫廷
秦汉	蔡邕	文学家、书法家、音乐家	蔡琰	妙于音律、长于诗赋	记诵亡佚文章400余篇，弥补文化典籍的失传；撰《胡茄十八拍》	家庭
魏晋南北朝	宋氏之父	儒学世家、研究《周官》最深	韦呈母宋氏	研究《周官》学问很深	前秦王苻坚在她家设立讲堂，安排学生120名，由她隔绛纱幔给学生授课，人们尊称她为“宣文君”	家庭

（续上表）

时期	施教者		受教者			
	姓名	学术造诣或人品状况	姓名	学习层次	社会贡献	受教途径
隋唐五代	未详	未详	牛应贞	少而聪颖，听后即可背诵，十三岁读诵佛经二百余卷，儒书、子书、史书数百余卷；诵《春秋》共三十卷，没有一字遗漏	著文章百余首，学穷三教（儒、佛、道），博涉多能	家庭
	父薛郧及母；文人如元稹、白居易、牛僧孺、令狐楚、裴度、严绶、张籍、杜牧、刘禹锡、吴武陵、张祜等	父因官居蜀而卒，母孀，养涛及笄，以诗闻外	薛涛	《唐名媛诗小传》载："其间与涛唱和者，元稹、白居易、牛僧孺、令狐楚、裴度、严绶、张籍、杜牧、刘禹锡、吴武陵、张祜，余皆名士。"清人李斯煌在《吊唐薛涛校书》一诗中说："吟诗底事如豪杰，作字何曾类妇人"，可见薛涛的诗和词都不像出自妇人之手，与这些名师硕儒的影响是分不开的	创深红小笺写诗，人称薛涛笺。诗作很多，原有诗集已佚，明人辑有《薛涛诗》，后与李冶诗编入《薛涛李冶诗集》两卷；另著有《洪度集》一卷。今人辑有《薛涛诗存》	家庭、社会
	武士彟	木材商，家富有，唐时任工部尚书	武则天	14岁入宫，后入寺，复入宫	唯一一个女皇帝；创殿试制度，亲自考试贡生；令九品以上官及百姓可自行荐举；执政政绩颇佳	家庭、寺庙、宫廷

（续上表）

时期	施教者		受教者			
	姓名	学术造诣或人品状况	姓名	学习层次	社会贡献	受教途径
宋	父礼部员外郎、京东路提刑李格非，夫赵明诚	父为著名学者；夫为著名金石考据学家	李清照	宋四大女词家之一，名胜过朱淑真、吴淑姬、张玉娘	著有《漱玉词》、《漱玉集》。她留下了大量脍炙人口的诗、词。所创“易安体”在词史上颇有影响，主张词“别是一家”，强调词应协律，还专门写了《词论》对当时词家作了评价	家庭
元	父管伸	生性倜傥，以任侠名闻于乡间	管道昇	性格受父影响深，性情豪爽，落落大方，有丈夫气概；从夫学绘画书法，很有造诣；从中峰明本和尚学佛法，绘观音、佛像，笔意清新	善画墨竹，曾入兴圣宫为元皇后画竹图达七八十种，深受皇后厚待。流传至今的墨竹画有至大元年（1308 年）作于碧浪湖舟中的《水竹图》卷（现藏故宫博物院）及《墨竹图》（见于《中国绘画史图录》），作的《鱼篮观音图》轴行于世（现藏日本大阪市立美术馆）。手书苏蕙的《璇玑图》及《金刚经》、《千字文》。手书《金刚经》至数十卷，以施名山名僧；受天子之命书《千字文》，敕玉工磨玉轴送秘书监装池收藏	家庭
	赵孟頫	大书法家				
	中峰明本和尚	佛学大师之一				寺庙

（续上表）

时期	施教者		受教者			
	姓名	学术造诣或人品状况	姓名	学习层次	社会贡献	受教途径
明	武宁王徐达	明初名将，元末参加朱元璋军，与常遇春同称才勇	徐皇后（仁孝文皇后）	博览群书，善诗文	著述颇丰，有《文皇后诗》一卷、《贞烈事实》二卷、《劝善嘉言》三卷、《劝善感应》一卷、《全孝文皇后内训》一卷、《劝善书》二十卷、《梦感佛说第一希有大功德经》二卷。治理宫廷有法度。所撰《内训》集入《闺阁女四书》影响遍及国内外	家庭、宫廷
	父亲赤拉旺坚赞；唐东杰布大师、珀东·确列南杰大师	父亲为万户长；唐东杰布大师、珀东·确列南杰大师均为藏传佛教高僧	桑顶多杰帕·杰增却吉仲美	学修经、律、论三藏，并受授诸多灌顶、及秘诀等教授	《珀东班钦传》中云："在所有弟子中，最优秀、最殊胜、秉承护持珀东密库者，就是却吉仲美：她就是瑜伽母金刚亥母的变化身……"；又说："所有正觉生身之佛母，金刚亥母密库之持母，以作比丘尼著称于世，化身之舞密库作受持。"	寺庙

（续上表）

时期	施教者		受教者			
	姓名	学术造诣或人品状况	姓名	学习层次	社会贡献	受教途径
前清	袁枚	著名文学家	28名女弟子	在文学上的造诣都很高	对前清女性文学影响很大，大多有诗文（集）行世，著名者辑入《随园女弟子诗选》	社会、学校
晚清	麦加梯；美国纽约大医院附属女子医科大学	麦加梯是宁波长老会传教士、美国人、博士；美国纽约大医院附属女子医科大学在医学上有较高造诣	金雅妹	进美国纽约大医院附属女子医科大学学医	毕业后在纽约大医院研究显微镜在医学上的使用，并在《纽约医学杂志》上发表论文多篇。1888年回国，在厦门、成都和天津等地行医	留学、学校
	教会学校；同学石美玉；密执安大学医学院	学校教育水平高；同学石美玉学问很好	康爱德	与石美玉一起赴美，进密执安大学医科学习，发奋读书，学习成绩名列前茅	回国，在九江行医，以高超的医术和诚挚的态度，博得了人们的信赖	留学、学校

（4）国外学者以国外高等教育标准评判中国古代存在女子高等教育

国外学者也认为中国古代一部分女性确实受过高等教育，在文化知识领域有其独特的地位。如著名比较教育专家、加拿大人 Ruth Hayhoe（中文姓名许美德）曾这样写道："有人认为，中国传统认识论中的整体性和一元论思想比西方科学中的二元论和机械论认识模式更能有效地压制妇女，至少在西方社会，这种格式化的看法非常普遍。但是从另一方面来说，在佛教和道教的教义中，中国女性作为一种与男性相对应的角色，在社会结构中比西方妇女更有可能占据较重要的地位。但总的看来，无论是从女性和男性（阴和阳）的相互关系来说还是从以两分法为特征，对中国社会来说，这两者都有一定的相似之处。在中国传统文化中，人们通常认为具有相反性质的两个方面（如阴和阳）都是非常重要的，只有当这两个方面的力量处于平衡状态时，事物才是健全和完善的。从宋代到清代逐渐出现的朱熹新儒家学说，它开始大力宣扬大男子主义和父权思想，与此同时，在欧洲，女性同样也被从学术和宗教领域排斥了出去。但是直到清代中国知识和文化领域中都存在着佛、道学说同儒家学说的相互论争，而且宋代新儒家学说最终也没有发展成为机械式方法论的现代科学，而在西方正是这种所谓的现代科学极大压制和束缚了妇女全面的、考虑交互作用的世界观和自然观。因此从某种意义上说，中国女性在知识领域一直都占有一席之地，从来没有完全失去过深深扎根的对知识的整体认识，这一点实际上正是现代西方女权运动近几十年来一直追求的目标。”[①] 可见，许美德的论述是客观的，我们作为一个中国人，有义务宣传中国深厚的传统文化，向世界展示我国妇女对世界文化所做出的伟大贡献，还中国女子高等教育以应有的地位。

综上所述，我们认为，中国古代女子高等教育是相对于女子中低层次教育而言的一种高层次的教育，它是以培养女子高素质即妇德、妇言、妇容、妇工以及高文化素质为目的的一种教育，是教女子追求高深的“德性之学”或“知识之学”的教育，包括家庭女子高等教育、宫廷女子高等教育、寺庙女子高等教育、学校女子高等教育、社会女子高等教育和留学女子高等教育。这就是本书关于“女子高等教育”的概念界定。

为了更好地说明本书所论女子高等教育包括的内容及女子高等教育家，下面我们以表加以说明（论述到了的用“★”表示）。

---

① Ruth Hayhoe 著，许洁英主译：《中国大学 1895－1995》，教育科学出版社 2000 年版，第 51 页。

表 3　　**本书所论女子高等教育发展状况简表**

<table>
<tr><th colspan="2">内容
时期</th><th>家庭女子高等教育</th><th>宫廷女子高等教育</th><th>寺庙女子高等教育</th><th>社会女子高等教育</th><th>学校女子高等教育</th><th>留学女子高等教育</th><th>女子教育家</th><th>备注</th></tr>
<tr><td rowspan="2">先秦至两汉</td><td>先秦</td><td>★</td><td>★</td><td></td><td>★</td><td>★</td><td></td><td rowspan="2">班昭</td><td>还专门论述了“女子高等目标的建立”；留学女子高等教育未出现</td></tr>
<tr><td>秦汉</td><td>★</td><td>★</td><td>★</td><td>★</td><td>★</td><td></td><td>留学女子高等教育未出现</td></tr>
<tr><td rowspan="2">魏晋至五代</td><td>魏晋南北朝</td><td>★</td><td>★</td><td>★</td><td>★</td><td>★</td><td></td><td rowspan="2">陈邈妻郑氏、宋若华</td><td>留学女子高等教育未出现</td></tr>
<tr><td>隋唐五代</td><td>★</td><td>★</td><td>★</td><td>★</td><td>★</td><td></td><td>留学女子高等教育未出现</td></tr>
<tr><td rowspan="2">宋元</td><td>宋</td><td>★</td><td>★</td><td>★</td><td>★</td><td>★</td><td></td><td rowspan="2">司马光、郑太和等</td><td>留学女子高等教育未出现</td></tr>
<tr><td>元</td><td>★</td><td></td><td>★</td><td>★</td><td></td><td></td><td>元代有宫廷女子高等教育，但因作者身边史料缺乏，暂未论述。是否有学校女子高等教育，因未见史料，存疑。留学女子高等教育未出现</td></tr>
<tr><td rowspan="2">明至前清</td><td>明</td><td>★</td><td>★</td><td>★</td><td>★</td><td>★</td><td></td><td rowspan="2">仁孝文皇后、蓝鼎元</td><td>留学女子高等教育未出现</td></tr>
<tr><td>清</td><td>★</td><td>★</td><td>★</td><td>★</td><td>★</td><td></td><td>留学女子高等教育未出现</td></tr>
</table>

（续上表）

时期	内容	家庭女子高等教育	宫廷女子高等教育	寺庙女子高等教育	社会女子高等教育	学校女子高等教育	留学女子高等教育	女子教育家	备注
晚清	鸦片战争至洋务运动	★	★	★	★		★	康有为	新式学校女子高等教育未出现
	维新运动至预备立宪	★	★	★	★	★	★		新式学校女子高等教育出现

二、研究的范围及意义

（一）基本研究范围——壬子癸丑学制建立之前的中国古代女子高等教育

妇女研究的领域十分广泛，本研究选择了一个特殊的领域：中国女子教育中的高等教育层面，并且只研究先秦到1912－1913年“壬子癸丑学制”承认中国女子应受高等教育之前的中国古代女子高等教育。主要把社会女性观和女性的主体意识尤其是社会女性观的发展作为女子高等教育发展的线索。在这样的研究范围定位之下，对本书的研究对象做如下的区分：

一是女子高等教育的分期。我们不是按照传统史学的古代和近代作为划分标准，而是从女子高等教育发展的内在逻辑来审视中国女子高等教育的历史阶段。我们认为，社会女性观和女性的主体意识对女子高等教育有着重要的影响，因此，把女子高等教育受传统女性观影响最深的时期即先秦至壬子癸丑学制建立之前的女子高等教育称为中国古代女子高等教育。此后的女子高等教育由于受现代女性观影响很深，我们称之为近现代女子高等教育。这更能反映中国女子高等教育发展的历史轨迹。限于篇幅，本书只研究中国古代女子高等教育。并以女性观中的女性主体意识为线索分为五个时期：女性主体意识压抑时期的女子高等教育（夏朝至两汉）、女性主体意识复兴时期的女子高等教育（魏晋至五代）、女性主体意识初步沦落时期的女子高等教育（宋元时期）、女性主体意识彻底沦落时期的女子高等教育（明至前清）和女性主体意识萌动时期的女子高等教育（晚清）。

二是女子高等教育与女子中初等教育的区别。前已述及，本研究主要研究女子高等教育，但它与女子中初等教育有必然的联系，其区别已在前面述及，在此不再赘述。

三是壬子癸丑学制建立以后的女子高等教育。本研究未涉及，一是由于这一时期的女子高等教育尤其是制度化了的学校女子高等教育已有较多的研究成果，而古代女子高等教育研究还甚少，着重加以研究更显必要，加之“壬子癸丑学制”所确立的女子高等教育离我们太近，要对其进行客观公正的评价还为时过早；二是由于本书篇幅所限，故本研究只限定在先秦到壬子癸丑学制建立之前的范围内。

（二）研究的意义

在当今的中国社会，女性的地位获得了极大的提高，女子能与男子一样接受高等教育，但在现实的高等教育中，教育机会的不平等仍然存在，包括受教育机会的不平等、教育资源与权利享受上的不平等、教育过程中发展期待和发展结果的不平等以及毕业分配的不平等。尤其是在大学生就业日益困难的今天，女子高等教育问题日益凸显。这些现实的教育问题大都是历史上女子高等教育问题积淀延续的结果，而当今我们办女子高等教育的经验也与历史上女子高等教育积累的经验有不可分割的联系，因此，从历史文化的角度探讨女子与社会文化的关系，尤其是探讨女性意识对女子高等教育的影响，用社会性别的基本立场和观点来审视和批判传统女子高等教育、总结历史上我国女子高等教育的宝贵经验，对于推动当今我国女子高等教育的发展是十分必要的。

1. 理论意义

从女性观发展的线索研究传统文化对中国女子接受高等教育的影响，有助于深化我们对中国女子教育发展规律性的理解，也可以使我们更深刻地看清女子高等教育的本质及其受制约的各种因素。

第一，本研究通过对中国社会女性观发展及其对女子高等教育影响的探讨，可以为中国妇女问题研究提供一个新的研究领域。从高等教育尤其是中国传统高等教育（非西方近代高等教育）角度研究妇女的不平等，是妇女问题研究不断深入的表现。分析在特定的中国文化环境下的女子高等教育，可以看清楚社会性别不平等是如何产生并如何使社会中的女性精英接纳并内化在她们的身心之中的，同时也可看清一些开明的有识之士包括最早的一批觉醒的女性是如何完善自身素质而与传统的社会性别不平等抗争的。本研究从文化现象中社会女性观的发展层面探讨女性高等教育，可以看清在传统文化中女子不平等的本质以及现代文化中女子地位改变的必然！

第二，本研究从女性观发展及对社会中精英女性社会化过程的影响来分析中国古代女性高等教育的发展，这种新的方法可以为教育研究提供一种新的研究视角，从而产生新的理论和理论的诠释。教育问题如何从多角度、运用多种方法进行研究，是人们不断认清教育问题进而不断接近教育规律的重要前提，也是社会工作者不断发现真理的前提。尽管女性问题近年来一直备受世界学术界的关注，但在我国，仍未引起学术界的足够重视，女性问题研究还未在主流学术中占有应有的地位，从女性意识发展的角度研究中国古代女子高等教育的发展更为少见，因此，该研究可改变人们过去对中国教育的某些看法，更深刻地理解女子发展与文化教育的关系。

2. **实践意义**

第一，通过对中国古代女子高等教育发展历程的研究，可以引起人们对女性问题包括女性教育问题的思考与研究。随着中国高等教育大众化进程的不断加快，女子高等教育问题日益显现。如果女子高等教育不能获得很好的发展，中国高等教育大众化是难以完满实现的。

第二，通过对中国古代女子高等教育发展历程的研究，可以引起教育界对社会女性观（男性对女性的意识、女性对女性的意识以及女性个体自身意识）尤其是女性主体意识的关注，以便通过合理的方法来培养中国女性的自主意识，而自主意识的强弱是女性人格独立的关键所在。要使女性与男性在社会中获得平等的权利、发挥女性自己的才智，必须培养女性的自主意识并抵制一些不良社会意识的影响。

第三，通过对中国古代女子高等教育发展历程的研究，可以使我们看清中国女子在古代是如何被社会化的以及当时社会为社会化女子所做的努力，同时可以看清女子受高等教育后如何对社会物质文明和精神文明的发展所做出的贡献，增强当今女子促进社会发展的自信心。

第四，通过对中国古代女子高等教育发展历程的研究，使当今教育界同人能够更好地了解中国女子高等教育的过去，促使教育界同人对一些教育现象能追根溯源，并从中总结中国教育的宝贵经验以便为当今的教育实践服务。

第五，中国古代的女子高等教育有自己特殊的东西，对其进行研究，以总结其经验教训，加以借鉴，对于发展和改进我国当今的女子高等教育很有必要。

三、研究视角、维度与方法

（一）研究视角

本研究采用女性主义视角（feminism perspective），运用社会学、文化学以及史学相结合的研究方法探讨社会女性观与中国古代女子受高等教育之关系。

女性主义视角就是在研究中站在女性的立场，以女性主义特有的视角，对社会的政治、经济和文化等加以审视和分析，以改变男性主义社会所形成的对女性的忽略与歧视，还历史以本来面目的一种视角，并进而演变成一种研究方法，强调女性在社会发展中的重要地位和作用。“长期以来，在教育研究中，人们习惯于以自然科学的技巧和模式去描绘教育的秩序和人类的行为，女性被忽视和边缘化。新的研究视角将重视作为社会现象和行为的最重要的解释变量——性别因素的作用，把社会文化作为媒介，探讨在教育活动中，这个文化如何确定了妇女在教育中的位置，规范了妇女的思想，限制了妇女的活动；同时，探讨妇女如何对文化教育制度和知识体系进行体认以及如何发展和形成了自己的思维模式和行为方式。”[1] 从女性观中女性主义视角研究中国女子高等教育，更能看清女子高等教育发展的文化背景以及女性是如何维护或变革着社会

① 张晓明著：《学术参与：中国高等教育进程中的妇女》，华中科技大学博士学位论文2003年版，第8页。

的文化，同时也能更好地探索中国女子高等教育发展的规律性。

（二）研究维度

本书拟从社会女性观和女性主体意识两个维度，对壬子癸丑学制建立前的中国女子高等教育的产生与发展进行研究。社会女性观是一个社会对女性看法的总和，主要包括女性角色观、女性价值观、女性道德观、女性知识观、女性能力观、女性审美观、女性教育观、女性人才观、女性职业观等。它左右和影响着女性的成长和发展，是社会政治、经济和文化的综合反映。而女性主体意识是指女性的自我意识，即女性作为有感觉、能思维的认识主体，对自己客体存在的价值、道德、审美等一系列活动的认识、感受和评价。它是女性社会地位提高的表现，是女性价值得已承认的条件，是女性得以解放的标志。女性主体意识总体上说是社会女性观在女性意识上的一种反映或体现，同时它又反过来促进社会女性观的进一步发展。

本研究的一个难点是壬子癸丑学制建立前的中国社会女性观门派众多，它们对女子高等教育产生和发展都有深远影响，这些影响有正向价值的，也有负向价值的，要对它们影响中国女子高等教育的程度做量上的深入研究十分困难。在壬子癸丑学制建立之前的中国社会，除长期占统治地位的儒家社会女性观外，还有墨家、道家、法家女性观，佛教、道教女性观以及从西方传入的基督教与天主教女性观、资产阶级女性观以及产生于中国本土的资产阶级女性观等等，要对这些众多的社会女性观进行历史考察并理清它们是如何影响壬子癸丑学制建立前的中国女子高等教育的，确实不易。因此，本研究的一个基本策略是：充分利用前人的研究资料和成果，把研究的着力点放在社会女性观和女性主体意识是如何影响该时期女子高等教育的。

（三）研究方法

本研究主要运用历史研究法。为了很好地说明中国古代女子高等教育的发展，在选材方面，既重视宏观材料的把握，也注意微观材料的选择；尤其是对一个时代中著名的女性成才经历的剖析，以便看清女子受高等教育的总体发展趋势以及时代的特殊性。本书作者从第一手历史材料中去发掘女子高等教育的素材，提炼相应的观点，尽量去还原中国女子高等教育的过去。在第一手资料奇缺时，也适当采用一些第二手材料。

本书重中国古代女子高等教育史的叙述，适当加以论证。总之，本书是以写史为主兼有史论结合性质的。这是需要特别加以说明的。

四、基本价值观与理论假设

（一）基本价值观的确立

价值观是人们对事物进行评判的观念体系，是指导人们思想和行为的基本准则。在当今社会，民主与平等的观念不断深入人心，妇女研究也需要用新的价值观念去认识和研究问题，树立民主与平等的女性价值观是本研究能够较顺利进行的基础。

因为，在中国的历史长河中，女子常受到不公正的对待，社会长期的价值体系中很少考虑女性的价值意向，基本上是男性主义的价值体系，在对待女性的历史贡献方面，常避而不谈或述而不足，即便女性与男性共同参与了社会两个文明的创造，也很少在文献中提及，这实际上是不民主和不平等地看待历史的表现，是用男性主义价值观审视问题的体现。早在一个多世纪以前，沙利·傅立叶（1772－1837）在《关于四种运动的理论》一书中，提出了“某一时代的社会进步和变迁是同妇女走向自由的程度相适应的，而社会秩序的衰落是同妇女自由减少的程度相适应”，“妇女权利的扩大是一切社会进步的基本原则”①。联合国教科文组织1995年发表的《世界教育报告》也明确提出：“国际社会越来越清楚地认识到要完成这一使命，通过教育来培养人是关键。但仅有技术和能力是不够的，人们认识到没有共同的价值观，无论是在国家内部还是在国与国之间，都无法采取共同的行动。”② 因此，作为社会重要组成部分、占人口一半的女性的知识经验在人类发展的长河中必然有其独特的地位，我们不能忽视这一宝贵人类资源与遗产的存在，有必要把它发掘出来让全社会共享，还原中国女子受教育的真实历史、尤其是受高等教育的历史，是更好地开发与利用女性已有知识经验的前提。将中国女子接受高等教育的事实平等地、民主地展现在中国教育史中，让中国精英女子的

① 全国妇联妇女干部学校妇女业务教研室编：《马恩列斯论妇女》，人民出版社1978年版，第386页。

② 联合国教科文组织编：《世界教育报告——1995》，中国对外翻译公司1997年版，第16页。

知识经验得到社会认可并加以发扬是本研究确立的基本价值观。

在上述价值观的基础上，我们需要进一步确立：高深知识、高超技能以及高尚道德是社会精英女子必备的素质，也是女子安身立命的根本和前提，同时也是女性独立意识与解放意识产生的前提，女子受高等教育不仅是提高自身素质并在社会上能与男子平等分享各种权利的关键，同时也是促进社会进步的重要途径。因此，女子高等教育并不是可有可无的，搞好女子高等教育是“修身、齐家、治国、平天下”的重要工程。

（二）理论假设

如何解释中国古代社会长达几千年的历史中中国是否存在女子高等教育，它有怎样的特点，是本研究关注的中心问题。社会学和文化学的理论告诉我们：女性的成长是一个社会化的过程，女性素质的养成，除先天的遗传素质外，主要的是社会环境、教育以及自身主观能动性的综合产物。法国著名的女权主义者西蒙娜·德·波伏娃曾说：“女人并不是生就的，而宁可说是逐渐形成的。在生理、心理或经济上，没有任何命运能决定人类女性在社会上的表现形象。决定这种介于男性与阉人之间的、所谓具有女人气质的人的，是整个文明。只有另一个人的干预，才能把一个人树为他者。”① 因此中国女子受高等教育的状况必须从中国社会的政治、经济和文化的深层次中去找寻。

纵观中国古代两千多年的古代社会的教育发展史，中国女子几乎被排斥在学校教育之外，是什么因素起着关键作用？笔者认为，从最直接的因素来看是文化。因为文化因素是社会政治、经济及其他因素的综合反映。“男女授受不亲”观念对中国男女合校受教育起了严重的阻碍作用，而“男尊女卑”的观念又使社会很少建立单独的女子学校。女子要获得受高等教育的权利必须克服自身的自卑心理，积极主动地追求高深知识、高超技能和高尚道德并为高深学术尽力，同时还必须冲破来自社会文化的种种约束，因此，女子要受高等教育，必须从社会文化中社会女性意识入手；只有对落后的社会女性意识（男性对女性的落后看法、女性对女性的落后看法以及女性自身的落后看法）进行变革，才能促进女子高等教育的发展。基于以上的分析，本书提出如下的基本假设：

① ［法］西蒙娜·德·波伏娃著，陶铁柱译：《第二性》，中国书籍出版社1998年版，第309页。

1. 中国古代社会存在女子高等教育

如前所述，此处不再赘述。

2. 中国古代女子高等教育有自己独特的体系

壬子癸丑学制建立之前的中国，女子高等教育有自己独特的体系。由于当时中国女子活动的主要场所是家庭，因此家庭是女子接受教育的主要场所，这样家庭女子高等教育就随之出现了。由于受“三纲”思想的影响，贵族女子在社会上抛头露面的机会较少，但民众女子为谋生与社会的交往一直较多，而官方也一直很重视社会教化，周代形成的宗法制到魏晋时更加民间化，也促使家族与宗族关注女子教育问题，尽管中国社会教育的层次总的来看不是很高，但确有一批女子在社会中受到了高等教育。可以说，就古代女子受高等教育的人数来看，社会是仅次于家庭的第二重要场所。一部分被宫廷选中的女子则以宫廷为主要活动场所，这样宫廷就成了这部分女子接受教育的又一重要场所，并且它是被制度化了的女子教育场所，其教育的规范化程度很高，这样宫廷女子高等教育就随之出现了。随着佛教的传入和道教的产生，一部分女子出家修行，这样又出现了一部分出家女子以寺庙为活动场所，接受宗教教育，逐渐出现了寺庙女子高等教育。由于学校通常排斥女子，女子要接受学校高等教育通常只有通过出国留学才能办到，因而在中国古代，学校女子高等教育和国外留学女子高等教育是偶尔才会有的。

可见，在中国古代社会，女子高等教育的实施体系有：

(1) 家庭系统——主流系统；

(2) 社会（政府社会教化机构、家族宗族以及民间交往等）系统——第二主流系统；

(3) 宫廷系统——家庭和社会的补充和家庭的延伸系统；

(4) 寺庙系统——家庭、社会与宫廷的补充系统；

(5) 学校系统和国外留学系统——偶尔的系统。

在中国古代，女子高等教育也有自己独特的教育内容体系，其主要情形如下：

(1) 女子高等经、史、文教育；

(2) 女子高等艺术教育；

(3) 女子高等科技教育；

(4) 女子高等家政教育；

（5）女子高等宗教教育

综观中国古代的女子高等教育是以“明明德、亲（新）民、止于至善”和“修身、齐家、治国、平天下”为目标的，其教育内容以“德性之学”为主、辅之以“知识之学”，具体表现在“四德”即妇德、妇言、妇容和妇工[①]。妇德、妇言、妇容是人文学科的范畴，妇工是技术类学问。这四德也是属于大学问之列的。南怀瑾先生在《原本大学微言》中说：“说到‘妇德、妇言、妇容、妇功’的‘四德’，这是有关妇女人格和人品养成教育的目标，不只适合于女性，即使是一个男儿，也同样需要有这种教养。一个人的品德有了问题，不能是男女，当然是不受人欢迎。言语粗暴，或是刻薄贫嘴，或是出言不当，等等，也就是一般人所谓的没有口德，那也当然不行。至于‘妇容’一项，更不要误解是在选美。古文简略，它所谓‘容’，是指平常的‘仪容’整洁，不要故弄风骚，给人做笑料。‘妇功’一项，过去在有的书上，要把‘功’字读成‘红’字的音，那是专指刺绣或裁缝衣服和精工纺织的技能。尤其在过去农业经济为主的农村社会里，这对于充实家庭经济的作用更为重要。即使到现在‘四德’中的这一项，我觉得对于现代和将来社会中的女性，更为重要。”[②] 在中国古代，女子高等教育的主要目的是求善与求艺，道德教育与技术教育占有十分重要的地位，女子的高等文化知识教育多表现为文学艺术、科学、经史教育，宗教教育在女子高等教育中占有十分重要的地位，女子高等教育主要是由家庭、社会、宫廷承担，由于寺庙在社会发展中处于一种不稳定的地位，时兴时废，因此，寺庙在承担女子高等教育方面也处于时重时轻的地位。而在壬子癸丑学制建立之前的中国，学校高等教育通常排斥女子，因此，在学校教育中较难见到女子高等教育。

3. 中国传统文化的社会女性观强化着中国传统的女子高等教育

中国传统女子高等教育重视女子道德教育并且尽力把女子道德教育纳入礼教的范畴，女子高等教育以培养高级“贤妻良母”为主要特征，这是受中国以儒家女性观为主导思想影响的结果。中国儒家的女性观如“男尊女卑”、“男外女内”、“三从四德”等女性价值观和道德礼教观对培

---

① 妇工，也作“妇功”或“妇红（gong）”，在中国古文献中与“女工”（“女功”、“女红”）含义相同。

② 南怀瑾《原本大学微言》，复旦大学出版社 2003 年版，第 404—405 页。

养高级"贤妻良母"的中国女子高等教育起了强化作用。而女性对儒家女性价值观的认同进一步强化了这种高等教育。尽管中国女性有高深学问的大有人在，但她们的学问大多是为修身和齐家服务的，其学问的社会服务性总的来看不强。不过修身、齐家也是为社会服务的形式之一，只是不是直接到社会上去服务罢了。

4. 女性主体意识的觉醒是变革传统女子高等教育的重要前提

由于西洋文明的传入，一大批开明的中国男士如归有光（1507－1571）、李贽（1527－1602）、李汝珍（约 1763－约 1830）、俞正燮（1775－1840）、陈炽（？－1898）、郑观应（1842－1922）、宋恕（1862－1910）、康有为（1858－1927）、梁启超（1873－1929）、严复（1854－1921）、谭嗣同（1865－1898）等不断开阔了眼界，大力提倡男女平等，宣传女子应受教育，使一批女子逐渐觉醒；而教会女子学校教育逐渐出现并获得发展，使一批在教会女校中接受过新式教育的女子自主意识逐渐觉醒。她们开始反思中国传统的女子教育，逐渐对中国传统女子教育中落后的东西不满，并积极争取接受新式女子高等教育。而国人倡办女子教育以培养中国自己的女性人才的呼声日益增高。在这种情况下，到清末时，我国出现了新式的学校女子高等教育。

本书将通过研究资料来证明上述假设的充分性和合理性。

五、研究思路

如何选择适宜的切入点对中国女子高等教育进行研究，是本研究的关键。本研究将中国壬子癸丑学制之前的女子高等教育问题置于中国文化背景中，以中国社会文化中的女性观与中国女子高等教育的关系作为切入点，分析中国社会女性观对女子高等教育的影响，从而揭示中国女子高等教育从先秦至晚清发展的脉络，还原中国女子高等教育发展及变革的历史事实。

本研究沿着一个时代社会女性观的形成与变化，这种女性观如何影响女性的主体意识，进而对女子高等教育实践和女子高等教育理论产生影响的，即按社会女性观——女性主体意识——女子高等教育实践——女子高等教育家的线索展开的。全文除导论和结束语外，共分五章，即女性主体意识压抑时期（先秦至两汉）的社会女性观与女子高等教育、女性主体意识复苏时期（魏晋至五代）的社会女性观与女子高等教育、女性主体意识初步沦落时期（宋元）的社会女性观与女子高等教育、女性主体意识彻底沦落时期（明至前清）的社会女性观与女子高等教育、女性主体意识复兴时期（晚清）的社会女性观与女子高等教育。

六、研究创新

在本研究中，我们不可避免地会借用已有的女性学、文化学、社会学的理论，但在这些理论方面作者不追求其创新，因为它不是本书研究的重点。本研究只拟在研究视角、研究观点、资料挖掘上做一些创新。

（一）研究视角的创新

在中国女子高等教育历史的研究中，一般采用纯历史记述，很少有人从社会女性观发展的角度入手来进行研究，本研究从社会女性观的形成与变化如何影响中国女子高等教育发展的角度进行研究，更能看清社会文化与女子高等教育之间的关系；同时，通过女性主义研究视角的运用，能够纠正传统社会观念中轻视乃至歧视女性的错误做法，使历史上女性的知识经验能得到与男性知识经验同等重视的程度，还女子高等教育以真实的面貌，改变人们长期认为的中国古代无女子高等教育的传统观念。

（二）研究观点的创新

目前中国学术界对中国女子高等教育已有一些研究，但基本都认为中国女子高等教育是中国近代的事，还未有学者提出在中国古代有女子高等教育。本书在重新界定了女子高等教育概念之后，认为在中国古代确有女子高等教育，并尽力探讨中国女子高等教育的体系与教育内容。这是尊重中国女性知识经验的表现。同时，本研究认为，中国社会女性观对女子高等教育影响是深远的，不管是对女子高等教育的培养目标、对女子高等教育的内容、还是对女子高等教育的体系等都产生了极大的影响，而女性主体意识的觉醒即社会对传统女性观念的抛弃又促使了中国女子高等教育的改革。

传统历史分期法是把先秦至1840年这段历史称为中国古代史，从中国女子高等教育发展的自身规律和内在逻辑来看，我们认为，先秦至壬子癸丑学制建立之前的女子高等教育受传统社会女性观的影响很深，它不同于女性主体意识获得极大发展时期的女子高等教育，故我们把先秦至壬子癸丑学制建立之前的女子高等教育称为中国古代女子高等教育。这样的界定在学术界还很少见。

（三）对研究史料的挖掘、系统整理与综合

壬子癸丑学制建立前的中国女子高等教育的资料十分零碎，本书作者在查阅大量历史文献的基础上对中国古代女子高等教育的史料做了挖掘、整理与综合，这一工作对于中国古代女子高等教育的进一步研究可提供一些史料及史料线索。

第一章

女性主体意识压抑时期：先秦至两汉的社会女性观与女子高等教育

夏朝建立至220年曹魏建立之前的这一时期是女性主体意识受到压抑的时期，其女子高等教育深受社会女性观的影响。

第一节　先秦至两汉时期的社会女性观

一、先秦的女性观

中国文明社会一般认为从夏朝开始，夏商周三代是我国的先秦时期。

夏朝是我国第一个奴隶制国家，由于当时除夏政权外还有诸多部落与之对峙，作为第一个奴隶制国家的君主便把女性视为“淫欲的工具”，十分贱视妇女，一方面他们常沉湎于女色之中，另一方面把女性作为政治斗争的牺牲品。《尚书·夏书》中有“五子之歌”，对夏启到太康的荒淫作了描述：“内作色荒，外作禽荒”，启的妻子封狐氏在羿灭夏之后被羿霸占，后来羿的部下寒浞趁机霸占了她[①]。《尚书》的作者竟把该女子与禽兽并提，可见社会贱视女性的状况。夏朝还流行乱伦婚姻，叔嫂同室、母子同淫这类事件屡有发生，如《天问》记载浇与嫂嫂女歧通奸，浇是寒浞与封狐氏所生的儿子，女歧是封狐氏与羿所生儿子的妻子，同

① 参见［战国］屈原撰：《天问》、《离骚》；司马迁撰：《史记·夏本纪》，中华书局1982年第2版。

母兄弟共淫一女，屈原在《天问》中写道："有易牧竖，云何而逢？击床先出，其何所从？……昏微遵迹，有易不宁。何繁鸟萃棘，娩（妇）子肆情？"前四句是说有易氏女与商的先祖王亥有奸；后四句写的是昏乱的王微竟与母亲肆情通奸。这种乱伦是女性人格低下的表现，因为"乱伦和群婚不同，群婚是一种纯自然形态的以女性为中心的自由交媾，而乱伦则是在男性淫欲支配下的通淫行为，女方往往是被动者，这也是妇女地位低落、沦为男子淫欲奴隶的标志之一。"[①] 在《国语》中，有这样的记载："昔夏桀伐有施，有施人以妺喜女焉。妺喜有宠，于是乎与伊尹比而亡夏。"[②] 而《天问》与《国语》则认为妺喜是作为商汤和伊尹策划好的"美人计"诱饵被送往夏国的，当妺喜遵照商汤和伊尹的旨意使夏桀沉于酒色而亡国后，她反被商汤放逐到南巢。屈原为妺喜鸣不平，说："妺喜何肆，汤何殛焉？"可见，妺喜不管她是有意还是无意地充当政治"尤物"，都反映当时女子成为政治的牺牲品和男子的淫欲奴隶的事实。在这样的社会中，女子很难与男子有平等的地位，女子受教育的机会是很少的，女子高等教育无从谈起。

到商代，由于商部落保存有较浓厚的母系氏族社会的遗风，如商代崇拜女性，在最早用于占卜的易书——《归藏》中也是将代表女性的坤卦置于代表男性的乾卦之前，孔子曾说："吾欲观殷道，是故之宋，而不足徵也；吾得坤乾焉。《坤乾》之义，《夏时》之等，吾以是观之。"[③] 可见，在殷商时代，"坤"确实在"乾"卦之前。在婚姻家庭方面，商代的31世除祖乙、祖丁、武丁等少数皇帝有几个配偶外，其他都只有一个配偶[④]，有的皇帝之妻还有很高的权利，如妇好是武丁之妻，不但有田地财产，而且还掌握军队并带兵对外作战，她还主持祭祀。因此，在商代，女性地位较夏朝高些。从一部分女子可直接从政甚至担任要职、能主持祭祀看，当时一部分女子文化程度很高，应当接受过高层次的教育。从这个意义上说，商代是中国女子高等教育（主要是宫廷女子高等教育和家庭女子高等教育）萌芽之始。

① 杜芳琴著：《女性观念的衍变》，河南人民出版社1988年版，第17页。

② （旧题）左丘明撰，鲍思陶点校：《国语·晋语一》，齐鲁书社2005年版，第124页。

③ 《礼记·礼运》，见［清］阮元校刻：《十三经注疏》，中华书局1980年版，第1415页。

④ 参见王国维：《殷周制度考》。转引自吕振羽著：《殷周时代的中国社会》，生活·读书·新知三联书店1962年版，第106页注①。

周代由于周部落过的是家族式定居的农耕生活，家族性很强，在周得天下之后经济上实行“井田制”，“方里而井，井九百亩，其中为共田，百家皆私百亩，同养公田。”在将私田分封给“农夫”时，执行的是唯男性有田的原则，女性被剥夺了分封土地的权利，女性就失去了经济上的独立性；与土地分封配套的是政治上实行宗法制和嫡长子继承制，“子”中仅有男性而无女性，这就剥夺了女性在家族中参与家族大事之权，将女性完全排斥在承嗣系统之外，从此男尊女卑的观念逐渐形成。使商代保留的崇女余风荡然无存，家族压迫女性从此开始。由于男尊女卑观念的日渐成熟，社会在评价女性的标准方面发生了巨大的变化。首先，在教育观方面，主张实施男女有别的教育，“乃生男子，载寝之床，载衣之裳，载弄之璋。其泣喤喤。朱芾斯皇。室家君王。乃生女子，载寝之地，载衣之裼，载弄之瓦。无非无仪，唯酒食是议，无父母诒罹。”[①] 可见，男女婴儿从出生开始命运就被按排了，一个尊贵、一个卑贱，一个玩璋，期望目标为君王；一个玩瓦，期望从事纺织、烹调、侍候公婆等生产和服务性事业。在《周易》中的《家人》卦中也有这样的观念。“无攸遂，在中馈。贞吉。”[②] 即是说，妇女的职分应在家备酒食，不让她们随心所欲，要竭尽全力尽妇职，家庭才能平安无事。孔子也反对女子参政，《论语》载：“舜有臣五人，而天下治。武王曰：‘予有乱臣十人’。孔子曰：‘才难，不其然乎？唐虞之际，于斯为盛。有妇人焉，九人而已。’”[③] 孔子认为在周王的十位大臣中应除开一位女子。孔子还说：“彼妇之口，可以出走；彼妇之谒，可以死败。”[④] 是反对君王的内宠请托干政之意。这是孔子认为女子不能从政的表现。这就为一般女性职业的狭隘性确定了理论基础。同时，周代王室对贤母十分推崇，形成了两种不同的价值尺度。如他们对周人女性的祖先后稷的母亲姜嫄、在周王朝兴邦建国有重要贡献的“周室三母”（太姜、太任、太姒）尽力歌颂，就是一般的女子，如果贤惠，也受到人们尊敬，如《诗经》中对采桑缫丝、缝衣织裘

---

① 《诗经·小雅·诗干》，见［清］阮元校刻：《十三经注疏》，中华书局 1980 年版，第 437—438页。

② 《周易正义》卷 4，见［清］阮元校刻：《十三经注疏》，中华书局 1980 年版，第 50 页。

③ 《论语·泰伯》，见［清］阮元校刻：《十三经注疏》，中华书局 1980 年版，第 2487 页。

④ ［汉］司马迁撰：《史记·孔子世家》，中华书局 1982 年第 2 版，第 1918 页。

的女奴、与丈夫一起农作并为丈夫送饭的农妇等也给予了较高的评价[①]。而对那些对国家发展有害的女子则予以鞭挞。如周武王伐纣时在《牧誓》檄文中就说："牝鸡无晨。牝鸡之晨，惟家之索。"[②] 认为商纣是受女人之祸乱国的。这样培养女子高尚道德就逐渐成为社会的共识。在《周易》中已明确要求女子必须讲贞节的观念，《周易·恒卦》载："恒其德，贞，妇人吉，夫子凶。"[③] 即说女子贞是好品德，男子恒与专是凶德。在《屯卦》中，明确规定"夫征不复，妇孕不育"[④]，对失节女子进行惩罚。这是当时儒家主要的女性观念。

法家也提倡男尊女卑，有时还超过了儒家，法家从君主的政治功利出发，把妇女当做君主和上层特权人物的政治阴谋、交易的工具以及淫乐、生育的工具。如韩非子主张处于进攻地位的强的一方应主动施行"美人计"，这是有所作为的表现，他很称颂春秋时代郑武公为击败北方的胡人，先把女儿嫁给胡国君主，趁胡国君主不备而一举打败对方的做法[⑤]。但法家对于自己占有的女人是绝对不会作为"美人"输出去的，而是用来自娱，但要提防"吹枕头风"。"明君之于内也，娱其色而不行其谒，不使私请。"[⑥] 韩非把可能威胁君主统治的因素概括为"八奸"，其中把"同床"作为第一危险，"何谓同床？曰贵夫人、爱孺子、便嬖好色，此人主之所惑也。托于燕处之虞，乘醉饱之时，而求其所欲，此必听之术也。为人臣者，内事之以金玉，使惑其主，此之为'同床'。"[⑦] 基于此，他提出"备内"的主张，"备"是防备提防的意思，"内"是指后妃、

① 《诗经·豳风·七月》，参见［清］阮元校刻：《十三经注疏》，中华书局 1980 年版，第 389—391 页。

② 《尚书·周书·牧誓》，见［清］阮元校刻：《十三经注疏》，中华书局 1980 年版，第 183 页。

③ 《周易·恒卦》，见［清］阮元校刻：《十三经注疏》，中华书局 1980 年版，第 47 页。

④ 《周易·屯卦》，见［清］阮元校刻：《十三经注疏》，中华书局 1980 年版，第 63 页。吕振羽解释为："在丈夫出征的期间内，他的留在家中的妻，若和其他男子偷偷摸摸发生着两性生活；若因而怀孕、生子，是不能得到她的丈夫和当时社会的承认的，因而她只能把腹中怀着的小生物，用人工方法给他小产出来，抛置到厕所里，或者……才算妥当。"（吕振羽著：《殷周时代的中国社会》，生活·读书·新知三联书店，1962 年，第 107 页）

⑤ ［战国］韩非撰：《韩非子·说难》，见《诸子集成》第 5 册《韩非子集解》，上海书店 1986 年版，第 64 页。

⑥ ［战国］韩非撰：《韩非子·八奸》，见《诸子集成》第 5 册《韩非子集解》，上海书店 1986 年版，第 38 页。

⑦ ［战国］韩非撰：《韩非子·八奸》，见《诸子集成》第 5 册《韩非子集解》，上海书店 1986 年版，第 36 页。

嫡子，防备后妾嫡子被权臣利用作为劫弑君主的工具。韩非主张用严法治家，认为只有“臣事君、子事父、妻事夫。三者顺则天下治，三者逆则天下乱”[①]。他主张帝王之家强调孝亲应为忠君服务，反对“慕匹夫之孝”而“不为人主之孝”，反对太子“听主母之令”而任“女子用国”[②]。主张为维护君权而尽所谓“人主之孝”可以背弃对母亲的孝而废黜甚至杀戮生母。就一般之家而言，主张家不二贵，“一家二贵，事乃无功；夫妻持政，子无适从”[③]，丈夫应主持家政并管束妻子、妻子只能顺听，主张丈夫应严加防范妻子有淫行和守嘴不严而泄密；妻妾有等，应贵妻贱妾。总之，法家抛弃了儒家的温情，彻底把女性纳入男性统治者实现其功利性的政治目的和享乐目的的狭隘境地，同时又把女色视为可怕的亡身失权的祸根，这样女子的独立人格被抹杀了。法家的女性观对本时期女子高等教育是有影响的，特别是他主张女子不能干政，使本时期女子高等教育很少有培养女政治家的内容。

道家学派在女性观方面也有自己的建树。早期道家有尊母崇柔的观念，如老子在解释“道”时就认为它是“天下母”、“天地之始”、“万物之母”，并认为“道”有至柔之性，“天下之至柔，驰骋天下之至坚。”[④]但继后的道家学者便明确认为男尊女卑，如庄子认为：“男先而女从，夫先而妇从”[⑤]。早期道家不像儒家那样十分注重妇女在家庭人伦关系中体现的名分及由此所应尽的道德义务，而是淡薄家庭人伦观念，对女性个体审美价值十分注重。如庄子提倡“形全”、“德全”，也就是保存自然天真，认为形全的质与天然的美和谐统一才是“真美”；具有虚冲自谦、不为尘世习染的德才是“全德”。只有将外在形体美与内在品德完美无缺地统一起来才能真正得道。

此外，这一时期世俗妇女观发生着较大的变化，世俗妇女观即一种

---

① ［战国］韩非撰：《韩非子·忠孝》，见《诸子集成》第5册《韩非子集解》，上海书店1986年版，第358页。

② ［战国］韩非撰：《韩非子·亡征》，见《诸子集成》第5册《韩非子集解》，上海书店1986年版，第81页。

③ ［战国］韩非撰：《韩非子·扬权》，见《诸子集成》第5册《韩非子集解》，上海书店1986年版，第35页。

④ ［春秋］老聃撰：《老子》第43章。见《诸子集成》第3册《老子道德经》，上海书店1986年版，第27页。

⑤ ［战国］庄周撰：《庄子·天道》，见《诸子集成》第3册《庄子集解》，上海书店1986年版，第83页。

在两性生活中，以追求满足性情欲望而不受某一时代正统思想羁拘的一种生活观。在春秋战国时期，由于礼崩乐坏，特权阶级在选择妻子和对待妻子的态度并不是儒家正统所说的“好德不好色”，而是好色重色成为时尚。儒家经典和国家礼制已经为帝王君主规定了享用女色的特权。《礼记》规定了“天子后立六宫，三夫人、九嫔、二十七世妇、八十一御妻。”[①]《周礼》还明确规定了为皇帝效劳的充任内官、内职和役使的妇女数目。一般而言，开国帝王后宫美女人数较少，到中后期，腐败风气日盛，后妃宫嫔无限增加。就帝王后妃两性生活而言，女“色”是取宠的重要条件，如能擅长歌舞和献媚之术，就能得到帝王的青睐，但色衰爱弛几乎是上层社会对女性价值的一致观念。到战国时期，上层统治者追求美色以满足性色欲望大大扩张起来。史载，战国初期，齐权臣田常置妾上百人，任门客出入交媾。可见，他们轻礼法达到何等地步。这种贵族好色之风对民间也产生了一些不良影响。如《诗经·北风·氓》中的男主人公（买卖蚕丝的小商人）就是一个骗财骗色的老手。当被他引诱的女子容颜渐老便另寻新欢，决定休掉妻子。《氓》的女主人公这样唱道：“桑之未落，其叶沃若。于嗟鸠兮，无食桑葚；于嗟女兮，无与士耽。士之耽兮，犹可说（脱）也；女之耽兮，不可说也。桑之落矣，其黄而陨。自我徂尔，三岁食贫。淇水汤汤，渐车帷裳。女也不爽，士贰其行。士也罔极，二三其德。”不过，一般农民的妇女观念还是值得称道的，如忠厚农民愿与妻子白头偕老、终生相守，就不同于商人以及贵族的女性观。

由于周代社会女子地位两极分化较为严重，贵族女子地位比过去有所提高，而平民女子依然很低，加之男性统治者常以玩弄女子为乐。为了满足男性统治者的需要，社会关注女子教育的人逐渐增多，促使了女子教育的发展。宫廷女子高等教育和学校女子高等教育逐渐萌芽、家庭女子高等教育获得了一定的发展。

二、秦汉时期的女性观

秦汉时期，是儒家思想逐渐占统治地位的时期，秦尽管用法家的思

① 《礼记·昏义》，见［清］阮元校刻：《十三经注疏》，中华书局1980年版，第1681页。

想治天下，同时也未完全抛弃儒家的主张。如秦始皇多次强调女子应守贞洁、反对女子有越轨行为。如通过在泰山、会稽、琅邪台等处立碑，颁布禁令，教育天下。如《泰山刻石》规定："贵贱分明，男女礼顺，慎遵职事，昭隔内外，靡不清净"。《会稽刻石》更详细说："饬省宣义，有子而嫁，倍死不贞。防隔内外，禁止淫泆，男女絜诚。夫为寄豭，杀之无罪。妻为逃嫁，子不得母，咸化廉清。"秦始皇这种通过国家法令对女子严厉约束、提倡女子讲贞操是前所未有的。汉代封建礼教逐渐定型，尤其是董仲舒向汉武帝建议"罢黜百家，独尊儒术"被采纳后，儒家学说得到了进一步的传播。加之董仲舒宣扬"性三品说"、"天人合一"、"天人感应"，使儒家思想披上了神秘外衣。孔孟的"君君、臣臣、父父、子子"的等级观念得到大力宣扬，形成了"三纲"（即君为臣纲、父为子纲、夫为妻纲）、"五常"（即仁、义、礼、智、信）的封建伦理规范。夫为妻纲与君为臣纲、父为子纲一起成为构筑整个封建社会纲常名教的基础。继后班固、班昭等人加以发展，形成了"三教"（失野而教以忠、救野之失而教以敬、救鬼之失而教以文）、"三纲"、"四德"（德、言、容、工）、"五常"、"六纪"（诸舅有义、族人有序、昆弟有亲、师长有尊、朋友有旧）等组成的封建礼教系统，使封建礼教得以定型。由于伦理关系由"夫妇有义"转变为"夫为妻纲"的政治功利关系，这样，强调丈夫对妻子的绝对统治和妻子对丈夫的绝对服从，由此导致了夫妇人格不平等、夫妇权利与义务的不平等、两性生活的不平等。此后，"三纲五常"、"三从四德"就成为女子教育尤其是女子高等教育的重要内容。社会对女性的价值要求的标准依次为重女孝（孝敬父母）、重妇德（贞专柔顺、三从四德）、重母教（教育子女）等。随着朝代的推移，古代统治者逐渐把"贞专"、"节烈"放到"孝"的品质之前加以强调。

秦汉时期，道家思想获得了一定发展，主要是道家思想不断吸收儒家的一些主张，如《新语》认为从黄帝时起就有了君臣父子夫妇长序之道，"先圣乃仰观天文，俯察地理，图画乾坤，以安人道。民始开悟，知有父子之亲，君臣之义，夫妇之道，长幼之序"，并认为黄帝将仁义向包括女性在内的所有人进行传播。"圣人怀仁仗义……行之于亲近而疏远悦，修之于闺门之内，而名誉驰于外。”[①] 并认为“夫妇以义合”、“伯姬以义建至贞”、“美女以贞显其行”[②]。《淮南子》在阐明先王制礼仪是“因民之性”，“因其好色而制婚姻之礼，故男女有别……因其宁家室乐妻子，教之以顺，故父子有亲……此皆人之所有于性，而圣人之所匠成也。”[③] 这样就把道家的妇女观不断地接近儒家的妇女观，将儒道思想调和起来了。汉初新道家在对待女色、人欲问题时，主张“治情性，显仁义”[④]；“夫妇以义合”，“美女以贞显其行”[⑤]；“杜淫邪之欲”[⑥]；“君子远荧荧之色，放铮铮之声，绝恬美之味，疏嗌呕之情”[⑦]。认为不这样就难以实现修身、齐家、治国的目的。这与儒家的思想很相似。

汉末，民间道教开始形成，其思想反映在《太平清领书》（简称《太平经》）中。民间道教吸收了墨家倡导的男耕女织、男女平等的太平社会的思想，强调男女平等的地位。“夫天名阴阳男女者，本元气之所始起，阴阳之门户也。人所受命生处，是其本也。”[⑧] “有阳无阴，不能独生，治亦绝灭；有阴无阳，亦不能独生，治亦绝灭；有阴有阳而无和，不能传其类，亦绝灭。……故男不能独生，女不能独养，男女无可生子，以何成一家，而名为父与母乎？故天法皆使三合乃成。”[⑨] 认为男女在繁衍人类中具有同等重要的地位，于是提倡男女平等，对社会上贱视、虐待、残杀女性的社会现象深表不满。“今天下失道以来，多贱女子，而反贼杀

① ［汉］陆贾撰：《新语·道基》，见《诸子集成》第7册《新语》，上海书店1986年版，第1、2—3页。

② ［汉］陆贾撰：《新语·道基》，见《诸子集成》第7册《新语》，上海书店1986年版，第3页。

③ ［汉］刘安等撰：《淮南子·泰族训》，见《诸子集成》第7册《淮南子》，上海书店1986年版，第350—351页。

④ ［汉］陆贾撰：《新语·道基》，见《诸子集成》第7册《新语》，上海书店1986年版，第2页。

⑤ ［汉］陆贾撰：《新语·辅政》，见《诸子集成》第7册《新语》，上海书店1986年版，第3页。

⑥ ［汉］陆贾撰：《新语·术事》，见《诸子集成》第7册《新语》，上海书店1986年版，第4页。

⑦ ［汉］陆贾撰：《新语·辅政》，见《诸子集成》第7册《新语》，上海书店1986年版，第6页。

⑧ 《太平经》卷93《阳尊阴卑诀》，见王明编：《太平经合校》，中华书局1960年版，第386页。

⑨ 《太平经》卷48《三合相通诀》，见王明编：《太平经合校》，中华书局1960年版，第149—150页。

之，令使女子少于男，故使阴气绝，不与天地法相应。”① 不过，道教在对待社会人伦规范时又承认了男尊女卑，并倡导一夫多妻天然合理。“太皇天上平气将到，当纯法天。故令一男者当得二女，以象阴阳。阳数奇，阴数偶也。……故使一男二女也。”② 这就为“采阴补阳”的“房中术”提供了理论依据。加之道教认为家庭以外的男女交接甚至公开的群体交接都是合乎“道”的，这又为贱视女子人格的观念埋下了隐患。不管怎样，早期民间道教有明显的男女平等思想，这也是很大一部分受压迫女子心向道教甚至大胆脱离家庭出家求“真”的重要原因。这无疑对汉代及其以后女子宗教高等教育的发展起了很大的作用。女子出家“求真”，标志着中国寺庙女子高等教育的萌芽。

总之，从先秦到两汉是我国社会观念多元化的时期，也是儒家女性观念逐渐参与百家争鸣发展到居于独尊进而深入一部分社会主流人士的心中。法家、道家的女性观尽管有自己的特色，但随着时代的变化，它们逐渐地与儒家思想调和，而世俗的女性观和宗教（道教和佛教）的女性观对儒家女性观以较大的反叛。女性主体意识在这一时期处于压抑阶段，虽然也出现过像屈原为女子鸣不平的开明人士，但女子对自身价值的认识还十分肤浅。在这一时期多元的社会女性观的激烈斗争强烈地影响着我国女子高等教育的发展，女子高等教育的培养目标、教育内容、教育途径以及教育方法都深深地打上了社会女性观的烙印，尤其是儒家、道家、佛教女性观的烙印。

第二节　先秦至两汉时期女子高等教育目标的确立及实施

一、先秦至两汉时期女子高等教育目标的确立

夏朝至两汉是我国女子高等教育的初创时期。由于儒家思想在各种

---

① 《太平经》卷35《分别贫富法》，见王明编：《太平经合校》，中华书局1960年版，第34页。

② 《太平经》卷35《一男二女法》，见王明：《太平经合校》，中华书局1960年版，第38页。

社会思想中逐渐居于统治地位，因此，女子高等教育目标的确立无不受儒家思想的影响。反映女子高等教育目标的代表性理论作品有先秦时期的《礼记·内则》、《大学》及汉代出现的《女诫》，这些均成为儒家的经典作品。这一时期尽管女子受高等教育的人数不多，但确实出现了一些才能卓绝、品德高尚的女子，她们所受的教育在她们所处的时代确实属于高等层次的。下面我们就加以介绍。

（一）女子高等教育的培养目标——具备“人妇”的基本素质

女子高等教育目标的确立经历了一个漫长的过程。在《礼记·内则》中有这样的说法：“女子十年不出，姆教婉娩听从，执麻枲，治丝茧，织纴组紃，学女事，以共衣服。观于祭祀，纳酒浆、笾豆、菹醢，礼相助奠。十有五年而笄，二十而嫁，有故，二十三年而嫁。”[①] 郑玄注：十五而笄“谓应年许嫁者，女子许嫁，笄而字之；其未许嫁，二十则笄”[②]。即15岁是女子许嫁的最早年龄，一般女子则是20岁出嫁，遇父母之丧则23岁出嫁。可见，对女子而言，15岁之后的教育便是高等教育了。到20岁出嫁时，应具备为人妇的妇德、妇言、妇容、妇工素质。虽然用近五年时间要使女子具备“人妇”的良好素质一般很难做到，但出嫁后的长期磨炼和自我教育为相当数量的中国女子具备高等教育所期望的素质提供了条件。可见，在先秦时期，女子高等教育的培养目标——“学为人妇”便确立了，具体而言就是要具有“四德”的品质。

四德品质最早提出是《周礼·天官·九嫔》，文载：“九嫔掌妇学之法，以教九御，妇德、妇言、妇容、妇工。”[③] 但《周礼》对四德的记载很简单，只列举了条目，对四德的具体内容未谈及。到东汉时，经学家郑玄对《礼记·内则》做注时，对“四德”加以具体化，“妇德贞顺，妇言辞令，妇容婉娩，妇工丝枲”[④]。东汉史学家班昭对“人妇”的基本素质“四德”做了进一步的诠释：“女有四行，一曰妇德，二曰妇言，三曰妇容，四曰妇功。夫云妇德，不必才明绝异也；妇言，不必辩口利辞也；妇容，不必颜色美丽也；妇功，不必工巧过人也。清闲贞静，守节整齐，

① 《礼记·内则》，见［清］阮元校刻：《十三经注疏》，中华书局1980年版，第1471页。

② 《礼记·内则》，见［清］阮元校刻：《十三经注疏》，中华书局1980年版，第1471页。

③ 《周礼·天官·九嫔》，见［清］阮元校刻：《十三经注疏》，中华书局1980年版，第687页。

④ ［清］阮元校刻：《十三经注疏》，中华书局1980年版，第1471页郑玄注。

行己有耻，动静有法，是谓妇德。择辞而说，不道恶语，时然后言，不厌于人，是谓妇言。盥浣尘秽，服饰鲜絜，沐浴以时，身不垢辱，是谓妇容。专心纺绩，不好戏笑，絜齐酒食，以奉宾客，是谓妇功。此四者，女人之大德，而不可乏之者也。”①

此后，无数女子教育学家对女子四德做了进一步的阐发，但基本的精神未变，这就为我国女子高等教育确立了基调。

（二）“明明德、亲（新）民、止于至善”的女子高等教育培养目标

如果我们把“为人妇”作为女子高等教育的低级目标的话（因为它主要是达到修身和齐家的目的），《大学》中提出的“三纲领”即“明明德、亲（新）民、止于至善”② 就是女子高等教育高级的培养目标。“明明德”即要发扬自身良好的道德并用这种良好的道德去感化周围的人，不仅要“独善其身”，还要“兼善天下”；“亲（新）民”就是要“以民为亲”，要热爱民众，要有仁爱之心；“止于至善”就是做任何事情都要达到无限完美的境界。“三纲领”不仅适用于世俗女子高等教育，它所蕴涵的奥义也适合于宗教女子高等教育。《大学》还指出了如何实现这美好目标的途径即“八条目”——格物、致知、诚意、正心、修身、齐家、治国、平天下。纵观《大学》，并未分性别进行论述，而任何社会都是由男女构成的，其高深的学问不仅男子应该明了，而且女子也不例外。先秦时期“男尊女卑”的观念虽已萌芽但不甚严重，社会并未拒绝女子接受高深学问。因此，《大学》所提出的“三纲领”的高级人才培养目标也是女子高等教育的培养目标，它比前面论述的女子高等教育目标更高级，且是以前者为基础的。

总之，女子高等教育目标的确立为中国古代女子高等教育的发展指明了方向，它促使了女子高等教育工作的开展，这样使中国一部分女子所受的教育在全世界而言水平都是很高的。

---

① ［汉］班昭撰：《曹大家女诫·妇行第四》，见［宋］范晔撰：《后汉书》卷 84《列女传·曹世叔妻》，中华书局 1965 年版，第 2789 页。

② 《礼记·大学》，见［清］阮元校刻：《十三经注疏》，中华书局 1980 年版，第 1673 页。

二、先秦时期女子高等教育的实施

在先秦时期，女子高等教育以家庭、宫廷、学校和社会为场所，女子高等教育还处于萌芽状态。

（一）家庭女子高等教育

家庭是一般贵族女子和极少数民众女子接受高等教育的重要场所。《礼记·内则》专门谈及了先秦时期的家庭女子高等教育。文中这样写道："子能食食，教以右手。能言，男唯女俞。男盘革，女盘丝。六年，教之数与方名。七年，男女不同席，不共食。……女子十年不出，姆教婉娩，听从。执麻枲，治丝茧，治紝组紃，学女事，以供衣服。观于祭祀，纳酒浆、笾豆、菹醢，礼相助奠。十有五年而笄，二十而嫁。有故，二十三而嫁。"① 可见，当时女子所受教育大致可分为三个阶段，在6岁之前，是一般生活技能和身体养护教育；6岁开始启蒙接受知识教育和初步的道德教育；10岁到14岁主要进行生产技能的养成，以妇工教育和宗教信仰教育为主。按照中国古代传统的观念，学习是为了更好地生活，而生活最理想的境界就是"配天地"，因此，人们把生产技能和宗教祭祀的学习放在较高阶段来学习，这是不无道理的。可见当时女子从10岁起已经在"学做人妇"了，其所受教育在当时已属于准高等教育，15岁以后的教育具有高等教育性质。尽管当时女子接受教育的历程本来不长，现在看来她们所学内容不是特别高深，但在当时来看已是相当高深的学问了。15－20岁女子在家中主要继续学习或实践所学的为人妇的道理，虽然这5年的学习内容《内则》未有明载，但《仪礼·丧服》认为是在过去的基础上逐步加深和将所学知识运用于实践加以锻炼，相当于我们今天大学教育的理论深化和"试教、试做"阶段。

这一时期，贵族官宦之家女子在家所受高等教育以延请专职家庭教师到家教授为主。即所谓："古者女子之居室也，必有傅母师保为陈诗书图史以训之。凡左右佩服之仪，内外授受之别，与所以事舅姑父母之道，盖无所不备也。"② 家庭教师一般称为傅母，也称女师。据刘向《列女

① 《礼记·内则》，见［清］阮元校刻：《十三经注疏》，中华书局1980年版，第1471页。

② ［明］宋濂撰：《元史》卷200《列女传·序》，中华书局1976年版，第4483页。

传·贤明传》载，周宣王姜后贤而有德，见宣王“早卧晏起……姜氏脱簪珥，戴罪于永巷，使其傅母通言于王”①，引咎自责，宣王从此勤于王政。这说明西周贵族女子已有傅母。傅与母最初是两个人。《春秋公羊传·襄公三十年》：“宋灾，伯姬存焉。有司复曰：‘火至矣，请出。’伯姬曰：‘不可。吾闻之也，妇人夜出，不见傅母不下堂。’傅至已，母未至也，逮乎火而死。”② 何休注：“礼，后夫人必有傅母，所以辅正其行，卫其身也。选老大夫为傅，选老大夫妻为母。”③ 即后，傅母合称，专指能以“四德”（妇德、妇容、妇工、妇言）教人的女性家庭教师。如刘向《列女传》卷一载：“齐女傅母”，云：“傅母者，齐女之傅母也。女为卫庄公夫人，号曰庄姜。庄姜交好。始往，操行衰惰，有冶容之行，淫佚之心。”傅母就教育她要注意自我修养，以便做民众的表率，还特地做了一首诗来加以规劝，庄姜“遂感而自修”④。

这一时期家庭女子高等教育的内容主要包括日常行为规范教育、道德教育、文学艺术教育和妇工教育等。

1. 日常行为规范教育

在先秦时期，日常行为规范教育主要表现在《内则》对女子的一系列规定中。包括起床、盥洗、妆束、问安、饮食、烹调、奉事父母舅姑、谨夫妇、生育子女、教育儿女等内容。它规定了“男女有别”的教育原则，如规定：“男不言内，女不言外；非祭非丧，不相授器。”“外内不共井，不共湢浴，不通寝席，不通乞假，男女不通衣裳，内言不出，外言不入。”“男子居外，女子居内，深宫固门，阍寺守之，男不入，女不出。”⑤ 根据“男女有别的原则”进而提出“男女异教”的原则。

2. 道德教育

道德教育是家庭高等教育的重要内容，是促使女子养成修身、齐家素质相当重要的课程。如前面提到的庄姜在傅母的教诲下逐渐改掉了自

① ［汉］刘向编撰：《古列女传·贤明传》，中华书局1985年新1版，第31页。

② 《春秋公羊传·襄公三十年》。［清］阮元校刻：《十三经注疏》，中华书局1980年版，第2314页。

③ ［清］阮元校刻：《十三经注疏》，中华书局1980年版，第2314页。

④ ［汉］刘向编撰：《古列女传》，中华书局1985年新1版，第13、14页。

⑤ 《礼记·内则》，见［清］阮元校刻：《十三经注疏》，中华书局1980年版，第1462、1468页。

己“操行衰惰、有冶容之行，淫佚之心”[①]，终成妇女的榜样。卫世子共伯之妻共姜在家庭的教育下养成了守节的品德，共伯早死，共姜守义，父母欲夺而嫁之，她写《柏舟》之诗以自誓。诗中这样写道：“泛彼柏舟，在彼中河。髡彼两髦，实维我仪。之死矢靡它！母也天只，不谅人只。泛彼柏舟，在彼河侧。髧彼两髦，实维我特。之死矢靡慝！母也天只，不谅人只。”[②]

3. **文学艺术教育**

在先秦时期，贵族女子在家接受文学与艺术教育确有其人，她们有的所受教育相当高深，跟今天的高等教育也不相上下。如这一时期出现了卫庄公夫人庄姜、卫世子共伯之妻共姜、春秋时期秦国宰相百里奚之妻、春秋末年晋国卿赵简子的夫人女娟、秦宣太后芈八子、柳下惠妻、赵朔妻、宋康王舍人韩凭之妻何氏、曲沃负、楚处庄侄女、赵括母等，它们在文学上都有一定造诣。流传至今的如卫庄姜的《绿衣》、共姜的《柏舟》、百里奚妻的《琴歌》、女娟的《河激歌》、芈八子的《将死出令》、柳下惠妻的《柳下惠妻诔》、赵朔妻的《置儿裤中祝》、韩凭妻何氏的《密遗夫韩凭书》和《遗书于带》、曲沃负的《款门上魏哀王书》、楚处庄侄女的《持帜见倾襄王言隐事》、赵括母《上书赵王括不可使将》[③]等作品，是她们文学才能的反映，这与她们所受的家庭教育是分不开的。

4. **妇工教育**

在上古时期，女子在家一般要接受妇工教育，部分女子妇工技能十分精湛。如周代始祖姜嫄“清静专一，好种稼穑”[④]，对儿子后稷的教育十分重视，使他从小就确立了“巨人之志”[⑤]。其子也“能育其教”[⑥]，终成农师，并教育天下民众，使“天下得其利”[⑦]。由于姜嫄教子有功，在农业种植方面技术很高，成为历代崇拜和怀念的对象，直到近代，山西省闻喜县稷王山一带还保留有姜嫄陵墓，每年夏历三月初一，人们到姜

---

① ［汉］刘向编撰：《古列女传·贤明传》，中华书局1985年新1版，第13页。

② 《诗经·鄘风》，见［清］阮元校刻：《十三经注疏》，中华书局1980年版，第312—313页。

③ 王延梯辑：《中国古代女作家集》，山东大学出版社1999年版，第3—6页。

④ ［汉］刘向编撰：《古列女传·母仪》，中华书局1985年新1版，第3页。

⑤ ［汉］司马迁撰：《史记·周本纪》，中华书局1982年第2版，第112页。

⑥ ［汉］刘向编撰：《古列女传·母仪》，中华书局1985年新1版，第3页。

⑦ ［汉］司马迁撰：《史记·周本纪》，中华书局1982年第2版，第112页。

娘娘庙来烧香膜拜。而嫘祖织丝养蚕，也掌握了很高的技艺，并教育天下。康有为认为“男子逐兽心粗，岂暇揣摩?”并对女子发明养蚕有这样的描述：“宅旁井边，从容顾望，见彼吐丝之异，乃为豢养之谋。因彼眠起桑中，食之如扫，知其所嗜，采以养之，而蚕乃吐丝无穷，因与箔而令织，于是蚕桑之利，衣被无穷。”[①]《山海经·海外北经》载：“一女子跪据树欧丝”[②] 的描写，把蚕的昼夜吐丝和农妇的辛勤劳作形象地融为一体。据《通鉴》前编记载：“西陵氏之女嫘祖，为黄帝元妃，始教民育蚕，治丝茧以供衣服，后世祀为先蚕。”[③] 这位嫘祖由于她向世人传授养蚕织丝的高超技术，后世便把她作为蚕神加以祭拜。上古时期女子在妇工技术的掌握与发明方面成效十分显著，故康有为专列一章加以阐述，记述甚详。

上古时期，一部分聪明的女子通过学习、观察、摸索，发明了大量的妇工技术，这些技术在当时是很高深的。为了传播这些技术，她们也不得不从事教育活动，把这些高超的技术传授给其他女子或更年轻的女子。

（二）宫廷女子高等教育的萌芽

夏商周时期，后宫是一个等级森严的小朝廷。统治者尤其是男性统治者为了满足自己穷奢极欲的生活，网罗民间美女，深藏宫中。为了使她们具有贵妇人的品质，一般都要对她们进行教训，这使一部分宫女贵妇受到了高等教育。据《周官·春官·宗伯》载：“古者天子后立六宫，三夫人、九嫔、二十七世妇、八十一女御妻，以听天下之内治，以明章妇顺。故天下内和而家理。”[④] 这里的夫人、嫔、世妇、女御既是天子之妃，又是宫廷官吏。此外还有女酒、女浆、女笾、女醢、女幂、女御、女工、典妇功、女史、女祝、女祧、女府等[⑤]。秦汉时期后宫官职未有定

---

① 康有为著，章锡琛、周振甫校点：《大同书》戊部《去形界保独立·女子最有功于人道》，古籍出版社 1956 年版，古籍出版社 1956 年版，第 147 页。

② 《山海经》卷 8《海外北经》，见冼薇薇译注：《山海经译注》，黑龙江人民出版社 2002 年版，第 137 页。

③ ［清］阎正珩辑：《六典通考》卷 33《宫正考·亲蚕》。《续修四库全书》编纂委员会编：《续修四库全书》第 758 册，上海古籍出版社版，第 421 页。

④ 《周官·春官·宗伯》，见［清］阮元校刻：《十三经注疏》，中华书局 1980 年版，第 1681 页。

⑤ 参见《周礼》卷 1《天官·冢宰》。

制，北魏孝文帝改为内官，“左右昭仪位视大司马，三夫人视三公，三嫔视三卿，六嫔视六卿，世妇视中大夫，御女视元士。后置女职，以典内事。内司视尚书令、仆。作司、太监、女侍中三官，视二品。监，女尚书，美人，女史、女贤人、书史、书女、小书女五官，视三品。中才人、供人、中使女生、才人、恭使宫人视四品，青衣、女酒、女飨、女食、奚官女奴视五品。”①

由上可见，后宫有一套严格的等级制，并将教育作为训练宫女的手段，以便宫廷女子都能较好地履行自己的职责。因为宫女在被采入宫时，年龄不大，采时多以貌美为主，重视才能不够，一般进入宫中都要调教，周时九嫔所掌四德之教就是教育宫廷女子必须具有妇德、妇言、妇容和妇工的基本素质以及良好的文化素养，这“四德”正是女子高等教育的主要内容。

1. **妇德教育**

宫廷高等教育把德育放在首位，周时妇德特别强调贞顺。在宫廷教育中，贞就是要把自己的性向和性行为都绝对地指向男性最高统治者；顺就是要养成受人役使的天性。宫廷高等教育十分重视女子贞顺的培养。

2. **妇言教育**

妇言教育即要教女子掌握良好的口头语言以及书面语言。妇言谓辞令，班昭主张“妇言，不必辩口利辞也”②。因此，宫廷女子妇言教育就把良好的口头语言和书面语言的训练放在十分重要的位置。因为，口头语言是日常交往必不可少的工具，语言的好坏对一个人待人处世都将产生很大的影响。

3. **妇容教育**

妇容教育是宫廷女子十分看重的。因为，后宫的所有女子说穿了都是为男性最高统治者役使的，美貌是相当重要的政治资本，妇容教育对她们地位的升迁起着相当重要的作用。在先秦时期，妇容教育多偏重于华丽妖艳之美。

4. **妇工教育**

妇工谓丝枲，就是要求女子必须掌握家庭手工技术。这也是宫廷女

① ［北齐］魏收撰：《魏书·皇后本纪》，中华书局1974年版，第321－322页。

② ［汉］班昭撰：《曹大家女诫·妇行第四》，见［宋］范晔撰：《后汉书》卷84《列女传·曹世叔妻》，中华书局1965年版，第2789页。

子必须学习的，不但青衣、女酒、女飨、女食、奚官、女奴要学习这些技术，而且有的皇后也不例外。

（三）学校女子高等教育的萌芽

在先秦时期，已出现宗室之学，从其教育对象是即将出嫁的女子来看，属于高等教育范畴。据《礼记·昏义》载：“古者，妇人先嫁三月，祖庙未毁，教于公官；祖庙既毁，教于宗室。教以妇德、妇言、妇容、妇功。教成，祭之。牲用鱼，芼之以苹藻，所以成妇顺也。”[①]《仪礼·士昏礼》载：“女子许嫁，笄而礼之，称字。祖庙未毁，教于公宫三月；若祖庙已毁，则教于宗室。”[②] 贾公彦疏：此谓诸侯同族之女将嫁之前教成之法。《白虎通·嫁娶》：“妇人所以有师何？学事人之道也。《诗》云：‘言告师氏，言告言归。’《礼·昏经》曰：‘教于共宫三月，妇人学一时，足以成也。与君有缌麻之亲者，教于共宫三月；与君无亲者，各教于宗庙、宗妇之室。国君娶大夫之妾、士之妻，老无子而明于妇道者禄之，使教宗室五属之女。’”[③] 由此可见，在汉代以前，曾经有过一段时间在女子即将成为人妇、人母时，要让女子进宗室学校进行三个月的专门教育，学习妇女四德。教师由大夫之妾、士之妻等中年老无子而又明于妇道的人担任。这些教师实行俸禄制，一般是专职性的；从对教师的素质要求看，是妇女中很有学问且明于妇道即道德高尚之人，必须德才兼备；从教授的内容看，妇德、妇言、妇容、妇工是女子养成修身、齐家、治国、平天下素质必须学习的内容，且教育内容较为高深；从培养目标看，是要使女子具备为人妇、为人母的品质，是为家庭和社会直接输送人才而不是为下一阶段的学校教育打基础，因此它不是基础教育而是高等教育，这种学校是我国学校女子高等教育的萌芽。

（四）社会女子高等教育的萌芽

先秦时期，女子接受社会高等教育主要通过政府教化机构、民风民俗等途径。在先秦时期，已出现政府教化机构，从夏代开始已有维系社会秩序的法律，普法教育便主要是由政府的教化机构承担的。周代已形

① 《礼记·昏义》，见［清］阮元校刻：《十三经注疏》，中华书局1980年版，第1681页。

② 《仪礼·士昏礼》，见［清］阮元校刻：《十三经注疏》，中华书局1980年版，第970—971页。

③ ［汉］班固等撰：《白虎通》卷4《嫁娶》，中华书局1985年版，第265—266页。

成了宗法制，对男尊女卑加以制度化，为了宣传以男系为承继世袭、大宗与小宗尊卑分明的宗法制，也离不开社会教化机构。

周代实行“井田制”，为了使农奴能尽最大的努力耕种好领主的“公田”，政府专门配有“田畯”，一方面监视农奴干活，一方面负责社会教化，女农奴自然也会受到社会教化。周时统治阶级对女农奴任意玩弄，《诗经·豳风·七月》载：“女心伤悲，殆及公子同归！”[①] 统治者可享有对女农奴的“初夜权”[②]。要维系这种不合理的制度，也会通过社会教化对女性进行毒化。周代统治者专门设立有民间“采风”机构，这使周代社会形成了写诗、诵诗、唱诗和学诗的风尚。这使一部分女子受到了较高的诗歌教育。如卫庄姜有《绿衣》、共姜有《柏舟》、百里奚妻有《琴歌》、赵简子夫人女娟有《河激歌》等，都与这一时期社会诗风的影响有关。

三、秦汉时期女子高等教育的实施

（一）家庭女子高等教育

到汉代，一些官宦之家比较重视家庭女子高等教育，他们专门延请傅母和女师来对女子进行培养。如班昭《女诫》序云：“鄙人愚暗，受性不敏，蒙先君之余宠，赖母师之典训。”[③] 唐李贤注：“母，傅母也；师，女师也。”[④] 可见班昭当时既有傅母，又有女师。一些女子的家庭祖父辈或父兄辈学识渊博，祖父辈或父兄辈也担任女子的教师，对她们进行教育，从而使女子获得高深学问。如班昭的成才与父亲班彪和哥哥班固的影响是分不开的，而蔡文姬便是随父亲学习文学和艺术的。《汉书》载：“蔡琰字文姬，蔡邕之女也。博学有才辩，又妙于音律。其父邕弹琴弦绝，琰闻之曰：‘第一弦也’。复断，闻之曰：‘第四弦也’。父甚异之。”另据《蔡琰别传》云：“邕夜鼓琴，弦绝，琰曰：‘第二弦’。邕故断一弦

① 《诗经·豳风·七月》，见［清］阮元校刻：《十三经注疏》，中华书局1980年版，第389页。

② 孙作云著：《诗经与周代社会研究》，中华书局1966年版，第117页。

③ ［汉］班昭撰：《女诫》，见［宋］范晔撰：《后汉书》卷84《列女传·曹世叔妻》，中华书局1965年版，第2786页。

④ ［宋］范晔撰，［唐］李贤等注：《后汉书》卷84《列女传·曹世叔妻》，中华书局1965年版，第2786页。

而问之，琰曰：'第四弦。'"[①] 蔡琰在文学和艺术上的造诣与蔡邕对她耐心的教育是分不开的。蔡琰写出了《悲愤诗》两篇，一篇是五言体，一篇是楚歌体。更有一篇《胡笳十八拍》[②] 是当时绝无仅有的类似以音乐为主的弹词体作品。古代还有许多名师硕儒在研究高深学问的同时，也常常在家收徒讲学，一些女子也有幸成为正式学生或旁听生。而到这些名师硕儒家当婢女的，常常成为生徒中重要且稳定的部分。如西汉大学问家刘向在研究《左传》的同时，也注意将自己研究所得传播开去，他便让自己的童、仆、妻、子都学习《左传》[③]。《左传》属于经类作品，在当时是很高深的学问了。又如东汉著名经学家郑玄规定他家的奴婢都应读书，这样在奴婢中有研习《诗经》很深的。有一次，一个婢女惹怒了郑玄，郑玄处罚她时她还辩解，更激怒了郑玄，于是郑玄就叫人把她拖到泥水中罚站，另一个婢女看见后，为取笑她，便问道："胡为乎泥中?"她顺口答道："薄言往诉，逢彼之怒。"一问一答，所用都是《诗经》中的原文，且运用得十分贴切、俏皮[④]。可见这两位婢女对《诗经》十分精通，达到融会贯通的程度了。

在两汉家庭女子高等教育中，文学教育占有十分重要的位置，出现了一批女文学家。如东汉徐淑在文学上的造诣很高，她所写《答夫秦嘉诗》并不逊色于男子所作。她向丈夫表达了自己的相思悱恻之情。"妾身兮不令，婴疾兮来归。沉滞兮家门，历时兮不差。旷废兮侍觐，情敬兮有违。君今兮奉命，远适兮京师。悠悠兮离别，无因兮述怀。瞻望兮踊跃，伫立兮徘徊。思君兮感结，梦想兮容辉。君发兮引迈，去我兮日乖。恨无兮羽翼，高飞兮相追。长吟兮永叹，泪下兮沾衣。"[⑤] 从徐淑的文学素养看，当时女子文学教育的成就颇大。

家庭除对女子进行文学艺术教育外，也十分重视女子的道德教育。

---

① ［宋］李昉等撰：《太平御览》卷577引《蔡琰别传》，中华书局1960年版，第2606页。

② 关于《胡笳十八拍》是否是蔡琰所作，学术界尚有争论。笔者赞同它是蔡琰的作品。争论主要文章可见郭沫若：《谈蔡文姬的〈胡笳十八拍〉》（《光明日报》1959年1月25日），顾平旦：《蔡琰作〈胡笳十八拍〉》等。

③ ［汉］王充：《论衡》卷29《案书》，上海人民出版社1974年版，第437页。

④ ［南朝宋］刘义庆撰：《世说新语·文学》，见《诸子集成》第8册《世说新语》，上海书店1986年版，第48页。

⑤ ［汉］徐淑：《答秦嘉》，见徐陵编、吴兆宜注：《玉台新咏》卷1，中国书店1986年版，第18页。

如班昭便在家中受到了较好的道德教育，她出嫁后，丈夫早逝，她守节数十载，每天对自己言行进行反省，为了教育更多的女子，她专门写了《女诫》一篇，对女子应该具备的道德品质做了详细的阐述。而东汉黄门郎秦嘉之妻徐淑道德品质高尚，秦嘉卒后，徐淑的兄弟促使其改嫁，她誓死不从，还教育兄弟应明事理。据严可均所辑之《全后汉文》卷96，载有徐淑《为誓书与兄弟》一文，其谓："列士有不移之志，贞女无回二之行。淑虽妇人，窃慕杀身成义，死而后已。夙遘祸罚，丧其所天，男未弱冠，女幼未笄，是以僶俛求生，将欲长育二子，上奉祖宗之嗣，下继祖祢之礼，然后覲于黄泉，永无惭色。仁兄德弟，既不能厉高节于弱志，发明明于暗昧，许我他人，逼我干上，乃命官人，讼人简书……"[①]。其贞节自守之意，溢于言表。

一些家庭也重视女子的经史教育，有的在女儿很小时就教给她们高深的学问。如出身于贵族之家、曾助光武帝建立政权的功臣梁统的玄孙女梁妠从小喜欢读书，家庭对她也十分重视，专门加以教诲，到9岁时，就能背诵《论语》等经籍，知书达礼，及稍长，略通人事后常常把《列女图》挂在房中，以先朝列女榜样自鉴。东汉时的护羌校卫邓训的女儿邓绥"六岁能《史书》，十二岁通《诗》、《论语》。诸兄每读经传，辄下意难问。志在典籍，不问居家之事。"立志当女博士[②]。17岁时被选入宫，后被封为皇后。封为皇后后仍留心学问，拜大学问家班昭为师，谨慎自制，不敢有半点任性，居于六宫高位还带头节俭，凡珍奇异玩，下令屏除，以免玩物丧志，只要求供予读书所用的纸墨。班昭当时写的《女诫》七篇就是根据邓皇后的举止言行加以修改补充而成的。邓皇后师事班昭多年，潜心学习。除书史外，兼及天文、数学。

秦汉时期，家庭传授高深的妇工技术更为普遍。但由于我国小农经济形成的封闭心理，一般家庭对高深的妇工技术是保密的，这就更增加了家庭妇工高等教育的特殊性，使我们很难了解当时传授的详细情形，常常只能看到女子掌握高深妇工技术这一结果。

（二）宫廷女子高等教育

秦汉时期，后宫仍有一套严格的等级制。秦攻破诸国后，收罗美女

① ［清］严可均辑：《全后汉文》卷96，商务印书馆1999年版，第971页。

② ［宋］范晔撰：《后汉书》卷10《皇后纪·和熹邓皇后》，中华书局1965年版，第418页。

藏于秦宫，史载："秦每破诸侯，写放宫室，作之咸阳北阪上，南临渭。至雍门以东至泾、渭，殿屋复道，周阁相属。所得诸侯美女、钟鼓以充之"[①]。"后宫列女万余人，妇人之气上冲于天"[②]。汉代根据《周礼》制定了宫规，纳女子入宫，宫廷女子比较多。秦汉统治者为了维系宫廷秩序，都重视将教育作为训练宫女的手段，使宫廷女子具有妇德、妇言、妇容和妇工的基本素质以及良好的文化素养，以便能很好地履行职责。因此，宫廷女子高等教育便获得了一定发展。

1. 妇德教育

宫廷高等教育把德育放在首位，本时期十分重视女子贞顺品质的培养。如光武帝刘秀夫人郭圣通皇后由于她出生于王家，生性娇惯，从心底里看不起刘秀，尤其是刘秀宠爱阴贵人更使她生气，常冷嘲热讽刘秀，促使刘秀削去了她皇后的职位，刘秀于建武十七年（公元 41 年）下诏书谴责郭皇后"怀执怨怼，数违教令，不能抚循他子，训长异室。宫闱之内，若见鹰鹯。既无《关雎》之德，而有吕（雉）、霍（成君）之风，岂可托以幼孤，恭承明祀。"[③] 这种对不顺从的宫廷女子进行处罚或削其职位与近代大学对不服管教的学生给予处分甚至不给奖励或毕业证书有很大的相似性。这种处罚对后宫女子起着很强的震慑和教育作用。因为在后宫，皇后是地位极高的人了，如果不养成良好的品行仍将受处罚，何况是一般的后宫女子呢？由于汉初社会经济凋敝，培养节俭的美德也成为宫廷女子教育的重要内容，又如汉明帝刘庄皇后马氏，13 岁被选入宫，由于宫廷教育得法，她衣着朴素，十分节俭，常常穿粗布衣裙。史载："常衣大练，裙不加缘"、"袍衣疏粗，反以为绮縠"[④]。宫廷女子都以她为榜样，真可母仪天下。

2. 妇言教育

前面已经提到光武帝刘秀夫人郭圣通皇后就是由于她不注意自己的语言，常冷嘲热讽刘秀，最后惹怒刘秀削去了她的皇后职位。在宫廷中如果语言得体可能使自己化险为夷或救他人于危难之中，语言不得体可能丢掉性命。书面语言的掌握与良好运用更是贵族女子必须具备的素养

① ［汉］司马迁撰：《史记·秦始皇本纪》，中华书局 1982 年第 2 版，第 239 页。

② ［清］张澍编辑：《三辅旧事》，中华书局 1985 年版，第 4 页。

③ ［宋］范晔撰：《后汉书》卷 10 上《光烈阴皇后传》，中华书局 1965 年版，第 406 页。

④ ［宋］范晔撰：《后汉书》卷 10 上《明德马皇后传》，中华书局 1965 年版，第 409 页。

之一，因此，在宫廷教育中，书面语言也十分受重视。社会也把是否能良好运用书面语言作为宫廷女子文化水准高低的重要标志。因此，在宫廷中确有一批在诗、文、赋等方面很有造诣的女子，或我们称为女文学家的，如汉高帝之姬妾戚夫人、吕雉皇后、公孙婕妤、元王皇后政君、班昭、章德窦后等都受到了宫廷妇言教育的熏陶，有传世之作。

3. 妇容教育

秦时宫廷女子教育重视华丽妖艳之美，东汉之后人们逐渐重视朴素的美。秦代宫廷女子十分重视打扮自己，杜牧在《阿房宫赋》对秦宫廷女子梳妆打扮有详细的描绘。西汉时，宫廷女子十分注重妆饰美，宫廷流行妆饰术，当时妇女已用铅粉、水银、胭脂等饰物描眉、涂脸[①]。东汉时，班昭主张“妇容，不必颜色美丽也”[②]，对宫廷妇容教育产生了极大的影响，逐渐在宫廷中形成了以朴素为美的风尚。汉明帝刘庄皇后马氏做了皇后仍衣着朴素，十分节俭，常常穿粗布衣裙。每逢朔望日（每月初一），各位宫嫔美人朝见她时，看见她穿着粗布宽袍，以为是用新式的罗绮制成，但进前仔细一看，原来是皇后自染自织的粗麻衣服。裙子也不加边饰。但她的头发美而长，梳起来太废工夫，就在脑后梳了四个大髻又把头发绕髻三圈，她的眉毛细长而黑，只有左眉角有小缺，便用眉笔补上。她的妆饰本是很简朴，但后来她的这种发式和点眉样式，竟在洛阳流行起来，一些贵妇人都学着皇后这样梳头和点眉。

4. 妇工教育

妇工谓丝枲，就是要求女子必须掌握家庭手工技术。这也是宫廷女子必须学习的，不但宫廷中的青衣、女酒、女飨、女食、奚官、女奴要学习这些技术，而且有的皇后也不例外。如汉明帝刘庄皇后马氏当了皇后之后仍自染自织粗麻衣服作为自己的服装。

（三）学校女子高等教育

汉代承袭周代宗室之学的传统，注重女子学校教育。如东汉时邓绥皇后（81—121）为了提高皇族子弟的素质，特地于汉安帝元初六年（119年）开办了一所官邸之学，令皇族诸王子弟及邓氏近亲子侄中，凡

① 参见杜学元著：《中国女子教育通史》，贵州教育出版社1995年版，第36页。

② ［汉］班昭撰：《女诫》，见［宋］范晔撰：《后汉书》卷84《列女传·曹世叔妻》，中华书局1965年版，第2789页。

5岁以上男女，一律进学堂念书。史载：她“诏征和帝弟济北、河间王子男女年五岁以上四十余人，又邓氏近亲子孙三十余人……教学经书”[1]，亲自监督考试。受老师班昭的影响，她主张成年女子也应与男子一样读书，于是“诏中官近臣于东观受读经传，以教授宫人，左右习诵，朝夕济济”[2]，开了宫廷女子与男子平等接受教育（包括高等教育）的先例。不过，这种兼有高等教育性质的宗室之学在两汉之后就销声匿迹了。

（四）寺庙女子高等教育的萌芽

1. 道观女子高等教育

在两汉时期，由于道教的兴盛，一些女子开始出家修行，寺庙女子高等教育开始出现。这一时期出现了一些研究和实践道家经典的寺庙，它们同时也讲经读经，其教育的程度有的已达到高等教育的水平。

道教祀神之祠庙及道徒修炼之所称为道观、道庵。凡女性出家都要投靠庵观，“庵者，舍也。一身依倚。身有依倚，心渐得安，气神和畅，入真道矣。”[3] 而“收习身心，操持节操，究竟经典”则是“择山水明秀、形全气固之地创立庵舍”的重要目的[4]。到东汉时期，一些女子便出家修行，投身道观，心求安静、收习身心、把持节操、究竟经典、追求真道。

从汉代开始，从一些女子在道教方面有相当建树来看，女子道教的水平是很高的，已达到了高等教育的水平，因此我们称为道观女子高等教育。如汉代安徽临淮人徐小季便是在道教方面很有建树的女子，《重修安徽通志·列女传》载：她“仿老子《道德经》，著《经说》六篇”[5]，并著有《老子传》。

2. 尼庵女子高等教育

佛教于汉哀帝元寿元年（前2年）传入我国，虽然当时主要在男性群体中传播，但女子信教已经出现。佛教女子高等教育起源于东汉明帝（58—75）时，当时已有后宫阴夫人等190人和京师民家妇女阿璠等121

---

① ［宋］范晔撰：《后汉书·皇后纪》，中华书局1965年版，第428页。

② ［宋］范晔撰：《后汉书·皇后纪》，中华书局1965年版，第424页。

③ 《重阳立教十五论》，见《道藏》普及本第53册，台北艺文印书馆1977年版，第43157页；又见［金］王重阳著，白如祥辑校：《王重阳集》，齐鲁书社2005年版，第275页。

④ ［明］张宇初撰：《道门十规》，见《道藏》普及本第53册，台北艺文印书馆1977年版，第43150页。

⑤ 据《安徽通志·艺文志》和《江南通志》载，她著的是《说经》六篇。

人出家，明帝在城内建 3 所寺庙加以安置[①]。尽管当时还没有受具足戒，这些出家女子不可能获得比丘尼身份，但其中至少有一部分接受的教育称得上高等教育。

（五）社会女子高等教育

秦汉时期社会女子高等教育获得了一定发展。秦时，秦始皇十分注重女性的“贞节”，大力提倡“贞节”教育。通过在泰山、会稽、琅邪台等处立碑，颁布禁令，教育天下。如《泰山刻石》规定：“贵贱分明，男女礼顺，慎遵职事。昭隔内外，靡不清净”[②]。《会稽刻石》更详细地说：“饬省宣义，有子而嫁，倍死不贞。防隔内外，禁止淫佚，男女絜诚。夫为寄豭，杀之无罪……妻为逃嫁，子不得母，咸化廉清。”[③] 秦始皇这种通过国家法令对女子严厉约束、提倡女子讲贞操是前所未有的。秦始皇还以朝廷名义表彰守洁不嫁的寡妇。如巴寡妇清“用财自卫，不见侵犯”，秦始皇称她为“贞妇”，还特地为她筑了“女怀清台”[④]，开了政府表彰贞妇、烈女的先河。此后，一本又一本表彰贞妇烈女的《烈女传》出现并成为女教书，要求女子以她们为榜样。

秦代对民女还制定了一条重新沦为奴隶的律令。规定丈夫盗千钱者，妻子即收为奴[⑤]，把男性的罪恶无端地强加给妇女。秦二世对女性的压迫更为残酷。他公开违背秦献公于献公元年（前 384）曾明令废止人殉的规定，复活了残酷的人殉制度。当秦始皇死后，他称“先帝后宫非有子者，出焉不宜”，皆令从死，后宫妇女全部殉葬。为了防止有人泄露陵墓的机密，“尽闭工匠臧者，无复出者”[⑥]。据《汉书·楚元王传》提到，这次殉葬的宫女和被害工匠“计以万数”[⑦]。

汉代封建礼教逐渐定型，社会更重视对女子的封建礼教教育，如惠帝以后历代的谥被加上“孝”就是社会重视女子孝道的表现；由于汉初人口很少，政府提倡并鼓励早婚，使大批身心发育未成熟的少男少女过

---

① 参见［清］俞正燮：《癸巳类稿》卷 13；杨仁山著：《20 世纪佛学研究经典文库·杨仁山卷》，武汉大学出版社 2008 年版，第 20 页。

② ［汉］司马迁撰：《史记·秦始皇本纪》，中华书局 1982 年第 2 版，第 243 页。

③ ［汉］司马迁撰：《史记·秦始皇本纪》，中华书局 1982 年第 2 版，第 262 页。

④ ［汉］司马迁撰：《史记》卷 129《货殖列传》，中华书局 1982 年第 2 版，第 3260 页。

⑤ 参见张政烺、日知编：《云梦竹简·法律答问》，东北师范大学出版社 1994 年版。

⑥ ［汉］司马迁撰：《史记·秦始皇本纪》，中华书局 1982 年第 2 版，第 265 页。

⑦ ［汉］班固撰：《汉书·楚元王传》，中华书局 1962 年版，第 1954 页。

早就知道了男女之事，使社会上淫风盛行，宣帝时宰相王吉上书说："世俗嫁娶太早，未知父母之道而有子，是以教化不明而民多夭"[①]。于是统治者对贞节教化随之重视。刘向在《列女传》一书中专门立《贞顺》一目便是政府倡导贞顺教育的反映。班昭《女诫》、蔡邕《女训》的面世对当时社会女子高等教育以较大的推动。

第三节 女子高等教育家——班昭的女子高等教育思想

一、班昭生平及高等教育活动

班昭（49—约120）名姬，字惠班，扶风安陵（今陕西咸阳东北）人。东汉史学家、文学家。班彪之女、班固之妹、曹世叔之妻。早寡，和帝时入宫。续完《汉书》并亲授马融读书。曾任皇后和后妃的教师，号曹大家。著有赋、颂、铭、诔、问、注、哀辞、书、论、上疏、遗令共16篇。有《东征赋》、《女诫》等行于世。

班昭曾从事高等教育工作，奉诏入宫讲学。《后汉书》卷84《列女传》载："帝数召入宫，令皇后诸贵人师事焉，号曰大家。每有贡献异物，辄诏大家作赋颂。"又卷10上《皇后纪上》："和熹邓皇后讳绥……八年冬入掖庭为贵人，时年十六……太后自入宫掖，从曹大家受经书，兼天文算数。"[②]

二、班昭的女子高等教育思想

班昭的女子高等教育思想集中反映在她所著的《女诫》一书中。《女诫》的出现，是时代发展的综合产物。班昭自幼生长在儒学之家，深受儒家思想的影响，很早就接受了封建的纲常礼教，曹世叔死后，她守节至死，可见她受封建礼教的毒害是很深的。班昭为了迎合统治阶级提倡

① ［汉］班固撰：《汉书·王吉传》，中华书局1962年版，第3064页。

② ［宋］范晔撰：《后汉书·列女传·曹世叔妻》，中华书局1965年版，第2784—2785页。

封建礼教，并改变宫中女性参与政治和外戚专权的局面，著成了《女诫》一书。

《女诫》除自序外共七篇，即卑弱第一，夫妇第二，敬慎第三，妇行第四，专心第五，曲从第六和叔妹第七。虽全文只有1600字，却包含着十分丰富的女子教育思想。现将班昭的女子高等教育思想归纳于下。

（一）主张女子应与男子一样受专门的、较为正规的教育

班昭说："察今之君子，徒知妻妇之不可不御，威仪之不可不整，故训其男，检以书传；殊不知夫主之不可不事，礼义之不可不存也。但教男而不教女，不亦蔽于彼此之数乎？《礼》，八岁始教之书，十五而至于学矣。独不可依此以为则哉?!"① 主张女子应与男子一样接受书本知识，这是当时千千万万中国女子的心声，在当时具有重要的意义。

（二）女子高等教育的内容是封建的"三从"、"四德"

她说："夫有再娶之义，妇无二适之文，故曰夫者天也。天固不可逃，夫故不可离也。"② 这样，她把事夫作为天经地义、不能违反的事，把夫比做天，认为妻子不能离开天，应该一辈子事夫。既然丈夫成了自己一辈子应侍候的对象，自然对丈夫的父母——舅姑则应顺从，对于叔妹之辈也应和悦周旋。这是由于女人天生就"卑弱"的缘故，于是她把"卑弱"放在章首。在她看来，这自然不无道理。她为了说明女子"卑弱"还引经据典或类比推理地加以论证。她说："古者生女三日，卧之床下……明其卑弱，主下人也"③，"夫妇之道，参配阴阳"④，"阴阳殊性，男女异行。阳以刚为德，阴以柔为用。男以强为贵，女以弱为美。"⑤ 其目的就是要把女子培养成具有强烈自卑感、弱不禁风、供男子任意玩乐役使的奴隶而已。由此可见班昭的用心了。

---

① ［汉］班昭撰：《曹大家女诫·夫妇第二》，见［宋］范晔撰：《后汉书》卷84《列女传·曹世叔妻》，中华书局1965年版，第2788页。

② ［汉］班昭撰：《曹大家女诫·专心第五》，见［宋］范晔撰：《后汉书》卷84《列女传·曹世叔妻》，中华书局1965年版，第2790页。

③ ［汉］班昭撰：《曹大家女诫·卑弱第一》，见［宋］范晔撰：《后汉书》卷84《列女传·曹世叔妻》，中华书局1965年版，第2787页。

④ ［汉］班昭撰：《曹大家女诫·夫妇第二》，见［宋］范晔撰：《后汉书》卷84《列女传·曹世叔妻》，中华书局1965年版，第2788页。

⑤ ［汉］班昭撰：《曹大家女诫·敬慎第三》，见［宋］范晔撰：《后汉书》卷84《列女传·曹世叔妻》，中华书局1965年版，第2788页。

班昭还对妇女"四德"进行了系统的诠释，并将"四德"做了人为的限定，反对妇德具有"至德"。这就改变了刘向《列女传》主张培养坚强、伟大、杰出的女性的进步思想，而这又恰恰出自女人之手，不能不说是中国女性的一大悲哀！她所规定的妇女四德对后世产生了极大的影响，如"妇德不必才明绝异也"为后来"女子无才便是德"、"女子习文则淫"的落后观念的出现提供了土壤。

与此同时，她还以"名称"（荣誉）来诱导女子，要求女子遵"常道"即"明其卑弱"、"明其习劳"、"明当主继祭祀"，说什么"三者苟备，而患名称之不闻，黜辱之在身"[①]，主张培养女子容忍的品性，任由男子宰割也不反抗。这对后来统治者大力提倡并奖励贞节，文人墨客为贞妇、烈女在正史列传中产生了极大的影响。虽然汉宣帝神爵四年（前58）已有旌表节孝贞烈之事，但作为女人来"号召"女性自己这样做远比男性以皇权强制实施影响更大。如果只有男性提倡而没有一大批像班昭这样的女性出来劝导，想必封建礼教不会对中国女子毒害如此之深。这正如妇女的解放，如果只有男性倡议而妇女不积极去参加、奋斗和争取同样不会成功一样。

（三）注重言传身教在女子高等教育的作用

班昭的丈夫曹世叔早卒，她便守节，身体力行封建伦理道德。她写道："执箕帚于曹氏""四十余载矣"，每天"战战兢兢，常惧黜辱，以增父母之羞，以益中外之累。夙夜劬心，勤不告劳"[②]。和帝召她入宫，命皇后妃嫔等拜她为师，要求皇后妃嫔等以她为榜样，恪守封建礼教节操。这对当时宫廷风气起了一定影响。在她去世时，皇太后也素服举哀，亲自监护丧事，足见她对当时的影响之大。

班昭《女诫》问世后，被当时皇宫中的女子当做经典奉行，成为宫廷女子的必读书籍。它的问世又为后来统治者奴役女性提供了理论依据，其影响远远超过了刘向的《列女传》。《列女传》只不过是罗列了一些事实，宣传了做婢女的准则，而班昭的《女诫》才系统地把压抑女子的思想编撰起来，使它成为一把枷锁，牢固地锁在女人的脖子上。如她宣传

---

① ［汉］班昭撰：《曹大家女诫·卑弱第一》，见［宋］范晔撰：《后汉书》卷84《列女传·曹世叔妻》，中华书局1965年版，第2787页。

② ［汉］班昭撰：《曹大家女诫·序》，见［宋］范晔撰：《后汉书》卷84《列女传·曹世叔妻》，中华书局1965年版，第2786页。

男人至上，强调做妻子的曲不能争、直不能讼，只能永远做丈夫的附属品。尤其无理的是，班昭把丈夫对妻子的爱认为是一种“恩”，要求妇女即使得不到丈夫欢心也不能忘情于丈夫，对丈夫的家人也应一味顺从。同时她还认为男女异行，强调女子应以柔弱为美，生男如狼，生女如鼠。生女卧之床下，明其卑弱，主下人也。总之，她认为生女倒霉。她的这些观点被后人所接受，汉以后的女教书大多以《女诫》为蓝本，并在此基础上大加发挥，逐渐升级，日益苛刻。重男轻女的思想至今在我国相当一部分人中存在，可见其流毒影响之深了。不过我们应看到，班昭被召入皇宫教育皇后及其他宫廷妇女时，正是外戚跋扈、专横的时代。如章帝时，一向擅权的窦宪被杀，梁氏得势，皇后阴氏由于牵连到诬忠之事而被废黜，邓贵人成为皇后，邓氏外戚邓骘极为横暴肆虐等。班昭想通过对皇后以及宫廷女子进行教育来预防外戚跋扈情况的出现。这在当时还是有一定进步意义的。同时班昭主张女子与男子一样应受专门的、较为正规的教育，并亲自编写女教书，这开创了女性关心女子教育的先河，对后世女子教育产生了较大的影响。

第二章

女性主体意识复苏时期：魏晋至五代的社会女性观与女子高等教育

从魏晋至五代是我国封建制度获得飞速发展的时期，汉代定型的封建礼法在这一时期受到北方少数民族风俗、空前的对外交往以及商品经济不断发展的影响而被一些人贱视，相反，一些迂腐的学者和官员对封建礼法极力维护和提倡。不过，在本时期女子的主体意识开始复苏，并获得了较大的发展，唐代女子主体意识已发展到中国古代的最高峰。此时女子高等教育理论也获得了一定的发展，并且女子高等教育实践在原有的基础上蓬勃地开展起来。

第一节　魏晋至五代的女性观

一、魏晋南北朝时期的女性观

（一）儒学的女性观

在魏晋南北朝时期，由于道教的发展、佛教的渐兴，加之社会战乱不断，朝代更替频繁，儒学受到了玄学、佛学以及世俗哲学的严重挑战，儒学的影响力较过去大为衰落，社会的道德观念发生了一定的变化，一批文人学士开始崇拜女性，追求男女自由交往的生活情趣，追求爱情生活，对儒家提倡的封建礼教大胆蔑视，描写女性自然美的作品不断涌现。这就改变了先秦时期形成的重德轻色以及汉代人们在重色与戒色中徘徊不定的局面。这一时期，相当数量男人的理想妻子标准首先是能与丈夫“情好交接”（对丈夫一往情深、使夫妇性生活和谐）[①]、其次才是“主中馈”、“助烝尝”（家务与祭祀）。这种注重女子容色的女性观对本时期女性美育产生了很大的影响，形成了女子高等教育重妇容的局面。由于文人学士追求及时行乐的生活观，致使社会的贞节观念也受到一定冲击，男子蓄妾嫖妓较为普遍，于是社会提倡女子应抛弃妒心。与此相反，一些坚守礼法之士不断鼓吹妇女贞节，这在女教书和正史中多有反映。如《北史·列女传序》不仅提倡妇女温柔，而且更强调妇女贞烈，“盖妇人之德，虽在于温柔；立节垂名，咸资于贞烈。温柔，仁之本也；贞烈，义之资也。非温柔无以成其仁，非贞节无以显其义。是以《诗》《书》所记，风俗所存，图象丹青，流声竹素，莫不守约以居正，杀身以成仁者也。”[②] 此后，刚烈贞节便成为女子高等教育中德育的重要内容。

（二）道家的女性观

魏晋南北朝时期的道家，进一步调和儒家与道家思想，并在此基础上有较大的发展。《列子》不是列御寇的思想总结，而是汉末魏晋神仙道家思想的思想寄托。它借荣启期之口，道出了人生三大快乐，即变成了人是第一大快乐、变成了男人是第二大快乐、能够长生不老为第三大快乐。而变成男人之所以快乐是因为男尊女卑，“男女之别，男尊女卑，故以男为贵，吾既得为男矣，是二乐也”[③]，明确宣扬男尊女卑。于是他们十分注重享用女色之乐，需要那些精心妆扮的、国色天香艳饰的美娥侍候。在汉末魏晋时期还有祖述杨朱的“贵我纵欲”派，认为人生的宗旨就是享乐，主张放情肆志地满足感官之欲。《列子·杨朱》篇对好色的公孙穆十分推崇，公孙穆后庭妻妾数十，夜以继日地行淫乐，唯恐力惫不得肆情于色[④]。这样的纵欲是以牺牲女性自由、蹂躏女性为代价的。这种贱视女性的观念在魏晋社会上层很有市场。这种以女性为玩物的观念促使社会关注女子的美貌，天然美与修饰美均受到重视，这不仅反映在人

① 参见［汉］张衡《同声歌》、［晋］陶渊明《闲情赋》等。

② ［唐］李延寿撰：《北史》卷91《列女传·序》，中华书局1974年版，第2994页。

③ 《列子·天瑞》，见《诸子集成》第3册《列子》，上海书店1986年版，第6页。

④ 参见《列子·杨朱》，见《诸子集成》第3册《列子》，上海书店1986年版，第80页。

们的日常生活中，也反映在帝王贵族热衷的“宫体诗”[①] 中，这对本时期女子高等教育中美育产生了一定的影响。

（三）佛教的女性观

佛教在汉哀帝元寿元年传入我国，在魏晋南北朝时期获得了较大发展。佛教宣扬“众生平等”，“视平等，如一真地。”[②] 在苦海上、在涅槃中、在现实人生中、在果报轮回上、在成佛面前均人人平等。于是人们认为只要在此岸世界中忍受苦难、潜心修行，死后就会在彼岸世界中享受荣华富贵。“众生平等”的观念和对来世美好的期盼促使无数女子斩断尘世的“欲念”而出家修行，皈依佛法。这种社会观念对本时期及其以后各代女子佛教尼庵高等教育发展以直接的推动。

（四）世俗社会的女性观

魏晋南北朝时期，由于战乱，人们颠沛流离，男女两性道德观念较过去松弛，尤其是南北朝时期，南方良好的自然环境和相对安定的社会，为经济的发展奠定了基础，经济的发展又促使了商业的繁荣，在江南的一些大都市，追求货殖之利的男人女人们不断增多，他们很难享受到安定的家庭天伦之乐，便积极主动地追求婚姻家庭之外的情性生活。这便促使了都市歌舞伎业的发达。一些经济独立的女子不受传统礼教的羁绊、不以人伦礼法为重，大胆追求男欢女爱，注重个人感情和心理满足。这在南朝的乐府民歌[③]中反映尤多。由于社会观念的开放性，使一部分女子通过都市发达的职业场所受到了高水平的文学、艺术和职业技能教育。与此同时，一些人提倡贞节观较过去更盛，因为，“越是社会动荡，世风日下，在观念上对贞节重视的程度就会越深，对两性关系的束缚就会越保守和严密，因为那时的统治者更需要通过褒扬包括贞节在内的封建伦理教化，以规范舆论、引领民意，把社会纳入他们所设定的运行轨迹，进而更好地维护封建统治。”[④]

---

① 宫体诗：《梁书·简文帝本纪》载：“（简文帝）雅好题诗，其序云：‘余七岁有诗癖，长而不倦。’然伤于轻艳，当时号曰‘宫体’。”即南朝齐梁之间，诗风轻艳，如萧衍、萧纲、萧绎父子，以写宫廷女子的体态、闺阁女子的怨思成为宫体诗的代表。宫体诗内容轻艳，格调卑下，徐陵、庾信亦时有所作，时伤轻艳，近于浮靡。及陈后主时，更以艳丽为美，极于轻薄，如《玉树后庭花》等。

② 后汉中天竺沙门迦叶摩腾著、竺法兰译：《四十二章经》，线装本，第 9 页。

③ 可参阅宋朝郭茂倩编撰的《乐府诗集》有关部分。

④ 章义和、陈春雷著：《贞节史》，上海文艺出版社 1999 年版，第 83 页。

二、隋唐五代时期的女性观

（一）隋朝的女性观

隋朝社会承继南北朝以来对女性的宽泛态度。隋朝对女性的束缚较过去松，隋是在征服南北各地政权的基础上建立起来的，因此，其社会观念大多承继了南北朝对女性较为宽泛的风气。当然，作为取得统一政权的中国男性帝王一般都把蹂躏女性作为乐事。隋朝帝王也不列其外，尤其是隋炀帝不仅按《昏礼》规定置三夫人、九嫔、二十七世妇、八十一御妻，共计124员，且宫女侍妾尚不在内，还迷恋其他美女，甚至荒淫无度、胆敢乱伦，可见炀帝对女性人格的贱视。他还派官员到各地"选女"，专挑13－17岁迷人的处女入宫，其身边的女子"唯端容丽饰，陪从燕游而已"[①]，这是南北朝时期社会崇尚女性美遗风在统治阶级中的反映。

（二）唐朝的女性观

1. 世俗的贞节观

唐代社会对女性的宽泛态度较隋朝更加盛行。在唐代，封建儒家礼教总的来看不如秦汉时代和唐之后的宋明清时期那样盛行。如贞节观念就较为松弛，女子有再嫁的自由，几乎没有什么约束。仅以《新唐书·公主传》收录的公主为例，唐代公主计211人，除去16位未嫁先亡和4位出家为道以及事迹记载不详者之外，出嫁者123人，其中再嫁者24人。分别是：太宗女6人，高宗女4人，中宗女2人，睿宗女2人，玄宗女8人，肃宗女2人；三嫁者4人：高宗、中宗、玄宗、肃宗女各1人[②]。不独皇室家女子再嫁自由，而且统治阶级及普通民众均少受贞节观念的约束。就连一向讲究礼法、重视门第的山东望族也视再嫁为常事。如山东著姓卢氏嫁给崔绘为妻，"绘早终，卢既年少，诸兄常欲嫁之，卢辄称病固辞。卢亡姊之夫李思冲，神龙初为工部侍郎，又求续亲。时思冲当朝美职，诸兄不之拒。"[③] 男女交往也很容易，就是在交往中有越轨行为，

① ［唐］魏徵等撰：《隋书》卷36《后妃传》，中华书局1973年版，第1107页。

② 章义和、陈春雷著：《贞节史》，上海文艺出版社1999年版，第85页。

③ ［后晋］沈昫等撰：《旧唐书》卷193《列女传》，中华书局1975年版，第5147页。

也较少受到处罚。如肃宗女郜国公主下嫁裴徽，又嫁萧升，萧升死后，“主与彭州司马李万乱，而蜀州别驾萧鼎、澧阳令李恽、太子詹事李昪，皆私侍主家。”[①] 如果说公主淫乱不受惩罚是因为自己地位很高，而一般官吏夫妇双方都找情人、婚外私通，甚至李林甫还为自己的六个女儿提供偷情的方便。《开元天宝逸事》载：“李林甫有女六人，各有姿色。雨露之家，求之不允。林甫厅事壁间开一横窗，饰以杂珠，幔以绛纱，常日使六女戏于窗下。每有贵族子弟入谒，林甫即使女于窗中自选，可意者事之”[②]，就更能说明当时社会对贞节的宽泛态度。究其原因，主要有：其一，由于唐代佛教和道教十分兴盛，形成了与儒学鼎立的局面，因此，儒家提倡的重男轻女及封建礼教很难有广阔的市场；其二，唐源流出于夷狄，闺门失礼之事人们不足为怪。李唐父系虽出于华夏，但母系却混杂了少数民族血统，并且李唐氏长期与北方少数民族混杂生活，还发迹于少数民族建立的北朝，因而唐代继承了不少北方少数民族的风俗。安禄山就曾说过：“胡人先母而后父”[③]。这种母系制度遗风下的女性地位自然较高。第三，唐朝是一个对外开放的时代，国际交流极为频繁，当时东方国家如日本、新罗、林邑、东女等国盛行的女尊男卑现象，无疑对唐社会产生过影响。第四，唐代民族融合空前高涨，民族间频繁的接触和通婚，使得先进的唐文化同化了少数民族，同时，少数民族不讲礼法、不重贞节的习俗给唐代世人以一定的影响，这自然冲击着汉族的贞节观念。第五，唐政府采取了一些措施剪除或打击守旧势力，推进了社会观念的变化。如士族在唐代虽已失去政治特权、经济地位也已衰落，但在婚姻、礼法等方面仍然存在一定的社会影响力。他们往往通过婚姻的形式结成对唐王朝离心的政治势力，对唐中央造成不利影响，如山东的士族便是如此。因此，唐太宗及其后继者曾三次下诏官修氏族志，以打击和压抑士族，使得以经学、礼法、婚宦、门风为特征的山东旧士族受到打击，从而影响了包括贞节观念在内的整个社会观念。而武则天因不是出身于夙重礼法的士族，以一妇人身份临朝称制，遭到了旧士族和唐皇

① ［宋］欧阳修、宋祁撰：《新唐书》卷83《公主传·郜国公主》，中华书局1975年版，第3662页。

② ［五代］王仁裕撰，曾贻芬点校：《开元天宝遗事》卷上《选婿窗》，中华书局2005年版，第28页。

③ ［宋］司马光编著，［元］胡三省音注：《资治通鉴》卷215“玄宗天宝六载”，古籍出版社1956年版，第6877页。

室的极力反对，她在剪除反对势力的同时，也对意识形态做了较大的改革，尤其是她明确称帝，第一次向世界宣布中国女子并不比中国男子差，中国过去很多束缚女性的纲常礼教都是可以改变的，这就为妇女地位的提高起了决定性的作用。这样，唐与宋以后的朝代相比，女性所受的束缚要少得多，社会地位也不那么低贱，男女之间的交往较为自由、开放，女性的行为、举止、思想、风格与以前各代相比也大不相同。由于贞节观念淡薄，女子与男子的交往较过去随便，相当数量女子在与有较高学识的男子接触中受到了高等教育，提高了自己的文化水平，这是唐代社会女子高等教育十分发达的原因所在。

唐代的世俗女性观几乎承继前代，社会上层女性统治者仍是贱视女性的人格，以玩弄女性为乐。皇宫女子数量并不少，一般贵族男子也公开通淫，甚至把满足色性享乐的方法不断翻新，“妓围”、“肉阵”、“香肌暖手”等的出现就是明显的反映。五代王仁裕在《开元天宝逸事》中载：“申王每至冬月风雪苦寒之际，使宫妓密围于坐侧以御寒气，自呼为‘妓围’。”[①]“杨国忠于冬月常选婢妾肥大者，行列于前，令遮风。盖藉人之气相暖，故谓之肉阵。”[②]“岐王少惑女色，每至冬寒手冷，不近于火，惟于妙妓怀中揣其肌肤，称为‘暖手’”[③]。冬天以宫妓婢妾体温取暖，可见贱视女子人格之甚。唐代乐户娼妓制为保证贵族男子奴役下层女子提供了制度保证。当然，由于乐户娼妓制的实行，对保证一部分女子受到高等艺术教育确实起了积极的作用。一般民众及时行乐与重利轻爱的观念十分流行。由于唐代社会繁荣、百业兴旺，物质财富丰裕，这为一般民众享乐提供了条件，世人及时行乐之风盛行，尤其是在安史之乱之前更是如此。一般民众阶层中的部分女性以声色给男子带来快乐为乐事，同时自己也可实现谋生的需要和快乐的慰藉。各阶层的男人都可用尽手段逢迎色艺俱佳的艺妓，艺妓也在众多的男人的喝彩声中如痴如狂。白居易在《琵琶行》一诗中对琵琶女这样描述道：“十三学得琵琶成，名属教坊第一部。曲罢曾教善才伏，妆成每被秋娘妒。五陵年少争缠头，一曲

① ［五代］王仁裕撰，曾贻芬点校：《开元天宝遗事》卷上《妓围》，中华书局2005年版，第25页。

② ［五代］王仁裕撰，曾贻芬点校：《开元天宝遗事》卷下《肉阵》，中华书局2005年版，第47页。

③ ［五代］王仁裕撰，曾贻芬点校：《开元天宝遗事》卷上《香肌暖手》，中华书局2005年版，第24页。

红绡不知数。钿头银篦击节碎，血色罗裙翻酒污。今年欢笑复明年，秋月春风等闲度。”① 一名叫杜秋娘的歌女做了一首《金缕衣》诗，对唐代一般世人的行乐思想暴露无遗。“劝君莫惜金缕衣，劝君惜取少年时。花开堪折直须折，莫待无花空折枝。”② 大诗人李白也及时行乐，留下了“人生得意须尽欢，莫使金樽空对月”③ 的诗句。在唐代小说中还有宣扬色情肉感的，像《游仙窟》④ 这样的作品，足见唐代世俗两性观念的庸俗性。人们及时行乐自然导致情爱的非专一性，尤其是唐代商品经济已十分发达，男子大多重利而轻爱，一旦满足淫欲之后就会很快离开为自己献身的女子。白居易《琵琶行》中记载的女子就是弃女的代表。他写道：“暮去朝来颜色故，门前零落鞍马稀，老大嫁作商人妇。商人重利轻别离，前夜浮梁买茶去。去来江口守空船，绕船明月江水寒。”⑤ 李白在《长干行》中也描写了一个商人妻的苦衷，“常存报柱信，岂上望夫台？……自怜十五余，颜色桃花红。那做商人妇，愁水复愁风。”⑥

当然，唐代贞节观念淡薄，并不意味着统治者就放弃维护封建礼教的努力，尤其是一些保守的统治者，反而加大了维护礼教的决心。《新唐书·列女传序》载：“女子之行，于亲也孝，妇也节，母也义而慈”⑦。沈下贤的《冯燕歌》⑧ 记载通淫奸夫可以杀掉不忠于原配的情妇，不但无罪，还当成剪除不义的志士，这种以女子犯淫为不贞，男子通奸为正当，奸夫杀淫妇为正义，是唐代不公平的道德观使然，是一种畸形的贞节观作怪。唐代出现了大量的女教“圣人”和宣扬传统道德的女教书就是受

---

① [唐] 白居易撰：《琵琶行》，见 [清] 抱犊山人纂：《唐诗一万首》下册，花山文艺出版社 1991 年版，第 1004—1005 页。

② [唐] 杜秋娘撰：《金缕衣》，[清] 蘅塘退士编：《唐诗三百首》，山西人民出版社 1994 年版，第 235 页。

③ [唐] 李白撰：《将进酒》，见 [清] 抱犊山人纂：《唐诗一万首》上册，花山文艺出版社 1991 年版，第 195 页。

④ [唐] 张文成撰：《游仙窟》，有光华书店 1935 年版；川岛点校，书目文献出版社 1989 年版；李时人、詹绪左校注，中华书局 2010 年版等。

⑤ [唐] 白居易撰：《琵琶行》，见 [清] 抱犊山人纂：《唐诗一万首》下册，花山文艺出版社 1991 年版，第 1005 页。

⑥ 李白撰：《长干行》，见 [清] 抱犊山人纂：《唐诗一万首》上册，花山文艺出版社 1991 年版，第 204 页。

⑦ [宋] 欧阳修、宋祁撰：《新唐书》卷 205《列女传·序》，中华书局 1975 年版，第 5816 页。

⑧ 一说为司空图作。到底是沈下贤作还是司空图作，存疑。但该诗为唐代作品，作品宣扬了通奸杀人犯冯燕的“侠义”，参见 [唐] 司空图著，祖保泉、陶礼天笺校：《司空表圣诗文集笺校》，安徽大学出版社 2002 年版，第 10—13 页。

这种观念使然，这也是唐代社会的传统儒学女子高等教育反而比魏晋南北朝更发达的原因所在。

2. 宗教的女性观

唐代佛教、道教获得了很大的发展，佛教的轮回报应思想与道教的幽冥鬼神思想不断结合，形成了一种宿命论思想，并通过婚姻方式对广大的女性进行社会教化，认为婚姻是前世姻缘、命中注定的，这在牛僧孺的《玄怪录》、李复言的《续玄怪录》、钟璐的《前定录》等中都有很多的反映。这种"男女姻缘前世定"的思想对女性独立意识有着很大的泛化作用，是男性社会用来麻痹妇女的。由于很多女子相信这种命定论，为了来世有好的姻缘和好的生活，对出家修行十分热衷，致使唐代女子佛教高等教育与女子道教高等教育获得了空前的发展。但唐代佛教观念的世俗化程度较高，有的甚至把纵欲主义也纳入佛教的范围之内，如李复言的《续玄怪录》中有《延州妇人》条，说有一个女子与许多男子性交，原来是锁骨菩萨现身以满足男人的欲求[①]。这就为纵欲主义披上了合法的外衣，宣扬放荡行为是神佛的赐予，像这样的观念是过去所没有的。唐代还出现了新的佛教教派——禅宗，它提倡"任性逍遥，随缘放达"[②]，认为凡是世俗生活中人们享用的和自己精神上需要的，只要环境、条件许可，都是无可无不可，随缘机而作，不必受什么清规戒律的限制，这种宣传无疑给人们放纵自己找到了理论依据。这些观念的流行对出家女子遵守传统的高尚道德产生了一定的消极影响。一些儒家传统人士大力倡导封建礼教高等教育也是与此紧密相关的。当然，佛教中华严宗、天台宗、唯实宗都持戒极严，研究佛理很精，诵经坐禅制度化，这使一批出家入其宗派的女子受到了佛教高等教育，尤其是武则天信佛对当时女性出家修行有很强的感召力。

3. 审美观

唐代女性由于受北方少数民族影响较大，崇尚强悍与粗犷，她们对体育十分擅长，一些女子通过接受高等体育训练，体育技能十分高超和精湛，这种崇尚强健硕妇的观念形成了唐代女子高等体育前所未有的发

① ［唐］李复言撰：《续玄怪录·延州妇人》，中华书局1985年版（《丛书集成初编》本），第1页。

② ［宋］普济：《五灯会元》卷7《青原下三世·天皇悟禅师法嗣·龙潭崇信禅师》，中华书局1984年版，第271页。

达。同时，由于唐代女子社会交往十分自由，富丽堂皇、多姿多彩的女性美成为社会的共识，文人才子在欣赏女性色艺之美、修饰之艳的同时，又融进了对女子才情的赞美和对女子人格的尊重。可以说，唐代的女性美观念是容姿美、妆饰美、才情美的综合之美。这是唐代女子高等美育尤其是宫廷美育（包括女子高等艺术教育、女子高等妆饰术教育等）发达的原因。

总之，唐代女子的主体意识是古代社会最发达的时期，这种独立的主体意识使唐代社会女子高等教育获得了全方位的发展，女子高等教育所取得的成就是古代社会最辉煌的。当然，随着女子主体意识的发展，守旧派人士也尽力加以阻扰，这就增加了唐代女子高等教育发展的曲折性与多样性。

（三）五代时期的女性观

五代即后梁、后唐、后晋、后汉、后周，共计 53 年，最长的后梁仅 16 年，最短的后汉仅 3 年，社会的女性观基本承继唐代遗风，只是由于战乱不断，封建礼教观念更受到冲击，加之社会的享乐之风更加盛行，女性作为社会的弱势群体，受到的苦难较过去更多。同时，女子爱国思想较为发达。

第二节　魏晋至五代的女子高等教育的实施

一、魏晋南北朝时期的女子高等教育的实施

由于社会动荡，朝代更替频繁，战乱不断，使人们很难有足够的精力潜心理论问题的钻研，致使本时期很难见到有关女子高等教育理论性很强的著作，在古代女子高等教育发展史上留下了较大的遗憾。本时期的女子高等教育实践还是很可观的。

（一）家庭女子高等教育

家庭是一般贵族女子和极少数民众女子接受高等教育的重要场所。这一时期，女子在家所受高等教育以兄长自教为主。如南北朝时期，“韦呈母宋氏……家世以儒学称。宋氏幼丧母，其父躬自养之。及长，授以

《周官》音义，谓之曰：'吾家世学《周官》，传业相继，此又周公所制，经纪典诰，百官品物，备于此矣。吾今无男可传，汝可受之，勿令绝世。'属天下丧乱，宋氏讽诵不缀。"后来，前秦王苻坚在她家设立讲堂，安排学生120名，由她隔绛纱幔给学生授课，人们尊称她为"宣文君"[①]。这一时期家庭女子高等教育的内容主要包括道德教育、文学艺术教育、经史教育和生产技能教育等。

1. **道德教育**

培养女子具有当时社会所需要的崇高道德是家庭教育十分重要的任务，因此，许多家庭都十分重视女子的高尚道德品质的培养。如魏武宣卞皇后，抚养诸子，有母仪之德，常自警自己"但当以免无教导之过为幸耳"，她母仪甚精，魏太祖曾这样评价道："怒不变容，喜不失节，故是最为难。"[②] 又如魏甄皇后，世吏二千石，"后自少至长，不好戏弄。年八岁，外有立骑马戏者，家人诸姊皆上阁观之，后独不行。诸姊怪问之，后答言：'此岂女人之所观邪？'"后来天下兵乱，附近的平民都饥饿，她反对家人卖粮收宝物，而主张"以谷振给亲族邻里，广为恩惠"，家人最后赞成了她的善举。十四岁时，其兄甄俨不幸去世，她"悲哀过制，事寡嫂谦敬，事处其劳，拊养俨子，慈爱甚笃。"但她母亲"性严，待诸妇有常"，她于是进谏母亲："兄不幸早终，嫂年少守节，顾留一子，以大义言之，待之当如妇，爱之宜如女。"于是感动母亲，"母感后言流涕，便令后与嫂共止，寝息坐起常相随，恩爱益密。"[③] 晋人文明王皇后王元姬"年九岁，遇母疾，扶侍不舍左右，衣不解带者久之。每先意候指，动中所适，由是父母令摄家事，每尽其理。祖朗甚爱异之，曰：'兴吾家者，必此女也，惜不为男矣！'年十二，朗薨，后哀戚哭泣，发于自然，其父益加敬异。……及笄，归于文帝……后事舅姑尽妇道，谦冲接下，嫔御有序。及居父丧，身不胜衣，言与泪俱。……后虽处尊位，不忘素业，躬执纺绩，器服无文，御浣濯之衣，食不参味。而敦睦九族，重心万物，言必典礼……"[④]，可见文明王皇后从小就受到良好的家庭道德教

① ［唐］房玄龄等撰：《晋书》卷《列女传》，中华书局1974年版，第2521—2522页。

② ［晋］陈寿撰，［宋］裴松之注：《三国志》卷5《后妃传·武宣卞皇后》，中华书局1982年第2版，第156页。

③ ［晋］陈寿撰，［宋］裴松之注：《三国志》卷5《后妃传》，中华书局1982年第2版，第159—160页。

④ ［唐］房玄龄等撰：《晋书》卷31《后妃传上》，中华书局1974年版，第950页。

育，成年后仍然保持过去良好的道德行为习惯。

2. **文学艺术教育**

这一时期家庭女子文学高等教育十分发达。如晋文明王皇后元姬："年八岁，诵《诗》、《论》，尤善丧服；苟有文义，目所一见，必贯于心。"[①]"王浑妻钟氏，字琰，颍川人。……琰数岁能属文，及长，聪慧弘雅，博览记籍。"[②]晋代王凝之妻谢道韫，安西将军谢奕女，"聪明有才辩。叔父安……尝内集，俄而雪骤下，安曰：'何以似也?'，安兄子朗曰：'散盐空中差可拟。'道韫曰：'未若柳絮因风起。'安大悦。"[③]可见谢道韫的文学天赋很高。南朝诗人鲍照妹鲍令晖虽史书无传，我们无法知晓她接受文学高等教育的详细情况，但我们从她留下的诗便可知晓她在文学方面接受的教育是相当高深的。《玉台新咏》注引《小名录》称其："有才思，亚于明远，著《香茗赋集》，行于世。"[④]尽管《诗品》将其诗列于《下品》，但列于《诗品》的男性诗人也不少，她的诗既然列于《诗品》，说明她的诗造诣是不错的。《诗品》评曰："令晖歌诗，往往断绝清巧，《拟古》尤胜。"[⑤]"断绝清巧，《拟古》尤胜"便是她自己的风格。在此略举数例以观之。"袅袅临窗竹，蔼蔼垂门桐。灼灼青轩女，泠泠高堂中。明志逸秋霜，玉颜掩春红。人生谁不别，恨君早从戎。明弦惭夜月，绀黛羞春风。"[⑥]"客从远方来，赠我漆鸣琴。木有相思文，弦有别离音。终身执此调，岁寒不改心。愿作阳春曲，宫商长相寻。"[⑦]"寒乡无异服，衣毡代文练。日月望君归，年年不解綖。荆扬春早和，幽翼犹霜霰。北寒妾已知，南心君不见。谁为道辛苦，寄情双飞燕。形迫杼煎丝，颜落风催电。容华一朝尽，惟余心不变。"[⑧]"明月何皎皎，垂幌照罗茵。

---

① ［唐］房玄龄等撰：《晋书》卷 31《后妃传上》，中华书局 1974 年版，第 950 页。

② ［唐］房玄龄等撰：《晋书》卷 96《列女》，中华书局 1974 年版，第 2510 页。

③ ［唐］房玄龄等撰：《晋书》卷 96《列女》，中华书局 1974 年版，第 2516 页。

④ ［陈］徐陵编《玉台新咏》注引《小名录》，见［陈］徐陵编，［清］吴兆宜注，程琰删补，穆克宏点校：《玉台新咏笺注》，中华书局 1985 年版，第 152 页。

⑤ ［梁］钟嵘著：《诗品》卷下《齐鲍令晖》，文学古籍刊行社 1954 年版，第 16 页。

⑥ ［南朝］鲍令晖：《拟青青河畔草》，见［陈］徐陵编，［清］吴兆宜注，程琰删补，穆克宏点校：《玉台新咏笺注》，中华书局 1985 年版，第 152 页。

⑦ ［南朝］鲍令晖：《拟客从远方来》，见［陈］徐陵编，［清］吴兆宜注、程琰删补，穆克宏点校：《玉台新咏笺注》，中华书局 1985 年版，第 152—153 页。

⑧ ［南朝］鲍令晖：《古意赠今人》，见［陈］徐陵编，［清］吴兆宜注、程琰删补，穆克宏点校：《玉台新咏笺注》，中华书局 1985 年版，第 154 页。

若共相思夜，知同忧怨晨。芳华岂矜貌，霜露不怜人。君非青云逝，飘迹事咸秦。妾持一生泪，经秋复度春。”[①] 由这四首诗，我们可见鲍令晖对自己情感的描绘是十分细腻的，用词华丽，思情真挚。她的诗对后代思妇诗的影响是十分明显的。

3. **经史教育**

这一时期一些家庭也重视女子的经史教育，有的在女儿很小时就教给她们高深的学问。如晋代王凝之妻谢道韫，安西将军谢奕女，“聪明有才辩。叔父安尝问：‘《毛诗》何句最佳?’道韫称：‘吉甫作颂，穆如清风。仲山甫永怀，以慰其心。’安谓有雅人深致。”[②] 由此可见谢道韫对《毛诗》是相当精通的。又如韦逞母宋氏“家世以儒学称。宋氏幼丧母，其父躬自养之。及长，授以《周官》音义，谓之曰：‘吾家世学《周官》，传业相继，此又周公所制，经纪典诰，百官品物，备于此矣。吾今无男可传，汝可受之，勿令绝世。’属天下丧乱，宋氏与夫在徙中，推鹿车，背负父所授书，到冀州，依胶东富人程安寿，寿养护之。”[③] 可见，韦逞母宋氏受到了有关《周官》之学高深的教育，成为她父亲学术的嫡传之人。

4. **妇工教育**

这一时期家庭高等妇工教育仍十分发达，如三国时期，魏国有个叫薛灵芸的，擅长针绣，也能剪裁，当时被人们尊称为“神绣”[④]，可见她的技艺非凡。晋武元杨皇后杨艳：“少聪慧，善书，姿质美丽，闲于女工。”[⑤]。“郑袤妻曹氏，鲁国薛人也。……事舅姑甚孝，躬纺绩之勤，以充奉养，至于叔妹群娣之间，尽其礼节，咸得欢心。”[⑥] 晋代的苏蕙，始平（今陕西咸阳西北）人，针织技术十分高超，她的丈夫窦滔在苻秦时被流放到沙漠，她因思念窦滔而织成一幅回文图诗锦赠给他。这幅回文诗锦织得很巧妙，共有 840 字，却是婉转循环，都可以诵读成章，诗句

---

① [南朝] 鲍令晖：《代葛沙门妻郭小玉作诗二首》，见 [陈] 徐陵编，[清] 吴兆宜注、程琰删补，穆克宏点校：《玉台新咏笺注》，中华书局 1985 年版，第 154—155 页。

② [唐] 房玄龄等撰：《晋书》卷 96《列女》，中华书局 1974 年，第 2516 页。

③ [唐] 房玄龄等撰：《晋书》卷 96《列女》，中华书局 1974 年版，第 2521 页。

④ 钱定一编著：《中国民间美术艺人志》，人民美术出版社 1987 年版，第 77 页。女工即妇工。

⑤ [唐] 房玄龄等撰：《晋书》卷 31《后妃传上》，中华书局 1974 年版，第 952 页。

⑥ [唐] 房玄龄等撰：《晋书》卷 96《列女传・郑袤妻曹氏》，中华书局 1974 年版，第 2510 页。

极为凄婉[①]。特别是贾思勰著成《齐民要术》后，对家庭妇女教育有重要的指导作用。

尽管本时期家庭在传授高深的妇工技术方面更为普遍，不过由于我国小农经济形成的封闭心理，一般家庭对高深的妇工技术是保密的，这就更增加了家庭妇工高等教育的特殊性，使我们很难了解当时传授的详细情形，常常只能看到女子掌握高深妇工技术这一结果。

（二）宫廷女子高等教育

魏晋时期，中国后妃体制有所发展。魏太祖时在皇后下定爵秩五等：夫人、昭仪、婕妤、容华、美人。魏文帝曹丕时增设贵嫔、淑媛、修容、顺成、良人五等。明帝曹叡时又增设淑妃、昭华、修仪三等。晋武帝司马炎统一南北之后，极尽声色之乐，大肆扩充后宫。后宫原有宫女数千，灭吴时他又选取吴娃五千，总计宫女近万人。武帝参照汉魏后宫体制，于皇后下设贵嫔、夫人、贵人为三夫人；又设淑妃、淑媛、淑仪、修华、修容、修仪、婕妤、容华、充华为九嫔；九嫔之下，还有美人、才人、中才人等爵秩[②]。至此，周代之三夫人、九嫔便都有了具体的名称。公元420年，刘裕逼晋恭帝让位，改国号为宋，建立南朝第一政权。在后妃体制方面，宋、齐、梁、陈四代基本都是承袭旧制，只是在名称方面略有不同，如宋时将晋代九嫔中的修华、修仪、修容更名为昭华、昭仪、昭容。公元439年，北魏政权统一了北方，与南朝形成南北对峙的局面。北魏孝文帝改制以后，在后妃体制方面于三夫人位上增设左昭仪、右昭仪，三夫人之下设三嫔、六嫔、世妃、御女、美人、女史、贤人、书史、才人、供人、使女、恭使等爵秩。东魏、西魏、北齐后妃体制承袭北魏，只是名目更为烦琐，例如北齐三夫人称弘德、正德、崇德；九嫔以下称光猷、昭训、隆徽、宣徽、凝晖、宣明、顺华、凝华、光训等。公元577年，北周武帝宇文邕灭北齐，统一了北方。周武帝是一个有才能的皇帝，他掌权后整顿吏治，释放奴婢，在后宫体制方面化繁为简，释放大批宫女，中宫只设五夫人等爵秩。

由此可见，在三国两晋南北朝时期，后宫有一套严格的等级制，为

---

① ［唐］房玄龄等撰：《晋书》卷96《列女传·窦滔妻苏氏》，中华书局1974年版，第2523页。

② ［唐］李延寿撰：《南史》卷11《后妃列传》，中华书局1975年版，第316页。

了维护这种等级制，宫廷便将教育作为训练宫女的手段，教给女子妇德、妇言、妇容、妇工的基本知识以及其他必备的文化知识，以便宫廷女子都能较好地履行自己的职责。如三国时期，吴主孙权的步夫人，具有良好品德，“夫人性不妒忌，多所推进，故久见爱待。……及薨……策命曰：……皇帝曰：呜呼皇后，惟后佐命，共承天地。虔恭夙夜，与朕均劳。内教修整，礼义不愆。宽容慈惠，有淑懿之德。民臣县望，远近归心。”① 晋人贵嫔左芬的妇言造诣很高，史载：“左贵嫔名芬，兄思。……芬少好学，善缀文，名亚于思，武帝闻而纳之。泰始八年，拜修仪。受诏作愁思之文，因为《离思赋》曰：‘生蓬户之侧陋兮，不闲习于文符。不见图画之妙像兮，不闻先哲之典谟。既愚陋而寡识兮，谬忝厕于紫庐。非草苗之所处兮，恒怵惕以忧惧。怀思慕之忉怛兮，兼始终之万虑。嗟隐忧之沈积兮，独郁结而靡诉。意惨愦而无聊兮，思缠绵以增慕。夜耿耿而不寐兮，魂憧憧而至曙。风骚骚而四起兮，霜皑皑而依庭。日晻暧而无光兮，气懰栗以洌清。怀愁戚之多感兮，患涕泪之自零。昔伯瑜之婉娈兮，每綵衣以娱亲。悼今日之乖隔兮，奄与家为参辰。岂相去之云远兮，曾不盈乎数寻。何宫禁之清切兮，欲瞻睹而莫因。仰行云以歔欷兮，涕流射而沾巾。惟屈原之哀感兮，嗟悲伤于离别。彼城阙之作诗兮，亦以日而喻月。况骨肉之相于兮，永缅邈而两绝。长含哀而抱戚兮，仰苍天而泣血。乱曰：骨肉至亲，化为他人，永长辞兮。惨怆愁悲，梦想魂归，见所思兮。惊寤号咷，心不自聊，泣涟洏兮。援笔舒情，涕泪增零，诉斯诗兮。’后为贵嫔，姿陋无宠，以才德见礼。体羸多患，常居薄室，帝每游华林，辄回辇过之。言及文义，辞对清华，左右侍听，莫不称美。及元杨皇后崩，芬献诔……及帝女万年公主薨，帝痛悼不已，诏芬为诔，其文甚丽，帝重芬词藻，每有方物异宝，必诏为赋颂，以是屡获恩赐焉。答兄思诗、书及杂赋颂数十篇，并行于世。”② 晋代的文明王皇后元姬：“及笄，归于文帝……后事舅姑尽妇道，谦冲接下，嫔御有序。及居父丧，身不胜衣，言与泪俱。……后虽处尊位，不忘素业，躬执纺绩，器服无文，御浣濯之衣，食不参味。而敦睦九族，垂心万物，

① ［晋］陈寿撰，［宋］裴松之注：《三国志》卷50《吴书·妃嫔传·吴主权步夫人》，中华书局1982年第2版，第1198页。

② ［唐］房玄龄等撰：《晋书》卷31《后妃传上》，中华书局1974年版，第957—962页。

言必典礼，浸润不行。”[①] 可见她在宫廷中受到多方面教育，养成了良好的品质。魏文帝甄皇后，她因郭皇后所谮，自己不服气，激怒文帝，被文帝赐死后宫，临终还写有这样的诗：“想见君颜色，感结伤心脾。念君常苦悲，夜夜不能寐”，表达自己的痴情，而没有怨恨。可见她的文学功底和道德涵养是很高的。

（三）学校女子高等教育

由于魏晋南北朝时期，社会动荡不安，官学衰败。为男子设立的高等教育机构远不如过去发达，为女子设立的高等教育机构就自然无暇顾及了，那种发源于周代、在汉代仍存在的具有高等教育性质的宗室之学在魏晋南北朝时期就销声匿迹了。

（四）寺庙女子高等教育

在魏晋南北朝尤其是南北朝时期，由于道教和佛教的兴盛，女子出家修行的逐渐增多，寺庙女子高等教育开始出现。这一时期出现了一些研究和实践道家经典和佛教经典的寺庙，它们同时也讲经读经，其教育的程度有的已达到高等教育的水平。下面我们分道教女子教育和佛教女子教育加以介绍。

1. 道观女子高等教育

女性出家者称女道士、女冠（女官）、道姑、坤道等。本时期道观女子高等教育承继前代传统，对女子出家做了更明确的规范。北周道教大师道安在《遗诫》中对出家的重要性和一般人很难做到此点进行了充分的论述，进而对出家修道的理想进行了规范，他说：“夫出家为道，至重至难，不可自轻，不可自易。所为重者，荷道佩德，萦仁负义，奉持净戒，死而后已。所为难者，绝世离俗，永割亲爱，回情易性，不同于众。行人所不能行，割人所不能割。忍苦受辱，捐弃躯命。谓之难者，名曰道人。道人者，导人也。行必可履，言必可法。被服出家，动为法则。不贪不净，不谗不匿。学问高远，志在玄默。是谓名称，参位三尊。出贤入圣，涤除精魂。”[②] 可见，女子出家，也就是女子必须接受高深的道教知识、教规、情感、意志等多方面的教育，以实现“学问高远，志在

① ［唐］房玄龄等撰：《晋书》卷31《后妃传上》，中华书局1974年版，第950页。

② 道世撰：《法苑珠林·周沙门释道安》，见［唐］释道世著，周叔迦、苏晋仁校注：《法苑珠林校注》第3册，中华书局2003年版，第1465页。

玄默”的目的，成为众人的榜样并引导人们向仁好义。

女冠们在学习研讨道义时，常有读书心得，积累到一定程度，就成理论著述。而升堂讲授时，必须写出讲稿，同时要对生字生词予以注释解析，日积月累，便是成果。理论著作的形成是道观高等教育成果的重要体现。本时期女冠有理论著述的很多，首推魏晋时湖北著名的女冠魏华存（251－334）。她在学习探究其师王褒所著《太上黄庭外景玉经》的基础上，用同样的格式，即七言韵语，草创了《太上黄庭内景玉经》（也称《上清黄庭内景经》，简称《内景经》或《注黄庭内景经》）。该书将道教的宗旨与中医学、生理学、气功学、养生学相融合，与其师的《外景经》相辅相成，提出“八景二十四真”的人体结构修炼理论。认为人体分上、中、下三个部分，每个部分都有八景神镇守，合为二十四真。这些分布于人体之中的神祇各有神通各具特征且有名有姓，与人的各个器官性状与功能相对应。全书共计 36 章 425 句，结构严谨，论述明确生动。尤其是人体结构内部调适导引修炼方法，写得含蓄但留有想象空间。如《呼吸章》：“呼吸元气以求仙，仙公公子已在前，朱鸟吐缩白石源，结精育胞化生身，留胎止精可长生。三气右回九道明，正一含华乃充盈，遥望一心如罗星，金室之下可不倾，延我白首反孩婴。”[①]《治生章》：“治生之道了不烦，但修《洞玄》与《玉篇》，兼行形中八景神，二十四真出自然。高拱无为魂魄安，清净神见与我言，安在紫房帏幕间，立坐室内三五玄。烧香接手玉华前，共入太室璇玑门，高研恬淡道之园，内视密眄尽睹真，真人在己莫问邻，何须远索求因缘。”[②]《玄元章》：“玄元上一魂魄炼，一之为物叵卒见，须得至真乃顾眄，至忌死气诸秽贱，六神合集虚中宴。结珠固精养神根，玉芪金符常完坚，闭口屈舌食胎津，使我遂炼获飞仙。”[③]《紫清章》：“紫清上皇大道君，太玄太和侠侍端，花生万物使我仙，飞升入天驾玉轮，昼夜七日思勿冥，子能行此可长存。积功成炼非自然，是由精诚亦由专，内守坚固真之真，虚中恬淡自致神。”[④] 她认为人体就是一部完整严密的神仙世界，各脏器就是一位尊神。因此，既要调息修炼身体各神，使之至纯至真，坚固凝精。同时，也要让身体器官与人的精神灵魂统一和谐，使心灵精神达到至灵至慧，自由虚空。

① 冯国超主编：《黄庭经》章 20《呼吸》，吉林人民出版社 2005 年版，第 72 页。

② 冯国超主编：《黄庭经》章 23《治生》，吉林人民出版社 2005 年版，第 80－81 页。

③ 冯国超主编：《黄庭经》章 27《玄元》，吉林人民出版社 2005 年版，第 89 页。

④ 冯国超主编：《黄庭经》章 29《紫清》，吉林人民出版社 2005 年版，第 94 页。

认为“心精意专内不倾”[①] “外方内圆神在中，通利血脉五脏丰”[②]。这是学道修炼的根本之所在。于是她大声疾呼：“何不登山诵我书?”[③] 宗教的信仰与自我的肯定，智慧的力量与修炼的功能，被她融会得圆润精美。劝世人诵读其书又是为发展道教尽力的真心表现。她还撰有《清虚真人王君内传》一卷、《注黄庭外传经》一卷[④]。晋朝道教创始人之一的郭洪之妻鲍姑，不仅精通房中术，而且有善治瘤疣的绝招。据《鲍姑祠记》载：鲍姑用“越冈天产之艾，以灸人身赘瘤，一灼即消除无有，历年久而所惠多”[⑤]。《羊城古钞》及《粤秀山三元宫历史大略记》均有记载。可见鲍姑不仅懂得道教知识，还精通治病之术。道姑通常是以给人治病为突破口来进行传道的。北魏时期还出现了规模较大的诵经祀拜仪式即做道场。史籍记载最早的道场是北魏太武帝为寇谦之等嵩山道士在平城（今山西在同市东北）建立的天师道场[⑥]。随后，道姑也逐渐通过道场来获取道教高深知识、研究道教高深学问，这样道观女子高等教育便逐渐发展起来。

2. 佛寺女子高等教育

(1) 中国女子信佛情况

早在东汉时期就有女子信佛，如东汉时阿潘出家受三皈依，为中国佛教第一位比丘尼[⑦]。两晋时女子信佛人数更多。如御史中丞周仲智妻胡母氏便是其中之一。据《洛阳大市寺·安慧则传》载：“则手自细书黄缣，写《大品》(按即《放光般若经》) 一部，合为一卷，字如小豆，凡十余本，以一本与汝南周仲智妻胡母氏供养。胡母过江，赍经自随，今在京师简靖寺靖首尼处。”[⑧]《太平广记》载：“周嵩妇胡母氏有素书《大品》，其素广五寸，而《大品》一部尽在焉。又并有舍利，银罂贮之，并缄于深箧中。永嘉之乱，胡母氏时避兵南奔，经及舍利自出箧外。因取怀之，以渡江东。又曾遇火，不暇取经。及屋尽火灭，得之于灰烬之下，

---

① 冯国超主编：《黄庭经》章 33《肝气》，吉林人民出版社 2005 年版，第 101 页。

② 冯国超主编：《黄庭经》章 35《隐藏》，吉林人民出版社 2005 年版，第 106 页。

③ 冯国超主编：《黄庭经》章 24《隐景》，吉林人民出版社 2005 年版，第 82 页。

④ 参见胡文楷著：《历代妇女著作考》，上海古籍出版社 1985 年新 1 版，第 11 页。

⑤ 冼剑民、陈鸿钧编：《广州碑刻集》，广东高等教育出版社 2006 年版，第 257 页。

⑥ 见［北齐］魏收撰：《魏书·释老志》，中华书局 1974 年版，第 3053 页。

⑦ 张志哲主编：《中华佛教人物大辞典》，黄山书社 2006 年版，第 39 页。

⑧ 《洛阳大市寺·安慧则传》，转引自陈作霖、陈诒绂撰：《金陵琐志九种（上）》，南京出版社 2008 年版，第 196 页。

俨然如故。会稽王道子就嵩曾孙云求以供养。……此经，字如麻子，点书分明。……此经盖得道僧慧则（按即安慧则）所写也”[①]。晋阙公则的弟子卫士度，他的母亲虔心信佛，史载：“其母又甚信向，诵经长斋，家常饭僧。……度善有文辞，作《八关忏文》，晋末斋者尚用之”[②]。所谓“长斋”，包括“三月斋”和“六斋”，“三月斋”是指在家居士于正月、五月、九月的前半月按照“八戒”（不杀生、不偷盗、不淫、不妄语、不饮酒、不涂饰香鬘和观听歌舞，不坐高广大床、不非时食）规定，作佛教修行；“六斋”是指每月初八、十四、十五、二十三、二十九、三十日持斋修行。

到东晋时，尼庵女尼和在家女居士持斋修行状况据东晋郗超的《奉法要》有这样的记载：“凡斋日，皆当鱼肉不御，迎中（中午）而食，既中之后，甘香美味，一不得尝，洗心念道，归命三尊（指佛、法、僧），悔过自责，行四等心（即‘四无量’，指慈、悲、喜、舍四心），远离房室，不著六欲，不得鞭挞骂詈、乘驾牛马、带持兵仗。妇人则兼去香花脂粉之饰，端心正意，务存柔顺”[③]。后来才出现佛经的讲说。据宝唱的《比丘尼传》载，比丘尼讲经始于竺道馨。她为沙弥尼时就常为众人口诵佛经。二十岁时，便能口诵《法华经》、《维摩经》等。受具足戒后，更是“研求理味，蔬食苦节，弥老弥至”。后住洛阳东寺也经常讲经。“雅能清谈，尤善《小品》，贵在理通，不事辞辩，一州道学所共师宗。比丘尼讲经，馨其始也”[④]。此后女徒除持斋修行、恪守戒律外，还要学习佛经。东晋时重要的女经有《宝女经》（又叫《宝女所问经》）、《离垢施女经》（又叫《太宝积经·无垢施菩萨应辩会》）、《比丘尼戒》（又叫《比丘尼戒经》或《比丘尼大戒》）、《银色女经》（又叫《前世三转经》）、《僧祇比丘尼戒本》、《教授比丘尼二岁坛经》、《妇人遇幸经》等。学识高深的比丘尼还要学习佛经翻译。武威太守种延之女种令仪（法名净检）常听沙门法始说法，“遂达旨趣”，后“剃落，从和尚受十戒。同其志者二十

① ［宋］李昉等编：《太平广记》卷113《报应十二·周闵》，中华书局1961年版，第782—783页。

② 《法苑珠林》卷42《受请篇》，见［唐］释道世著，周叔迦、苏晋仁校注：《法苑珠林校注》第3册，中华书局2003年版，第1326页。

③ 《弘明集》卷13，见《景印文渊阁四库全书》，台湾商务印书馆本，第1048页。

④ ［南朝梁］宝唱撰：《比丘尼传·道馨》，见释宝唱著，王孺童校注：《比丘尼传校注》，中华书局2006年版，第25页。

四人，于宫城西门共立竹林寺”[①]。

到南北朝时，佛教教育获得了进一步的发展。关于南北朝的佛教发展情况，唐法琳《辩正论》卷三、唐道世《法苑珠林》（四部丛刊本）卷一百二十及《魏书·释老志》、《洛阳伽蓝记》卷五、《续高僧传》等有详细的统计。如北齐邺都有寺约4000所，僧尼近8万人[②]；当时北齐共有僧尼200余万[③]。从北魏时起，皇后也有出家的，如孝文废皇后冯氏、孝文幽皇后冯氏、宣武皇后高氏、孝明皇后胡氏以及胡太后（宣武灵皇后胡氏）等。随着佛教宣称观世音菩萨（Avalokite Svara）有大慈大悲的德能，如在《普门品》中所描写的众生苦难即自然灾害、社会性苦难、个人的情欲、想象中的鬼怪之害等，只要信仰观世音菩萨或诵念它的名字，皆可得救；加之“若有女人设欲求男，礼拜供养观世音菩萨，便生福德智慧之男；设欲求女，便生端正有相之女，宿殖德本，众人受敬”的宣传，使佛教进一步普及民间，特别是妇女受其影响最深。到宋代以后，随着佛教的进一步民族化、民俗化，民间更盛行中国妇女形象的观世音的传说和造像，这就使佛教对女性的影响更大。

南北朝时女尼数量大增，有的尼寺多达几百乃至上千人。如宋文帝元嘉十一年（434），僧伽跋摩在建康南林寺立坛，请师子国铁萨罗等十一尼为师，向僧果、宝贤、僧敬等三百余比丘尼授戒，开了中国内地比丘尼从比丘、比丘尼同时受戒的先河。又据《洛阳伽蓝记》载，北魏宣武帝（500—515年在位）建瑶光寺，当时有女尼住房五百多间，可见学佛女子之多。521年北魏文成帝建有明练寺，孝明帝妹永泰公主在此削发为尼，使得该寺盛极一时，闻名遐迩，尼众多达千人，该寺即今河南登封永泰寺（庵）的前身[④]。再如梁武帝普通元年（520）帝为亡母在清溪两岸造智度寺，置比丘尼多达500人[⑤]。南朝陈时沈皇后沈婺华“性端静，聪明强记，涉猎经史，工书翰。”“后主即位，立为皇后。……后主

① ［南朝梁］宝唱撰：《比丘尼传·净检》，见释宝唱著，王孺童校注：《比丘尼传校注》，中华书局2006年版，第1页。

② ［南朝梁］道宣著：《续高僧传》卷10《靖嵩传》，台北文殊出版社1988年版，第281页。

③ ［南朝梁］道宣著：《续高僧传》卷8《法上传》，台北文殊出版社1988年版，第220页。

④ 参见傅润三编：《漫谈寺院文化》，宗教文化出版社1999年版，第174页。

⑤ ［唐］道宣撰：《续高僧传》卷1《宝唱传》，见［南朝梁］慧皎等撰：《高僧传合集》，上海古籍出版社1991年版，第107页。

薨，后自为哀辞，文甚酸切。”[①] 陈后主去世后，她便到“毗陵天静寺为尼，名观音。”[②] 她自撰有《沈皇后集》10卷，可惜已散佚，现在我们很难知道她受佛教教育的情况，但从她遁入空门之前已有的学识看，她在寺庙所受的佛教教育层次不会很低。

当时贵族妇女崇奉佛教，除史书记载外，还在一些壁画中反映了出来。如龙门石窟古阳洞的“贵族妇女礼佛图”。这幅图前导的是披袈裟的比丘尼，后面跟随着两个长裙曳地的贵族妇女，前者捧着薰炉，后者提香袋。背侧依次有双手擎宝盖的双髻伺女，身后依次有拱手的双髻侍从九人，皆长裙曳地，鱼贯而入。又如宾阳洞的“皇后礼佛图”（现藏美国堪城纳尔艺术馆），雕的是文昭皇太后头饰发冠，迎面一女侍捧薰炉，身侧有持莲侍女，身后随从女侍十余人。队列最后，尚有二女持羽葆[③]。

（2）尼戒坛制和度牒制规范着佛教女子高等教育

在佛教徒中出家女弟子有沙弥尼、式叉摩那尼和比丘尼。按照佛教的规定，一般女孩7岁便可出家，7—13岁女童出家阿难不敢度，佛言若能驱食上乌者听度，故又称“驱乌沙弥尼”，属佛教初等教育阶段；14—19岁正合沙弥尼之位，“以其5岁依师调练纯熟，堪于进具故也”，故又称“应法沙弥尼”[④]，属佛教中等教育阶段。而式叉摩那尼和比丘尼便属于高等教育阶段。

比丘尼是指受过348条比丘尼戒的出家女子，她比沙弥尼10条戒多得多，戒品具足。可见沙弥尼要成为比丘尼要经历一个较长的研究学习戒与法的过程，最后获得的“比丘尼”度牒。这与当今大学授予的毕业证与学位证很相似。授比丘尼戒不是随心所欲的，而是按严格的规定进行，因为官方设有度牒制度。南北朝时期已有这种制度，名籍限局必有凭由。

中国尼戒坛始于东汉，发展于两晋。东汉时阿潘出家受三皈依，为中国佛教第一位比丘尼[⑤]。东晋咸康年间（335—342），“（净）检等四人同坛止，从大僧（外国沙门昙摩羯多）以受具戒”[⑥]，成为中国较早的一批比丘尼。随后各地尼庵纷纷建立，仅随净检弟子安令首于建贤寺出家

① ［唐］姚思廉撰：《陈书》卷7《后主沈皇后》，中华书局1972年版，第130页。

② ［唐］李延寿撰：《南史》卷12《后主沈皇后传》，中华书局1975年版，第347页。

③ 参见宫大中著：《龙门石窟艺术》，上海人民出版社1981年版。

④ 参见丁福保：《佛学大辞典》，文物出版社1984年新1版，第601页。

⑤ 张志哲主编：《中华佛教人物大辞典》，黄山书社2006年版，第39页。

⑥ ［南朝梁］宝唱撰：《比丘尼传·净检》，见释宝唱著，王孺童校注：《比丘尼传校注》，中华书局2006年版，第2页。

的女子即达二百余人[①]。

南朝时，尼戒坛之事进一步繁荣。南朝刘宋时，中国如法比丘尼戒坛建立。依照佛制，女性出家本与男性有所不同。据《毗尼母经》卷一、《四分律》卷四十八等经律说，佛在成道十四年后，佛在那摩提犍尼精舍时，姨母摩诃波阇波提夫人率五百名女子要求出家，但被佛拒绝。后经阿难代为请求，佛为女性出家制定八种要求，如能遵守方可许之出家。它们是：(1) 尼虽百岁也要礼初夏比丘足；(2) 不得骂谤比丘；(3) 比丘尼不得举比丘过、说其过失，但比丘可举说比丘尼之过；(4) 式叉摩那（学法女）学戒后需从比丘受具足戒；(5) 比丘尼若犯有僧残罪，应于半月内于二部僧中行摩那埵，即于六日六夜期间作忏悔以之灭罪；(6) 比丘尼应当于半月之中从僧求乞教授；(7) 比丘尼不应于无比丘处夏安居；(8) 比丘尼夏安居结束，应从比丘处求三事以自恣忏悔。这就是后世所说的"八敬法"（"八敬斋"、"八不可越法"）。而第四法即要求，若式叉摩那期满要受具足戒，必须具 20 众清静僧尼方可授具。若少一人，则做法不成。不仅授者结罪，而且由于其数不满，也不能令尼感发而得增上戒品。

从东汉时阿潘出家受三皈依、到西晋时洛阳竹林寺净检尼等从昙摩羯多受戒，若依律仪观之，都非全戒。因为当时中国没有尼师，二部不全，净检等人仅是剃发、从和尚受十戒。中国比丘尼如律如法从二部僧众受比丘尼戒开始于南朝宋时，在求那跋摩[②]、僧伽跋摩[③]和比丘尼铁萨罗[④]的

---

① ［南朝梁］宝唱撰：《比丘尼传·安令首》，见释宝唱著，王孺童校注：《比丘尼传校注》，中华书局 2006 年版，第 7 页。

② 求那跋摩（367—431）：西域罽罽国（今克什米尔）王子，著名的佛经翻译家。14 岁时，他对佛学知识已经有了较深了解，成为崇德务善、心肠慈爱、不忍杀生的人。20 岁出家受戒时已熟悉九部经，通晓《四阿含经》。对律品禅要有很深研究，被人尊称为三藏法师。30 岁时，国王去世而无后嗣，众人议请还俗继位，不允。后辞别师父和众人过隐居生活。到师子国（今斯里兰卡），弘扬教化，得初果。又到阇婆国传教。继后到广州，被宋文帝召至京城。在灵鹫山修建禅室，讲说佛法。译《菩萨善戒》前 28 品。

③ 僧伽跋摩：南朝入华天竺（今印巴次大陆）僧人。精通戒律，以博学著称。南朝宋元嘉十年（433）入华，居建康（今江苏南京）平陆寺译经，被景福寺尼姑慧果等尊为戒师。与师子国尼姑铁萨罗同为僧尼授戒，受戒者前后达数百人。十九年（442）返国。译有《杂阿毗昙心论》、《摩得勒伽经》。

④ 铁萨罗：南朝宋比丘尼。原师子国人。元嘉十年（433）率十比丘尼到建康（今江苏南京），于南林寺立戒坛，请印度僧人僧伽跋摩为传戒师，共为尼众三百余重授具足戒。创中国比丘尼如法受戒之始。据传，当时为纪念师子国比丘尼到中国传授尼戒，在建康建一尼寺，命名为铁萨罗寺。

努力下完成。在梁《高僧传》卷 3《求那跋摩传》、《比丘尼传》卷 3 和《出三藏记集》卷 14《僧伽跋摩传》等中都有记述。只是时间不完全一致，但所述事情基本相同。求那跋摩（367—431），意为功德铠，北印度罽宾国（迦湿弥罗或犍陀罗地方）人，刹帝利种姓。二十岁出家，并受具足戒，精通经律论三藏，故时人称其为三藏法师。在建康沙门慧观、慧聪等力请下，宋文帝敕交州刺史延请时在师子国的求那跋摩。于是，他在元嘉元年（424）由海路至广州。元嘉八年（431，一说元嘉六年）至建康，得到宋文帝的礼遇，敕住祇洹寺，宣讲《法华经》及《十地经》。求那跋摩翻译有《菩萨善戒经》、《四分比丘尼羯磨法》、《优婆塞五戒相经》、《沙弥威仪》等，共计十部十八卷。梁《高僧传》卷三说他译经共有二十六卷，《大唐内典录》卷四说为七部三十八卷。后求那跋摩至建康，景福寺慧果尼问尼受戒之事，求那跋摩说："律制十僧得授具戒，边地五人亦得授之。"慧果问："几许里为边地?"答曰："千里之外，山海间隔者是也。"众尼坚请求那跋摩主持为她们重行受戒，她们对跋摩说："去六年，有师子国八尼至京云，宋地先未经有尼，那得二众受戒，恐戒品不全。"求那跋摩初欲随喜为其授戒，"戒法本在大僧众发，设不本事，无妨得戒，如爱道之缘"。诸尼又恐年月不满，苦欲更受。但是求那跋摩坚持认为，如能依律重受更好，今师子国比丘尼不满十人，且西国尼年腊未登，二众未备，最好是再度邀请外国比丘尼前来，凑足十人之数。

僧伽跋摩，意为僧铠、众铠，少而出家，精通律藏，更善《杂阿毗昙心论》，刘宋元嘉十年（433）西经流沙至建康（今南京），住平陆寺。《开元释教录》卷五称他译有包括《杂阿毗昙心论》（十四卷）在内，共五部二十七卷。僧伽跋摩于元嘉十九年（442）乘西域商人之舶西归，不知所终。

僧伽跋摩至建康时，正遇师子国比丘尼铁萨罗率十尼来至建康，他们的到来，解决了困扰中国比丘尼两百余年的受戒问题，因此二众具备，因缘成就，时为宋元嘉十一年（434）。于是在景福寺尼慧果、净音等力请之下，在建康南林寺设戒台，请僧伽跋摩为戒师，为尼重新授戒。不过此时，祇洹寺慧义尼认为尼戒无须重授，经与僧伽跋摩的几次辩论，慧义被说服，并派遣其弟子慧基等人参与传戒仪式。此次戒坛，僧尼从之受具足戒者三百余人。此为中国比丘尼如法受大戒之始。随着中国二众具备，比丘尼也日渐增多，于是在宋泰始二年（466），明帝就任命比丘尼宝贤为尼僧正，法净为京邑尼都维那以统协尼僧。[①] 从此，比丘尼在中国佛教史上的地位就更为突出了，众尼对律藏也着力研习，收获颇丰。

(3) 佛教女子高等教育的方法——都讲、复讲制与斗机锋

佛教在教学中，既应用中国儒家学校教学中传统有效的教学方法，也有自身独创的一些好方法。诸如都讲、复讲制、论辩答问法等。至于念诵背记的强化训练与日常功课的乐此不疲是十分普遍的做法。

1. 都讲、复讲制 佛教都讲、复讲制度起源于佛教创始人释迦牟尼最初的讲授传教。据康僧会《安般守意经序》记载，“世尊初欲说斯经时，大千震动，人天易色，三日安般，无能质者。于是世尊化为两身，一曰何等，一曰尊主，演于斯义出矣。”[②] 所谓“化为两身”，汤用彤认为是提问者和讲授答问者两种角色，他说：“世尊所化之一身，就安般事数分条问曰：‘何等?’另一尊身答之，而敷演其义。前者当中国佛家讲经之都讲，后者乃所谓法师。按佛教传说，结集三藏时，本系一人发问，一人唱演佛语。如此往复，以至终了，集为一经。故佛经文体，亦多取斯式。”[③] 也就是作为教师身份的世尊，在讲授传道中，一为演讲解问者，一为提问问难者，两种角色职责和语言形态不同，从而构成问答从容、解疑递进的教学结构形态。佛经的形式，是问答式，讲经的形式，亦是答问式，于是就形成主讲法师与提问都讲两个人互相协助，彼此激励，相辅相成，使讲经很有生气，易激发听讲者兴趣，活跃思维。都讲的职责，一方面是帮助法师转读经文，使学尼们加深对经文内含的理解领会；另一方面问难质疑，引起注意，开启思路。除都讲外，尼庵中还流行复讲的方式。在讲授过程告一段落，或第二日开讲之前，由都讲或法师的高足，把法师所讲授的内容，提纲挈领地、简明扼要地予以复述，从而加深听众的印象。这种方法，既是对听众的重点导引，也是对听众的复习加深，同时也是对复讲者记忆力、概括归纳力的训练。都讲、复讲方式在道教女子高等教育中也常采用，并与师徒之间的口耳相传结合进行。

②斗机锋 斗机锋是禅宗从论辩答问、游学访问逐渐发展而创造的一种特别的教学方法。指在教学过程中，触景生情、情动思发，信手拈

① 参见《高僧传》卷 3，《比丘尼传》卷 3、4，《出三藏记集》卷 10、11、14 等。

② [三国]（释）康僧会：《安般守意经序》。[梁] 释僧佑撰：《出三藏记集》卷 6《安般守意经序第二》，中华书局 1995 年版，第 244 页。

③ 汤用彤著：《汉魏两晋南北朝佛教史》第五章《佛道》，中华书局 1983 年版，第 82 页。

来一些“机缘”。“机缘”可以是一句佛经、一首偈诗、一个典故、一言俗语、施教者偶然迸发的奇句妙词，如刀锋似剑刃，给求学者对症下药、解惑去执、开思启智、散粘松缚；再加上动作、表情，配以呵斥重音，使求学者闻声辨音、睹物迁思、震荡心灵、顿悟禅义；加上求学者的反唇相讥、借题发挥、顺脉承接、偶发妙悟。这不仅使讲授者兴趣盎然，激情饱满，也使求学者思维活跃，增长胆识。佛教典籍中收有大量公案事例或偈语偈诗，是训练女尼的良好材料，至今仍然对人们的思维和学习有启发意义。

（4）女尼的理论著述与传教游学

女尼们平日学习研讨佛理时，常有读书心得，积累到一定程度就形成理论著述。而升堂讲授时，必须有讲稿写出，同时要对生字生词予以注释解析，日积月累，便是成果。这些著述和讲稿是佛教女子高等教育的重要成果之一。在注疏诠释方面，成绩突出者，则是南朝齐文慧帝时的女尼智胜（427—492）。智胜，俗姓徐，长安（今陕西西安市）人，出生于会稽（今绍兴市），20 岁出家为尼，住在京都著名的尼寺建福寺里，苦学修持，尤爱研学律藏。她在听受《大般涅槃经》时“一闻能持，后研《律藏》，功不再受”，总持之誉佥然改约，自制数十卷义疏，辞约而旨远，义隐而理妙，逢理不缁，遇磨不磷。”[①] 因而受到齐文惠太子萧长懋的接召，并延请入宫讲说众经，司徒竟陵文宣王也倍为崇敬。可见她撰写的义疏文本是相当高深的。另有闲居寺僧述尼，“节行清苦，法检不亏，游心经律，靡不遍览，后偏功《十诵》，文义优洽”[②]；僧盖尼“博听经律，深究旨归……出则善诱，谆谆不倦”[③]；德乐尼“笃志精勤，以昼继夜，穷研经律，言谈典雅……学众云集，从容教授，道盛东南……乐纲纪，大小悦服，远近钦风，皆愿依止，徒众二百余人”[④]；道仪尼“诵《华法经》，讲《维摩》、《小品》，精义妙理，因心独悟，戒行高峻，神气

① ［梁］宝唱撰：《比丘尼传》卷 3《建福寺智胜尼传》，见《碛砂大藏经》第 102 册，北京线装书局 2005 年影印宋元版，第 312 页。

② ［梁］宝唱撰：《比丘尼传》卷 4《闲居寺僧述尼传》，见释宝唱著，王孺童校注：《比丘尼传校注》，中华书局 2006 年版，第 204 页。

③ ［梁］宝唱撰：《比丘尼传》卷 3《禅基寺僧盖尼传》，见释宝唱著，王孺童校注：《比丘尼传校注》，中华书局 2006 年版，第 138—139 页。

④ ［梁］宝唱撰：《比丘尼传》卷 3《剡齐兴寺德乐尼传》，见释宝唱著，王孺童校注：《比丘尼传校注》，中华书局 2006 年版，第 159—160 页。

清邈。闻中饑经律渐备，讲集相续。……端心律藏，妙究精微”[①]；法净尼“戒行清净，明于事理，沈思精研，深究义奥……咨其戒范者七百余人”[②]。

除尼寺作为佛教女子学习高深知识的地方外，本时期女尼还到各地传教或游学，以不断提高自己。如东晋南朝之际的慧玉，她“行业勤修，经戒通备，常流行教化，历履邦邑，每属机缘，不避寒暑”[③]，其精神极为可佳。像这样潜心布道、不辞辛劳的人，在宝唱撰的《比丘尼传》中还有许多。当时游学之风也很兴盛，如东晋南朝之际的普照尼，她十七岁出家，住南皮张国寺。“后从师游学广陵建熙精舍，率心奉法，阖众嘉之”。[④] 又如东晋南朝之际的慧果尼，她平时“常行苦节，不衣绵纩，笃好毗尼，戒行清白”[⑤]，后在景福寺修行。元嘉六年（429）西域沙门僧伽跋摩来中国传教，她虚心求教。元嘉九年（432）率弟子慧意、慧铠等五人从僧伽跋摩重受具足戒，拜他为师。此外，有的尼寺在寺主之下设维那，协助寺主主持一寺的事务，并加强了对女徒的管理考核。《魏书·释老志》载，太和十年（486年）有司奏曰：“所检僧尼，寺主、维那当寺隐审。其有道行精勤者，听仍在道；为行凡粗者，有籍无籍，悉罢归齐民”[⑥]。永平二年（509）沙门统惠深上言：“诸州、镇、郡维那、上坐、寺主，各令戒律自修，咸依内禁，若不解律者，退其本次”[⑦]。可见寺主、维那要依照佛法戒律考察所管女徒，对修行怠惰、违反戒律者，给予处分，重者取消教籍，令其还俗。这无疑提高了女徒的素质，但也产生了不良的影响，出现了一些潜心求道而不爱惜身体，久病不治，或废寝忘食而毙命的人。而佛教女子高等教育正是在这一矛盾过程中获得发展的。

---

① ［梁］宝唱撰：《比丘尼传》卷1《何后寺道仪尼传》，见释宝唱著，王孺童校注：《比丘尼传校注》，中华书局2006年版，第40页。

② ［梁］宝唱撰：《比丘尼传》卷2《普贤寺法净尼传》，见释宝唱著，王孺童校注：《比丘尼传校注》，中华书局2006年版，第113页。

③ ［梁］宝唱撰：《比丘尼传》卷2《慧玉尼传》，见释宝唱著，王孺童校注：《比丘尼传校注》，中华书局2006年版，第52页。

④ ［梁］宝唱撰：《《比丘尼传》卷2《普照尼传》，见释宝唱著，王孺童校注：《比丘尼传校注》，中华书局2006年版，第70页。

⑤ ［梁］宝唱撰《比丘尼传》卷2《慧果尼传》，见释宝唱著，王孺童校注：《比丘尼传校注》，中华书局2006年版，第43页。

⑥ ［北齐］魏收撰：《魏书》卷114《释老志》，中华书局1974年版，第3039页。

⑦ ［北齐］魏收撰：《魏书》卷114《释老志》，中华书局1974年版，第3040页。

二、隋唐五代时期的女子高等教育的实施

在隋至五代时期，女子高等教育十分发达，这为女子高等教育理论的发展奠定了坚实的基础。这一时期关注女子高等教育的人较过去为多。如唐代的长孙皇后、王琳妻郑氏、韦温女韦氏、元沛妻刘氏、王抟妻刘氏、陈邈妻郑氏、宋若华、宋若昭等在女子高等教育方面都发表了自己的看法，提出了自己的主张。尽管有的我们很难见到原作品，但它在历史上对女子教育的影响是不可忽视的，而保存下来的女教著作使我们清楚地看到女子高等教育理论的发展，女子高等教育理论的发展也进一步促进了女子高等教育活动的开展。

（一）家庭女子高等教育

隋至五代，家庭经济获得了极大的发展，一些家庭逐渐重视女子的高等教育，他们利用家庭这个场所，营造良好的教育氛围或专门聘请名师大儒对女子进行教育，一些女子还养成了终身学习的习惯，使本时期的家庭女子教育生机勃勃。其中宦门妇女受教育状况尤值得一提。宦门妇女是唐代女性群体中享有一定特权，社会地位居于统治阶层的妇女。在构成上既有高门显贵家庭中的妇女，也有普通官宦之家的女性。这些官宦之家的女性，因祖辈、父辈或丈夫的原因，在社会上享受多种特权，较之生活在社会底层的劳动家庭中的妇女，她们属于衣食无虑的有闲阶层，因此受教育、培养读书乐趣，提高文化素养，既为父母长辈所希望，也为个人兴趣之所在，同时也为将来相夫教子所必需。而“书香门第”之家，既有一定数量的藏书，又有父母兄长相为传授，学习条件相对优越。加之唐代已为童男参加科举考试设有桐子科，男童高等教育较为流行，也促使一些家庭更加重视培养女童和成年女子的高深学问素养。在这样的背景下，官宦之家的女子大多秉承家训，自幼便开始读书，成年后学问都很渊博。

1. 家庭女子高等教育的形式

这一时期，女子在家所受高等教育大致有四种情况：延请专职家庭教师加以教授；兄长自教；到名师硕儒之家去拜师求教和女子在家自修。

（1）延请专职家庭教师加以教授

贵族官僚家庭中的女子，读书条件虽很优越，但父兄忙于公务、不

能执教者甚多，于是他们往往出资延聘有教学经验的教师代为传授。如《太平广记》卷449《李元恭》条说：唐开元年间，吏部侍郎李元恭有外孙女崔氏寄居家中，一日，有少年自称胡郎中入见，与元恭颇相结识，久之，少年“乃引一老人授崔经史，前后三载，［崔氏］颇通诸家大义”。接着少年“又引一人，教之书”，一年后，崔氏“以工书著称”[①]。最后胡郎又引荐了一位胡博士教崔氏学弹琴。从文中记载的内容来看，贵族官僚家庭的女子学习条件是较为优越的。为使家中女子得到全面发展，所聘教师往往不只一人；教育内容既有经史，也有书法和音乐。教师往往都是学有所长的专业人员。这虽是唐人笔记小说中的故事，但却比较真实地反映出唐代官宦女子受高等教育的情况。又如唐代的牛应贞是在家受专门教师的教诲而使自己学问逐渐渊博的。宋若昭撰《牛应贞传》载：“牛肃长女曰应贞，适宏农杨唐源。少而聪颖，经耳必诵，年十三，凡诵佛经二百余卷，儒书子史又数百余卷，亲族惊异之。初应贞未读《左传》，方拟受之，而夜初眠中，忽诵《春秋》，起惠公元妃孟子，卒终智伯贪而愎，故韩魏反而丧之。凡三十卷，一字无遗，天晓而毕。当诵时有教之者，或相酬和，其父惊骇数呼之都不答。诵已而觉，问何故，亦不知。试令开卷，则已精熟矣。著文章百余首，后遂学穷三教，博涉多能，每夜中眠熟，与文人谈论。文人皆古之知名者，往来答难，或称王弼、郑玄、王衍、陆机，辩论锋起，或论文章，谈名理往往数夜不已。”[②]

（2）兄长自教

民间一有文化背景的家庭，往往亲自为家中女子传授知识。如唐代缑氏县女子裴玄静，“幼而聪慧，母教以诗书，皆诵之不忘”[③]。冀州女子戚逍遥，其父在讲授之余，乃“以《女诫》授逍遥”[④] 等等。这是民间女子接受家庭教育的真实写照。

（3）拜名师硕儒求教

中唐著名诗人薛涛作为一个社会地位低下的乐妓，却能与当时许多诗人名士有酬唱往来。《薛涛集》载：“其间与涛唱和者，元稹、白居易、牛僧孺、令狐楚、裴度、严绶、张籍、杜牧、刘禹锡、吴武陵、张祜，

---

① ［宋］李昉等编：《太平广记》卷449《李元恭》，中华书局1962年版，第3672页。

② 胡文楷编著：《历代妇女著作考》（增订本），上海古籍出版社1985年第2版，第19页。

③ ［宋］李昉等编：《太平广记》卷70《裴玄静》，中华书局1961年版，第433页。

④ ［宋］李昉等编：《太平广记》卷70《戚逍遥》，中华书局1961年版，第438页。

余皆名士，记载凡二十人，竟有唱和。”[①] 其交游之广，可称女中之冠。中唐女道士李季兰虽也与诗僧皎然、诗人刘禹锡有唱和，但毕竟范围很小，无法与薛涛相比。由此可以看出薛涛的才华与这些名师硕儒的影响是分不开的，这使她养成了开朗、睥睨世俗的性格。清人李斯煌在《吊唐薛涛校书》一诗中说：“吟诗底事如豪杰，作字何曾类妇人。”[②] 薛涛的诗和词都不像出自妇人之手，与这些男性的影响是分不开的。

(4) 女子自修

隋至五代，女子在家自修成为追求高深学问的重要途径。如中唐文学家柳宗元祖母尹太夫人，七岁时便晓《毛诗》及刘氏《列女传》。稍长，“所读旧史及诸子书，夫人闻而尽知之”[③]。贞观时，齐州刺史张宾女，“幼闲内则，少习女师”，及长，“探赜机辩”，“文章卓荦”。[④] 出身于山东名门的唐秘书郎李府君妻荥阳郑夫人，自幼“聪识明敏，尤精鲁宣父之经诰，善卫夫人之华翰，明《左氏》之传，贯迁固之书，下及诸史，无不该览，今古伦比，罕其朋俦”[⑤]。唐赵璘《因话录》卷3《商部下》也载：唐刑部中元沛妻刘氏，“贤而有文学，著《女仪》一篇，亦曰《直训》”[⑥]。还有牛应贞，这位生长于民间，但却出自官宦人家的女子，堪称一位奇女子。据史书记载：她十三岁时便能“诵佛经三百余卷，儒书子史又数百余卷”，此后又“学穷三教”，博涉多能，擅长文赋，“著文章百余首”，并有文集《遗芳集》传世。[⑦]

2. 家庭女子高等教育的内容

这一时期家庭女子高等教育的内容主要包括日常行为规范教育、道德教育、文学艺术教育、经史教育和生产技能教育等。

这一时期女子家庭教育蔚然成风，中唐时被封为西平王的名将李晟更是“治家整肃”，全家主奴（包括主人和奴婢）“皆不许时世妆梳”，即

---

① [唐] 薛涛著：《薛涛集·薛涛》，明万历三十七年（1609）洗墨池刻本。

② 转引自彭芸荪著：《望江楼志》，四川人民出版社1980年版，第47页。

③ [清] 董诰等编：《钦定全唐文》卷590《先太夫人河东县太君归祔志》，中华书局1983年版，第5969页。

④ 周绍良主编：《唐代墓志汇编》贞观006《张夫人志》，上海古籍出版社1992年版，第13页。

⑤ 周绍良主编：《唐代墓志汇编》大中142《唐故秘书郎兼河中府宝鼎县令赵郡李府君妇人荥阳郑氏墓志铭》，上海古籍出版社1992年版，第2348页。

⑥ [唐] 赵璘撰：《因话录》卷3《商部下》，中华书局1985年版，第20页。

⑦ [宋] 李昉等编：《太平广记》卷271《牛肃女》，中华书局1961年版，第2135页。

在服饰方面不得赶时髦。一次他过生日，发现有个女儿为了给他拜寿，没有赶回家去侍奉已染疾病的公公，就大怒道："我不幸有此女，大大奇事。汝为人妇"，岂有公公患病，"不检校汤药，而与父作生日?"他立即打发女儿回去，自己也赶去探望，以表教训子女不严之过。于是，李晟的治家之法被称为"西平礼法"[①]。

居家应遵守"礼法"、"家法"，在唐代甚至得到了皇帝的认同。唐宣宗与他三个女儿的故事就说明了这一点。唐宣宗的长女万寿公主下嫁郑颢时，宣宗诏令她"执妇礼，皆如臣庶之法"。一次，郑颢的弟弟病危，宣宗就派遣使臣探望。使臣回宫后，宣宗问他："公主何在?"使臣答道，在慈恩寺看戏。宣宗发怒道，怪不得士大夫家"不欲与我家为婚!"他立即"召公主入宫，立之阶下，不之视。公主惧，涕泣谢罪。"宣宗责备道："岂有小郎病，不往省视，乃观戏乎!"于是，终宣宗之世，"贵戚皆兢兢守礼法"[②]。宣宗的另一个女儿永福公主也曾是一位不知"礼法"的女子。起初，宣宗选择于琮为她的附马。出嫁前，她与父皇一起吃饭时居然大发雷霆，折断了"匕筯"，即羹匙和筷子。宣宗说："此可为士人妻乎?"便令于琮改娶广德公主。广德公主与她的姐姐不同，于琮"家有礼法"，从而使广德公主成了当时著名的贤淑妇女。[③]

(二) 宫廷女子高等教育

隋唐五代时期，宫廷规模较大。虽然隋文帝是中国历史上唯一没有妃嫔的皇帝，但到炀帝时，恣意挥霍、享乐；大选美女，扩充后宫。除萧皇后外，他在后宫设置贵妃、淑妃、德妃，三位夫人品正第一；九嫔为顺仪、顺容、顺华、修仪、修容、修华、充仪、充容、充华，品正第二；十二位婕妤，品正第三；美人、才人十五位，为世妇，品正第四；二十四位宝林，品正第五；二十四位御女，品正第六；三十七位采女，为女御，品正第七。共计 124 人[④]。此外还有六尚、六司和六典侍奉宫中杂役。隋炀帝并不因此而满足，他即位后大造宫殿，继续选美，炀帝后

---

① [宋] 王谠撰：《唐语林》卷 1，上海古籍出版社 1978 年版，第 3 页。

② [宋] 司马光编著，[元] 胡三省音注：《资治通鉴》卷 248，古籍出版社 1956 年版，第 8036 页。

③ [宋] 欧阳修等撰：《新唐书》卷 83，中华书局 1975 年版，第 3672 页。

④ [唐] 魏徵等撰：《隋书》卷 36《后妃列传》，中华书局 1973 年版，第 1107 页。原文"总一百二十"有误。

妃侍婢总计有六七千人。唐太宗即位后，曾两次释放隋代宫女各三千人。唐代后妃制与隋略同，“唐制：皇后而下，有贵妃、淑妃、德妃、贤妃，是为夫人。昭仪、昭容、昭媛、修仪、修容、修媛、充仪、充容、充媛，是为九嫔。婕妤、美人、才人各九人，合二十七，是代世妇。宝林、御女、采女各二十七，合八十一，是代御妻”[①] 唐太宗整顿吏治，奖励诤臣，后宫妃嫔也因此而大减，天宝年间，唐玄宗迷恋声色，后宫妃嫔又增多起来。由上可见，后宫人员众多且有一套严格的等级制。五代时期，宫廷承继唐代风俗，妃嫔人数仍很多，其等级制也十分严格。

隋唐五代时期，朝廷十分重视宫廷女子高等教育，因为宫女在被采入宫时，年龄不大，采时多以美貌为主，重视才能不够，进入宫中都要调教，因此，宫廷便将教育作为训练宫女的手段，以便宫廷女子都能较好地履行自己的职责。宫廷女子高等教育的目的就是要使宫女必须具有妇德、妇言、妇容和妇工的基本素质以及良好的文化素养。

隋代的宫廷女子高等教育因隋历时太短而成效不大，而唐代宫廷女子高等教育成效十分显著。唐代文化普及，帝王本人文化素养较高，故对后宫女子才学也都比较重视。挑选后妃除门第姿容外，才艺是进宫的重要条件。另一方面，后妃参与君臣饮宴时，常有奉旨作诗的机会。这在客观上对后宫女子的文化教育水平提出了较高的要求。为了提高宫廷妃嫔的文化素质，朝廷在后宫创设了良好的读书条件。据史书记载，当时在宫内曾设有内文学馆，备有经、史、子、集四部和笔札几案，并令宫中有文学才能者任学士，教习宫人学习书算众艺。[②] 如中宗神龙初年，学士苏安恒曾出任习艺馆内教[③]。此外，宫中还设有一批为后宫服务的女学士和学官专门为她们传授礼乐等文化知识，如德、宪、穆、文数朝，女学士宋若莘五姐妹曾为六宫妃嫔及公主教授文化，被尊为“学士先生”[④]。在这种优越的学习环境下，唐代宫廷妇女从后妃到一般宫女，文化教育水平普遍得到提高。《唐书·后妃传》中有后妃 40 人，其中有著述及在文学等方面有成就者就达 11 人，占总人数的 27.5%。除此而外，

① ［宋］欧阳修、宋祁撰：《新唐书》卷 76《后妃列传》，中华书局 1975 年版，第 3467 页。

② ［宋］司马光编著，［元］胡三省音注：《资治通鉴》卷 208“中宗景龙元年”，古籍出版社 1956 年版，第 6617 页。

③ ［宋］欧阳修、宋祁撰：《新唐书》卷 112《苏安恒传》，中华书局 1975 年版，第 4169 页。

④ ［后晋］刘昫等撰：《旧唐书》卷 52《后妃传下》，中华书局 1975 年版，第 2198 页。

在诗文、书法、绘画等方面有一技之长的还有很多。如高祖皇后窦氏，不仅“工为篇章规诫，文有雅体”，而且“善书，与高祖书相杂，人不辨也”[①]。太宗长孙皇后，喜读书，能著述，“尝撰古妇人善事，勒成十卷，名曰《女则》，自为之序”[②]。太宗徐贤妃，自幼诵《论语》、《毛诗》，及长“遍涉经史，手不释卷”[③]；其妹也因“文藻秀丽”而被纳为高宗婕妤。还有玄宗时的杨贵妃，不仅“善歌舞，通音律”，而且“智算过人”[④]。玄宗时被称为“梅妃”的女子江采蘋，则是一位擅长作赋的能手，有《楼东赋》、《肖兰》、《梨园》、《梅花》、《风笛》、《玻杯》、《剪刀》及《倚窗》等赋及《谢赐珍珠》等诗。[⑤] 至于作为一代女皇的武则天，不仅“兼涉文史”[⑥]，且能诗、晓音律，“喜作字……其行书骎骎，稍能有丈夫胜气”[⑦]。另据《旧唐书·后妃传上》记载：中宗时，上官婉儿既是一位“明习吏事”的宫中女官，又是一位富有才华的女诗人兼诗歌评论家。她曾利用自己的特殊身份，“盛引当朝词学之臣，数赐游宴，赋诗唱和”[⑧]。除此而外，她还常代韦后和安乐、长宁两公主作诗，“辞甚绮丽，时人咸讽诵之”。中宗景龙末年，因事伏诛后，留下文集二十卷[⑨]。至于一般后宫女子的文化教育，从《全唐诗》中所收录的数十首武后时宫人和玄宗开元、天宝时宫人的诗作，特别是为人们所熟知的唐代后宫女子所作的《红叶题诗》、《战袍题诗》等来看，唐代后宫女子的文化教育既普及又层次高。

这里有必要提及一点的是，唐代公主，作为宫廷妇女的重要成员之一，她们所受的文化教育前人多所忽略。然而，当我们细读《新唐书·诸帝公主传》时，不难发现，唐代公主同宫廷其他妇女一样，从总体上来说都受到过较高层次的文化教育，一部分受过高等教育毫无疑问。她们中懂礼法、有教养者不乏其人。如太宗女襄城公主，“性孝睦，动循矩

---

① ［宋］欧阳修、宋祁撰：《新唐书》卷 77《后妃传》，中华书局 1975 年版，第 3469 页。

② ［后晋］刘昫等撰：《旧唐书》卷 51《后妃传上》，中华书局 1975 年版，第 2166 页。

③ ［后晋］刘昫等撰：《旧唐书》卷 51《后妃传上》，中华书局 1975 年版，第 2167 页。

④ ［后晋］刘昫等撰：《旧唐书》卷 51《后妃传上》，中华书局 1975 年版，第 2178 页。

⑤ 朝汛、天华主编：《中国历代才女传》，湖北人民出版社 1997 年版，第 206 页。

⑥ ［后晋］刘昫等撰：《旧唐书》卷 6《则天皇后纪》，中华书局 1975 年版，第 115 页。

⑦ ［宋］轶名著，顾逸点校：《宣和书谱》卷 1《则天》，上海书画出版社 1984 年版，第 8 页。

⑧ ［后晋］刘昫等撰：《旧唐书》卷 51《后妃传上》，中华书局 1975 年版，第 2175 页。

⑨ ［后晋］刘昫等撰：《旧唐书》卷 51《后妃传上》，中华书局 1975 年版，第 2175 页。

法，帝敕诸公主视为师式”[①]。还有太宗女晋阳公主，善翰墨，“临帝飞白书，下不能辨”[②]。临川公主“工籀隶，能属文”[③]；“雅好经书”，“尤善词笔”，所撰文笔及手写诸经，“并流行于世”[④]。玄宗女新平公主，“幼智敏，习知图训”[⑤]。凡此种种，都充分说明唐代公主受过良好教育，而且学有专长。至于说唐公主不守礼法，“骄横难制”，只能说是唐公主中少数“恃宠骄恣”者，并不能代表唐公主的全部。

总的来看，唐代宫廷女子高等教育内容包括妇德教育、妇言教育、妇容教育、妇工教育和高深文化知识教育。

（三）学校女子高等教育

隋至五代时期特别是唐代，女子歌舞教育获得了较大的发展。歌舞训练已开始专业化。隋时开始设立相当于今天的高等音乐舞蹈院校的教坊，对男女歌舞者进行专门训练。唐初已在宫廷内设立具有高等性质的音乐舞蹈院校——教坊和梨园。据唐崔令钦撰的《教坊记》载：“西京右教坊，在光宅坊；左教坊，在延政坊。右多善歌，左多工舞，盖相因习。东京两教坊，俱在明义坊。而右在南，左在北也。”[⑥] 可见当时教坊至少有四处。唐玄宗开元二年（714）改组大乐署，把大乐署中搞燕乐的乐工分出来，形成了多处梨园。据史记载，唐代梨园为：一处在东宫宜春北院，称“梨花园”。《新唐书》卷 22 载：“宫女数百，亦为梨园弟子，居宜春北院。”[⑦] 主要表演法曲及歌舞，并担任唐玄宗新创曲子的试奏任务，《新唐书·礼乐志十二》载：“帝制新曲，教女伶数十百人，衣珠翠缇绣，边袂而歌”[⑧]。《太平御览》卷 583 引《明皇杂录》亦记：“天宝中，上命

---

① ［宋］欧阳修、宋祁撰：《新唐书》卷 83《诸帝公主传》，中华书局 1975 年版，第 3645 页。

② ［宋］欧阳修、宋祁撰：《新唐书》卷 83《诸帝公主传》，中华书局 1975 年版，第 3649 页。

③ ［宋］欧阳修、宋祁撰：《新唐书》卷 83《诸帝公主传》，中华书局 1975 年版，第 3646 页。

④ ［唐］颜真卿撰：《大唐故临川郡长公主墓志铭》，转引自《文物》1977 年第 10 期。

⑤ ［宋］欧阳修、宋祁撰：《新唐书》卷 83《诸帝公主传》，中华书局 1975 年版，第 3660 页。

⑥ ［唐］崔令钦撰：《教坊记》，中华书局 1985 年版，第 1 页。

⑦ ［宋］欧阳修、宋祁撰：《新唐书》卷 22《礼乐志十二》，中华书局 1975 年版，第 476 页。

⑧ ［宋］欧阳修、宋祁撰：《新唐书》卷 22《礼乐志十二》，中华书局 1975 年版，第 478 页。

宫女子数百人为梨园弟子，皆居宜春北院。”[①] 唐诗又称宜春北院为“梨花园”[②]。二处在长安的太常寺西北，称“太常梨园别教院”或“太常梨园”，主要演奏新创作的歌舞大曲，人数一千人。《册府元龟》卷 569 记：“又有别教院，教供奉新曲。太常每凌晨，鼓笛乱发于太乐署。别教院廪食常千人。”[③]《唐会要》卷 33 亦云：“太常梨园别教院，教法曲乐章等。”第三处设在洛阳的太常寺西北，称“梨园新院”，天宝年间设置，有一千五百人，主要演奏各种民间音乐即俗乐。据段安节《乐府杂录》后附文记：“乐具库在望仙门内之东壁。俗乐，古都属乐（梨）园新院。院在太常寺内之西北也。……古乐工都计五千余人，内一千五百人俗乐，系梨园新院，于此旋抽入教坊。计司每月请料，于乐寺给散。”[④] 第四处在蓬莱宫侧（内教坊），称梨园法部（属宫内梨园）。据《唐会要》卷 34 记：“开元二年（714），上（玄宗）以天下无事，听政之暇，于梨园自教法曲，必尽其妙，谓之‘皇帝梨园弟子’。”[⑤]《新唐书》卷 22《礼乐志》亦记：“玄宗既知音律，又酷爱法曲，选坐部伎子弟三百教于梨园，声有误者，帝必觉而正之，号‘皇帝梨园弟子’。……梨园法部，更置小部音声三十余人。”[⑥]《旧唐书》卷 28《音乐志》所记与《新唐书》同，仅最后记：“以置院近于禁苑之梨园。”[⑦] 第五处在光华门北禁苑内，称“禁苑梨园”，唐中宗以前即设，主要负责按乐、和乐，内有梨园亭、毬场等，元和时改为宣徽院、天成二年改为仙韶院。[⑧] 第六处在华清宫瑶光楼南，称

① ［宋］李昉等撰：《太平御览》卷 583 引《明皇杂录》，中华书局 1960 年版，第 2628 页。

② ［唐］王建《宫词》云：“明日梨花院里见，先须逐得内家歌”。（《全唐诗》卷 302，中华书局 1985 年第 3 版，第 3442 页）

③ ［宋］王钦若等编纂：《册府元龟》卷 569《掌礼部七・作乐第五》，凤凰出版社 2006 年版，第 6546 页。

④ ［唐］段安节撰：《乐府杂录》，中华书局 1985 年版，第 43—44 页。

⑤ ［宋］王溥撰：《唐会要》卷 34《杂录》“开元二年”，中华书局 1955 年版，第 629 页。

⑥ ［宋］欧阳修、宋祁撰：《新唐书》卷 22《礼乐志十二》，中华书局 1975 年版，第 476 页。

⑦ ［后晋］刘昫等撰：《旧唐书》卷 28《音乐志》，中华书局 1975 年版，第 1051 页。

⑧ 参见宋程大昌《雍录》卷 9“梨园”条，清徐松《唐两京城坊考》卷一；《旧唐书》卷 17《文宗纪下》记：“太和九年八月丁丑”条；《旧唐书》卷 7《中宗纪》景龙四年条；《封氏闻见记》卷 6；《全唐诗》卷 102 武平一《幸梨园观打球应制》、《全唐诗》卷 81 乔知之《梨园亭子侍宴》、《全唐诗》卷 96 沈佺期《三日梨园侍宴》及《幸梨园亭观打毬应制》、《全唐诗》卷 475 李德裕《述梦诗四十》；《新唐书》卷 208《李辅国传》等。

“华清宫梨园”，天宝年间设置，主要演奏法曲和歌舞[①]。天宝以后，教坊和梨园的地位日益显耀，成为女子接受歌舞教育的重要场所。

唐时，在教坊和梨园中有男女乐工数百人，乐工要经过特别的训练，分工也十分精细。最初“教习琵琶、三弦、箜篌、筝等，谓搊弹家。”漂亮而技艺高于“搊弹家”的称“官人”。在表演大型歌舞时站在歌舞队的重要位置即首尾的称“前头人”。平时要做对歌练习，“每月二日、十六日，内人母得以女对，无母则姊妹若姑一人对。十家就本落余内人并坐内教坊对，内人生日，则许其母姑姊妹皆来对”[②]。我们从开元十一年（723）初制《圣寿乐》的表演，也可窥见当时的教育情况。“宜夫院人为首尾，搊弹家在行间，令学其举手也”。可见当时技人的学习能力有强弱之分，学习速度有快慢之分，“必择尤［优］者为首尾”，以免观众看出破绽来[③]。

唐代教坊教学内容是很丰富的，除练习基本的弹奏技巧外，仅就唐崔令钦撰的《教坊记》中所列曲名如献天花、和风柳、美唐风、透碧空、巫山女、度春江、众仙乐、大定乐等多达325首，现在可考的唐代曲名至少有60首以上，可见当时教坊教育多么繁盛[④]。

唐玄宗时，宫中的梨园可算是最高水平的歌舞教育场所。《唐书·礼乐志》载：明皇既知音律，又酷爱法曲，选坐部伎子弟三百教于梨园。声音有误者必觉而正之，号皇帝梨园弟子。梨园的教学效果也高于教坊。李尤白先生所撰的《梨园考论》认为唐梨园“不妨被目为我国历史上第一所规模完备既培训演员（弟子），有肩负演出任务的综合性的‘皇家音乐、舞蹈、戏剧学院’。”[⑤]

唐段安节的《乐府杂录》记载有唐开元以后的乐部、乐器、乐曲以及著名歌唱家、演奏家的故事。当时善歌者“心调其气，氤氲自脐间出，至喉乃噫其词，即分抗坠之音，既得其术，即可致遏云响谷之妙也”[⑥]。这便是当今的美声唱法。当时人们常跳的舞有健舞、软舞、字舞、花舞、

① 周伟洲：《唐梨园新考》；魏全瑞主编：《隋唐史论 牛致功教授八十华诞祝寿文集》，三秦出版社2007年版，第113页。

② ［唐］崔令钦撰：《教坊记》，中华书局1985年版，第1页。

③ ［唐］崔令钦撰：《教坊记》，中华书局1985年版，第1页。

④ 参见［唐］崔令钦撰：《教坊记·曲名》，中华书局1985年版，第3—5页。

⑤ 李尤白撰：《梨园考论》，陕西人民出版社1995年版，第22页。

⑥ ［唐］段安节撰：《乐府杂录·歌》，中华书局1985年版，第15—16页。

马舞[①]。每种舞又有数种曲，如健舞，据《乐府杂录》载，当时有《棱大》、《胡腾》等。杜甫曾于唐代宗大历二年（767）观公孙大娘弟子临颍的李十二娘舞剑器而作《观公孙大娘弟子舞剑器行》，诗中对公孙大娘的剑器舞大加赞赏。他写道："昔有佳人公孙氏，一舞剑气动四方。观者如山色沮丧，天地为之久低昂。㸌如羿射九日落，矫如群帝骖龙翔。来如雷霆收震怒，罢如江海凝清光……先帝侍女八千人，公孙剑器初第一"[②]。公孙大娘是玄宗时著名的女舞蹈家，也是当时教坊舞女中唯一长于舞"剑器浑脱"的人。她曾在郾城、邺县（今河南安阳县）一带表演过，著名书法家张旭就曾在邺县不止一次地看过她舞"西河剑器"，受到启发，因而草书大为长进。《国史补》载，张旭常言："始吾见公主担夫争路而得笔法之意，后见公孙氏舞剑器而得其神"。可见公孙大娘的技艺之高。她的弟子临颍的李十二娘剑器舞也十分动人，杜甫正是在夔州看到李十二娘的表演才追忆起唐玄宗开元五年（717 年）自己六岁时在郾城看见公孙大娘舞"剑器浑脱"的，可以想见公孙大娘对李十二娘的培养教诲了。唐时教坊女子的演奏技艺十分精湛，如唐宪宗元和十一年（815）秋天，白居易在湓浦口（今九江市西）被琵琶女的演奏所感动，作了《琵琶行》。这个琵琶女"本长安倡女，尝学琵琶于穆、曹二善才"、"十三学得琵琶成，名属教坊第一部"[③]。白居易对她的演奏这样描绘道："转轴拨弦三两声，未成曲调先有情。弦弦掩抑声声思，似诉平生不得意。低眉信手续续弹，说尽心中无限事。""轻拢慢捻抹复挑，初为《霓裳》后《六幺》。大弦嘈嘈如急雨，小弦切切如私语。嘈嘈切切错杂弹，大珠小珠落玉盘。间关莺语花底滑，幽咽泉流水下滩。水泉冷涩弦疑绝，疑绝不通声暂歇。别有幽愁暗恨生，此时无声胜有声。银瓶乍破水浆迸，铁骑突出刀枪鸣。曲终收拨当心画，四弦一声如裂帛"[④]。这种将丰富而细腻的感情与精湛的技艺融为一体的演奏法，使白居易大为感动。由此可知当时教坊女子演奏技术之高。

---

① ［唐］段安节撰：《乐府杂录·舞工》，中华书局 1985 年版，第 19 页。

② ［唐］杜甫：《观公孙大娘弟子舞剑器行》，见［清］抱犊山人纂：《唐诗一万首》上册，花山文艺出版社 1991 年版，第 501 页。

③ ［唐］白居易：《琵琶行》，见［清］抱犊山人纂：《唐诗一万首》下册，花山文艺出版社 1991 年版，第 1004—1005 页。

④ ［唐］白居易：《琵琶行》，见［清］抱犊山人纂：《唐诗一万首》下册，花山文艺出版社 1991 年版，第 1004 页。

（四）寺庙女子高等教育

本时期，由于道教和佛教的发展，女子出家修行者增多，寺庙女子高等教育逐渐获得发展。这一时期出现了一些研究和实践道家经典和佛教经典的寺庙，它们同时也讲经读经，其教育的程度已达到高等教育的水平。下面我们分佛教女子高等教育和道教女子高等教育加以介绍。

1. 尼庵女子高等教育

隋至五代是佛教大为盛行并逐渐中国化的时期。继北周武帝灭佛之后，隋文帝杨坚提倡兴佛。《隋书》卷一《高祖上》和《集古今佛道论衡》卷 2 等资料载，隋文帝杨坚是在尼姑庙里出生，并由神尼智仙进行抚养，直到 13 岁方始还家。及为天子，常谓其兴由佛法![1] 崇尚佛教，开皇十一年六月，诏立僧尼二寺，认为“昔夫老子作上下之经，才表清虚之妙，庄生著内外之义，且论出世之高。无申业报之言，岂畅因缘之旨，眷言大道，未为尽得。是知神理微密，真趣幽玄，心期之侣，起惑兴障，若非达圣膺运，卒德降灵，热能敷化大千，□于彼岸？……诏州县各立僧尼二寺。”[2] 为了争取民众，教徒们往往利用寺院向广大世俗民众兴办俗讲教育。一是为宣教弘法，二是普及基本的文化知识。其结果，“愚夫冶妇，乐闻其说”，“听者填咽，寺舍瞻礼崇奉，呼为‘和尚’”[3]。

唐代武德三年（620）朝廷设立十大德统管僧尼，并立大德尼十人专管尼众[4]，当时任大德的有保恭、法侃、吉藏、慧因四人[5]。但因法雅之骄横专势，这些僧官之设，终为虚名，而不久只好取消。武德开国，僧家长制度承袭隋旧制。天下僧尼隶属于鸿胪寺（一度改为司宾寺）的崇玄署。后崇玄署改为肃宗正寺，专管道士女冠事务，僧政由鸿胪的典客署职掌。武后延载元年（694）以僧尼隶祠部。祠部设郎中、员外郎各一人，主事、令史、书令史多人。寺有定数。每寺立三纲，上座一人，寺主一

① ［隋］沙门灌顶撰：《国清百录》卷 2《隋高祖文皇帝敕书第二十二》，见永乐北藏”整理委员会编：《永乐北藏》第 167 册，线装书局 1440 年印本，第 47 页。

② ［清］王昶编：《金石萃编》卷 38《诏立僧尼二寺记》，扫叶山房 1921 年版，第 8 页。

③ ［唐］赵璘撰：《因话录》卷 4《文淑僧》，中华书局 1985 年版，第 25 页。

④ 参见《释氏稽古略》卷 3 及张曼涛主编：《中国佛教通史论述》，大乘文化出版社 1978 年版，第 259 页。

⑤ 参见《续高僧传》卷 11 及张曼涛主编：《中国佛教通史论述》，大乘文化出版社 1978 年版，第 259 页。

人，都维那一人，以德行知识高者充任。凡试经度僧，由祠部给牒[①]。

随着佛教知识的广泛传播，一些妇女也心向佛祖，出家修行，接受佛教高等教育。如武则天（624－705）时佛教女子高等教育获得了进一步的发展。因为武则天的母亲杨氏是笃信佛教的，所以武则天幼年就信佛，“伏承神皇幼小时已被缁服。”[②] 武则天也自陈“幼崇释教，夙慕归依”[③]。她后来做唐太宗的才人12年，受到宫中礼佛活动的影响。后唐太宗驾崩，她随太宗嫔妃出宫入感业寺为尼。入寺被服，学三阶，吃长斋，持戒，坐禅，修行。武则天兼涉文史，有文化才学，晨夕披诵法华、般若、摄论、维摩诸经，专修佛学理论。“穷贝牒之遗文，集蜂台之秘箓。”[④] 进而博通三藏，有一定佛学造诣。武则天在后来的著作文章中阐述其佛学观：“务广三明之路，思崇八正之门”[⑤]。“如来设教，同趣菩提。既显神咒之功，庄严最上；爰述下生之记，说法度人。”[⑥] 武则天有六道轮回思想，“人迷四忍，轮迴于六趣之中”[⑦]，“思欲运六道于慈舟，迴超苦海”[⑧]。武则天相信佛法救世，“慧日法王，超四大而高视，中天调御，越十地以居尊。”[⑨] 她信仰佛教涅槃，“混假名之分别，等生死于涅槃。……入如来之藏，游解脱之门”[⑩]。她谙熟佛教哲学，“其为体也，则不生不灭；其为相也，则无去无来。”[⑪]因此，可以相信佛教思想曾对武则天的统治产生过深刻影响。武则天封为皇后之后，继续事佛，显庆元年春，立武后子代王弘为皇太子，是日于慈恩寺斋僧五千，并遣朝臣行香。十一月武后生皇子（中宗），依玄奘请，赐号佛光王，诏于慈恩寺，请玄

---

① 张治江等主编《佛教文化》，长春出版社1992年版，第354－355页。

② 陈寅恪：《武曌与佛》，见《金明馆丛稿二编》；范文澜著：《唐代佛教》所附张尊骝撰《隋唐五代佛教大事年表》。

③ ［唐］武则天撰：《武则天集·三藏圣教序》，山西人民出版社1987年版，第135页。

④ ［唐］武则天撰：《武则天集·三藏圣教序》，山西人民出版社1987年版，第135页。

⑤ ［唐］武则天撰：《武则天集·方广大庄严经序》，山西人民出版社1987年版，第131页。

⑥ ［唐］武则天撰：《武则天集·三藏圣教序》，山西人民出版社1987年版，第135页。

⑦ ［唐］武则天撰：《武则天集·大周新译大方广佛华严经序》，山西人民出版社1987年版，第132页。

⑧ ［唐］武则天撰：《武则天集·三藏圣教序》，山西人民出版社1987年版，第135页。

⑨ ［唐］武则天撰：《武则天集·大周新译大方广佛华严经序》，山西人民出版社1987年版，第133页。

⑩ ［唐］武则天撰：《武则天集·新译大乘人楞伽经序》，山西人民出版社1987年版，第137页。

⑪ ［唐］武则天撰：《武则天集·大周新译大方广佛华严经序》，山西人民出版社1987年版，第133页。

奘为之剃发受戒。帝后礼重名德高僧玄奘。建寺度僧尼，显庆二年，高宗命建西明寺，廊院式，楼台廊庑四千区。庄严之盛，是南朝梁的同泰寺和北朝魏的永宁寺都不能相比的。天授二年四月二日敕：天下寺五千三百五十八人，僧七万五千五百二十四，尼五万五百七十，合计僧尼十三万多。法门寺两迎佛骨，显庆四年迎佛骨，武后舍所寝衣帐直绢千匹，为舍利造金棺银椁，雕镂穷奇。长安四年迎佛骨，武则天亲自焚香膜拜，赏赐丰富。咸亨三年敕龙门山镌石龛卢舍那大佛，高八十五尺。“卢舍那”有光明普照人间之意。传说武后助钱两万贯，所镌卢舍塑像于形于神，颇似武则天，还有流传佛曲——《卢舍那仙曲》。为了提高佛教地位，上元元年八月二十四日诏：“公私斋会，及参集之处，道士女冠在东，僧尼在西，不需更为先后。”[①] 改变了唐太宗时规定的道在释前政策。武则天提倡崇佛对女子出家追求高深佛学学问影响是深刻的。此后，民间女子出家的不断增多，我们仅就唐代后期到五代以及宋初敦煌设置方等道场对女性授戒情况略做介绍便可见一斑。唐后期五代宋初敦煌设置方等道场对女性授戒时间、地点和女性对象情况如下表：

表 2—1 **唐后期五代宋初敦煌设置方等道场对女性授戒时间、地点和女性对象情况表**

时间	地点	授戒对象	材料来源
乾宁二年（895）三月	安国寺	沙弥尼、式叉尼	P. 3167 背
公元 895—920 年间	不明	式叉尼、沙弥尼	S. 2614 背、Дχ. 2151 背
公元 920 年前后	不明	沙弥尼、式叉尼	Дχ. 2151 背、Дχ. 1329B
天成四年（929）三月	普光寺	式叉尼、沙弥尼	S. 2575
公元 940 年前后	不明	式叉尼、沙弥尼	S. 2575
乾德三年（965）	三界寺	沙弥尼、式叉尼	P. 3143

（上表资料参见郝春文著：《唐后期五代宋初敦煌僧尼的社会生活》，中国社会科学出版社 1998 年版，第 36 页。P. ——巴黎法国国立图书馆藏敦煌文献伯希和（Pelliot）编号；S. ——伦敦英国国家图书馆藏敦煌文献斯坦因（Stein）编号；Дχ. ——圣彼得堡俄罗斯联邦科学院东方学研究所圣彼得堡分所藏敦煌文献编号）

① ［宋］王溥撰：《唐会要》卷 49《僧道立位》，中华书局 1955 年版，第 859 页。

从上表所附的材料来看，敦煌的式叉尼与诸律中所规定的式叉尼是沙弥尼至比丘尼之间的必经阶段。但在 S.2575 背《甄别求戒政学、沙弥尼等为上中下三品判稿》中明言“二众”明显是指政学女（式叉尼）和沙弥尼，表明敦煌的沙弥尼可以不经过式叉尼阶段而直接成为比丘尼，这便是本时期佛教高等教育的特点之一。式叉尼的出现本是缘于已婚妇女怀孕后出家，受具足戒前要用“二岁学六不法，可知有娠无娠”。实际这条规定并不严密，待达到佛教规定的受具年龄（20 岁），本来就有不少于两年的观察期，完全没有必要再经过一个“二岁学六法”的式叉尼阶段。敦煌的式叉尼几乎都是十八岁时以沙弥尼的身份直接受具足戒。只有这样才能合理地解释方等道场的受具对象有“政学女”和沙弥尼“二众”的现象。但式叉尼受具似乎要比沙弥尼多一道程序，即要经过登坛道场。不管是“政学女”还是沙弥尼，从她们的年龄和知识状况来看，都已达到高等教育的阶段和水平。如唐末著名的诗尼海印，在诗的造诣方面甚高，并不亚于当时的中举者。其五言律诗《舟夜》，就颇为读者称颂：“水色连天色，风声益浪声。旅人归思苦，渔叟梦魂惊。举棹云先到，移舟月逐行。旋吟诗句罢，犹见远山横。”① 这首诗用朴实的笔触，把行进在月夜中的舟子，与周边的环境、人物、人物的心态，都描绘得栩栩如生。尤其是“举棹云先到，移舟月逐行”两句，更是传神之笔。

2. 道观女子高等教育

隋炀帝实行佛道并重的政策，提倡道教，使一部分女子热衷道教。如隋炀帝大业六年杨广在两都及他地巡游，常以僧尼道士女冠自随，谓之四道场，每日设宴亦以僧尼道士女冠为一席②，便是最好的反映。

唐高宗李治（650—683 年在位）以老子为李氏祖先，上“太上玄光皇帝”尊号，诸州各建观一所。上元元年（674）八月二十四辛丑，为了抬高道教地位，高宗李治下诏：“公私斋会，及参集之处，道士女冠在东，僧尼在西，不须更为先后。”③ 让佛道二教平起平坐。又规定以《老子》为上经，令王公百僚皆习，并作为考试士人的内容。据《资治通鉴》

① ［清］康熙御定：《全唐诗》卷 805《海印》，中华书局 1960 年版，第 9061 页。海印，蜀慈光寺尼，唐末人，才思清峻。

② 卿希泰主编：《中国道教史》卷 2，四川人民出版社 1992 年 7 月第 1 版，第 814 页。另参见［宋］司马光编著：［元］胡三省音注：《资治通鉴》卷 181，古籍出版社 1956 年版。

③ ［宋］王溥撰：《唐会要》卷 49《僧道立位》，中华书局 1955 年版，第 859 页。

卷202载：上元元年（674）十二月“壬寅，天后上表，以为：‘国家圣绪，出自玄元皇帝，请令王公以下皆习《老子》，每岁明经，准《孝经》、《论语》策试’”[①]。《旧唐书·高宗本纪》亦载：“上元元年十二月‘壬寅，天后上意见十二条，请王公百僚皆习《老子》，每岁明经一准《孝经》、《论语》例试于有司”[②]。高宗李治采纳了这一意见，于上元二年（675）便令士子加试《老子》，明经二条，进士三条。仪凤三年（678）又下诏说：“自今以后，《道德经》并为上经，贡举人皆须兼通。”[③]

景云年间（710—711年），睿宗派道士叶善信带绣像幡花去南岳夫人魏夫人仙坛修法事，在坛西建洞灵观，度女道士七人[④]。李旦大修道观，还因为修金仙、玉真二观在朝廷上引起一场风波，这在《册府元龟》卷53有记载。睿宗时期，不但过度营建寺庙，而且“天下滥度僧尼、道士、女冠依旧”，睿宗李旦认为：“释典玄宗，理均迹异，拯人化俗，教别功齐。”因此，他规定：“自今每缘法事集会，僧尼、道士、女冠等宜齐行道集。”[⑤]

现将唐太宗至睿宗时的佛道僧尼排位情况列表如下：

表2—2　**唐太宗至唐睿宗时期佛道僧尼排位表**

帝号	时间	排位
太宗	贞观十一年（637）正月十五日	诏道士女冠宜在僧尼之前
高宗	上元元年（674）八月二十四日	公私斋会及参集处，道士女冠在东，僧尼在西，不须更为先后
则天皇帝	天授二年（691）四月二日	敕释教宜在道教之上，僧尼处道士之前
睿宗	景云二年（711）四月八日	诏僧尼道士女冠宜齐行并集

从唐玄宗开始，统治者比较重视道教的管理以保证道教的发展。开元二十四年（730），“道士、女官隶宗正寺”[⑥]；次年玄宗还在玄元皇帝庙设崇玄学；“天宝元年，两京置博士、助教各一员，学生百人，每祠享，

① ［宋］司马光编著，［元］胡三省音注：《资治通鉴》卷202“上元元年”，古籍出版社1956年版，第6374页。

② ［后晋］刘昫等撰：《旧唐书》卷5《高宗本纪》，中华书局1975年版，第99页。

③ ［后晋］刘昫等撰：《旧唐书》卷24《礼仪志》，中华书局1975年版，第918页。

④ 参见［明］锡山安国刊：《颜鲁公文集》卷9《魏夫人仙坛碑铭》，《四部丛刊初编》本，第53页。

⑤ ［后晋］刘昫等撰：《旧唐书》卷7《睿宗本纪》，中华书局1975年版，第157页。另参见《唐大诏令集》卷113《僧道齐行并进制》。

⑥ ［宋］欧阳修等撰：《新唐书》卷48《百官志》，中华书局1975年版，第1253页。

以学生代斋郎。二载，改崇玄学为崇玄馆，博士曰学士，助教曰直学士，置大学士一人，以宰相为之，领两京玄元宫及道院，改天下崇玄学为通道学，博士曰道德博士……元和二年，以道士、女官隶左右街功德使。"[①]天宝七年（748）三月以后，又敕修燕洞宫并赐宫额，度女道士三人奉香火[②]。天宝八年（749）在魏夫人升仙处，度女道士二人，以修香火[③]。

由于统治者的提倡，使一些女子受到了高深的道教教育，出现一批有名的女道姑。孙逖《为宰相贺宫人梦元元皇帝应见表》记载："宫中有一妇人，性颇好道，然未全通悟。数日以前，忽梦元元皇帝殷勤教戒道法，尚未尽解道承。无何，又依前梦见，大被呵责，遂以水噀其两目人，因而丧明，比梦觉后，都无所见，然始责躬罪己，精祈至真。又梦元元皇帝教之曰：'汝可见吾，孙，自当立念'。其妇人曰：'不知孙是何人?'曰：汝皇帝是也，汝至酉时可见，当施其法，使汝知验。"当时，宫中数人共扶见朕，朕为洁诚人道法使救疗，其目须臾自开，平复如旧，圣祖灵感，昭然合符，与卿等同庆者。"伏以混成莫测，元元阐其教；众妙难名，陛下光其业。二圣表德，千古叶符；将告天休，遂凭宫女。乘恍惚而为梦，在希微而有声。不因其言，孰报贻孙之庆；不开其目，何彰救物之慈。法事既陈，灵征果验，能使病者，复归其明。当圣躬本命之时，合烈祖元通之契。事且符于久视，理仍叶于常存。殊尤之祥，载籍未有。"[④] 司马承祯有女弟子谢自然，据《续仙传》上卷载：谢自然，蜀华阳女真，幼而入道，其师以黄老仙经教她。每逢修瞻，祷王母、麻姑，慕南岳魏夫人节操。四十岁时，出游青城、大面、峨眉、三十六靖庐、二十四治等地。不久离蜀，遍游京师洛阳等处，抵足迹达江淮，凡有名山洞府灵迹之所，无不遍览，后闻天台山道士司马承祯住在玉屑峰，道学高深，于是前去拜望，拜承祯为师三年。因"上法"按传教规则极少传给女子，司马承祯不肯传授。于是谢自然告别老师，到蓬莱游学，漂泊海中，登上一山，遇上多名道士。道士问她准备去何处，她回答说：

① ［宋］欧阳修等撰：《新唐书》卷48《百官志》，中华书局1975年版，第1252—1253页。

② ［元］刘大彬纂：《茅山志》卷17，见《正统道藏》普及本第9册，台北艺文印书馆1977年版，第6952页。

③ 参见［清］董诰等编：《全唐文》卷340《晋紫虚元君领上真司命南岳夫人魏夫人仙坛碑铭》，中华书局1983年版，第3453页。

④ ［清］董诰等编：《钦定全唐文》卷311《为宰相贺宫人梦元元皇帝应见表》，中华书局1983年版，第3161页。

"蓬莱寻师，求度世法。"道士规劝道："天台山司马承祯名在丹台，身居赤城，此乃良师也，可以回去。"她于是回到天台山，详述出游经历，以便感动司马承祯。承祯说："俟择日升坛以度。"于是将上清法传授给她，于贞元年间（785—805）"白日上升而去"[①]。《历世真仙体道通鉴后集》卷五《谢自然传》所载与此基本相同，但对谢自然修炼而升天的事记述更详[②]。谢自然的传说，在唐人诗中也有所反映，刘商有《谢自然却还旧居》云："仙侣招邀自有期，九于升降五云随。不知辞罢虚皇日，更向人间偏几时。"[③] 韩愈有《谢自然诗》，其序云："果州谢真人上升在金泉山，贞元十年（794）十一月十二日白昼轻举。郡守李坚以闻，有诏褒谕。"[④]

女道士黄令微也是很有造诣的道学之人。颜真卿曾记载：女道士黄令微，道行高远，号曰华姑。闻魏夫人灵迹，于则天长寿二年（693）冬十月讯于洪州西山道士胡超，"超能通神明，遥指郭南六里乌龟原，有石龟，每犯田苗，被人击首析，其处是也。姑与道流寻访，见龟在坛中央，其下得尊像、油瓮、锯刀、灯盏之类。"[⑤] 颜真卿所撰《抚州临川县井山华姑仙坛碑铭》："华姑者，姓黄氏，讳令微，抚州临川人也。少乃好道，丰神卓异，天然绝粒。年十二，度为天宝观女道士。年八十，发白面红，如处子状，时人谓之华姑。蹀履而行，奔马不及。闻魏夫人仙坛在州郭之南，草木榛翳，结庐求之不得。长寿二年（693），岁在壬辰[⑥]，冬十月壬申朔，访于洪州西山胡天师。天师名超，能役使鬼神，见其恳切，遥指姑所居南二百步曰乌龟原，中有石龟，每蹂践田苗，百姓患之，乃击断其首，即其处也。明日，与华姑登山顾望，西面有池水焉。天师谓华姑曰：'池中有所见乎?'曰：'无'。师遂举左手，令姑自腋下观之，四仙浴焉。师曰：'尔有道分，必当得之'。因留与语数日，既还至州，虔诚寻访，遂获石龟于坛中央，掘其下，得尊像及刀锯各一，油瓮五口，

① ［唐］沈汾撰：《续仙传》卷上，见《正统道藏》普及本第8册，台北艺文印书馆1977年版，第6139—6140页。

② 《历世真仙体道通鉴后集》卷5《谢自然传》，见《正统道藏》普及本第9册，台北艺文印书馆1977年版，第6734页。

③ ［清］康熙御定：《全唐诗》卷304，中华书局1960年版，第3461页。

④ ［清］康熙御定：《全唐诗》卷336，中华书局1960年版，第3765页。

⑤ ［清］董诰等编：《钦定全唐文》卷340《晋紫虚元君领上真司命南岳夫人魏夫人仙坛碑铭》，中华书局1983年版，第3453—3454页。参阅《云笈七签》卷115"花姑"。

⑥ 按长寿二年为"癸巳"，"壬辰"为长寿元年。

灯盏数十个。天后闻之，尽收入内”①。华姑于开元九年（721）“上升”。“姑同学弟子黎琼仙，恒服茯苓胡麻，绝粒四十余秋，年八十，齿发不衰。六七岁时，亲睹其事。……仙台观道士谭仙岩、史元同、左通元等，每至三元，恒修斋醮。大历三年（768），真卿获刺是州，明年春三月，山下有女道士曾妙行，梦一女师，令上七层华树，层层掇餐，及寤犹饱，因是不食。尝于观中见黎琼仙，跪而拜曰：‘梦中所见，乃尊师也。’因请依之。于今觉韶颜润泽，虔修香火于此山，遐迩骇慕焉。呜呼！麻姑得道于名山，南真升仙于龟原，华姑鹤翥于兹岭，琼仙妙行，接踵而去，非夫天地肸蚃，从古以然，则何以仙气氤氲，若斯盛者。”② 此外，颜真卿《晋紫虚元君领上真司命南岳夫人魏夫人仙坛碑铭》也载华姑、黎琼仙等崇尚魏夫人事迹，又载魏夫人在江西的道教活动，并谓魏夫人在临川临汝水西立坛置精舍，于石井山建立壇场等③。长寿二年（693）华姑黄令微曾访胡超天师于洪州西山，这个胡超，按《历世真仙体道通鉴后集》卷4《花姑传》所载，当指胡慧超，系唐洪州西山道士，为许逊信仰的鼓吹者，曾撰《晋洪州西山十二真君内传》一卷④。

武则天除信佛之外，也信奉道教。曾写《一切道经》。汤用彤先生《从〈一切道经〉说到武则天》推论（太清观主史崇玄等编修的）《一切道经音义》书名一百数十卷之多，想必在先天二年（713）之前数年已奉命撰修，而且非有长期准备不可。上元二年（675）武则天为其子李弘写《一切道经》三十六部，可能给编撰《一切道经音义》创造了条件⑤。

唐代女冠作为社会一个特殊阶层，在唐代崇尚道教的文化背景下，社会各阶层妇女出家为女道士者相当普遍。这些来自社会不同阶层的女

① ［清］董诰等编：《钦定全唐文》卷340《抚州临川县井山华姑仙坛碑铭》，中华书局1983年版，第3444页。

② ［清］董诰等编：《钦定全唐文》卷340《抚州临川县井山华姑仙坛碑铭》，中华书局1983年版，第3444—3445页；另可参见［明］锡山安国刊：《颜鲁公文集》卷9《抚州临川县井山华姑仙坛碑铭》，《四部丛刊初编》本，第54—55页。

③ ［明］锡山安国刊：《颜鲁公文集》卷9《晋紫虚元君领上真司命南岳夫人魏夫人仙坛碑铭》，《四部丛刊初编》本，第51—54页。又《云笈七签》卷115《华姑传》，见《正统道藏》普及本第36册，台北艺文印书馆1977年版，第30336页。

④ ［宋］欧阳修等撰：《新唐书》卷59《艺文志》，中华书局1975年版，第1523页。［宋］李昉等编：《太平广记》卷14所引《十二真君传》疑即胡慧超所撰。

⑤ 参见《汤用彤学术论文集》，中华书局1983年版，第352、353页。……伦敦所藏敦煌写本斯字1513号御制《一切道经序》，据汤用彤先生考证，可能为武则天所为。参见《汤用彤学术论文集》第350—351页。

冠，有相当一部分受过良好教育（如官宦妇人女子等），出家以后，身上卸去家事之累，有较充裕的时间和安静的环境读书学习；加之，唐代教规不严，女道士们生活较自由，既可以云游四方，也可以与风雅文士交游聚谈。这种特殊的生活环境，为她们读书受教育，提高文化素质奠定了基础。故在唐代女冠中，不乏有才学、文词卓著者。如被誉为“女中诗豪”的女道士李冶（字季兰），自幼工诗善琴。长大出家后，“专心翰墨，善弹琴，尤工格律”[①]，又常与文士相往来，与他们诗词酬酢。所写诗浪漫潇洒，无脂粉气，有压倒须眉之豪气。元人辛文房在《唐才子传》中称赞她所作的诗：“形气既雄，诗意亦荡，自鲍昭以下，罕有其伦。”[②]说明李季兰在当时是有一定的诗名的。后世对她评价较高，如《四库全书总目提要》认为其五言诗如《寄校书七兄》、《送韩揆之江西》、《送阎二十六赴剡县》等可以与大历十才子的作品媲美，“置之大历十子之中，不复可辨”[③]。现在可以见到其诗歌作品有《全唐诗》卷805中的16首和卷888中的补遗2首，其诗语言流转圆熟，饱含深情。还有女道士鱼玄机，年轻时嫁为人妾，为正室所不容，遂出家为女道士。她曾与当时许多风流名士如李郢、温庭筠等相往来，作诗唱和。其诗作题材广泛，风格各异，达到很高的文学造诣，被誉为唐代第一流女诗人。[④] 虽然其学问广博，但无法金榜题名，曾咏出“自恨罗衣掩诗句，举头空羡榜中名”[⑤]诗句，表达了女子才华不亚于男子的自信和不能与男子同登金榜的遗憾。今存鱼玄机诗集中就有两首寄温庭筠的作品，《冬夜寄温飞卿》和《寄飞卿》。《全唐诗》卷804收有其诗作49首。

到五代时，女子道教高等教育发展速度较为缓慢。《旧五代史》卷115《周书·世宗纪》载显德二年（955）夏五月甲戌，周世宗颁诏说当时佛教寺院繁多，僧尼猥杂，作奸犯科，不遵教法，必须进行整顿，其法是严格限制寺院数目和僧尼人数。“男子女子如有志愿出家者，并取父母、祖父母处分，已孤者取同居伯叔兄处分，候听许方得出家。男年十

① ［元］辛文房著：《唐才子传》卷2《李季兰》，古典文学出版社1957年版，第26页。

② ［元］辛文房著：《唐才子传》卷2《李季兰》，古典文学出版社1957年版，第26页。鲍昭，即鲍照。

③ 《四库全书总目提要》卷186《薛涛李冶诗集二卷》提要。

④ 参见梁乙真著：《中国妇女文学史纲》，上海书店出版社1990年版，第226页。

⑤ ［唐］鱼玄机：《游崇真观南楼睹新及第题名处》。转引自陕西省地方志编纂委员会编：《陕西省志》第62卷《妇女志》，陕西人民出版社2001年版，第310页。

五已上，念得经文一百纸，或读得经文五百纸，女年十三已上，念得经文七十纸，或读得经文三百纸者，经本府陈状乞剃头，委录事参军本判官试验经文。其未剃头间，须留发髻，如有私剃头者，却勒还俗，其本师主决重杖勒还俗，仍配役三年。两京、大名府、京兆府、青州各处置戒坛。候受戒时，两京委祠部差官引试，其大名府等三处，祇委本判官录事参军引试。如有私受戒者，其本人、师主、临坛三纲、知事僧尼，并同私剃头例科罪。……"① 又规定有以下情况者不得出家："应男女有父母、祖母在，别无儿息侍养，不听出家。曾有罪犯，遭官司刑责之人，及弃背父母、逃亡奴婢、奸人细作、恶逆徒党、山林亡命、未获贼徒、负罪潜窜人等，并不得出家剃头。如有寺院辄容受者，其本人及师主、三纲、知事僧尼、邻房同住僧，并仰收捉禁勘，申奏取裁。"② 这是周世宗抑制佛教的措施。

十国时期的李璟继位，是为元宗。元宗特别对杨保宗、耿先生两位女道士十分器重。《十国春秋》卷34说："杨保宗，不知何许人，自幼爽秀，及笄，许聘矣，忽有感悟，遂乞为女道士。入庐山，栖于上霄峰崇善观，却粒炼形，顿忘尘念。时以丹药符箓救人疾苦。元宗闻之，特召赴阙，延入禁中，命妃嫔乐道者见之，舍金钱千万，令新其宇，仍赐观额，敕尚书郎韩熙载撰记。又赐保宗紫衣，诏臣下作诗送之。"③ 另有"耿先生"者，有姿色，多道术。李璟尤宠信之。《江淮异人录》说："耿先生者，军大校耿谦女。少而明慧，有姿色。颇好书善画，稍为诗，往往有佳句。雅通黄白之术，能拘制鬼魅，奇瑰恍惚，莫知其所由来（《史外小录》云，得道于郧仙翁，已而为女道士，自称天自在山人。保大(943—957)中，因宋齐丘以入宫。元宗处之别院，号曰先生。常被碧霞披，精采卓异，言辞调畅。""元宗暇时，从容问黄白事，已试之，皆验，顾谓耿曰：'此皆因火成之，苟不须火，其能成乎?'耿曰'亦可'。元宗乃取水银，以硾纸重复裹之，题封甚密。耿先纳于怀中，良久已为银矣。又常大雪，拥炉，索金盆贮雪。耿取雪削之为银锭状，投炽炭中，过食

① ［宋］薛居正等撰：《旧五代史》卷115《周书·世宗纪》，中华书局1976年版，第1529—1530页。

② ［宋］薛居正等撰：《旧五代史》卷115《周书·世宗纪》，中华书局1976年版，第1530页。

③ ［清］吴任臣撰：《十国春秋》卷34《杨保宗传》，中华书局1983年版，第480页。

顷，乃持以出，赫然洞赤，置之于地，烂然尽白铤也，而刀刃具在。反视其下，若垂苏滴乳之状，盖初为火所融释也。于是耿所作雪银甚多。元宗诞日，每作器用以为寿。又常见宫婢持粪埽，谓元宗曰：'此物可惜，勿令弃去。'取显锆中烹炼，少选皆成白金。开宝（968—975）中，金陵内库犹有耿先生粪壤银也。元宗尝购真珠数升，欲得圆者，耿曰'易致也'。就取小麦，以银釜焰之，皆成圆珠，光彩夺目。大食国进龙脑油，元宗秘惜，耿视之曰：'此未为佳者。'乃以夹缣贮自龙脑数斤悬之，有顷，沥液如注，香味愈于所进。未几，得幸元宗，有娠，谓左右曰：'我子非常，产时当有异。一夕，雷电绕宝，大雨倾澍，及霁，娠已失矣。元宗惊问之，对曰：'夜来雷电中生子，已为神物将去。'"[①] 以上所记耿先生的诸多道术，荒诞离奇，但从中反映了李璟对道教方术的爱好。

（五）社会女子高等教育

由于本时期女子获得了较多的自由，女子离家从事社会活动的机会日益增多，尤其是在唐代更是如此，这就为女子在社会交往中能接受到高深学问提供了可能性。唐代民间妇女受社会高等教育的状况，可以从她们在日常生活和社会交往中的聪明才智和文化素养得到体现。如《太平广记》卷 429《申屠澄》条记载：唐德宗时，申屠澄调补濮州某县尉，赴官途中遇大风雪，马不能前，遂于路旁茅舍中驱寒。房中有老夫妇及少女三人，女子虽蓬发垢衣，但举止不俗。澄欲探其能，乃把酒赋诗二句："厌厌夜饮，不醉无归"，令女子接对。未料到女子竟不假思索地低声答道："天色如此，归亦何往哉？"当酒再次轮到女子时，女子又吟诗道："风雨如晦，鸡鸣不已。"[②] 同书卷 69《韦蒙妻》条记载：唐韦蒙妻许氏，熟《诗》、《礼》二经，其夫早夭，"惟一女，年十二岁，甚聪慧，已能记《易》及《诗》。"[③] 富商任宗，外出在湘经商多年不返，其妻郭绍兰作《寄夫》诗系于燕足传给丈夫，责丈夫薄情无义。其诗云："我婿去重湖，临窗泣血书，殷勤凭燕翼，寄与薄情夫。"[④] 其夫读诗，感泣而归。

---

① ［宋］吴淑撰：《江淮异人录》，《正统道藏》普及本第 18 册，台北艺文印书馆 1977 年版，第 14222 页。

② ［宋］李昉等编：《太平广记》卷 429《申屠澄》，中华书局 1961 年版，第 3487 页。

③ ［宋］李昉等编：《太平广记》卷 69《韦蒙妻》，中华书局 1961 年版，第 431 页。

④ ［清］康熙御定：《全唐诗》卷 799《郭绍兰》，中华书局 1960 年版，第 8985 页。

黄崇嘏，临邛（今四川邛崃市）人，工词翰，又善琴棋书画，五代前蜀王使君之女。……幼丧父，母亲对她爱若掌上明珠。崇嘏自幼执拗，喜着男装，与男孩玩耍、嬉戏，其母无可奈何。长大后，又同男儿一样，拜师求学。几年后，琴棋书画，无所不能。崇嘏尤善诗赋，被乡人誉为“状元”。她生就一身男儿气，终岁男装出入于男儿群。青年时期，她女扮男装，着儒生服，游历蜀地。她不畏权势、不惧官府，常借诗讽喻昏官奸佞。据说是因被诬告为失火罪而被下狱。她在狱中赋诗痛骂贪官污吏，颂扬当时的蜀相周庠“政清如水镜”。她父亲的生前故友将其诗献给周庠，周庠非常赏识她的才华，不但立即将她释放，而且将她调至成都相府，并推荐她代行司户参军职务。她上任后，办理正事干练、敏捷、公正无私，深得周庠的器重。周庠见她年轻有为，才华出众，办事公正廉明，“欲招之为婿”。黄崇嘏万分焦急，又难以明言，便写了一首《辞蜀相妻女诗》奉与周庠，诗云：“一辞拾翠碧江涯，贫守蓬茅但赋诗。自服蓝衫居郡掾，永抛鸾镜画娥眉。立身卓尔青松操，挺志铿然白璧姿。幕府若容为坦腹，愿天速变作男儿。”周庠阅后，才知她原是一个女子，大吃一惊。急召问之，她以实言相告。周庠深信其志，亦未怪罪于她，便让她辞职返里，侍母以终。因她献诗自称“乡贡进士”，所以后人讹传她是女状元[①]。这类事例形象生动地反映出唐代及五代平民阶层女性的才学。

除良家妇女外，生活在社会底层的姬妾、侍婢、优伶、歌伎等，也有部分受到高深的教育，表现出非凡的音乐、舞蹈、文学和书画才华。如歌伎刘采所唱百余首歌中，皆当时名流才子所作的五、七言诗。诗人元稹曾在一首《赠俳优妻刘采春》诗中称赞她：“新妆巧样画双蛾，慢裹常州透额罗，正面偷匀光滑笏，缓行轻踏破纹波，言辞雅措风流足。举止低回秀媚多，更有恼人断肠处，选词能唱《望夫歌》。”[②] 潞州节度使薛嵩家侍婢红线，“善弹阮咸，又通经史。嵩乃俾掌其笺表，号曰‘内记室。’”[③] 武则天时，补阙乔知之有娥婢碧玉，能歌舞，有文才，乔知之爱

① ［清］王士禛撰：《五代诗话》卷 12，见《四库全书存目丛书》“集部”第 420 册，齐鲁书社 1997 年版，第 726 页。另参校［清］王士祯原编，郑方坤删补，［美］李珍华点校：《五代诗话》卷 8《黄崇嘏》，书目文献出版社 1989 年版，第 288—289 页。

② ［唐］元稹撰：《元稹集·外集》卷 7《续补一·诗》，中华书局 1982 年版，第 695 页。

③ ［宋］李昉等编：《太平广记》卷 195《红线》，中华书局 1961 年版，第 1460 页。

之，竟“为之不婚”[①]。又武则天垂拱中，太学生郑生曾遇一婢，此婢“能诵《楚辞》、《九歌》、《招魂》、《九辩》之书”，并“常拟词赋为怨歌。”[②] 唐代妓女受高层次教育情况，除长安北里的妓女们会作诗，“善词章”，“应对非次”，“良不可及”，表现出较高的文化水平外，当时地方上一些繁华都市的妓女们文化修养也丝毫不逊色。如西蜀名妓薛涛，史称她不仅“辩慧知诗”[③]，而且“善篇章，足辞辩”[④] 每有诗作完成，“则人争传以为玩”[⑤]。薛涛诗作的保存情况比较好，《全唐诗》卷 803 有薛涛诗一卷，共 89 首。此外，她还精通书法，“作字无女子气，笔力峻激，其行书妙处，颇得王羲之法，少加以学，亦卫夫人之流也。每喜写已所作诗，语亦工，思致俊逸，法书警句因而得名，非若公孙大娘舞剑器、黄四娘家花托于杜甫而后有传也。”[⑥] 她曾与元稹、白居易、杜牧等二十多位当朝名士结为文友，互相唱和。武元衡入相，甚至奏授薛涛为校书郎。王建有诗云：“万里桥边女校书，枇杷树下闭门居。扫眉才子知多少，管领春风总不如。”[⑦] 元稹亦有诗赞曰：“锦江滑腻蛾眉秀，幻出文君与薛涛。言语巧偷鹦鹉舌，文章分得凤皇毛。纷纷词客多停笔，个个公卿欲梦刀。别后相思隔烟水，菖蒲花发五云高”[⑧]。可见她在当时诗坛是有很高地位和名声的，李肇称其为“文之妖”[⑨]。京兆韦氏子妓也有很高的文学艺术修养，据《太平广记》卷 351《韦氏子》条记载：京兆韦氏子，举进士，“尝纳妓于洛，颜色明秀，尤善音律”。韦曾令妓抄写杜甫的诗，“得本甚舛，妓随笔改正，文理晓然”[⑩]。唐代长安城内的平康里作为乐妓聚集之地，每凡有年新科进士，都要以红纸写诗，入平康里与乐妓一起唱和，平康里乐妓通过与这些进士的交往，提高了自己的文学水平。《开

① 李季平、王洪军主编：《太平广记社会史料集萃》，齐鲁书社 1999 年版，第 145 页。

② ［宋］李昉等编：《太平广记》卷 298《太学郑生》，中华书局 1961 年版，第 2372 页。

③ ［宋］王谠著：《唐语林》卷 6《补遗》，中华书局 1958 年版，第 221 页。

④ 景涣撰：《牧竖闲谈》。［明］陶宗仪纂：《说郛》卷 7，壬戌海宁张宗祥序刊本，第 15 页；王文濡主编：《笔记小说大观》第 25 编，江苏广陵古籍刻印社 1983 年重订本，第 141 页。

⑤ 佚名撰：《宣和书谱》卷 10，上海书画出版社 1984 年版，第 82—83 页。

⑥ 佚名撰：《宣和书谱》卷 10，上海书画出版社 1984 年版，第 83 页。

⑦ ［唐］王建：《寄蜀中薛涛校书》。［唐］王建著，王宗堂校注：《王建诗集校注》，中州古籍出版社 2006 年版，第 454 页。

⑧ ［唐］元稹：《寄赠薛涛》。［唐］元稹著，孙安邦、蓓蕾解评：《元稹集》，山西古籍出版社 2005 年版，第 233 页。

⑨ ［唐］李肇撰：《国史补》卷下，上海古籍出版社 1979 年版，第 55 页。

⑩ ［宋］李昉等编：《太平广记》卷 351《韦氏子》，中华书局 1961 年版，第 2780 页。

元天宝遗事》载："长安有平康坊，妓女所居之地。京都侠少萃集于此，兼每年新进士以红笺名纸游谒其中。时人谓此坊为'风流薮泽'。"[1] 在南宋计有功《唐诗纪事》中曾收有常浩、徐月英、张建封妾关盼盼等妓女的诗作，反映出唐代妓女所受的文化教育水平很高。如常浩的《赠卢夫人》："佳人惜颜色。恐逐芳菲歇。日暮出画堂。下阶见新月。拜月仍有词，傍人那得知？归来玉台下，始觉泪痕垂。"[2] 徐月英《送人诗》："惆怅人间万事违，两人同去一人归，生憎平望亭前水，忍照鸳鸯往背飞。"又云："枕前泪与阶前雨，隔个闲窗滴到明。"[3] 张盼盼有《燕子楼》诗三首，曰："楼上残灯伴晓霜，独眠人起合欢床。相思一夜情多少，地角天涯不是长。"又云："北邙松柏锁愁烟，燕子楼中思悄然，自埋剑履歌尘散，红袖香消一十年。"又云："适看鸿雁岳阳回，又睹玄禽逼社来。瑶瑟玉箫无意绪，任从蛛网任从灰。"[4]

第三节　魏晋至五代时期的女子高等教育家

一、陈邈妻郑氏的女子高等教育思想

据《四库全书提要》载，郑氏系朝散郎侯莫陈邈妻，侯莫陈是复姓。郑氏撰有《女孝经》一卷，因其仿《孝经》而得名。其目的据《唐进女孝经表》载："妾侄女特蒙天恩，策为永王妃，以少长闺闱，未娴《诗》、《礼》。至于经诰，触事面墙，夙夜忧惶，战惧交集。今戒以为妇之道，申以执巾之礼"。[5] 可见郑氏写《女孝经》的最初目的是教戒已经成人的被策为永王妃的侄女的，对永王妃来说这些教育属于高等教育阶段，同时也想教育其他女性。她说："上至皇后，下及庶人，不行孝而成名者，

① ［五代］王仁裕撰，曾贻芬点校：《开元天宝遗事》卷上《风流薮泽》，中华书局 2005 年版，第 25 页。

② ［宋］计有功撰：《唐诗纪事》卷 79《娼妓常浩》，上海古籍出版社 2008 年版，第 1134 页。

③ ［宋］计有功撰：《唐诗纪事》卷 79《徐月英》，上海古籍出版社 2008 年版，第 1138 页。

④ ［宋］计有功撰：《唐诗纪事》卷 79《徐月英》，上海古籍出版社 2008 年版，第 1126 页。

⑤ ［唐］郑氏撰：《唐进女孝经表》，中华书局 1991 年版，第 2 页。

未之闻也”[①]，并认为此书“亦可以少补闺庭”[②]。

《女孝经》共十八章，即开宗明义章、后妃章、夫人章、邦君章、广要道章、广守信章、广扬名章、谏诤章、胎教章、母义章、举恶章。叶韵，很容易诵读。现将郑氏《女孝经》的女子教育思想介绍如下：

（一）主张女子应受高深教育

唐代陈邈妻郑氏的《女孝经》明确提出女子应受教育以便拥有高深学问，并认为高深学问是女子立身处世的根本。她认为女子“有聪明贤哲之性，习之，无不利”，并认为“诗书之府可以习之、礼乐之道可以行之”[③]。她针对当时女子“愚昧未尝接大人余论”的状况，主张女子要“学以聚之，问以辨之，多问阙疑”[④]。主张女子应虚心学习，善于思考，以改变自身的愚昧状态，使自己德才兼备，成为令人尊敬的人。“无贤而名昌，是谓积殃；德小而位大，是谓婴害，岂不戒欤?”[⑤] 只有这样才能达到“恭敬、尽妇道、贤明多智、免人之难”[⑥] 的目的。

（二）论女子道德教育

《女孝经》对女子道德教育十分强调。《女孝经》共 18 章，全文是以曹大家和诸女之间的对答方式，叙述自后妃以至庶人的为妇之道，并讨论孝治、贤明、德行、守信等妇德及胎教、母仪等事。全文宣扬的，无非是“和柔贞顺仁明孝慈”等思想，强调“天地之性贵刚柔，夫妇之道重礼仪”的道理，并认为“孝”是一切德行的基础。她认为女子道德教育的内容就是仁、义、礼、智、信即“五常”，归纳起来就是“孝”。她说：“妾闻天地之性，贵刚柔焉；夫妇之道，重礼义焉。仁、义、礼、智、信者，是谓五常，五常之教，其来远矣；总而为主，实在孝乎!”[⑦] 她主张不同阶层的女子，孝的标准不一样。后妃应“忧在进贤，不淫其色。朝夕思念，至于忧勤，而德教加于百姓，刑于四海”[⑧]。夫人应“居

① ［唐］郑氏撰：《唐进女孝经表》，中华书局 1991 年版，第 2 页。
② ［唐］郑氏撰：《唐进女孝经表》，中华书局 1991 年版，第 2 页。
③ ［唐］郑氏撰：《女孝经・夫人章》，中华书局 1991 年版，第 7 页。
④ ［唐］郑氏撰：《女孝经・开宗明义章》，中华书局 1991 年版，第 5 页。
⑤ ［唐］郑氏撰：《女孝经・夫人章》，中华书局 1991 年版，第 7 页。
⑥ ［唐］郑氏撰：《女孝经・开宗明义章》，中华书局 1991 年版，第 5 页。
⑦ ［唐］郑氏撰：《唐进女孝经表》，中华书局 1991 年版，第 1 页。
⑧ ［唐］郑氏撰：《女孝经・后妃章》，中华书局 1991 年版，第 6 页。

尊能约，守位无私，审其勤劳，明其视听”[①]，即应贤而有德、不失其仪、能和子孙、保其宗庙。邦君的女子“非礼教之法，服不敢服；非诗书之法，言不敢道；非信义之德，行不敢行。欲人不闻，勿若勿言；欲人不知，勿若勿为；欲无传，勿若勿行”，只有这样才能“守其祭祀”[②]。要求庶人的女子应守妇道，“分义之利，先人后己，以事舅姑，纺绩裳衣，社赋蒸献”[③]。总之，主张各阶层的女子都应以“孝”为生活行为的出发点和准则，培养起女子“廉贞孝义、事姑敬夫、扬名谏诤”的习性，成为“孝女”。

（三）论母教

唐代陈邈妻郑氏在《女孝经》中阐发了对母亲施教的重要性，认为做母亲的应明礼，具体做到“和之以恩爱，示之以严毅，动而合礼法，言必有经”[④]。

总之，《女孝经》主张女子应追求高深学问并对女子“高尚道德”作了明确的规范，还重视母教问题，这些对于培养女子的良好的素质尤其是道德素质产生了极大的影响。《女孝经》不失为古代女子高等教育重要的理论著作，它对宋元明清女子教育的影响是深远的。

二、宋若莘的女子高等教育思想

宋若莘（？－820）亦名宋若华，唐代文学家、教育家。贝州清阳（今河北清河）人，儒生宋廷芬长女。自幼受女教，能诗，善文章。她崇拜班昭的《女诫》，便仿孔子的《论语》，撰成一卷《女论语》[⑤]。认为用此书教训女子，就能培养一批贤妇来。约790年，节度使李抱真向唐德宗推荐，被召入宫，次年任皇宫密禁图书总管，直到去世为止，德宗称呼她为“女学士”。谥为内河郡君。

（一）论女子道德教育

宋若莘撰写的《女论语》共分立身、学礼、早起、事父母、事舅姑、

① ［唐］郑氏撰：《女孝经·夫人章》，中华书局1991年版，第7页。

② ［唐］郑氏撰：《女孝经·邦君章》，中华书局1991年版，第7—8页。

③ ［唐］郑氏撰：《女孝经·庶人章》，中华书局1991年版，第8页。

④ ［唐］郑氏撰：《女孝经·母仪章》，中华书局1991年版，第20—21页。

⑤ 该书其妹宋若昭做过校订。

事夫、训男女、营家、待客、和柔、守节等12章，有关妇德的就占了7章，可以想见她对妇德的强调了。她主张女子首先应先学立身，其方法是“惟务清贞”，并注重女子日常行为习惯的培养，“行莫回头，语莫掀唇。坐莫动膝，立莫摇裙。喜莫大笑，怒莫高声。内外各处，男女异群。莫窥外壁，莫出外庭。出必掩面，窥必藏形。男非眷属，莫与通名。女非善淑，莫与相亲”，认为“立身端正”就能达到“身洁”、“身荣”的目的[①]。其次，女子应学礼，知礼数。具体做到殷勤待客、懂“女务”、善居处、拘小节。她说：如有来客应“安排坐具，整顿衣裳，轻行缓步，敛手低声，请过庭户，问候通时，从头称叙，答问殷勤，轻言细语，备办茶汤，迎来递去”[②]。如果外出做客，要知女务，做到“想见传茶，即通事故，说罢起身，再三辞去”[③]；主人挽留吃饭应“酒略沾唇，食无义箸。退盏辞壶，过承推拒”，不要“呼汤呷醋，醉后颠狂，招人所恶”[④]，自己沾污自己。平时应多待在家里，出门游玩，若遇陌生人，应低头看顾，否则就会招人怒骂，辱及门风，连累父母，损坏自身。再次，要求女子在家孝顺父母，出嫁孝敬舅，善待丈夫，衣、食、住要安排得井井有条。具体做到：虚心听取检查责备，改过从善；父母有病要精心服侍，父母不幸要居哀致丧[⑤]。余款奉舅姑应“如同父母”。[⑥] 对丈夫要柔顺，敬重如宾；丈夫有恶事，要谆谆劝谏；丈夫有病疾，要终日劳心地想法治疗；丈夫发怒，要忍气吞声。此外还应安排好丈夫的衣食，“莫教寒冻，冷损夫身”，“莫教饥渴，瘦瘠苦辛”[⑦]。总之，要达到“和乐瑟琴”的地步。又次，要求女子与家人相处应“以和为贵，孝顺为尊”，不要争长论

① ［唐］宋若莘撰：《女论语·立身章》，见梁汝成、章维标注：《蒙养书集成（二）》，三秦出版社1990年版，第12页。

② ［唐］宋若莘撰：《女论语·学礼章》，见梁汝成、章维标注：《蒙养书集成（二）》，三秦出版社1990年版，第14页。

③ ［唐］宋若莘撰：《女论语·学礼章》，见梁汝成、章维标注：《蒙养书集成（二）》，三秦出版社1990年版，第15页。

④ ［唐］宋若莘撰：《女论语·学礼章》，见梁汝成、章维标注：《蒙养书集成（二）》，三秦出版社1990年版，第15页。

⑤ ［唐］宋若莘撰：《女论语·事父母章》，见梁汝成、章维标注：《蒙养书集成（二）》，三秦出版社1990年版，第17—18页。

⑥ ［唐］宋若莘撰：《女论语·事舅姑章》，见梁汝成、章维标注：《蒙养书集成（二）》，三秦出版社1990年版，第19页。

⑦ ［唐］宋若莘撰：《女论语·事夫章》，见梁汝成、章维标注：《蒙养书集成（二）》，三秦出版社1990年版，第22页。

短，不要深究是非，家丑不外传。“当说直说，当行直行，闲是闲非，不入我门”。不要不知事情原委就秽语伤人。最后，主张妇女守节，并把守节看得比立身更重要。她说：“第一守节，第二清贞”。做到“有女在室，莫出闺庭；有客在户，莫露声音。不谈私语，不听淫音”，“黄昏来往，秉烛掌灯”。如果丈夫中路先倾，做妻子的要“三年重服，守志坚心。保持家业，整顿坟茔，殷勤训后”[①]。

宋若莘在《女论语》中主张女子出嫁为人妇，应养成一定的生活习惯。要早起，做到“五更鸡唱，起着衣裳，盥漱已了，随意梳妆。拣柴烧火，早下厨房”[②]，应晚睡，把舅姑安置妥当，道了晚安后才能回到自己房间。她说：“夜晚更深，将归睡处。安置相辞，方回房户”[③]。

（二）妇工教育思想

在《女论语》“学作女工”一章，对妇工教育理论论述甚详。

首先，主张所有女子应勤于妇工。“凡为女子，须学女工。”这就明确规定了没有女子应该例外。

其次，要求女子应善于纺织、纺绩和缝纫。“纫麻缉苎，粗细不同。车机纺织，切勿匆匆。看蚕煮茧，晓夜相从；采桑摘柘，看雨占风，滓温即替，寒冷须烘。取叶饲食，必得其中。取丝经纬，丈匹成工。轻纱下轴，粗布入筒”，“刺鞋作袜，引线绣绒，缝联补缀，百事皆通”[④]。

其三，她主张女子善于烹饪，“随家丰俭，蒸煮食尝，安排蔬菜，炮豉舂姜，随时下料，甜淡馨香”[⑤]。茶汤要香洁，饭要软蒸，肉要熟煮[⑥]。

其四，要求女子勤于营家，“勤则家起，懒则家倾；俭则家富，奢则家贫”；要求女子注意家庭的清洁卫生，“奉箕拥帚，洒扫灰尘，撮

---

① ［唐］宋若莘撰：《女论语·守节章》，见梁汝成、章维标注：《蒙养书集成（二）》，三秦出版社1990年版，第28—29页。

② ［唐］宋若莘撰：《女论语·早起章》，见梁汝成、章维标注：《蒙养书集成（二）》，三秦出版社1990年版，第16页。

③ ［唐］宋若莘撰：《女论语·事舅姑章》，见梁汝成、章维标注：《蒙养书集成（二）》，三秦出版社1990年版，第20页。

④ ［唐］宋若莘撰：《女论语·学作章》，见梁汝成、章维标注：《蒙养书集成（二）》，三秦出版社1990年版，第13页。

⑤ ［唐］宋若莘撰：《女论语·早起章》，见梁汝成、章维标注：《蒙养书集成（二）》，三秦出版社1990年版，第16页。

⑥ ［唐］宋若莘撰：《女论语·事舅姑章》，见梁汝成、章维标注：《蒙养书集成（二）》，三秦出版社1990年版，第20页。

除邋遢，洁静幽清。眼前爽利，家宅光明”。同时还要求女子要勤于耕种，不要误工程；收割时要尽量小心，“禾麻菽麦，成栈成困；油盐椒豉，盎瓮装盛”。自养的家畜要时时清点，以免丢失。钱米、酒物收拾妥当。

最后，要求做母亲的要及时地、男女有别地对子女进行训导。使她懂得高低、贵贱、长幼。男孩应入书堂，“请延师傅，习学礼义，吟诗作赋，尊敬师儒”。女孩待在家中，受家庭教育，“朝暮训诲，各勤事务，扫地烧香，纫麻缉苎。若在人前，教他礼数，递南茶汤，偷窃退步。莫纵娇痴”、“莫纵跳梁”、“莫纵歌词”、“莫纵游行”。总之，要求男孩知书，女孩知礼。①

（三）论女子高等教育方法

宋若莘主张教育女子的方法应以训为主，教、训结合。她专列“训男女章”并指出“女处闺门，少令出户；唤来便来，唤去便去；稍有不从，当加叱怒。朝暮训诲，各勤事务”。② 这便是明显的训育法。又如教女子学女红时，先用教的方法，主张女子应勤于养蚕煮茧、用采桑摘柘，善于处理和加工各种衣料，以达到御寒避穷的目的。接着便用训的方法，指出“车机纺织，切勿匆匆”、“莫学懒妇，积小痴慵，不贪女务，不计春冬，针线粗率，为人所攻，嫁为人妇，耻辱门风。衣裳破损，牵西遮东，遭人指点，耻笑乡中”③。而女子教育的组织开工主要是通过女子的日常生产生活活动，寓教、训于活动之中，时时处处地进行教育。

以上通过对隋唐至五代女子受高等教育情况的分析和考察，不难看出，随着隋唐五代社会和文化的开放与发展，一部分女性受到了高等教育。本时期女性受高等教育的数量是过去时代少有的，它不仅是本时期社会文明的象征，而且也是本时期女性获得解放的体现。

① ［唐］宋若莘撰：《女论语·训男女章》，见梁汝成、章维标注：《蒙养书集成（二）》，三秦出版社1990年版，第23页。

② ［唐］宋若莘撰：《女论语·训男女章》，见梁汝成、章维标注：《蒙养书集成（二）》，三秦出版社1990年版，第23页。

③ ［唐］宋若莘撰：《女论语·学作章》，见梁汝成、章维标注：《蒙养书集成（二）》，三秦出版社1990年版，第13—14页。

第三章

女性主体意识初步沦落时期：宋元时期的社会女性观与女子高等教育

第一节　宋元时期的社会女性观

宋元时代，社会女性观发生了很大的变化，社会使女性的主体意识初步沦落。

一、两宋时期的社会女性观

两宋时期，理学形成，它是在儒学基础上吸收佛、道而形成的一种新儒学，也是当时占统治地位的思想，其女性观与过去儒学有承继关系，也有新的发展，对本时期女性高等教育产生着重要的影响。与此同时，道教、佛教、道家和世俗社会的女性观也影响着本时期的女子高等教育。在此我们对这一时期的社会女性观加以介绍。

（一）理学的女性观

由于此前在思想领域是儒、佛、道三足鼎立，竞争激烈且时常难分胜负，但在两宋时期儒学再次中兴，并大力吸收佛、道的一些观念，形成了更加深奥的新儒学即理学。理学的开山祖师周敦颐对孟子的寡欲论进行了发挥，在儒学中掺入了新的思想因素，主张“无欲”、“主静”方能完善人性。他再倡“三纲”和女祸论。他说：“礼，理也；乐，和也。阴阳理而后和。君君臣臣、父父子子、兄兄弟弟、夫夫妇妇，万物各得其理然后和，故礼先而乐后。”[①] 他认为：“治天下有本，身之谓也。治天下有则，家之谓也。本必端；端本，诚心而已矣。则必善；善则，和亲而已矣。家难而天下易，家亲而天下疏也。家人离，必起于妇人，故《睽》次《家人》。”[②] 这就要求妻子绝对服从丈夫。继后，二程（程颐、程颢）提出了“性就是理”的哲学命题以及“明天理，灭人欲”的人性论说教。因为“人之为不善，欲诱之也。诱之而弗知，则至于天理灭而不知反。”[③]“人心莫不有知，惟蔽于人欲，则忘天德也。”[④] 所以“灭私欲则天理明矣。”[⑤] 朱熹集理学之大成，同样强调“圣贤千言万语，只是教人明天道，灭人欲。”[⑥] 把天理与人欲绝对对立。“天理存则人欲亡，人欲胜则天理灭”[⑦]，要求人们必须“革尽人欲，复尽天理，方始是学”[⑧]。程颐坚决反对寡妇再嫁，他声称男子如娶孀妇为妻便是娶“失节者”，这个男子也不免“失节”。有人问他：“或有孤孀贫穷无托者，可再嫁否?”他说：“只是后世怕寒饿死，故有是说。然饿死事极小，失节事极大。”[⑨] 程子不仅主张孀妇不可再嫁，还主张男子可以出妻。他说：“妻不贤，出之何害? 如子思亦尝出妻。今世俗乃以出妻为丑行，遂不敢为，古人不如此。妻有不善，便当出也。”[⑩] 由于理学提倡“灭人欲”，于是就有了“饿死事极小，失节事极大”的训条。关学的开山祖师张载，把妇女守节问题提到了天经地义的高度。他说：“夫妇之道当其初昏未尝约再配，是夫只合一娶，妇只（是）合一嫁。今妇人夫死而不可再嫁，如天地之大义然，夫岂得而再娶！然以重者计之，养亲承家，祭祀继续，不可无也，

---

① ［宋］周敦颐著，谭松林、尹红整理：《通书·礼乐》，岳麓书社 2002 年版，第 32 页。

② ［宋］周敦颐著，谭松林、尹红整理：《通书·家人睽复无妄》，岳麓书社 2002 年版，第 50—51 页。

③ 《河南程氏遗书》卷 25《伊川先生语录十一》，见［宋］程颢、程颐著，王孝鱼点校：《二程集》第 1 册，中华书局 1981 年版，第 319 页。

④ 《河南程氏遗书》卷 11《明道先生语一》，见［宋］程颢、程颐著，王孝鱼点校：《二程集》第 1 册，中华书局 1981 年版，第 123 页。

⑤ 《河南程氏遗书》卷 24《伊川先生语录十》，见［宋］程颢、程颐著，王孝鱼点校：《二程集》第 1 册，中华书局 1981 年版，第 312 页。

⑥ ［宋］黎靖德编、王星贤点校：《朱子语类》卷 12，中华书局 1986 年版，第 207 页。

⑦ ［宋］黎靖德编、王星贤点校：《朱子语类》卷 13，中华书局 1986 年版，第 224 页。

⑧ ［宋］黎靖德编、王星贤点校：《朱子语类》卷 13，中华书局 1986 年版，第 225 页。

⑨ 《二程全书·遗书》卷 22 下《伊川先生语八下》，见［宋］程颢、程颐著，王孝鱼点校：《二程集》第 1 册，中华书局 1981 年版，第 301 页。

⑩ 《二程全书·遗书》卷 18《伊川先生语四》，见［宋］程颢、程颐著，王孝鱼点校：《二程集》第 1 册，中华书局 1981 年版，第 243 页。

故有再娶之理。”[①] 即说，夫妇之道在其初婚时，不曾约再配，所以妇女在丈夫死后，不可再嫁，这好比天地的“大义”，而丈夫因为要“养亲承家，祭祀继续”，所以在妻子死后“有再娶之理”。张载还在《女诫》中十分强调对女子顺从品质的培养，他说：“妇道之常，顺惟厥正。是曰天明，是其帝命。嘉尔婉娩，克安尔亲，往之尔家，克施克勤！尔顺惟何？无违夫子。无然皋皋，无然訿訿。彼是而违，尔焉作非？彼旧而革，尔焉作仪？惟非惟仪，生女则戒。”[②] 司马光专门收集了古代妇女守节的许多故事，用以宣扬妇女“从一而终”思想[③]，反对妇女再嫁。在朱熹之前，一般人的贞节观念较宋初更浓了，但对于当时社会影响还小，离婚妇和寡妇的再嫁时常有之。就是程子自己家里也有再嫁的妇人，如他的甥女、侄妇就有改嫁的，足见当时宋儒虽极力提倡贞节，但事实仍按常情发展。

到南宋时，朱熹（1130－1200）集宋儒理学之大成，进一步发展了纲常学说，认为“人道莫大于三纲，而夫妇为之首”[④]，把所谓“夫为妻纲”抬高到“三纲”的第一位。他主张寡妇守节，反对改嫁，认为“夫丧改嫁，皆是无恩也。”[⑤] 他反对丞相陈俊卿守寡的女儿改嫁，认为程颐所说：“饿死事极小，失节事极大”的话“自世俗观之，诚为迂阔”，但从“知经识理”的“君子”来看，其中有“不可易”的道理。所以，他主张应将陈俊卿已故女婿郑鉴“没为忠臣，而其室家生为节妇”[⑥]。他认为“妻有七出”是“正当道理”[⑦]。到南宋后期，“既嫁从夫”的封建教

---

① ［宋］张载著：《张载集·经学理窟·丧纪》，中华书局1978年版，第298页。

② ［宋］张载著：《张载集·文集佚存·女戒》，中华书局1978年版，第354－355页。

③ ［宋］司马光撰：《司马温公家范》卷7《夫》，吴兴刘氏留余草堂校刊本，第17页。

④ ［宋］朱熹撰：《晦庵先生朱文公文集》卷20《论阿梁狱情劄子》，见朱熹撰，朱杰人、严佐之、刘永翔主编：《朱子全书》第21册，上海古籍出社、安徽教育出版社2002年版，第917页。

⑤ ［宋］朱熹撰：《晦庵先生朱文公文集》卷100《揭示古灵先生劝谕文》，见朱熹撰，朱杰人、严佐之、刘永翔主编：《朱子全书》第25册，上海古籍出社、安徽教育出版社2002年版，第4620页。

⑥ ［宋］朱熹撰：《晦庵先生朱文公文集》卷26《与陈师中书》，见朱熹撰，朱杰人、严佐之、刘永翔主编：《朱子全书》第21册，上海古籍出社、安徽教育出版社2002年版，第1173－1174页。

⑦ ［宋］朱熹撰：《朱子语类》卷13《学七·力行》，中华书局1986年版，第234页。

条，就变为法律上的强制规定了。法律规定“诸妻擅去［其夫］，徒二年”[①]。即妻子未经丈夫许可主动跟丈夫离异，妻子就构成犯罪，官府可判其妻二年徒刑。当时法律甚至有“夫有出妻之理，妻无弃夫之条”的规定[②]。从此，女子不可再嫁，男子可以出妻的两重道德观正式形成。随之男性对处女的嗜好也逐渐发展起来，以前很宽容的贞节观就仅仅集中在一点——生殖器问题上了。魏唐以来冥婚风俗对宋的影响和宋代缠足风气逐渐盛行，也使女性无形地遭受毒害，这就使南宋成为中国女性史上一个大的转折点。此后，女性受的摧残到了不可比拟的程度。总之，宋代社会对女子贞节观念的过分提倡，并不断非人性化，不仅强调“节”，而且强调“烈”。这使得宋代的女子德育所崇尚的目标也更加苛刻和非人性。

（二）道教的女性观

宋代道教获得了较大的发展，宋代道教除承继过去道教的传统外，宣传“采阴补阳”论是其新特点，认为处女为“阴之盛”，对男子养身最有益处，这与花心男人嫖妓怕患上性病一起促成了男性社会对“处女”的癖好。一旦处女被强暴，社会要求她最好是死，因为她的身价连寡妇都不如。这就导致了社会对烈女的赞颂，提倡烈女的观念不断地毒化着无数单纯的处女。宋道教的司过之神以惩罚为主，因而它比起大慈大悲的佛祖菩萨对妇女的影响力小得多，当然，仍有一批出家者精心修炼以期成为仙姑。

（三）佛教的女性观

佛教在宋代继续发展并世俗化，一些宗派如禅宗更加庸俗化。如禅宗黄龙派大师真净克文竟然宣称，只要顿悟本心，便可达到“情与无情、同一无异”；这时，就是出入“四五百条花柳巷”，逛“二三千所管弦楼”，也与佛心无损[③]。永明延寿禅师所撰写的《宗镜录》甚至称这种放

---

① 中国社会科学院历史研究所宋辽金元史研究室校：《名公书判清明集》卷9《离·婚嫁皆违条法》，中华书局1987年版，第352页。

② 中国社会科学院历史研究所宋辽金元史研究室校：《名公书判清明集》卷9《婚嫁·妻以夫家贫而仳离》，中华书局1987年版，第345页。

③ 蓝吉富撰：《禅宗全书》第44册“语录部”之九《古尊宿语录》卷42《住洞山语录》，（台湾）文殊文化有限公司1989年版，第518页。

纵行为为“以欲止欲”[①]。宋代禅师杨岐派大师大慧宗杲与狂热的女信徒无著有私，并让助手道颜到他的房间去见赤裸的无著，宗杲与无著有这样的对话：“（宗杲指着仰卧赤裸的无著）曰：‘者（这）里是什么去处？’著曰：‘三世诸佛、六代祖师、天下老和尚，皆从此中出。’师曰：‘还许老僧入否？’著曰：‘者（这）里不度驴度马！’”[②] 这明显是淫行的记载，却美其名曰“高境界禅法”。无著终在禅师的引诱下拜禅师而削发为尼。僧尼的放荡与社会的及时行乐观是相连的。同时，宋代还在笔记中大肆宣扬妇女受善恶报应的例子，如刘斧撰辑的《青琐高议》便记载有张銮女因孝父孝姑而获得延长寿命之恩惠[③]，曹圭妻朱氏因刚狠而遭到恶报[④]，这是佛教果报的反映。总之，宋代佛教更加世俗化，这对女性的毒化也更深。

（四）道家的女性观

宋代道家学派的遗风对社会也产生了一定的影响。如苏轼的处世哲学就是道家思想的反映，他深谙道家思想的“三昧”，适性、任情、超逸、洒脱。他对女性既放达又尊重，对妻子很敬重，对亡妻王氏哀悼怀念，王氏死后十年，他写过饱满深情的《江城子》[⑤]，但又耐不住寂寞，

---

① ［五代宋］释延寿著：《宗镜录》卷21，参见《续修四库全书》第1283册，上海古籍出版社版，第613页。

② ［宋］绍昙撰：《五家正宗赞》卷2《卍庵颜禅师》，见佛光大藏经编修委员会编：《佛光大藏经·禅藏》史传部《宗门武库》外四部，（台湾）佛光出版社1994年版，第275页。

③ 《青琐高议·张女二事》载：赵州赞皇县张銮女，治平四年二月七日死，三日而苏，语音忽变为河东人，曰：“我乐平县王琏侄也，十七归阎氏。夫性酷暴，自经而死。见二鬼导至大城，有王当殿，曰‘秦广王也’。王问所以死，左右取大鉴如车轮使我照之。因命一吏曰：‘此妇尝剔股肉救母病，又尝燃香于臂，祈姑疾安愈。此二事可延十二年寿，宜令亟还。’吏送至家，喉已断，乃复告王。王许借尸，因得至此。”又说冥间地狱无异人间画者。作善作恶，报如影响，可不畏哉！（［宋］刘斧撰辑，王友怀、王晓勇注：《青琐高议》，三秦出版社2004年版，第354页）

④ 《青琐高议补遗·周婆必不作是诗》载：曹圭妻朱氏刚狠，或劝其子诵《关雎》之篇以规讽之。母曰：“《毛诗》何人作也？”子曰：“周公所为。”朱曰：“使周婆必不作是诗也。”后圭为县令，凡有男女讼于庭者，妇人虽曲，朱则使直焉。圭夫妇忽病，梦二吏摄至阴府，府君命纸书断曰：“妇强夫弱，内刚外柔，一妻不能制御，百姓何由整齐？鞭背若干。”朱氏词云：“身为妇女，合治闺门，夺夫权而在手，反曲直以从私。鞭背若干。”既觉，夫妇背各有鞭迹存焉。（［宋］刘斧撰辑，王友怀、王晓勇注：《青琐高议》，三秦出版社2004年版，第345页）

⑤ 《江城子》词：“十年生死两茫茫。不思量，自难忘。千里孤坟，无处话凄凉。纵使相逢应不识，尘满面，鬓如霜。夜来幽梦忽还乡。小轩窗，正梳妆。相顾无言，惟有泪千行。料得年年肠断处，明月夜，短松冈。”

也狎妓和纳妾，公开承认“服气养生，难在去欲”[1]。他对友人之妻妾也十分尊重，常戏谑称某某君，如称陈守常的悍妻为“河东君”、陈爱妾为“秀英君”[2]。这是道家对女性尊重遗风的表现。

（五）世俗社会的女性观

宋代，民间传统的迷信观念也自然增添了谴责妇女改嫁的内容，以达到宣扬封建礼教、毒害妇女的目的，这在洪迈的《夷坚志》中有详细的反映，她对宋高宗到宋宁宗时期流行在江西、两浙等地的迷信说教有详细的记载。这种以封建迷信来反对寡妇改嫁，无形地毒害着妇女，在民间产生了较大的影响。

与此相反的是宋代仍是好色的社会，尤其是贵族统治者，因为北宋是通过兵变和杯酒释兵权巩固其统治的，因此，五代时期及时行乐的观念并未得到一定的荡涤，加之统治者提倡一批释权的贵族享乐，如赵匡胤就公开号召功臣“多集金、市田宅以遗子孙，歌儿舞女以终天年”[3]，更加重了社会的享乐之风；宋改变唐实行“均田制”的政策而实行“租佃制”，使大批农民丧失土地而流入城市，民女深受其害，贫困家庭女子有的只有从事卖笑业，致使宋代婢妾娼妓盛行；宋代资本主义已经萌芽，商业的繁荣使江浙一带的城市出现享乐的生活时尚，勾栏瓦肆、酒楼妓馆、舞榭歌台为歌伎舞女提供了活动的场所；宋代科举十分发达，所取人员远比唐代多，其中不乏“才子”，他们与正统思想的“君子”不同，对能引起他们创作灵感与美好经历的婢、妾、娼、妓十分亲近，形成了才子“好色”的时尚。而官府主管的“官妓”、军队主管的“营妓”日益膨胀，贵族之家蓄养的家妓远比唐代还盛，这都加重了社会的享乐气息。社会重享乐，自然对女子的才、色、艺要求甚高，尽管只有色的女子也可能受到一部分男子的青睐，但很多男子尤其是才子对才、色、艺俱佳的女子更倾心。不过宋代的女性美以细腰玉立、慵懒困倦为极致，女才以长于愁词、反映心声为极佳[4]，女艺以能歌善舞、悦人耳目为精深，这自然影响了本时期的女子高等教育。

---

① ［清］徐士銮辑，舒驰点校：《宋艳》卷1《遏绝》，浙江古籍出版社1987年版，第24页。

② 杜芳琴著：《女性观念的衍变》，河南人民出版社1988年版，第246页。

③ ［元］脱脱等撰：《宋史》卷250《石守信传》，中华书局1985年新1版，第8810页。

④ 尽管宋已出现“女子无才便是德”的观念，但对宋代女子影响不大，这种观点被社会接受主要是宋代以后的事。

同时，社会流行贱视女性、视女性为祸水的观念。“女祸论”、“女性诱惑论”十分流行，仇视女性成为部分男子的社会共识。这种观念与迷信说教和宿命论一起，对宋代女子社会教化有很大的影响，使一部分女子在社会教化中受到更深的毒害，使社会女子高等教育的负面价值远远超过以前各代。同时，由于商业的发展，婚姻重财的观念逐渐抬头，北宋时娶妇从议亲、下帖到相媳妇、过彩礼、迎娶，每一仪式男家都要向女家送酒、肉、丝绢、绸缎，这加重了婚姻的买卖性，女性沦为财物交换的家庭奴隶，这也在一定程度上导致了妇女在家庭和社会普遍心理中地位的降低。

由于女性被物化，畸形女性美的观念在社会上更加流行。发端于五代的女子缠足时尚逐渐流行于两宋。宋代诗人苏东坡曾专门做《菩萨蛮》一词，咏叹缠足。“涂香莫惜莲承步，长愁罗袜凌波去；只见舞回风，都无行处踪。偷穿宫样稳，并立双趺困；纤妙说应难，须从掌上看。”[①] 这也可称之为中国诗词史上专咏缠足的第一首词。缠足诗的写作是以缠足习俗的出现为依存条件的，这说明，宋代确已出现缠足习俗。到南宋时，妇女缠足已比较多见，甚至南宋末年时，“小脚”已成为妇女的通称。但在南宋时代，妇女缠足还并不普及，缠足者主要限于上层社会，在社会观念上缠足尚未达到人人接受的地步。同时，缠足的风俗是由北方传到南方的，大约是在宋室南迁之时。应当指出，宋代的缠足与后世的三寸金莲有所区别。据顾起元《说略》卷21载：“（宋）理宗朝，宫妃束足纤直，名快上马。”[②] 即宋代的缠足是把脚裹得“纤直”但不弓弯，当时称为“快上马”。所用鞋子被称为“错到底”[③]，其鞋底尖锐，由二色合成。目前这种缠足鞋的实物已在考古中有所发现。从考古发现的实物推测，穿这种鞋所缠裹出来的小脚要比后来的大。

① 苏东坡：《菩萨蛮》。唐圭璋编：《全宋词》第1册，中华书局1965年，第321页。

② 陈桥驿主编：《中国都城辞典》，江西教育出版社1999年版，第568页。

③ 参见陆游撰：《老学庵笔记》卷3；另参见陈桥驿主编：《中国都城辞典》，江西教育出版社1999年版，第567页。

二、元朝的女性观

（一）官方的贞节观

元朝是蒙古人于1206年建立的政权，元朝建立之初，统治者实行民族压迫政策，将人分成四等，即第一等是蒙古人，第二等是色目人，第三等是汉人，第四等为南人。在蒙古人内部，流行蒙古族内婚，收继婚十分盛行，贞节观念并不流行。在其他三等人中，贞节观念较为流行，但由于受到宋末及时行乐思想的影响，多元的性道德观也存在。元朝共163年，大约在前60年是多元性道德观念流行的时期，随后官府对收继婚作了一些限制，如至元七年（1270）七月规定侄儿不得收继婶母，至元十四年八月规定兄收弟妻断离，至元十三年三月规定守志妇不收继，至元十八年四月规定嫂叔年岁悬殊太大不收继，至元二十六年六月规定姑舅小叔不收继[①]。随着汉化程度的加深，传统儒家的道德观念被提倡，要求女子持贞守节的封建观念开始流行。政府还以法律加以提倡，如规定失节女子不封赠[②]，命妇夫死不许改嫁[③]，出征军妻不得改嫁[④]。大德八年（1304）元礼部对旌表贞节的程式作了明确的规定[⑤]。在政府的提倡下，元社会开始盛行贞节观念，并且其强度超过了宋代，现代学者董家遵从《古今图书集成》中统计的元代节妇烈女达742人，其数量是宋代的两倍多。当然赶不上明清。元代女子几乎效法了前代贞节妇女的一切行为，并走向极端。有生病女子怕男医生看病落下“男女授受不亲”的恶名而宁肯自己死去。元朝明善所作的《节妇马氏传》记载：“大德七年十月，（马氏）乳生疡，或曰当迎医，不尔且危。马氏曰：‘吾杨氏寡妇

① 《元典章》卷18《户部四·不收继》，见四库全书存目丛书编纂委员会编：《四库全书存目丛书》史部第263册，齐鲁书社1996年版，第479—480页。

② 《元典章》卷11《吏部五·封赠》，见四库全书存目丛书编纂委员会编：《四库全书存目丛书》史部第263册，齐鲁书社1996年版，第416页。

③ 《元典章》卷18《户部四·婚姻·嫁娶》，见四库全书存目丛书编纂委员会编：《四库全书存目丛书》史部第263册，齐鲁书社1996年版，第474页。

④ 《元典章》卷18《户部四·婚姻·军民婚》，见四库全书存目丛书编纂委员会编：《四库全书存目丛书》史部第263册，齐鲁书社1996年版，第475页。

⑤ 《元典章》卷33《礼部六·孝节·旌表孝义等事》，见四库全书存目丛书编纂委员会编：《四库全书存目丛书》史部第263册，齐鲁书社1996年版，第613页。

也，宁死，此疾不可男子见。’竟死。”一些女子为夫守贞节已完全丧失了自己的理性，是女性主体意识沦落的表现，如《元史》载：“高丽氏，宣尉副使孛罗帖木儿妻也。至正二十七年十二月，其夫死于兵，谓人曰：‘夫既死矣，吾安能复事人乎！’乃积薪塞户，以火自焚而死。”[①] 这种寡妇自焚、自戕的偏激行为在宋代以前虽然也有，但极为罕见，而元代以后情形就大大改变，十分普遍，可见女性主体意识的沦落。

（二）世俗的情爱观

在世俗观念中，人们对贞节较为淡漠，红杏出墙之事也时有发生，元曲中有许多描写男女恋情、两性交往的内容，是世人对情爱的观念反映。元代的爱情婚姻剧精品迭出，如关汉卿的《拜月亭》、白朴的《墙头马上》、王实甫的《西厢记》、郑光祖的《倩女离魂》、杨显之的《潇湘雨》、石君宝的《秋胡戏妻》、李好古的《张生煮海》、尚仲贤的《柳毅传书》等，琳琅满目，不胜枚举。这些爱情婚姻剧如一支支嘹亮的交响曲，讴歌青年男女追求恋爱自由、婚姻自主的幸福生活，大多洋溢着自信、欢快、高昂的情调。如《拜月亭》充分肯定王尚书之女王瑞兰的坚贞爱情，指责了阻碍青年男女婚姻自主的封建家长和门第观念，表达了“愿天下心厮爱的夫妇永无分离”[②] 的美好愿望。《西厢记》描写了崔莺莺和张君瑞对爱情的热烈追求及其与封建礼教、封建观念的矛盾冲突，提出了“愿天下有情的都成了眷属”[③] 的爱情理想。有的作品如《潇湘雨》、《秋胡戏妻》等，则严厉地批判朝三暮四的负心郎，表现出为妇女扬眉吐气的鲜明倾向。尤其值得称道的是，这些爱情婚姻剧塑造了一批闪耀着理想性格光辉的女性形象，她们大多具有大胆果决、机智勇敢、主动执著、泼辣豪迈、乐观率直的性格特征，依靠自身的智慧和意志去抗拒不公平的社会，去争取幸福的生活，成为中国古代妇女形象画廊中一批光彩耀人的形象。

（三）社会的审美观

元代女性美发生了较大的变化，在蒙古人入主中原初期，女性以强

---

① ［明］宋濂等撰：《元史》卷 201《列女传·高丽氏》，中华书局 1976 年版，第 4513 页。

② 马欣来辑校：《关汉卿集·杂剧·闺怨佳人拜月亭第三折》，山西人民出版社 1996 年版，第 255 页。

③ ［元］王实甫著，王季思校注：《西厢记》第五本第四折《张君瑞庆团圆杂剧》，上海古籍出版社 1978 年新 1 版，第 193 页。

悍雄健为美。随着社会的发展，尤其是汉化程度的提高，女性的自然美观念逐渐由病态的女性美观念所取代，社会提倡女子缠足就是明显的反映。蒙古贵族入主中原建元之后，他们本来不缠足，但并不反对汉人的缠足习惯，相反还持赞赏的态度。这样，使得元代的缠足之风继续发展，元代末年甚至出现了以不缠足为耻的观念。元代妇女缠足继续向纤小的方向发展，但这时不缠足者仍很多，特别是南方江浙、岭南地区。这时期，对裹足的形状也有了一定的要求，女子小脚不但要小，要缩至三寸，而且还要弓，要裹成角黍形状。

总之，元代的女性观在前期以宽泛的道德著称，随着汉化程度的加深，传统封建儒家礼教被提倡，女性受到的约束也逐渐增加。由于整个元代儒家思想的影响力受到外来文化的冲击，关心封建传统女教的人自然比过去少，加之元代女子受到的压迫较过去更多，不仅有阶级压迫，还有民族压迫，也有男性的压迫，因此女子高等教育的建树不太显著。

第二节　宋元时期女子高等教育的实施

一、宋代女子高等教育的实施状况

（一）家庭女子高等教育

宋代，家庭经济获得了极大的发展，一些家庭逐渐重视女子的高等教育，他们利用家庭这个场所，营造良好的教育氛围或专门聘请名师大儒对女子进行教育，一些女子还养成了终身学习的习惯，使本时期的家庭女子教育生机勃勃。

这一时期，女子在家所受高等教育大致与前代相当，主要包括延请专职家庭教师加以教授、兄长自教、到名师硕儒之家去拜师求教和女子在家自修。家庭女子高等教育的内容主要包括日常行为规范教育、道德教育、文学艺术教育、经史教育和生产技能教育等，尤以女子道德教育和女子文学教育更具特色。

在道德教育方面，提倡封建礼教较过去尤甚。如朱熹曾写信给陈师中，劝他设法叫寡居的妹妹守节。他说："令女弟甚贤，必能养老抚孤以全‘柏舟’之节；此事更在丞相夫人奖劝扶植，以成就之。使自明（陈师中妹夫——引者注）没为忠臣，而其室家生为节妇，斯亦人伦之美事。计老兄昆仲，必不惮赞成之也。昔伊川先生尝论此事，以为饿死事小，失节事大，自世俗观之，诚为迂阔，然自知经识理之君子观之，当有以知其不可易也。”[①] 这是家庭提倡寡妇守节教育的极好例证。宋代特别是南宋女子教育便以提倡封建礼教为其重要内容。受封建正统思想影响较深的人家，其女子所受这种教育是很普遍的。如戴复古妻（约 1201 年前后在世），江西武宁（今属江西省）人。其父是本地的一位大富翁，她从小就被父亲灌输封建正统教育，教以四书、五经及《列女传》等书，使她深受影响[②]。她与丈夫戴复古生活三年后被丈夫抛弃，还以奁具赠夫[③]，投水自尽，在投水前曾写绝笔《祝英台近》给丈夫，表达了自己对爱情的忠贞不渝。“惜多才，怜薄命，无计可留汝。揉碎花笺，忍写断肠句。道旁杨柳依依，千丝万缕，抵不住，一分愁绪。如何诉，便教缘尽今生，此身已轻许。捉月盟言，不是梦中语。后回君若重来，不相忘处，把杯酒，浇奴坟土。”[④] 这首词语言晓畅，情致哀惋缠绵，恸人心魄。又如黄淑，字致柔，宋时建宁（今福建建瓯）人。出生于士族之家，接受的是封建正统家教，读的是四书、五经及刘向的《列女传》等，对于“三纲五常”、“三从四德”等封建教条笃信无疑，成年后嫁给进士王防。但命运不佳，婚后不久，丈夫猝亡。从此她甘心守着清寡。亲朋族人感其年轻，劝她改嫁，她誓死不从，并题写了一首《吟竹》诗，挂在房内，以竹示志。诗云：“劲直忠臣节，孤高烈女心。四时同一色，霜雪不能侵。”表现妇女的贞节观念。可见她受封建传统礼教毒害之深[⑤]。

在文学教育方面，诗词教育蔚然成风。《临汉隐居诗话》载：“近世妇人多能诗，往往有臻古人者，王荆公家最众。张奎妻长安县君，荆公

---

① ［宋］朱熹撰：《晦庵先生朱文公文集》卷 26《与陈师中书》，见朱熹撰，朱杰人、严佐之、刘永翔主编：《朱子全书》第 21 册，上海古籍出版社、安徽教育出版社 2002 年版，第 1173—1174 页。

② 杏林著：《宋代才女传》，山东友谊书社 1989 年版，第 196—197 页。

③ ［元］陶宗仪撰《南村辍耕录》载：“戴石屏先生复古未遇时，流寓江右武宁（今江西武宁县），有富家爱其才，以女妻之。居二三年，忽欲作归计。妻问其故，告以曾娶。妻白之父，父怒。妻宛曲解释，尽以奁具赠夫，乃饯以词云。石屏既别，遂赴水死。”

④ 王占英、王东生主编：《宋词三百首》，内蒙古人民出版社 2005 年版，第 199 页。

⑤ 杏林著：《宋代才女传》，山东友谊书社 1989 年版，第 288 页。

之妹也。佳句最多，著者‘草草杯盘供语笑，昏昏灯火话平生’。吴安持妻蓬莱县君，荆公之女也。有句曰：‘西风不入小窗纱，秋意应怜我忆家；极目江山千万恨，依前和泪看黄花。’刘天保妻，平甫女也。句有‘不缘燕子穿帘幕，春去春来那得知。’荆公妻吴国夫人亦能文，尝有小词，《约诸亲游西池》，句云：‘待得明年重把酒，携手那知无雨又无风。’皆脱洒可喜也。”[①] 诗词俱佳、被称为“一代词宗”的女文学家李清照是当时家庭女子高等教育成就的重要体现。李清照，自号易安居士，济南章丘人，礼部员外郎、京东路提刑李格非之女，右相赵明诚之妻。工书，能文，善诗，兼通音律，自小便有诗名。著有《漱玉词》、《漱玉集》。她留下了大量脍炙人口的诗、词。诗如《夏日绝句》、《咏史》、《分得知字韵》、《端午贴子词》、《题八咏楼》、《春残》、《夜发严滩》、《晓梦》等，有些诗表现了作者远大的志向，如《夏日绝句》：“生当做人杰，死亦为鬼雄。至今思项羽，不肯过江东。”[②] 有的诗也描写作者学诗的情景，如《分得知字韵》：“学诗三十年，缄口不求知。谁遣好奇士？相逢说项斯。”[③] 词如“如梦令”、“渔家傲”、“浣溪沙”、“庆清朝慢”、“一剪梅”、“醉花阴”、“蝶恋花”、“念奴娇”、“声声慢”等，此外，她还著有：《〈金石录〉后序》、《词论》、《打马图经序》、《打马赋》、《上内翰綦公（崇礼）启》等。她所创“易安体”在词史上颇有影响，主张词“别是一家”，强调词应协律，还专门写了《词论》对当时词家作了评价。她这样写道：“逮至本朝，礼乐文武大备。又涵养百余年，始有柳屯田永者，变旧声作新声，出《乐章集》，大得声称于世；虽协音律，而词语尘下。又有张子野、宋子京兄弟，沈唐、元绛、晁次膺辈继出，虽时时有妙语，而破碎何足名家！至晏元献、欧阳永叔、苏子瞻，学际天人，作为小歌词，直如酌蠡水于大海，然皆句读不葺之诗尔；又往往不协音律者，何邪？盖诗文分平侧，而歌词分五音，又分五声，又分六律，又分清浊轻重。且如近世所谓《声声慢》、《雨中花》、《喜迁莺》，既押平声韵，又押入声韵；《玉楼春》本押平声韵，又押上去声，又押入声。本押仄声韵，如押上声则协；如押入声，则不可歌矣。王介甫、曾子固，文章似西汉，若作一小歌词，则人必绝倒，不可读也。乃知词别是一家，知之者少。后

① ［宋］魏泰撰：《临汉隐居诗话》“近世妇人多能诗”条，中华书局1985年版，第14页。
② 何广棪著：《李易安集系年校笺》，台北里仁书局1980年版，第98页。
③ 何广棪著：《李易安集系年校笺》，台北里仁书局1980年版，第99页。

晏叔原、贺方回、秦少游、黄鲁直出，始能知之。又晏苦无铺叙；贺苦少典重；秦即专主情致，而少故实；譬如贫家美女，虽极妍丽丰逸，而终乏富贵态；黄即尚故实，而多疵病；譬如良玉有瑕，价自减半矣。”[①]在当时，与李清照齐名的还有朱淑真、吴淑姬和张玉娘，被称为四大词家，其作品也相当丰厚。

（二）宫廷女子高等教育

宋代宫廷规模较大，后宫仍有一套严格的等级制，宫女在被采入宫时，年龄不大，采时多以美貌为主，重视才能不够，进入宫中都要调教。因此，宫廷便将教育作为训练宫女的手段，以便宫廷女子都能较好地履行自己的职责。宫廷女子高等教育的目的就是要使宫女必须具有妇德、妇言、妇容和妇工的基本素质以及良好的文化素养。

（三）学校女子高等教育

宋代宫廷有专门训练女子音乐舞蹈才能的高等学校，如教坊、大晟府、容直府和梨园。宋代教坊在对乐工的训练方面分工更细。北宋时教坊分为四大部，即大曲部、法曲部、龟兹部、鼓笛部。各部使用的乐器不同，并有各自擅长的演奏曲目，教育内容自然不同。如大曲部主要教十八调、四十大曲[②]。法曲部教二种曲子即道调宫《望瀛》和小石调《献仙音》，此外还要教乐工如何演奏琵琶、箜篌、五弦、筝、笙、方响、拍板等。龟兹部主要教乐工两种曲子即《宇宙清》和《感皇恩》，并教乐工掌握笛、羯鼓、腰鼓、揩鼓、鸡楼鼓、鼗鼓、拍板的演奏法。鼓笛部教乐工掌握色笛、杖鼓及拍板的演奏法[③]。教坊虽曾于靖康三年（1127）被解散，但南宋绍兴十四年（1144）又复设，并根据乐工所擅长的技艺分为十三部，即筚篥部、大鼓部、杖鼓部、拍板部、笛色、琵琶色、筝色、方响色、舞旋色、歌板色、杂剧色、参军色。不过，南宋教坊乐队规模较北宋为小。南宋还于绍兴三十一年（1161）再次解散教坊，乐工被安置在德寿宫或“临安府衙乐”任职。乾道年间还“明以更不用女乐，须旨子孙守之，以为家法”[④]。这样女乐教育受到相当打击，许多女乐工便

---

① 何广棪著：《李易安集系年校笺》，台北里仁书局1980年版，第186—187页。

② 详见《宋史》卷142《乐17》，中华书局1985年新1版。

③ ［元］脱脱撰：《宋史》卷142，中华书局1985年新1版，第3348页。

④ ［清］王誉昌《崇祯宫词》，见张海鹏辑《宫词小纂》卷下，中华书局1985年版，第82页。

流入民间，这对民间女乐教育产生了极大影响，使民间女乐教育更为发达。宋代除教坊外，宫廷音乐机构大晟府也以创作和演唱曲子为主要任务，在女子乐教方面也起着重要作用。此外，还有军乐性质的容直府也对女子乐教产生影响。

宋代，儒家学者十分推崇对女子进行诗乐教育。朱熹曾明确指出："'《周南》、《召南》，正始之道，王化之基''故用之乡人焉，用之邦国焉。'《乡饮酒》及《乡射礼》：'合乐，《周南》：《关雎》、《葛覃》、《卷耳》；《召南》：《鹊巢》、《采蘩》、《采蘋》。'《燕礼》云：'遂歌乡乐。'即此六篇也。合乐，谓歌舞与众声皆作。《周南》、《召南》，古房中之乐歌也。《关雎》言后妃之志，《鹊巢》言国君夫人之德，《采蘩》言夫人之不失职，《采蘋》言卿大夫妻能循法度。夫妇之道，生民之本，王化之端，此六篇者，其教之原也。故国君与其臣下及四方之宾燕，用之合乐也。"[①]宋代为祭祀、追封已故皇后、皇妃或对在世皇后进行册封等，谱写了专门的乐章。[②] 相当多乐章饱含着对当时宫廷女子特别是皇后、皇妃等进行教育的内容。如嘉泰三年皇后册宝《和安》章："宝玺瑶册，既祗既承。绣茵藻席，载跻载升。柔仪肃穆，瑞命端凝。永膺多福，如川方增。"即是教育宫廷女子应以皇后为榜样，养成以和睦为贵的习性。又如《惠安》章："服焕盛仪，班分华织。九嫔妇职，六寝内治。参差荇菜，求勤寤寐。丞然来思，相礼赞祭"即是教育宫廷女子应贤惠的品质[③]。如此之类，不胜枚举。此外，当时宫廷还通过其他活动如祭祀先蚕等来对宫廷女子进行教育。

宋代宫廷女子高等舞蹈教育也十分发达，主要由梨园承担。梨园主要训练女子队舞，队舞的音乐用大曲，其曲式结构沿用唐代的，只是更为复杂。一般曲式结构可简化为三段，即"散序"、"中序"和"破"。人们多只选大曲的一部分进行练习。宋代队舞演出已有一定程式：先用"竹竿子"（又称"参军色"）向观众介绍节目内容，多用四六对句的骈体文，称"致语"；然后引导歌舞队上场，称为"放队"；歌舞演完，"竹竿

① ［明］陈继儒撰：《太平清话》卷4，中华书局1985年版，第82页。

② ［明］袁华撰：《耕学斋诗集》卷2，见《景印文渊阁四库全书》第1232册，台湾商务印书馆版，第272页。

③ 转引自毕世明主编：《中国体育史》（古代部分），北京体育学院出版社1989年版，第343页。

子”再度招呼全体歌舞队上场，称为“放队”或“散队”。据《宋史·乐志》载，当时宫廷女子队由153人组成。她们除平时训练编排外，还要学习化妆术和使用各种道具，进行彩排，并经过反复的练习而达到熟练化。她们经常排练的舞名及所需妆饰、道具如下表：

表3－1　　　　宋代宫廷女子队舞服饰道具表

舞　名	妆　饰		道　具
	头　饰	服　饰	
菩萨蛮队	卷云冠	绯生色窄砌衣	捧绣球
感化乐队	背梳髻、系授带	青罗生色通服	剪牡丹花
抛球队	戴金冠	四色绣罗宽衫、系银带	乘彩船、
佳人剪牡丹队	戴仙冠、红绣	红色生砌衣	抛莲花
拂霓裳队	抹额	红仙砌衣、碧霞帔	执香花盘
采莲队	戴云鬟髻	红罗生色绰子、系晕裙	执旌节、
凤迎队	戴云鬟凤髻	红仙砌衣	鹤扇
菩萨蛮献香花队	戴宝冠	生色窄砌衣	执球杖
彩云仙队	冠仙冠	黄生色道衣、紫霞帔	
打球队	簇花幞头	四色窄绣罗襦，系银带裹顺风脚	

（上表参见《宋史》卷142，中华书局1977年版，第3350页。）

每年春、秋、圣节三大宴时，女弟子队便要演队舞。上元观灯，女弟子队也要在台楼南面的山棚演队舞①。这些活动对提高队员们的演技、陶冶其艺术情操、促使其进行舞蹈创作等都起了积极的作用。

（四）寺庙女子高等教育

宋代，由于道教和佛教的进一步发展，女子出家修行者增多，寺庙女子高等教育进一步获得发展。这一时期出现了一些研究和实践道家经典和佛教经典的寺庙，它们同时也讲经读经，其教育的程度确已达到高等教育水平。下面我们分佛教女子高等教育和道教女子高等教育加以介绍。

1. 尼庵女子高等教育

宋代是佛教大为盛行且中国化程度很高的时期。宋代僧官制度沿用

① 参见毕世明主编：《中国体育史》（古代部分），北京体育学院出版社1989年版，第343页。

唐制，北宋僧官体制政令出于礼部祠部郎官。宋建立后，一反前代后周灭佛政策，给佛教以适当保护。建隆元年，先度童行八千人，停止了寺院的废毁[①]。后来，宋代各帝对佛教的政策大体未变。至天禧末，全国僧尼较宋初增加了很多。

宋时对女子出家实行考试给度，而且是定期考验的制度，对成绩较劣者予以淘汰，以此限制出家人数和尼庵数，并保证女尼素质。此法始于唐中宗。《虚堂和尚录》载："汉唐以来设官置局，试经得度……其间获中僧科者，官给黄牒，剃度为僧。"[②] 女尼设讲论科、讲经科、文章科、表白科、应制科、持念科、禅科、声赞科，以考核其能。至周世宗时有诏云：女子十三以上，念得经文七十纸或读得三百纸、经本府陈状乞剃头，委录事参军本判官试验。两京、大名、京兆府、青州各起置戒坛；等候受戒时，两京委祠部引试。其他三处，委交判官，逐处闻奏。候敕下，委祠部给付，方行剃头受戒。至宋太祖、太宗时，则以试经度尼。建隆三年（962），诏每岁试童行并与剃度，自今后读经及三百纸，方许系帐。至道元年（995），诏度女尼诵经百纸、读经五百纸为合格，但此法并没严格遵行。之后仁宗试天下童行，诵《法华经》。[③]

宋时女尼出家领官家度牒，太祖时由礼部下牒，祠部给之。每牒纳费百钱，太宗时废。后诸州每岁以女尼籍上祠部；由祠部给牒，州官亲给。至神宗时，因灾害不断，需要赈款，开始发度牒征费。《佛祖统记》载有神宗熙宁元年（1068）七月的情况。此制在唐代中宗时已有卖度牒的现象。宋时以度牒经营商业者，在领得度牒后，可避徭役、免丁钱等。由于可买度牒，试经、试度效用荡然无存。宋时还有"卖师号"的现象，《僧史略》载：当时僧尼政官员"不循科目，多妄张懿美文字为题，至于四字、六字（师号），唯纳赂而后行。江南两浙之地，至有十寺院中无长行可以充役也。"而治平、元丰之后，官府竟依字数多少，标定价格出卖。不论申购之人学德高低，只要出资即予封号。这样，宋之尼政成为国家逐利的手段，而尼官也位同虚设了。

由于宋元时期统治阶级重视佛教教化工作，加之社会给出家女尼以

① 张治江等主编：《佛教文化》，长春出版社 1992 年版，第 356 页。

② 妙源撰：《虚堂和尚录》卷 4 "示行者智潮"条，见财团法人佛陀教育基金会出版部编：《大正新修大藏经》第 47 卷，台湾佛陀教育基金会 1990 年印本，第 1013 页。

③ 张治江等主编：《佛教文化》，长春出版社 1992 年版，第 356 页。

特殊的优惠，因此，尼庵女子高等教育也逐渐出现。在此我们以桑顶多杰帕姆女活佛传承体制的形成和发展便可见当时藏传佛教女子高等教育发展的情形。

中国社会科学院宗教研究所的德吉卓玛依据藏文文献并结合第12世桑顶多杰帕姆·德钦确吉仲美等撰著的《历代桑顶多杰帕姆生平事迹及桑顶寺简志》等资料和实地考察，对多杰帕姆女活佛进行了解说，弄清了桑顶多杰姆女活佛的早期传承以及与噶举派的关系。她在《藏传佛教出家女性研究》一书中对多杰帕姆女活佛这样解说道："多杰帕姆，为藏文音译，意即'金刚亥母'，是藏传佛教密宗修持的母体本尊之一。据传说她以身、语、意、业等之化身，出现在印度、尼泊尔和我国西藏雪域高原等地。公元8世纪，多杰帕姆佛母信仰开始传入吐蕃藏地，最早以'佛母'化身出现在吐蕃藏地。吐蕃藏王赤松德赞延请莲花生大师进藏传法时，莲花生大师将王妃卡钦萨措杰（益西措杰）认作多杰帕姆佛母'语'之化身，王妃卡钦萨措杰由此成为藏传佛教史上，最早的多杰帕姆佛母之化身和智慧空行母，也是出现在雪域高原的第一位'金刚亥母'之化身的吐蕃女性。继她之后，吐蕃藏地又出现了多杰帕姆'业'之化身，即益西措杰的著名亲近弟子、芒域王之女扎西吉珍，被莲花生大师认作多杰帕姆佛母'业'之化身，这是吐蕃藏地出现的又一位多杰帕姆佛母之化身。可以说，她们是藏传佛教尼僧史上，出现得最早的多杰帕姆佛母之化身，开启了藏地女性'空行母化身'之先河。特别是空行母益西措杰，成为后世藏传佛教空行母化身之母体，藏传佛教中的空行母或女活佛几乎都是从她转世承袭。可以说，她是藏传佛教多杰帕姆佛母转世女活佛的基石。"[①] 她进而写道："公元11世纪，藏传佛教噶举派达布噶举始祖玛尔巴·却吉洛哲大译师（1012—1097），从印度金刚座请来《多杰帕姆佛母贝叶经》并译成藏文，从此藏地出现了多杰帕姆佛母的修持法，且已集成《多杰帕姆佛母六法》，传布很广。多杰帕姆佛母又作为藏传佛教密法《母续》的主要'本尊'之一，被各宗派所推崇。随之专门供奉多杰帕姆佛母的佛殿，遍布藏地，还产生了多杰帕姆佛母化身的护法女神。据《止贡法嗣》记载：'那时，父亲名叫涅南巴觉沃班，母亲名叫珍萨达坚，二人从涅南来到止贡地方，在这里生下了金刚空行母的

① 德吉卓玛著：《藏传佛教出家女性研究》，社会科学文献出版社2003年版，第284页。

化身曲吉卓玛，在当地一时出名，而且现在亦很有名……'[1]，后来她从前藏来到康区依止宁玛派大瑜伽师阿美次成嘉措修持密法，故称阿齐曲吉卓玛。在康区传法布教，并携带诸弟子在丹堆普巴修行，获得共同与不共诸殊胜成就。公元12世纪后期，其重孙仁钦贝从帕主噶举创立者帕木主巴得法后，于1179年，在今拉萨市墨竹贡卡县止贡地方建立止贡替寺，以此为根本道场，收徒传教，形成了噶举派八个分支系之一的止贡噶举，且将其祖母曲吉卓玛，又称阿齐曲吉卓玛，奉为止贡替寺的护法女神，简称止贡阿齐卓玛，由此阿齐曲吉卓玛，又成为噶举派中多杰帕姆佛母化身之护法女神，在噶举派教法史上，享有很高的地位。公元12世纪，藏传佛教噶玛噶举派创立活佛转世体制后，各种男性'佛'和'菩萨'的化身在藏传佛教各宗派中纷纷兴起。随之，女性的'佛母'和'女菩萨'的化身，亦渐而成为藏传佛教活佛转世的内容之一，在各宗派中开始产生。故金刚亥母，即多杰帕姆佛母，便成为藏传佛教中最早产生的女活佛转世化身，在宁玛派、噶举派、萨迦派、博东派等宗派中相继出现，而且形成女活佛转世体制之一，以维系各自宗派的女活佛体系。其中，桑顶多杰帕姆女活佛，为迄今相沿承袭之多杰帕姆佛母女活佛的主要转世体系。"[2]

桑顶多杰帕姆女活佛转世体制，形成于12世纪，首先在噶举派中相继产生了空行母索南旃玛、空行母索南贝旃等多杰帕姆佛母的化身和转世女活佛，开始构筑多杰帕姆女活佛转世体系之根基。据藏文史料记载，空行母索南旃玛，出生在康区昂旋一处茂密森林附近的村落富户人家，在三姐妹中年龄最小，依止帕主噶举的创始人帕木主巴·多吉杰布，在其座前修得帕木主巴大师的所有教法，获得大成就，成为一名大瑜伽母。后来在为帕木主巴大师的近侍加持时，呈多杰帕姆佛母怒相示寂。空行母索南旃玛，被噶举派奉为多杰帕姆佛母转世化身，即噶举派第一世多杰帕姆女活佛。空行母索南贝旃，在一些藏文资料中，把她奉为空行母索南旃玛的转世或多杰帕姆佛母"语"之化身。藏文史料《那曲历史文化》记载，空行母索南贝旃，出生在今拉萨当雄县娜玛炯一个叫扎西羌嘉的地方，父亲叫欧黎，母亲叫娜桑曲措，在四兄妹中最小，名空行母

① 止贡丹增白玛坚赞：《止贡法嗣》，西藏藏文古籍出版社1989年版，第65页。

② 德吉卓玛著：《藏传佛教出家女性研究》，社会科学文献出版社2003年版，第284－285页。

给高。后依止当地地方王之子仁钦贝持家并修持佛法，取名索南贝旃，又称空行母索南贝旃[①]。

由上可见，这一时期已有女子为追求高深佛法而出家修行，成为很有影响的女活佛，并且她们为佛教女子高等教育的开创和发展做出了一定贡献。

宋朝女性出家修佛者数量庞大。仅天禧三年（1019）就普度了15643人[②]。到天禧五年（1021）时，全国有女尼为61239人，景祐元年（1034）为48742人，庆历二年（1042）为48417人，熙宁元年（1068）为34037人，熙宁十年（1077）为29692人[③]。

宋朝也涌现了一批著名女尼，仅台湾清华大学历史研究所黄敏枝的考证，宋代至少有如仁王院的任社娘、圆明大师、智果大师志愿、智圆大师志英、普济大师、清裕赠号报慈正觉大师、建宁府福国庵的觉庵、温州静居寺的妙道禅师等近90位著名比丘尼[④]。宋代的女尼们，大多做偈悟禅，或以禅入诗，有些诗偈，艺术水准很高。如宋代法海尼，她为了学到丰富的佛理禅趣，先后云游各地，拜见过不少高僧禅师。她所写的偈，读来颇有意蕴："霜天云雾结，山月冷涵辉；夜接故乡信，晓行人不知。"[⑤] 她把世间人生，比喻成自然而然的霜天里云雾的凝结，高山中冷月的清辉，平淡而顺畅，归去远行，无非是半夜接到故乡亲人的来信，天不亮就启程离去而已。虽然有些许的凄然，但却充满着真实的平静。宋徽宗政和年间，智通尼所作《洗浴偈》，被抄写在金陵（今南京市）保宁的一家澡堂大门上，偈曰："一物也无，洗个甚么？纤尘若有，起自何来？道取一句子玄，乃得大家入浴。古灵祇解揩背，开士何曾明心？欲证离垢地时，须是通身汗出。尽道水能洗垢，焉知水亦是尘。直饶水垢

① 德吉卓玛著：《藏传佛教出家女性研究》，社会科学文献出版社2003年版，第285—286页。

② [清] 徐松撰：《宋会要辑稿》14706"道释一之二十三"，中华书局1957年版，第7880页。

③ [清] 徐松撰：《宋会要辑稿》14706"道释一之十三至十四"，中华书局1957年版，第7875—7876页。

④ 黄敏枝：《宋代妇女的另一侧面——关于宋代的比丘尼》，载邓小南主编：《唐宋女性与社会》，上海辞书出版社2003年版，第588—610页。

⑤ [宋] 释普济撰：《五灯会元》卷16《西竺尼法海禅师》，见 [宋] 普济著：《中国佛教典籍选刊·五灯会元》（下册），中华书局1984年版，第1084页。

顿除，到此亦须洗却。”[①] 该偈既说世间洗浴，也讲佛理禅机，参悟其中妙趣，更觉人生大义。女尼写偈，最著名者是宋人罗大经《鹤林玉露》丙编卷六“道不远人”条，收录某尼《悟道诗》：“尽日寻春不见春，芒鞵踏遍陇头云。归来笑捻梅花嗅，春在枝头已十分。”[②] 这首诗写得平易而有深意，用寻找春天喻拟禅理，东奔西走，“芒鞵踏遍陇头云”，回到曾经居住的地方，“归来笑捻梅花嗅”，原来，春天就在梅花里，就在自己身边。用传神的语言，写活了忽然了悟洞明的惊喜神态与洞达睿智的审美体验。好一个“春在枝头已十分”，喜悦中透露着女性的纯真，洞达里蕴涵着大自然的机变。宋理宗时以抄经出名的女尼崔法珍，她还在金朝所辖北方时，就自筹资金，印经一藏，进献朝廷。金大定二十三年(1183)，金世宗下令赐她“紫衣宏教大师”的法号。后来，法珍南下进入宋地。恰好苏州陈湖碛砂延圣院刊刻《大藏经》，她便断左臂誓愿募捐，协心刻印《大藏经》。史载：“爰有尼法珍者，欲摹刻方册藏本简便弘通，遂为激发四方，自断臂示其决志，于此海内感动，诸人戮力，至有破产鬻子应之者。三十年而始就其功。是方册创制也。”[③] 法珍尼去世后，她的一名女弟子，也效法老师，断臂募捐。另有再传弟子，也以她为榜样，募捐刻经。在三代僧尼的协心努力下，从宋理宗宝庆、绍定年间（1225—1233）开始《大藏经》的刊刻印制工作，终于在元英宗至治二年（1322)，历经80多年大功告成。《碛砂藏》是我国《大藏经》中一种重要的刻本，法珍尼师徒为我国佛教事业作出了重要贡献。有的比丘尼还在艺术上很有造诣，如宋陶谷《清异录·馔馐》记载：宋代女尼梵正，“庖制精巧”，以王维所画辋川别墅二十景图为蓝图，运用“鲊臛脍脯、醢酱瓜蔬、黄赤杂色，斗成景物，若坐及二十人，则人装一景。合成辋川图小样。”[④] 辋川小样可以说是开创了拼摆雕刻象形冷盘的先河。

2. 道观女子高等教育

宋代女子道教教育日益规范化。道士不能畜养妻孥。宋人王林说：

① 释震华撰：《续比丘尼传》卷2，见《高僧传合集》，上海古籍出版社1991年据镇江竹林寺刊本影印本，第990页。

② ［宋］罗大经撰：《鹤林玉露》丙编卷6“道不远人”条，中华书局1983年版，第346页。

③ 《缘山三大藏经缘起》，财团法人佛陀教育基金会出版部编：《大正新修昭和法宝总目录》第2卷之21《缘山三大藏总目录》卷上，台湾佛陀教育基金会印本，第1页。

④ ［宋］陶穀撰：《清异录》卷4《馔馐》，中华书局1985年版，第306页。

"黄冠之教，始于汉张陵，故皆有妻孥，虽居宫观，而嫁娶生子，与俗人不异。奉其教而诵经，则曰'道士'。不奉其教，不诵经，惟假其冠服，则曰'寄褐'，皆游惰无业者。……（宋）太祖皇帝深疾之。开宝五年闰二月戊午，诏曰：末俗窃服冠裳，号为寄褐，杂居宫观者，一切禁断。道士不得畜养妻孥，已有家者遣出外居止。……自是宫观不许停著妇女，亦无寄食者矣。"[①] 这对女子道教高等教育产生了一定的影响，因为道士畜养妻孥可使一部分女子在丈夫的影响下受到高深的道教教育，禁"道士畜养妻孥"以及"宫观不许停著妇女"自然就堵塞了这部分妇女可能接受高深道教的可能性。开宝五年（973）十一月，太祖又"禁僧道习天文、地理"[②]，这就堵塞了女道士学习天文和地理这些高深学问。同年十月，"诏功德使与左街道录刘若拙，集京师道士试验，其学业未至而不修饰者，皆斥之。"[③] 即通过考核，提高道士素质，斥退品学不良之人。

宋太宗于端拱（988－989）末，诏将兴道坊宣祖旧第改建为道宫。至道元年（995）正月建成，有365区，赐名洞真宫。甄选京师和各道女冠，被选中的胡又玄等人在此居住。

北宋政府对道教加强管理，还通过道官组织对女冠教育加以实施，并赐师号和紫衣。据李攸《宋朝事实》卷7《道释》的记载，宋代女冠的师号有：真寂、真静、真懿、真妙、守一、守白、守真、安素、安教、安常、希妙、希密、希范、凝、栖云、栖月、灵素、灵懿、冲秀、冲和、通妙、澄妙、渊妙、通微、希无、真净、宣净、宗微、澄秀、宣真、冲懿、凝真、元素、冲真、灵寂。同时度女冠即对出家受戒做女冠有一套严格的管理制度。宋真宗咸平四年（1001）四月诏规定："女冠即依旧例，十八许受戒。不得交互礼师，擅移院舍。如本师身亡，或移居院宇，即仰逐时申官，候改正帐籍，方得回礼师，迁移居处，所有转念经纸数、卷数，一准久（旧）例施行，更不增减。"[④] 五年（1002）、六年（1003）曾两次下诏严禁窃买祠部度牒，冒为女冠。出家考试，是为了保证女冠的一定宗教素质，防止滥竽充数。而准备出家者要取保系帐，待年满十

---

① ［宋］王栐撰：《宋朝燕翼诒谋录》卷2，中华书局1985年版，第15－16页。

② ［元］脱脱等撰：《宋史》卷1《太祖纪》，中华书局1985年新1版，第38页。

③ ［宋］李焘著：《续资治通鉴长编》卷13，中华书局2004年版，第290页。

④ ［清］徐松撰：《宋会要辑稿》卷14706"道释一之十七"，中华书局1957年版，第7877页。

八，方许受戒为女冠，并且不得擅移宫观，另礼他师。这实际上是封建国家户籍制度和人身依附关系的延伸。宋刑法规定：准《礼部式》：“诸五品以上女及孙女出家者，官斋行道皆听不预。”[①] 但“私入道，谓为道士、女冠、僧尼等，非是官度，而私入道，及度之者，各杖一百。……即监临之官，不依官法……罪止流三千里。……”[②] 宋仁宗赵祯禁女冠、尼姑入宫，以免她们干涉朝政。

宋代女性受戒规模很大，这对女性接受道教高等教育产生了很大的影响。如大中祥符二年（1009）九月以吴国长公主出家受戒讫，普通天下道士女冠。八年（1015）正月，皇女升国大长公主入道。《宋史》云：“升国大长公主，初入道。[仁宗] 明道二年（1033），封卫国长公主，号清虚灵照大师。”[③] “照”，宋敏求《春明退朝录》作“昭”，他说：“公主谥：……昭怀真宗女，出俗为道士，号清虚灵昭大师。”[④] 宋真宗在位时规模最大的一次度道士女冠，是在天禧三年（1019）八月，赦书天下女冠等当时系帐童行并与普度，当时共度道士、女冠凡度 7170 人，其中道士 7081 人，女冠 89 人[⑤]。宋真宗频繁度女冠，到天禧五年（1021），女冠已达 731 人，道士为 19606 人。[⑥]

宋徽宗设立道学制度，提倡学习道经，编修《道史》、《道典》，增加道官、道阶和道职，提高女冠的社会地位。大观元年（1107）二月，为了提高女冠的地位，诏令女冠序位在尼上[⑦]。宣和三年（1121）七月，采纳蔡攸奏请，“令三京置女道录、副道录各一员。节镇置道正、副各一

① [宋] 窦仪等编：《宋刑统》，中华书局 1984 年版，第 191 页。

② [宋] 窦仪等编：《重详定刑统》卷 12《户婚律》，法律出版社 1999 年版，第 215—216 页。

③ [元] 脱脱等撰：《宋史》卷 248《公主传》，中华书局 1985 年新 1 版，第 8776 页；参脱脱等撰：《宋史·真宗纪》，中华书局 1985 年新 1 版，第 158 页。

④ [宋] 宋敏求撰：《春明退朝录》卷上，中华书局 1980 年版，第 6 页。

⑤ [清] 徐松撰：《宋会要辑稿》14706“道释一之二十三”，中华书局 1957 年版，第 7880 页。青海师范大学历史系主任白文固在《普门学报》2002 年第 9 期上发表《历代僧道人数考论》认为当时普度的道士可能为 17170 人，因当时普度的道士数、女冠数、僧数、尼数加起来与普度总数差一万，而两年即天禧五年道士数已达 19606 人，两年内要增加一万二千余人的可能性不大。笔者对此推测仍存疑，因忽视了天禧三年之前已有大量道士存在，仅天禧三年就普度了七千余人。相差的一万到底是道士数，还是僧数或尼数，尚待考证。

⑥ [清] 徐松撰：《宋会要辑稿》14706“道释一之十三”，中华书局 1957 年版，第 7875 页。

⑦ [宋] 杨仲良撰：《皇宋通鉴长编纪事本末》卷 127，黑龙江人民出版社 2006 年版，第 2129 页。

员。余州置道正一员。”[①] 集中管理女道士，并提高她们的社会地位。广开入道之门，鼓励民女和已为女尼者入道，使得女冠人数较过不断增加，真宗天禧五年（1021），女冠 731 人（当年道士 19606 人）；仁宗景祐元年，女冠 588 人（当年道士 19538 人）；庆历二年，女冠 502 人（当年道士 19680 人）；神宗熙宁元年，女冠 638 人（当年道士 18746 人）；十年，女冠 708 人（当年道士 18513 人）[②]。

宋徽宗时，有的女道士因道学水平很高因而也颇受重视，如虞仙姑、于仙姑、郑仙姑、张仙姑、徐道生、曹仙姑、马仙姑、妙靖炼师陈琼玉等是著名代表。

虞仙姑大观（1107－1110）年间，年已 80 余岁，而体貌看起来很年轻。行大洞法。一日，徽宗在庙里诵《大洞经》，举首恍如见有仙官侍立。蔡京曾经准备饭菜招待仙姑，当时仙姑看见一只大猫，指而问蔡京："识之否，此章惇也。"意在讽京，蔡京大为不乐。徽宗又曾问她如何达到太平之期。她答说："当用贤臣。"徽宗问："贤人谓谁?"她说："范纯粹也。"徽宗将此语告诉蔡京，蔡京乘机说："此元祐臣僚使之。"遂驱逐仙姑，于是士大夫争言"虞仙姑亦入元祐党矣"[③]。毕沅（1730－1797）说："刘混康、虞仙姑、王老志、王仔昔，皆为帝所礼"[④]。可见她与刘混康等人齐名。她是在崇宁被诏至京的，《仙鉴后集》载云："虞真人本女流，遇异人，不食，隐终南山。士大夫多敬之。宋徽宗崇宁被首于茅山诏刘混康，海陵诏徐神翁，终南诏虞真人，弋阳诏张虚静，日集秘殿，讲究道妙。"[⑤] 她有操行、有己见，不随波逐流，士大夫大多敬重她。

于仙姑，凤翔（今属陕西）人。出身于卖茶小家。少独喜洁清，不食肉，日诵《老子》。父母予之钱，辄储蓄以购弃笺败牍纽为衣，施乞丐。后于笺牍中得道教嘘呵呬吹嘻之说，通过长期训练，可以不吃粮食而生存。年十四，不肯出嫁，邻家好神仙的女子金争相来谒。一日，众

① ［清］毕沅撰：《续资治通鉴》卷 94，古籍出版社 1957 年版，第 2433 页。

② ［清］徐松撰：《宋会要辑稿》14706"道释一之十三至十四"，中华书局 1957 年版，第 7875－7876 页。

③ ［宋］范仲淹撰：《范文正公集》附录《言行拾遗事录》卷 4"大观中"条，商务印书馆 1937 年版，第 499 页。

④ ［清］毕沅撰：《续资治通鉴》卷 92，古籍出版社 1957 年版，第 2385 页。

⑤ ［元］赵道一修撰：《历世真仙体道通鉴后集》卷 6《于仙姑传》，见《正统道藏》普及本第 9 册，台北艺文印书馆 1977 年版，第 6743 页。

得华山石宝玉函，不能打开，于是请仙姑打开得到《大洞经》。回家读经，按照经上所说终于获得“度世炼形之法”，能在熏笼上行走，或在椟中睡卧长达一月，她的门徒打开看她时，她慢慢振衣而起。徽宗闻之，召至东京汴梁，赐号真人。据史载，大观元年（1107）二月，授于仙姑“清真冲妙先生”号。寻遣李环赍御印封香往凤翔太平宫等处道场，因就宣于仙姑赴阙。既召至，赐“真人”之号，且赐诗云：“身是三山云外侣，心无一点世间尘。”①

妙靖炼师陈琼玉，道行高洁。政和七年（1117），郡守刘安上部使者卢天骊、王汝明等闻于朝，徽宗也召至京，赐对。世传有向端者得其道。靖康初（1126），对其徒说：“吾将逝矣。”遂卒。

妙靖炼师陈琼玉，婺州金华（今属浙江）人，道行高洁。据《夷坚甲志》载：她17岁时，一天，邀兄长到四明（今属福建罗源）海上遨游。兄长乘船，而她徒步海面，一连经过几天，她的衣服也没有浸湿。回来之后，对人说：“我水中遇婺女星君，相导往蓬莱，始知元是第十三洞主。”② 从此大彻大悟，不吃东西，能写诗赋词，知道人间祸福。上至公卿下至百姓每天都前去卜问吉凶，门外人满为患。徽宗政和七年（1117），郡守刘安、监司卢天骥、王汝明等人，将她的事迹奏报朝廷，皇上召她到京城面圣。妙靖法师回答了皇上的问题之后，马上请求回山。法师住的地方，前面是葛仙峰，屋后枕仙姑坛，自己独处一室。金华县令柯庭坚赠诗道：“绝粒栖神知几年，闭关终日更悠然。高月更与麻姑契，妙法亲从婴女传。功行素超三界外，姓名清彻九重天。凭谁与问西王母，师是金华第几仙?”③ 赠给法师的诗很多，但她只喜欢这一篇。法师写诗前后有几千首之多，她的弟弟陈昭曾经问：“诗词所言，其应如响，何从而知?”法师说：“声其里系，即仙官持簿来，五百年过去未来皆知。恐泄天机，姑以风花雪月为咏，而吉凶寓其中。非苟知之，又且掌之。昨权无常县尉，管人间生死。后权阴典，管人间六犯事，谓逋官钱、五逆、不孝、奸盗、偷滥、故杀也。世人冒犯，故多夭厉。不犯者，三世中出神仙。近又管月台仙籍，凡士大夫聪明者皆上籍，若有功行，

① ［元］赵道一修撰：《历世真仙体道通鉴后集》卷6《于仙姑传》，《正统道藏》普及本第9册，台北艺文印书馆1977年版，第6743—6744页。

② ［宋］洪迈撰：《夷坚甲志》卷14《妙靖炼师》，中华书局1985年版，第109页。

③ ［宋］洪迈撰：《夷坚甲志》卷14《妙靖炼师》，中华书局1985年版，第109页。

可作月台仙。"[①] 她说，法师的话大多用忠、孝、诚、信来勉励人。她活到八九十岁，容颜丝毫不见衰老。

郑仙姑，歙州（治在今安徽歙县）人。父郑八郎学道，因居于歙之东岳庙前。仙姑自幼与父居一小阁上。父死，仙姑言父非死。如此数十年，未曾出城门，时与人言灾福。一夕大风雨，屋毁有声，邻居疑其压死，往视之，而仙姑犹鼾睡未醒，人尤异之。苏辙为绩溪令，见之，自云年已八十，尚处女也。苏辙问道："姑年八十而不嫁，何也？"她说："吾师度人经故尔。"苏轼问道："度人经安能使人不嫁？"郑仙姑回答道："此经元始天尊所说，元始天尊生于天地先，立于天地外，安得不尔？"又问："安有人能出天地上者？"又回答说："此非他，盖亦道耳。"苏紧追不舍，又问："道则能尔，然何与姑事？"郑仙姑问答道："君谓道不在我，然我身何者非道？"苏辙感到十分惊讶，翌日设馔礼招待仙姑，请教养生之事，仙姑说："君今如器已破，难成道。"又向她询问导引、吐纳、烧炼诸术，她皆予以否定，说："人但养成婴儿，何事不了！"苏辙又说："尝有人于百里之外，见姑襁婴儿往耶？"仙姑微笑不答[②]。

张仙姑，南阳人。行气功，能发外气为人治病。《仙鉴后集》载云："人有疾，辄对坐瞑目，潜为布气攻之，疾者俄觉其臆温然，发缊炮，已而鸣声如雷，虽沉疴者无不愈。一时贵人多敬慕之，徽宗召至京都，其后不知所之。"[③]

徐道生，山阳（今江苏淮安）人。后入神光观为道姑。闻徐神翁在海陵，即往事之，问神翁说："人之躯污秽集成尔，而古有白日升天者，审能如是耶？"神翁答道："吾闻太行山有骨岩，将轻举者先往换骨，然后乃得登上清、列仙籍也。"遂往观。抵其危巅，果有大屋渠，渠四周有千余锁子骨趺坐庑下。道生以熏陆香各纳之口中而归。自此而不知所之。[④]

曹仙姑，《罗浮山志》称："宋徽宗宣和（1119－1125）中，有曹仙

① ［宋］洪迈撰：《夷坚甲志》卷14《妙靖炼师》，中华书局1985年版，第109页。

② ［宋］苏辙撰：《龙川略志》卷10《郑仙姑同父学道年八十不嫁》，中华书局1985年版，第45－46页。

③ 《历世真仙体道通鉴后集》卷6，见《正统道藏》普及本第9册，台北艺文印书馆1977年版，第6744页。

④ 《历世真仙体道通鉴后集》卷6，见《正统道藏》普及本第9册，台北艺文印书馆1977年版，第9744页。

姑后京城，作诗赠道士邹葆光……时徽宗广求学仙之徒与工诗赋奇女，仙姑与吴妙明皆征至京师，仙姑明于丹术，尝作《大道歌》深得要旨，道流竞传诵之，敕封文逸真人，每遇道流，藐谓无人，独与葆光语，深见称许，故有此赠。”[①] 曹仙姑，一般称为曹文逸。其《大道歌》原名《灵源大道歌》，收入《道藏辑要》名为《至善歌》，题为“海蟾帝君著”[②]。

由上可见，宋代女子道教高等教育是较为发达的，大量的女性出家者受戒和较多很有造诣的仙姑的出现便是很好的证明。这与宋代统治者重视道教是分不开的，如宋徽宗设立道学制度，提倡学习道经，对于提高女性受道教教育的水平是很有助益的。宋代经济的大发展，为更多女性献身宗教事业提供了条件。

（五）社会女子高等教育

由于本时期女子仍有较多的自由，女子离家从事社会活动的机会日益增多，这就为女子在社会交往中能接受到高深学问提供了可能性。

如宋光宗绍熙元年（1190）朱熹到漳州就知县之职，在他就任之先，发布了一道劝谕榜，奖劝贞节。内有“孝子顺孙，义夫节妇，事迹显著，即仰具申，当依条旌赏。其不率教者，亦仰申举，依法究治。”[③] 他在闽南做官时，极力提倡礼教，严定男女防闲，还一面宣传程子所主张的“饿死事极小，失节事极大”的思想[④]。

宋代，地主阶级还在民间传统的迷信观念中，增添了谴责妇女改嫁的内容，以达到宣扬封建礼教、毒害妇女的目的。洪迈《夷坚志》中记有宋高宗到宋宁宗时期流行在江西、两浙等地的迷信说教。如饶州鄱阳县富室汪澄死后，妻子余氏稍取丈夫的遗物送人或毁弃。一年后，余氏

① 《古今图书集成》第51册，中华书局1934年影印版，第62734页，“曹仙姑”条引。

② 卿希泰主编：《中国道教史》第二卷，四川人民出版社1990年7月第1版，第758页。

③ ［宋］朱熹撰：《晦庵先生朱文公文集》卷100《揭示古灵先生劝谕文》，见朱熹撰，朱杰人、严佐之、刘永翔主编：《朱子全书》第25册，上海古籍出社、安徽教育出版社2002年版，第4620页。

④ 传说朱熹在漳谁知盘中州要妇女出门时头上罩一块花帕，把脸遮住，仅留两个小孔，这就是后来所谓“朱文公兜”；住家门口要挂上竹编格帘，妇女不能走出格帘，也不能随便向外窥看，这就是后来所谓“朱文公帘”。他又大力提倡“节烈”，参见《漳州府志》。

的奶娘做汪澄语骂其妻说："贱人来！吾死能几时，汝已萌改适他人意。"[①] 衢州郑某娶会稽陆氏女，郑死后刚孝满释服，陆氏携带全部财产改嫁苏州曾姓官员。一天晚上，有人送给陆氏一信，宛然前夫笔迹。信上指责陆氏"忽大幻以长往，慕何人而辄许。遗弃我之田畴，移资财而别户。不恤我之有子，不念我之有父。义不足为人之妇，慈不足为人之母。吾已诉诸上苍，行理对于幽府。"陆氏叹恨，三天后死去。[②] 又如鄱阳县医人赵珪，死后不到一年，其妻成氏准备改适。成氏梦见赵珪前来指责，要她在到孝期满后再嫁人。到第三年，成氏改嫁给一名姓魏的胥吏，赵珪非常"鄙薄"，认为"玷辱"门风，说："我下诉于阴君，用四十九日为期，定戕其（指后夫——引者）命。"后夫果然在一月后染病，七月中死去。此后在夜间，成氏经常听到室内有赵、魏二"鬼"互相追打之声。[③] 建昌军将仕郎邓增，娶宗室女，生二子。邓增死后，赵氏家贫，孝满后即带二子改适南丰县富室黄氏之子。其后夫梦见邓增讥诮他说："汝何人，乃敢取吾妻！吾今受命为瘟部判官，汝宜速罢昏（婚）。不尔，将行疫疠于汝家，至时勿悔也。"黄大惊而醒，不得已与赵氏离绝。一年后，赵氏更加贫困，再嫁南城县童久中。没几个月，也梦见邓增来斥责，还说："当以我临终之疾移汝身。"童久中不以为然。后果得"风劳之疾"，跟邓增所染病相同，二年后死去。[④] 这种以封建迷信来反对寡妇改嫁，无形地毒害着妇女，在民间产生了较大的影响。

宋代也有女子通过社会交往接受高等教育。在宋代，城市中的乐妓活动范围非常广泛，妓馆、酒肆、瓦子、茶坊、酒楼、歌馆以及家宴饮中都有乐妓参加。《动静梦华录序》对北宋都城汴京乐妓活动有详细记载，吴自牧的《梦粱录》十三"夜市"也有很多记述。这些乐妓中有部分在与文人墨客的交往中提高了文学艺术素养。如柳永因怀才不遇，混迹青楼，将才气尽力发挥在为青楼酒肆乐妓所写的词乐作品中，过着"诗酒风流"的日子，其作品曾被乐妓们广为传唱，致使远在西夏之地，

---

① [宋] 洪迈撰，何卓点校：《夷坚丁志》卷 15《汪澄凭语》，中华书局 1981 年版，第 662 页。

② [宋] 洪迈撰，何卓点校：《夷坚甲志》卷 2《陆氏负约》，中华书局 1981 年版，第 15—16 页。

③ [宋] 洪迈撰，何卓点校：《夷坚三志》辛卷第 9《赵珪责妻》，中华书局 1981 年版，第 1454 页。

④ [宋] 洪迈撰，何卓点校：《夷坚支甲》卷 4《邓如川》，中华书局 1981 年版，第 744 页。

也出现了“凡有井水处即能歌柳词”的状况[①]。此外像感叹“画船载酒西湖好”的欧阳修、“琵琶弦上说相思”的晏幾道、偕妓“参破老僧禅”的苏轼、“前度刘郎重到”的周邦彦以及“小红低唱我吹箫”的姜夔等都影响了一大批妓女[②]。像这种文人影响妓女从而提高了妓女素养的事在宋代十分常见。

二、元代女子高等教育的实施状况

（一）家庭女子高等教育

元代贵族之家一般都重视女子的教育，并鼓励女子追求高深学问。道德教育、文学艺术教育等是主要的教育内容。

1. 道德教育

元代前期，仍保留蒙古族传统的风俗，家庭对礼教不甚看重，随着汉化程度的日益加深，家庭也很重视礼教教育，使一批女子接受了持贞守节观念，逐渐出现了一批节妇烈女。如脱脱尼雍古剌氏大胆反对元代前期流行的收继婚制，接受了夫死守节的观念，《新元史》载：“脱脱尼，雍古剌氏，有色，善女工。年二十六，夫哈剌不花卒。前妻有二子皆壮，无妇，欲以本俗收继之，脱脱尼以死自誓。二子复百计求遂，脱脱尼恚且骂曰：‘汝禽兽行，欲妻母耶，若死何面目见汝父地下？’二子惭惧谢罪，乃析业而居。三十年以贞操闻。”[③] 此外成都李世安妻王氏在丈夫死后也坚决反对丈夫兄弟收继自己，不惜断发割耳以表示自己坚定的决心；赵美妻王氏在丈夫溺水身亡后，为反对舅姑想让族侄收继自己自缢而死，真的为丈夫殉了烈[④]。可见，在元代后期，一部分家庭女子接受了持贞守节的教育。家庭除对女子实施持贞守节教育外，也重视其他道德品质的培养。如元代诗人孙蕙兰在《绿窗诗十八首》中对自己在家所受孝、敬教育有所反映，“灯前催晓妆，把酒向高堂。但愿梅花月，年年映寿觞。”

① ［宋］叶梦得撰：《避暑录话》卷下《柳永》，中华书局 1985 年版，第 49 页。

② 参见修君、鉴今著：《中国乐妓史》，中国文联出版社 1993 年版，第 235—252 页。

③ ［明］宋濂等撰：《元史》卷 200《脱脱尼传》，中华书局 1976 年版，第 4495—4496 页。另见柯劭忞撰：《新元史》卷 244《脱脱尼传》，吉林人民出版社 1995 年版，第 3504 页。

④ 参见柯劭忞撰：《新元史》卷 244《列传》，吉林人民出版社 1995 年版，第 3503—3504 页。

还谈到家庭对自己进行儒家经典教育的情况，“小妹方才习《孝经》，可怜娇怯性偏灵。自寻《女诫》窗前读，嗔道家人不与听”[①]。

2. **文学艺术教育**

元代家庭女子文学艺术教育远不及宋代发达。由于蒙古族文化较中原汉文化落后得多，落后民族对先进民族进行征服并加以统治，必然会使先进民族文化在一定时期内处于停滞甚至倒退状态。加之汉族文人大多不愿为元尽力，失国的苦闷使他们难以静下心来从事文学艺术创作，女子也不例外。因而在元代，女子在文学艺术方面受教育并有造诣者远不及宋代多。但元代还是有一部分女子在家庭中接受了比较好的文学艺术教育，并在文学艺术上有所建树。

据胡文楷《历代妇女著作考》(1985 年新 1 版) 载，当时妇女有著作者如元严、李智贞、孙淑（孙蕙兰)、张妙净（张惠莲)、曹妙清（曹雪斋)、郭真顺、盛贞一、汪天定妻程氏、黄嗣贞（黄玉娘)、贾蓬莱、管道昇（管仲姬、管瑶姬)、赵喜珠、郑允端、龙辅、薛兰英、薛蕙英共计 16 人。她们大都受到过比较好的教育。如李智贞，据《南浦诗话》载，她七岁便读书，能作诗。[②] 孙淑，字蕙兰，据《宫闺氏籍艺文考略》载，她高朗秀惠，少受唐诗，得其音格，能为五七言近体，皆闲雅可诵[③]。另据《名媛诗归》载，“高朗秀慧，年六岁母卒，父教以诗书，稍长习女工……作诗皆清雅可诵”[④]。郭真顺，据《广东女子艺文考》载，她“幼聪颖，父教谕授以书辄不忘。通经学，旁及子史百家。能为诗，尤长于古。”[⑤] 盛贞一，据《三台名媛诗辑》载，她八岁能读《女孝经》、《鲁论》、孟氏书及《诗》、《书》、《易》，对《易》尤有研究；凡《女箴》、《女则》、《列女传》史传，无不遍览。[⑥] 郑允端，据《肃雝集·自序》载，她自幼受家庭教育，勤读书识字。出嫁后，夫家为文献故家，儒雅之士，

① 王延梯辑：《中国古代女作家集》，山东大学出版社 1999 年版，第 417 页。

② 参见胡文楷编著：《历代妇女著作考》，上海古籍出版社 1985 年版，第 70 页。

③ 参见胡文楷编著：《历代妇女著作考》，上海古籍出版社 1985 年版，第 71 页。

④ [明] 钟惺辑：《名媛诗归》卷 24《元二·孙蕙兰》，见四库全书存目丛书编纂委员会编：《四库全书存目丛书》集部第 339 册，齐鲁书社 1997 年版，第 269 页。

⑤ 冼玉清著：《广东女子艺文考》集部“《梅花集》”条，商务印书馆 1941 年版，第 9—10 页。

⑥ 参见胡文楷编著：《历代妇女著作考》，上海古籍出版社 1985 年版，第 73 页。

气味相类。妇职之暇，尤能操弄笔墨，吟咏性情，学业大进。[①] 这些才女在当时都有作品闻世。

女子在文学艺术方面受过高等教育而造诣很深的还有管道昇。管道昇（1262－1319），字仲姬，一字瑶姬，其父名伸，字直夫，生性倜傥，以任侠名闻乡间。她受其父影响，性情豪爽，落落大方，有丈夫气概。这在她作的四首《渔父词》中可见一斑。其一，“遥想山堂数树梅，凌寒玉蕊发南枝。山月照，晓风吹，只为清香苦欲归。”其二，“南望吴兴路四千，几时闲去霅水边？名与利，付之天，笑把渔竿上画船。”其三，“身在燕山近帝居，归心日夜忆东吴。斟美酒，脍新鱼，除却清闲总不如。”其四，“人生贵极是王侯，浮利浮名不自由。争得似，一扁舟，弄月吟风归去休。”[②] 28岁时（1289）嫁与赵孟頫，从夫学绘画，很有造诣。善画墨竹，曾入兴圣宫为元皇后画竹图达七八十种，深受皇后厚待。流传至今的墨竹画有至大元年（1308）作于碧浪湖舟中的《水竹图》卷（现藏故宫博物院）及《墨竹图》（见于《中国绘画史图录》）。她与其夫同为中峰明本和尚（1263－1323）弟子，除念佛经外，还由此学画观音、佛像，笔意清新。有大德六年（1302）作的《鱼篮观音图》轴行于世（现藏日本大阪市立美术馆）。她还从其夫学书，曾手书苏蕙的《璇玑图》及《金刚经》、《千（字）文》。据赵孟頫《魏国夫人管氏墓志铭》载：“夫人讳道昇，姓管氏，字仲姬，吴兴人也”；“夫人生而聪明过人”，“延祐四年……加封魏国夫人”；“翰墨词章，不学而能。……心信佛法，手书《金刚经》至数十卷，以施名山名僧。天子命夫人书《千文》，敕玉工磨玉轴，送秘书监装池收藏。因又命余书六体为六卷，（子）雍亦书一卷，且曰：‘令后世知我朝有善书妇人，且一家皆能书，亦奇事也’。”[③] 此文出于赵孟頫，基本可信，但他说管道昇“翰墨词章，不学而能”则过于夸张。从管夫人的书牒行楷、翰墨词章与其丈夫几乎没有差别看，她深受丈夫的教诲是毋庸置疑的。流传至今的《墨竹图》卷，在密叶处有赵孟頫所加之笔，便是她随夫学习的佐证。

元代女子受文学艺术教育的途径大致与宋差不多。由于元统治者在

---

① 参见胡文楷编著：《历代妇女著作考》，上海古籍出版社1985年版，第76页。

② 刘凯选编：《历代巾帼诗词选》，安徽文艺出版社1986年版，第440－441页。

③ ［元］赵孟頫：《魏国夫人管氏墓志铭》，《松雪斋文集·外集》，见李修生主编：《全元文第十九册》卷599《赵孟頫，江苏古籍出版社2000年版，第292－293页。

相当长时期内对汉文化持敌视态度，加之元代历时较短，因而女子文学艺术教育较宋代大为逊色。

（二）寺庙女子高等教育

在汉族地区流行已久的道教由于受蒙古族宗教信仰的影响，在本时期未获得发展反有衰落的趋势。政府对佛教较为重视，在此以佛教为例看看元代的宗教政策。元代佛教以西藏喇嘛教为主，其僧官制度与前代不同，较为复杂。忽必烈即位为元世祖时，鉴于西藏距内地甚远，于是重用喇嘛教，使抚御之。并封八思巴为国师，赐王印，号中原法师，掌全国佛教，统领藏区的政教。至元世祖迁都北京，同年在中央政权设总制院，又命八思巴为国师身份兼管总制院事，并设院使、同知等官。后来元世祖又加封八思巴为帝师、大宝法王。为使帝师行使权利，世祖至元年间（1264－1294）建立功德使司，从二品，掌帝师所统僧人及吐蕃军事，到至元二十五年，总于制院改称宣政院，扩大职权，设有院使、同知、副使及其他官属多人。院使初为正二品，后升从一品。总制院、宣政院，以帝师兼领；院、使副职，以僧人充任。地方设行宣政院，代替功德司的事务。设州、郡僧录、僧正、僧纲等职，均由宣政院管辖。元人未入中原前，僧林中受社会重商逐利风气感染，僧人挟妻食肉，破戒破斋等事屡屡发生。入中元后，元统治者崇信佛教，重用僧官。政府多次申令有妻子者同民纳税、请汰为民，世祖至元三十年诏免各路总统以下僧官有妻室者，并命令僧人有妻室者皆还俗。……由于僧司擅作威福，骚扰僧尼，至至顺二年（1331）撤销行宣政院，于全国立广教总管府16所，以僧为总管，秩正三品，掌管僧尼事务。另设达鲁赤、同知、府判官各一人。元统二年（1334）署广教管府，又立行宣政院，不久又废。由于资料所限，本书对元代寺庙女子高等教育只能略做介绍。

1. 尼庵教育

元代，大量佛经被刊刻，这为尼庵教育的开展提供了重要的学习素材。如《元官藏》，又称《元代官刻本大藏经》，它是当时规模最大的一部官刻版汉文大藏经，文宗至顺元年（1330）开雕，顺帝至元二年（1336）完成。全藏收录佛典六千五百余卷，分作六百五十一函。装帧采用梵夹本。版式是所有汉文大藏经中最大的：每版正文四十二行，折成七面，每面六行，每行十七字。上下有外粗内细的双栏线，行格疏朗，颇为大气。每版的中缝有千字文函号。卷首刻有顺帝至元二年太皇太后的施印愿文，卷末则有刻藏人员的衔称及姓名。《元官藏》以前未见著录。1982年12月，在云南省图书馆藏书中首度发现，但仅存三十二卷。①

至元二年（1265）二月元朝的圣旨规定："僧人每三年一次试五大部经，仰总统所选择深通经义有名师德，于各路置院选试僧人，就设监坛，大德登坛，受具足戒，给付祠部，然后许令为僧。仍将选中僧人造簿申总统所类攒，呈省闻奏。"② 出家为尼，也要履行类似的手续，获得度牒，才有国家认可的正式身份。如滑州（今河南滑县）弥勒院尼海实，"幼聪悟，十龄而结夏腊，诸贝叶书概能洛诵，且粗知其旨。中统三年，受总统具牒度为尼，称'尚座'，仍号'清慧大师'"③。

元代，佛教基本作为国教，出家修行的女性佛教徒称为尼姑、比丘尼。尼寺应该不少，女子出家者各阶层均有。高昌畏兀儿（今维吾尔族的先民）女子舍（沙）蓝蓝"八岁从其亲至京师，入侍中宫真懿顺圣皇后，爱其明敏，恩顾尤厚。成宗之世，事皇太后于西宫，以侍从既久，勤劳之多，诏礼帝师迦罗斯巴斡即儿为师，薙染为尼，服用之物皆取给于官"。舍蓝蓝后居大都妙善寺④，该寺又称沙蓝蓝姑姑寺⑤。大兴（今属北京市）贾氏是供奉宫廷的"典司御食"世家第三代女子之一，"长侍中宫，即笄，愿披鬀为比丘尼，赐号崇教大师"⑥。这些是宫女出家的代表。宫女出家为尼，有的出于自愿，但有的是因时局变故看破红尘，如南宋的全太后，宋亡后，被迫到大都，只好出家为尼⑦。"宋太后削发为尼，诵经修道。帝深加敬仰，四时供养。宋主以王位来归，学佛修行。帝大悦，命削发为僧，讨究大乘明即佛理。宋室宫人皆祝发为尼。帝云：'三

① 参阅罗伟国：《佛藏与道藏》，上海书店出版社2001年版，第98页；赖永海主编：《中国佛教百科全书——经典卷》，上海古籍出版社2000年版，第422—423页。

② 黄时鉴校：《通制条格》卷29《僧道·选试僧人》，浙江古籍出版社1986年版，第323—324页。

③ 高书训：《重修滑州净行寺北弥勒院碑》，（民国二十一年本）《滑县县志》卷7，见李修生主编：《全元文》第三十六册卷1143《高书训》，凤凰出版社2004年版，第172页。

④ 震华编述：《续比丘尼传》卷3《元京师妙善寺尼舍蓝蓝传》。［南朝梁］慧皎等撰：《高僧传合集》，上海古籍出版社1991年版，第993—994页。另可参见《佛祖历代通载》卷22。

⑤ ［元］熊梦祥著，北京图书馆善本组辑：《析津志辑佚》，北京古籍出版社1983年版，第78页。

⑥ ［元］王恽：《大元嘉议大夫签书宣徽院事贾氏世德之碑》，《秋涧先生大全集》卷51，见李修生主编：《全元文 第六册》卷184《王恽18》，江苏古籍出版社1998年版，第394、395—396页。

⑦ ［明］宋濂等撰：《元史》卷16《世祖本纪十三》，中华书局1976年版，第353页。

宝中人也’。命归学佛修行，供送衣粮”[①]。

在元代，官宦人家女性出家为尼非常普遍。对于亡国的太后和宫人，有的便选择出家。如庚寅年（窝阔台汗二年，1230），契丹人石抹万户病死，“三夫人术甲氏削发为尼，在家修行”[②]。南宋末代宰相永嘉人陈宜中在宋亡时逃亡海外，他的三个侄儿被元政府掳往大都。后来次侄陈萍成为佛教界领袖，长侄陈芹“未及仕而遽卒”。陈芹之妻江氏，“幼秀慧，善女工，能诵《孝经》、《论语》、《孟子》而知其大义，事通政府君甚恭谨。居丧无违礼，抚其孤慈而严，每谓陈氏故宰相家不宜令子弟废学，至粥簪珥，延师以教之。治家有法，内外无间言。平居刻意于梵典，日诵《法华》、《金刚》诸经。嫠居后，以靡他自誓，因断发为比丘尼。事闻宫掖，赐名‘净行’，俾祝釐于内祠，岁给衣粮及侍从者五人……女一人，曰娟，亦为比丘尼，居禁苑”[③]。陈家女子出家为尼，与其家族的遭遇密切相关。金城（今山西应县）韩氏，是兵马都元帅、彰国军节度使“翊运勋臣之后”，“削发为比丘尼”，法名妙德，在繁峙（今山西繁峙）“创殿像佛，第建食堂厨库，前翼三门，后敞丈室，而瞻众有田如千顷，及山林园圃水磴等利，号曰报恩寺。”“名达于徽仁裕圣皇后，召见，命坐，赐之僧衣。而元贞玺书，及皇太后教两下，以庥卫其寺。是年，裕圣幸五台，德实从，眷睐优渥。及还驻华严岭，命今卫王阿穆格，及亲王妃主从官数百人，以香币至寺，寻以寺为卫王集禧所。……德也出大室，嫔贵族，诸子有立，乃割爱铲荣，栖慕枯寂，闵其父家中替，求资福于浮图，而劬躬所事，事集不居，可慨也已，况其寺复为国家集禧之所，而归美报上”，“辟大法门，储福利，崇其像设，冀收善果”[④]，事迹感人至深。福建参知政事王积翁（字良存）出使日本，在海上遇害，其妻张氏“讳普贵，号无为。讣闻，即以贞节自誓，祝发于京之净垢寺为尼，出平江阳山妙净寺。道行冰雪。寻奉玺书护持，锡号‘宏宗圆明佛

① ［明］幻轮编：《释鉴稽古略续集》卷1，见《大正新修大藏经》卷49史传部一，佛陀教育基金会印本，第908页；另吴廷燮等纂：《北京市志稿》第8《宗教志·名迹志》，北京燕山出版社1998年版，第9页。

② ［元］李源：《石抹公墓志铭》，见《全元文》第三十九册卷1239《李源》，凤凰出版社2004年版，第466页。

③ ［元］黄溍：《颍川郡太君江氏墓志铭》，《金华黄先生文集》卷39，商务印书馆缩印常熟瞿氏上元宗氏日本岩崎氏藏元刊本，第415页。

④ ［元］姚燧撰：《牧庵集》卷12《报恩寺碑》，中华书局1985年版，第135—136页。

日大师’，住山几四十年，至治壬戌，趺坐而逝。”[①] 此处“妙净寺”，其他文献为“妙湛寺”。如牟巘所撰《敬愍侯祠记》载：“乃削发为尼，住妙湛寺。朝夕缁经礼拜，归诚于佛。……遂辟寺东庑，创敬愍祠，塑望遗像，以严香火，以致延伫”[②]。黄溍《王公祠堂碑》载：王积翁“夫人曰陈氏，曰林氏，皆封安人，先卒；曰叶氏，今闽国太夫人也。其为比丘尼而在者曰圆明静慧慈照大师，住持杭州明慧寺吹斯母；已卒者曰宏宗圆明佛日大师，住持平江妙湛寺普贵。……女六人，四适名门，二为尼。”[③] 可见他的另一位夫人和两个女儿也出家为尼。

平民阶层女性出家的也很多。如章丘（今属山东）人王德，金蒙战争时曾为百户，有女三人，长女招婿上门，次女出嫁，第三女“为尼，名广通。广通九岁，祝发济南永安院，慧悟殊绝”[④]。彰德府汤阴（今河南汤阴）人苗氏，“始自妙龄在家剪发，澄心入道，素志疏澹，冥慕宗门”。中经战乱，“二十年疏衣不卸。其后礼邢台开元寺修塔菩萨僧万安老人广恩为师。方薙发，调崇明得众尘劳院务事”，成为比丘尼[⑤]。

因元朝史料保存不甚完整，对于尼庵教育的具体情况，我们通过舍蓝蓝居住的妙善寺、智悟尼居住的绍兴大庆庵、觉真尼居住的黄岸接待庵、性悦尼居住的燕京药师庵、普贵尼和杨妙锡尼居住的杭州西天目山庵、沙湛尼居住的某县长明庵以及女尼的传略等，只能窥见少量信息。

元京师妙善尼蓝蓝，高昌人。“师始八岁从其亲至京师，入侗中宫，真懿顺圣皇后爱其明敏，恩顾尤厚。成宗之世，事皇太后于西宫，以侍从之久，勤劳之多，诏礼帝师。迦罗斯巴干即兒为师，薙染为尼，服用之物，皆取给于宫。又眂宫官例，继以既廪。武宗继统，仁宗以太弟监国，师朝夕于太后之侧，入而待，出而从，所言必听，所谏必从。睠宠之隆尤子侄焉。内而妃主，外而王公，皆进而师礼，称曰：‘八哈石’。

① ［清］顾嗣立编：《元诗选三集·王参政都中》，中华书局1987年版，第258页。

② ［元］牟巘：《敬愍侯祠记》，《陵阳文集》卷11，见李修生主编：《全元文》第七册卷241《牟巘10》，江苏古籍出版社1998年版，第699页。

③ 参见［元］黄溍：《王公祠堂碑》。李修生主编：《全元文》第三十册卷946《黄溍30》，凤凰出版社2004年版，第81—82页。

④ ［元］刘敏中：《中庵先生刘文简公文集》卷8《故河南王君墓表》，见李修生主编：《全元文》第十一册卷402《刘敏中16》，江苏古籍出版社1999年版，第624页。

⑤ ［元］释守显：《河内县南岳村尼首座崇明修释迦之院记》，〔道光〕《河内县志》卷21，见李修生主编：《全元文》第十册卷357《释守显》，江苏古籍出版社1998年版，第574页。

北人之称‘八哈石’，犹汉人之称‘师’也。仁宗之世，师以桑榆晚景，自谓出入宫掖数十余年，凡历四朝事三后，宠荣兼至，志愿足矣。数请静退，居于宫外，求至道以酬罔极，太后弗听。力辞弗已，诏居妙善寺，以时入见。赐予之物，不可胜纪。师以其物创寺于京师，曰妙善，又建寺于台山，曰普明，各置佛经一万，恒业有差。又以黄金缮写番字藏经《般若》八千颂、《五护陀罗尼》十余部及汉字《华严》、《楞严》，畏元字《法严》、《金光明》等经二部。又于西山重修龙泉寺，建层阁于莲池。于吐蕃五大寺、高昌国栴檀佛寺、京师万安寺等，皆贮钞币，以给然灯续明之费。又制僧伽黎衣数百，施番汉诸国之僧，其书写佛经，凡用金数万两创寺，施舍所用币以万计。其积而能散，施予不吝，期积祸于来生，必至于地者，皆人所不能也。英宗之明，以其有静退之高，眷遇尤至，每称之贤，以为知几。文宗即位，皇太后居中宫，以皇妣鲁国太长公主爰重于师，有兄弟之义，尤加敬焉。至顺三年二月廿一日殁，年六十四，葬南城之阳，赐号‘真净大师’。”①

绍兴大庆庵尼智悟，福州雪峰信禅师之法嗣，俗姓王，福州人。智悟禅师自幼孤苦，有出世志，十一岁辞母出家。一日，智悟禅师诵《维摩洁经》，当她诵至“诸佛国土，亦复皆空”这一句时，恍然有省？于是，她便前往雪峰信禅师座下参学。雪峰信禅师一见她，便问：“上座什么处住？”智悟禅师道：“不住南台江边。”雪峰信禅师继续追问道：“毕竟住在什么处？”因为六祖曾讲，禅宗以无住为本。雪峰信禅师的问话，既可从世谛上理解，你住在哪里，也可从宗门下来理解，你的心安住在何处。若从世谛上来答，即违第一义，若从第一义上来回答，即违世谛，因此，如果不能跳出二边，怎么回答都是不对的。智悟禅师不明其旨，拂袖便行，雪峰信禅师便呵斥道：“走作什么！合吃山僧手中棒。”智悟禅师一听，一时面热汗下。第二天，智悟禅师又入室向雪峰信禅师请益。智悟禅师问：“某甲昨日祇对和尚，有什么过？”雪峰信禅师一听，便厉声喝道：“更来者（这）里觅过在！”智悟禅师终于豁然大悟，说道：“月明照见夜行人。”这里的“月明”是双关语，既指自然界的月亮。又指自性的智慧之月。于是雪峰信禅师便侧目看着旁边的侍僧，说道：“看渠根

① 震华编述：《续比丘尼传》卷3《元京师妙善寺尼舍蓝蓝传》。[南朝梁] 慧皎等撰：《高僧传合集》，上海古籍出版社 1991 年版，第 993—994 页。

器不凡”。说完，便印以偈给智悟禅师，偈中有这样两句：“相逢若问其中事，风搅螺江浪拍天”。智悟禅师禅法纯熟后，便辞别老师到绍兴大庆庵开法化众。曾有上堂法语云：“大阳门下，日日三秋。明月堂前，时时九夏。古人怎么道？未免坐在者（这）里。大庆（智悟禅师自指）即不然，山转疑无路，溪回别有村。”上堂云：“柳絮飘风，杏华沐雨。好个生机，快须荐取。”说完，便拈起拂子击禅床道：“咄！三十年后不得错举。”[①] 可见，智悟禅师禅智十分发达！

黄岩接待庵女尼觉真也精通禅学。觉真，号竺心，黄岩濠头丁氏安人。早先，觉真在委羽山田耕，自力更生。一次，忽然悟到四大皆空，何不归佛？于是就离家筑室，别居学道。经过一个阶段的勤苦学习，觉真开始云游外出，参拜各地著名的大禅师，希望获得对佛学的领悟及人生的启示。她首先参拜涌泉古愚禅师。古愚见到她后，就说：“良家子女，东奔西走作么？”意思是说，良家子女，要学禅学佛，就得安安心心，生活里挑水劈柴，穿衣吃饭，到处都是禅是佛，只要你留心体会，随时领略生活的乐趣，不就得了。现在你舍近就远，放弃眼前大好禅佛不顾，东奔西走，到底又是求个什么呢？觉真并未懂得，回答道：“特来拜和尚。”古愚语句生硬地说：“这里容你不得。”古愚本想一句话就把她叉出去，可是知她心有灵犀，定可在峻烈的交锋中，迸出思想的火花。果然，觉真灵机涌现，一拍手，回答道：“三十年用底，今朝捉败。”后来，觉真又往雁荡山春雨庵拜谒无际禅师。刚踏进无际门槛，觉真就说：“春雨如膏，行人恶见泥泞。”“春雨”两字，点明春雨庵；可是春雨虽好，奈走路人怕见道路泥泞何?！觉真的话，将了无际一军，看你大禅师该怎么说？不料无际却说：“不是不是真拟进。”无际全盘否定了觉真的问话。觉真不服，打算再次发言，就被无际一声猛喝，只好离开。觉真被喝，忽然感到刚才设问打趣，表现自己，完全是多此一举的痴迷人生，由此禅法有了很大的长进。晚年，觉真回到家乡，住在邑中明因寺边上尼师住处，开禅宏法。一次，有一位云游行脚僧人，抱着行包蓑帽径直闯入觉真卧室，觉真喝道：“是甚么?”僧人道：“行脚僧。”觉真扫了一眼，看到僧人草鞋断线，便说：“草鞋线断为甚不知?”僧人不防觉真如

① 震华编述：《续比丘尼传》卷3《元绍兴大庆庵尼智悟传》。[南朝梁]慧皎等撰：《高僧传合集》，上海古籍出版社1991年版，第994页。

此发问，于是哑口无言，觉真就把他的包裹笠帽给扔了出去，并大喝一声："者（这）里无汝措足处。"那僧自讨没趣，只得离去。当时，明因寺奎禅师来看觉真尼师，觉真和他进行了一场特别的禅晤。觉真先问道："闻说长老夜来生得儿子是否？"奎禅师顺势反问："且道是男是女？"觉真说："鸡衔灯盏走，鳖咬钓鱼竿。"①

燕京药师庵尼性悦，姓高丽氏，蒙古族人，为中书平章阔阔歹侧室，不但容貌俊俏，而且禀性贤淑。中书平章阔阔歹死后，"誓不贰适"。阔阔歹正室的儿子拜马朵儿赤却迷恋上了高丽氏的美貌，一心想收继她为妻未能得逞。阔阔歹过世之后，家里留有大答纳环子一副，是件不可多得的宝贝，于是马朵儿赤就把它献给太师伯颜，希望他向皇上进言，以便皇上下诏奉旨收继高丽氏，因为皇上向来对于伯颜言听计从。几天以后，伯颜把此事奏闻皇上，果然皇上准奏，下令让拜马朵儿赤收继小母高丽氏为妻。"高丽氏夜与亲母逾垣而出，投药师庵，削发为尼。"伯颜大怒之下，让拜马朵儿赤奏明皇上，高丽氏故违圣旨。结果，由国公阔里吉思为首，以侍正府都事帖木儿不花等为成员，专门成立了一套审讯班子，审讯高丽氏违抗圣旨，出家为尼之罪。在审讯中，鞫问官们奉命唯谨，千方百计要让高丽氏回心转意。高丽氏很婉陈言，誓不改嫁，以保清白。侍正府都事帖木儿不花只好向国公阔里吉思进言道："谁无妻子？安能相守至死？得有如此守节者，莫大之幸，而反坐以罪，恐非我治朝之盛典也。"国公听后，有所感动，于是趁着伯颜开心时，婉转表达了自己的意见。伯颜至此，怒气本已渐平，现在听阔里吉思委婉陈言，又值高兴头上，所以进言皇上，赦了高丽氏。高丽氏回到药师庵，"坚发道意，奉大士尤虔。凡疏果糖饯必先至诚献供，而后始食。年七十入寂。"②

元杭州西天目山尼杨妙锡，见梅花而悟道，作诗偈曰："尽日寻春不见春，芒鞋踏遍岭头云。归来笑拈梅花嗅，春在枝头已十分。"③以诗语禅，更是脍炙人口。以上两首诗一抒怀，一见性，似乎正代表着比丘尼

① 震华编述：《续比丘尼传》卷3《元岩接待庵尼觉真传》。[南朝梁]慧皎等撰：《高僧传合集》，上海古籍出版社1991年版，第994页。

② 震华编述：《续比丘尼传》卷3《元燕京药师庵尼性悦传》。[南朝梁]慧皎等撰：《高僧传合集》，上海古籍出版社1991年版，第994页。

③ 震华编述：《续比丘尼传》卷3《元杭州西天目山尼杨妙锡传》。[南朝梁]慧皎等撰：《高僧传合集》，上海古籍出版社1991年版，第994页。

诗作的两大内容特点。

元代某县长明庵妙湛尼，曾以庵堂周围的景物为诗："双树阴阴落翠微，一灯千古破幽关。也知诸法皆如幻，甘老烟霞水石间。"[①]

元桐乡福寿寺尼文鉴，"字古心，姓濮氏，桐乡人，先世以资雄于乡。生具宿根，不乐处俗，十四岁即断荤秽，礼广福净妙禅师为嗣。复参天目中峰本公，朝暮请益，悟明大法。即于濮镇建大刹，请于朝，敕赐福寿禅寺，仍住持广福寺。两处开堂，广接来学。说法意平实，闻者易解。至治庚午归福寿坐化。"[②]

由上可见，元代尼庵教育以禅法的修炼最有特色，表现出尼庵特别注重佛理智慧及语言思维的良好训练，也注重道德、诗文等多方面的教育，其成就很高，一批女尼禅师的涌现就是明证。著名古刹灵隐寺前、飞来峰麓于元世祖至元十九年至二十九年（1282－1292）之间所凿造的数百尊石龛佛像，可见元代尼庵教育的一些变化，当时女尼对藏传佛教的"度母"的尊崇很甚。所凿佛像中有西天梵像"度母像"。"度母"是"圣救度佛母"的略称，意谓"救度一切众生的佛母"，为藏传佛教的重要本尊之一。我国古代称之为"多罗菩萨"或"多罗观音"。据《度母本源记》载，圣救度佛母共有二十一尊化身，简称二十一尊度母。其中，在西藏流传最广的是绿度母与白度母。全身绿色的绿度母现妙龄女子相，一面二臂，现慈悲相，头戴五佛宝冠，身佩各种珠宝，并着各色天衣，下身重裙，以示庄严；坐菩萨座于莲花月轮上，右足呈踉踏状，左足蜷屈；右手向外置于右膝上，作施愿印，并持乌巴拉花，左手当心，亦持乌巴拉花。其中，绿色表和平及神圣的救度事业；头表通达法性；双臂，右表福报，左表智慧；五佛宝冠表五方佛灌顶：东方，转"瞠"为大圆镜智，南方，转"慢"为平等性智，西方，转"贪"为妙观察智，北方，转"疑嫉"为成所作智，中央，转"痴"为法界体性智；双足，右表救度众生，左表住于禅定；双手，右表布施，左表说法；乌巴拉花则表智慧。根据藏传佛教，修持绿度母密法，能断生死轮回，消除一切魔障、业障、病苦等，并能消灾、增福、延寿，广开智慧，凡有所求，无不如

① 震华编述：《续比丘尼传》卷3《元某县长明庵尼妙湛传》。[南朝梁] 慧皎等撰：《高僧传合集》，上海古籍出版社1991年版，第994页。

② 震华编述：《续比丘尼传》卷3《元桐乡福寿寺尼文鉴传》。[南朝梁] 慧皎等撰：《高僧传合集》，上海古籍出版社1991年版，第994页。

愿成就，命终往生极乐世界。飞来峰岩壁所雕造的度母像，头戴五佛宝冠，面相丰满，上着妙丽珍宝天衣，下为重裙，双目、手印及所执法器，均与有关经典完全相符。

元代女尼教育多为师徒传授制。在传授中，十分注重立志修行品质的培养。如前面提及的章丘人王德的第三女为尼后，“既益长，遂洞贯经论，深入法海，行成道尊，远近倾响。被朱衣为讲师……行年七十矣，而持诵讲授，犹亹亹忘倦。以其娣之女解氏为弟子，名福辩，筑别院于清平故居之左，使主之。福辩亦旦夕精严，事佛谨甚。广通告福辩曰：‘佛法以报恩为难。吾痛吾父母以为善乏祀。汝以吾之外女侄，事吾为弟子。今汝住持实迩吾父墓。吾父，汝外祖也。我即老，汝为汝师，于汝外祖营洒扫奠祭，毋敢怠，报恩之道也。且戒汝弟子，继继如吾言。’复告解氏曰：‘汝昆弟子孙，吾王氏出也。忘其所出，岂人情乎？吾父母丘垅在此，汝家门日益盛，其于不忘所出者，将不待吾言也。’”①

2. 道观女子高等教育

出家修行的女性道教徒称女冠、道姑。元代“汉地”道教有三派，全真势力最盛，此外还有大道和太一。从现有文献看来，只有全真道系统有女冠。金朝后期，全真道兴起，其创始人王嚞有七大弟子，其中有孙不二为女性。蒙古灭金后，全真道势力大盛，门下女冠也激增。“癸丑春正月，奉上命作金箓大醮，给散随路道士、女冠普度戒牒，以公为印押大宗师”②。“公”即全真掌教李志常。“癸丑”是蒙哥汗三年（1253）。戒牒是道士、女冠的凭证，当时出家为女冠须履行与出家为尼类似的手续。在集贤院设立之前，全真道把持发放戒牒的权力，这促使全真道女冠教育独树一帜的发展。

元代女子出家为女冠，有的是因政治原因。如袁夫人，“住沙漠十年，后出家回都，作词以赠之。”词曰：“十载饱谙沙漠景，一朝复到都门，如今一想一伤魂。休看苏武传，莫说汉昭君。过去未来都拨去，真师幸遇长春，知君道念日添新。皇天宁负德，后土岂亏人。”③ 这位袁夫

① ［元］刘敏中：《中庵先生刘文简公文集》卷 8《故河南王君墓表》，见李修生主编：《全元文 第十一册》卷 402《刘敏中 16》，江苏古籍出版社 1999 年版，第 624 页。

② ［元］王鹗：《真常真人道行碑》，《甘水仙源录》卷 3。四库全书存目丛书编纂委员会编：《四库全书存目丛书》子部第 259 册，齐鲁书社 1995 年版，第 449 页。

③ ［元］尹志平撰：《葆光集》卷中《临江仙词序》，《道藏》第 25 册，文物出版社、上海书店、天津古籍出版社 1988 年版，第 522 页。

人应是金朝宫闱或官宦家庭女性，金亡后流落漠北，幸遇西游的长春真人丘处机，出家为女冠，得以回到燕京。南宋灭亡后，大批宫女随太后和小皇帝到大都，其中隆国夫人王昭仪后来成为“女道士”，至元二十四年（1287）作有《仙游词》，词曰：“吴国生如梦，幽州死未寒。金闺诗卷在，玉案道书闲。苦雾蒙丹旐，酸风射素棺。人间无葬地，海上有仙山。”① 钱塘（今浙江杭州）人钱善道，南宋理宗时“生十有三年，入侍宫掖”。“宋灭，随其君来朝，留京师。奉睿圣皇后懿旨，于其年之九月望日，俾居昭应宫，礼其宫提举通妙大师某为师，度为女冠，赐紫衣。愈恭谨守道，斋心奉香火，朝夕课经，祝圣寿，以报答恩遇为务。余力则经纪宫事，缮葺琳宫，无少懈怠。赐号守素大师。”②

有的是因为战争原因、家庭变故而出家为女冠者。如张守正，“元代女冠。相本孟州河阳县北号村人，爰遇兵□□□伉俪决绝。自壬辰间迁至平阳府汾西县保真观，拜礼到段老先生为师，口传心授，志在不惑，从事淡泊，更衣而道，寡欲忘情，不亏实行，未尝少变，炼出真心，养成浩气，习有年矣。自戊午年丐食度岁，云游至三城之西，蹭蹬间，有长涧村居民奉道会首董兴，王□老洎李信、于达，持请张仙姑建于长涧村，依命之，随与门弟辈同心戮力，修葺福地，断瓦砾而夷之，芟荆杞而垣之，启壶口绰云房，妙像慈容。金碧焕然。”③

元朝宫女也有出家为女冠的。中统二年（1261）七月，忽必烈“命炼师王道妇于真定筑道观，赐名玉华”④。当时圣旨内容为：“炼师王道妇，赋性纯正，执志不回，挺挺然有古烈妇之风。奉侍我太上皇、皇太后积有年矣，周旋之间曾无过举，当时雅为敬重，使之入道。为此，先帝常加赐予，已敕令真定管民官选释佳地，起盖宫观，资给衣粮，仍以玉华之名赐之，以为我家祈福之地，朝夕焚诵，用报我皇考妣罔极之恩。所在有司宜加持护，毋容他人妄相侵夺，毋以差役相毒以致不安。常教

① ［宋］汪元量：《女道士王昭仪仙游词》，见汪元量撰，孔凡礼编：《增订湖山类稿》，中华书局 1984 年版，第 108 页。

② ［元］蒲道源：《守素大师女冠钱善道墓志铭》，《闲居丛稿》卷 24，见李修生主编：《全元文 第二十一册》卷 657《蒲道源》7，江苏古籍出版社 2001 年版，第 310 页。

③ 周永慎编著：《历代真仙高道传》，中国社会科学出版社 2003 年版，第 245 页。

④ ［明］宋濂等撰：《元史》卷 4《世祖本纪一》，中华书局 1976 年版，第 72 页。

告天与皇家子孙，祝延福寿。准此。”[①] 这位王道妇，又称王姑姑、老王姑，曾侍奉显懿庄圣皇太后拖雷之妻唆鲁禾帖尼多历年，又是忽必烈的保姆，故获此优待。

陈垣在他的名著《南宋初河北新道教考》的《全真篇下》中，专门列有“妇女之归依”一节。他说：“曩读《道藏》全真家集，类多与某姑某姑之诗词，心窃异之。如刘长生《仙乐集》有马姑；谭长真《水云集》有杨姑、王三姑姑；丘长春《磻溪集》有潍阳唐括姑、博州战姑；王玉阳《云光集》，有徐福店小宫姑，福山柳姑、姜姑、随姑，莱阳高姑，棣州张姑；马丹阳《金玉集》神光灿尤多，如耀州梁姑，鄠县刘姑，长安王姑，泾阳县二女姑，又有松溪散人薛姑，霜溪散人颜姑，吉祥散人王姑，通明散人魏姑之属，不可胜数。于以知全真女冠之盛，见诸文字者如此，其不见于文字者，何啻三千七十乎。”[②] 并例举晋城县高都管乐南中社人张守微，“幼妇赵氏。夫亡，正大甲申五月舍俗出家，礼太原榆次县专井村玉真庵洞妙散人杨守玄为师”，张守微在兵乱以后修建修真观[③]。安阳（今属河南）荣守玉是“农家女，自幼贞静，视纷华泊如，闻道家言喜之。国朝甲午岁，中虚魏大师以全真学主盟彰德之修真观，时师方龆龀，出家往事焉。既笄，经明行修，披戴为道士，复研精正一科式法箓，号称习熟。至元乙亥，嗣主观事”[④]。彰德（路治今河南安阳）杨守和，“夫死，携一女受道服”，后受道号“纯素散人”[⑤]。东平左副元帅赵天锡之母，“既老矣，弃家为全真师。师郓人普惠大师张志刚，居冠氏之洞清庵。庵之制初亦甚陋，乞名于丘尊师，改号紫微观。”[⑥]。汴梁（今河南开封）栖云观女冠李妙元，“南宫人，父宽，蚤没，与母王氏俱入道”。

---

① ［元］王恽撰：《中堂事记下》，见《四部丛刊初编》集部《秋涧先生大全集》卷82，商务印书馆缩印江南图书馆藏明弘治刊本，第793页。

② 《民国丛书》编辑委员会编，陈垣著：《南宋初河北新道教考》，上海书店出版社1989年版，第38页。

③ ［金］李俊民著：《庄靖集》卷8《序传谱记·重建修真观圣堂记》，山西古籍出版社2006年版，第447—448页。

④ ［元］王恽《秋涧集》卷40《崇玄大师荣君寿堂记》，《四库全书荟要》集部第53册《别集类》，台湾世界书局1985年版，第518页。参见胡祗遹：《荣炼师信斋记》，见李修生主编：《全元文》第6册，江苏古籍出版社1998年版，第128页。

⑤ ［元］胡祗遹著：《胡祗遹集》卷17《集真观碑》，吉林文史出版社2008年版，第373页。

⑥ ［元］元好问：《遗山文集》卷35《紫微观记》，见李修生主编：《全元文（一）》卷25《元好问》10，江苏古籍出版社1998年版，第415页。

拜姬志真为师，为全真宗师栖云真人王志谨的再传弟子[①]。任城（今山东济宁）神霄观，“女师所居也”，世代相传，至元庚寅二十七年，（1290）全真掌教玄逸真人张志仙将观改名为神霄万寿宫[②]。

除陈垣所列女冠外，见于文献的元代北方全真女冠还有不少。例如：“壬辰后，女冠冲靖大师董妙真，同冲妙大师赵智亨、希真散人成守全等，结一为伴侣，诣修武县马坊清真储福宫礼和至德通慧真人为师，莫不苦志励行以进其善道。”后来她们协力在武陟县建立了玉真观[③]。修武、武陟今名同，都在今河南北部。汴梁城隍庙在蒙金战争中被毁，河南路兵马都总管刘福重建，“敦请女冠孟景礼、向妙顺、朱妙明辈相与住持，夤奉香火。景礼四元宗献之女，童卯入道，以彤管之懿资，膺黄冠之妙选，享年八十有五，无疾而逝。妙顺亦出名家，探赜玄理，解属文辞，与孟同年仙去。景礼临终贻属妙明曰：‘汝等祗严修洁，善守庙祊，毋负刘侯付托。’妙明唯曰：‘敢不敬承诲音。’岁甲辰，刘侯命侍人周氏、韩氏披戴礼栖云王真人为师，训周曰‘妙元’，韩曰‘妙温’，与妙明为徒侣。所需衣粮皆出刘侯资给”。“甲辰”是蒙古乃马真后三年（1244）。“栖云王真人”即全真道宗师王志谨。此后，妙温、妙元又辞世。“刘侯第四子保定路总尹某卒，夫人徒单氏痛伉俪之中睽，感荣华之易歇，聿来栖迹，法号妙真，道俗咨叹，祠宇为增重焉”。妙元、妙真重修庙宇，“蒙洞明真人称赏，加妙元以‘纯贞素德散人’之号……日诵五千玄言为课，朝夕焚颂，祝圣人寿，愿天下安”。“洞明真人”即全真掌教祁志诚。女冠“景礼、妙明、妙元、妙真等咸出于诗礼名家”[④]。金朝女冠斡勒守坚，“至大朝隆兴天下，长春国师丘神仙应诏还燕，参受道法，载以师礼事焉。神仙委以燕北教化，之云之朔，至于宣德。太傅相公洎太夫人一见，待之甚厚，创庆云观住持，以舍人宝童相公、百家奴相公寄贺于门下，度女官张净淳等十数人”。后来“太傅相公有征于秦蜀，抚定关中”，

① ［元］刘将孙：《养吾斋集》卷 17《汴梁路栖云观记》，见李修生主编：《全元文（20）》卷 628《刘将孙 10》，江苏古籍出版社 2000 年版，第 263 页。

② ［元］刘敏中：《中庵集》卷 12《神霄万寿宫记》，见李修生主编：《全元文（11）》卷 396《刘敏中 10》，江苏古籍出版社 1999 年版，第 532—533 页。

③ ［元］弋彀英：《新修玉真观记》，见陈垣编纂，陈智超、曾庆瑛校补：《道家金石略》，文物出版社 1988 年版，第 670 页。

④ ［元］王恽：《汴梁路城隍庙记》。李修生主编：《全元文 第六册》卷 173《王恽 7》，江苏古籍出版社 1998 年版，第 136—137 页。

又迎她到京兆（今陕西西安），主持龙阳观，全真掌教尹志平“赐玉真清妙真人号”①。据周清澍先生考证，这里的“太傅相公”即契丹人耶律秃花之子朱哥②；“太夫人”即耶律秃花之妻。斡勒守坚受尊奉并非偶然，耶律秃花全家都是全真信徒，丘处机往返中亚，经过宣德，得到他的热情接待③。

为了加强对女冠道士的管理，元政府成立集贤院，此后女冠戒牒的发放权力由集贤院掌管。而江南女冠教育也获得一定发展。顺帝元统二年（1334），皇后有旨，授黄居庆（字庆远）为“江南诸路女冠都提点”称号④，可知江南诸路女冠数量不少。如镇江路录事司（今江苏镇江）有“全真女冠庵五”，另有“守真庵，在堰军巷，女道士吴氏舍宅建”；“通真庵，在夹道巷，女冠处之”；“垕德庵，在顾著作巷，女冠居之”⑤。丹阳县有“都观庵，在练塘乡。女冠处之。”⑥临川（今江西临川）东庭观主持邵、卢、黄三代女冠得到宫闱的优遇⑦。浙东廉访司监司黄头之妻马时闰，是南宋枢密马天骥之女。马天骥无子，马时闰亦无子，黄头死后，马时闰认为：“我于黄头氏虽无子，赖有他室子，可以不为其宗忧。顾以一身承吾先人显宦之余，而女子又义于从人，不可以继世。纵子他氏继之，势或不能以永，思所以永之者，远经而近宜，莫若身为老氏学。为老大［氏］学，则士夫良家之女，乐从吾游者，即吾从也。即吾从，则必能世世祀，吾所自出无隳也。且吾闻之老子之学，贵于清静，清静则神完而气专，可以达于神明。苟可以达于神明，则上为吾君祈天求命……岁时以从有司为斯民者，亦将无不为也，于是因第之厅而为礼神

① ［元］李晋：《龙阳观玉真清妙真人本行记》，见陈垣编纂，陈智超、曾庆瑛校补：《道家金石略》，文物出版社1988年版，第542页。

② 参见［明］宋濂撰：《元史》卷149《耶律秃花传》，中华书局1976年版，第3532页。

③ 周清澍著：《元蒙史札》，内蒙古大学出版社2001年版，第440页。

④ 危素撰：《危太仆文续集》卷3《端静冲粹通妙真人黄君寿藏碑》，见李修生主编：《全元文（48）》卷1479《危素12》，凤凰出版社2004年版，第480页。

⑤ ［元］俞希鲁编纂：《至顺镇江志》卷10《道观》，江苏古籍出版社1988年版，第422、423页。

⑥ ［元］俞希鲁编纂：《至顺镇江志》卷10《道观》，江苏古籍出版社1988年版，第424页。

⑦ 危素撰：《危太仆文续集》卷3《端静冲粹通妙真人黄君寿藏碑》，见李修生主编：《全元文（48）》卷1479《危素12》，凤凰出版社2004年版，第479—480页。

之庭堂，为集众之堂。”[①] 于是她将马天骥的府第改为道观，自己出家为女冠。

元代女冠出家前的身份多种多样。有宫闱和前朝女性，有官宦家庭之女；也有出身富裕之家，如清苑（今河北清苑）张守度，“巨富，家贮万缗”[②]；也有出身农家，如滕州（今山东滕州）极真万寿宫往持发冠仙姑田氏“本济宁肥城农家女”，她自己亦说“我乃农家妇”[③]。从现有资料看来，宫女出家为女冠远少于出家为尼，这与元朝崇佛政策是直接相关的。《辍耕录》记载有忽必烈在和大臣学术鲁种谈论儒释道三者的关系时，“忽必烈问学术鲁种说：‘三教何为贵?’对曰：‘释如黄金，道如白璧，儒如五谷。’”[④] 可见，学术鲁种的回答揭示了当时的实际情况。

元代女性出家为女冠、道姑，是出家者的志向和特定时代诸因素共同作用的结果。如元代女道士黄居庆（1279－?），字庆远，别号石庭散人。饶之安仁（今属河北）人。父明德，母张氏。据危素《端静冲粹通妙真人黄君寿藏碑》载：至元十七年（1280），元世祖在临川诏征女冠炼师邵君。昭睿顺圣皇后将邵君留在禁中以主秘祠，赐号“广诚灵妙演法真人”。她是广诚灵妙演法真人邵君的嫡传弟子。生于至元十六年（1279）九月朔，“幼而敏慧。年十有三，慕玄虚之学，父母弗能止。舅氏逍遥观道士张宜叟引诣东庭观，从管辖左君得度为女冠。东庭者，邵真人受业处也。大德七年（1303），邵真人命之至京师入觐，成宗皇帝即命祠北斗。邵真人亦嘉其志行纯备，尽以道术授之，复使师事葆真持正渊真人卢君。于是佐卢君服邵真人之丧，尽其诚孝。”泰定二年（1325）“中宫留卢君内延，黄君遂摄祷祠事。明年，卢君化去，如丧邵真人者，且各建石阁墓上，自是承应宫壶，日不暇给。乃召女弟仁实于东庭摄祷祠事”。天历初，“皇后尤加敬异，集贤以闻，授‘渊靖冲素崇道真人’，住持玄元万寿宫。”元统二年（1334），“皇后有旨，命加真人，集贤以

① 李存《玄真宫记》，《仲公李先生集》卷14。北京图书馆古籍出版编辑组编：《北京图书馆古籍珍本丛刊》92集部《元别集类·姚文公牧庵集、燕石集、中庵先生刘文简公文集、鄱阳仲公李先生文集、傅与砺文集、巴西邓先生文集》，书目文献出版社1991年版，第596－597页。

② 李志渊：《张守度墓志》，见陈垣编纂，陈智超、曾庆瑛校补：《道家金石略》，文物出版社1988年版，第1093页。

③ 张养浩：《张文忠公文集》卷17《敕赐极真万寿宫碑》，见李修生主编：《全元文（24）》卷775《张养浩7》，江苏古籍出版社2001年版，第643、644页。

④ ［元］陶宗仪撰：《南村辍耕录》卷5“三教条”，中华书局2004年版，第57页。

闻，授‘端静冲粹通妙真人’、江南诸路女冠都提点，住持大都玄元万寿宫，抚州路东庭观，常德路乾明观事，特命文臣行词表异之，又降玺书护其宫。”至正四年（1344），“豫作寿藏于西山祖堂之后，至于含敛之须，靡不悉具。使其族弟冲真元素明德法师仁己谓余曰：‘吾藏剑处将刻石以识，愿有以述之。余家临川，与东庭同郡。是邦自黄麻姑，魏夫人遗迹多在焉，故女子至今闻其风而兴起。脱去尘俗，超乎万物之表，岂非难哉！邵真人以来，三世受知帝后，褒赞之勤，锡赉之厚，有不胜书。非洁白其行，精勤其学，不足以致此。’黄君恬澹而慈和，以为起自山野，受国厚恩，恒以满为惧。每助其门人以敬天事君，无忘师训。”[①] 可见，黄居庆的出家与她“慕玄虚之学”有关，而这与其舅是道士的影响不无关系，也与她所处之地是黄麻姑、魏夫人遗迹的道教文化熏陶紧密相关，还与朝廷对道教出家者的褒奖紧密相关。

元代道庵女冠教育是元代女子高等教育重要的组成部分。陈垣在研究妇女出家曾这样写道：“自昔女靴不兴，利禄之途又不行于闺阃，故女子聪明无所用，惟出家学道，则必须诵经通文义，方能受度。《金史》五五《百官志》礼部注，凡试道士女冠童行，念《道经》、《救苦》、《玉京山》、《消灾》、《灵宝度人》等经，以诵成句，依音释为通，中选者试官给据，以名报有司。夫然，故最低限度，女冠无不识丁者，是儒家无女学，道家有女学也。礼失求野，文教之保存，每不在黉舍而在寺观。巍巍宫墙，稽首者无女子也，莘莘俎豆，问字者无女子也，遑论修心养性，举族信从乎，而全真家则何如者。”[②]

（三）宫廷女子高等教育

元代宫廷仍承担着女子高等教育的职责。与以前朝代相比，在女子宗教教育和女子歌舞教育方面有一定特色。

1. 宫廷女子宗教教育

元宪宗辛亥年（1251），忽必烈军驻六盘山时，就与萨迎派法王八思

① ［元］危素：《端静冲粹通妙真人黄君寿藏碑》。钱伯城、魏同贤、马樟根主编：《全明文第二册》卷61《危素13》，上海古籍出版社1994年版，第397—398页。

② 《民国丛书》编辑委员会编，陈垣著：《南宋初河北新道教考》，上海书店出版社1989年版，第38页。“八思巴”藏语即“圣者”之意。

巴初次会面[①]。以后多次派人把八思巴接到军营，向他询问包括宗教问题在内的许多问题，八思巴的解答令忽必烈十分高兴[②]。八思巴以渊博的知识、灵活传教的方式以及显示的神通，使忽必烈妻子察必虔诚地崇信佛教特别是藏传佛教。史载，忽必烈妻子察必确定了学习佛法的坚定信念后，虔敬地向八思巴请求传授萨迦派的喜金刚灌顶。八思巴为皇妃传授结缘灌顶，也即通过传授灌顶使察必有权以喜金刚为本尊进行修习、念诵密咒、观想等活动[③]。王妃根据自己的修习体会，还力劝忽必烈也求受灌顶。八思巴于1253年末，在军营为忽必烈授喜金刚灌顶，正式成为忽必烈的上师[④]。八思巴任帝师后，宫廷部分女子便拜八思巴念佛。念常在《佛祖历代通载》中记载过学佛求法情形[⑤]。众多宫女学佛求法内容主要了解和明白学习佛教的功德，并从各方面行善积德、供养上师，以求达到至高境界；以佛治心，发挥其教化作用。据《萨逝世系史》记载，八思巴为王妃传授教诫撰写的著作《授王妃布那达日嘎之教诫》[⑥]，突出了佛教治国的思想。

八思巴在1259年11月随忽必烈及家眷抵达北京，翌年末授封为帝师，直到1264年夏才返回萨迦之前，基本住在宫廷履行国师圣职，不时地为包括后妃在内的所有皇室成员传法授戒，传授灌顶，讲经说法，举行法会；每逢新年之际还要写颇富佛教色彩的诗体祝辞，向忽必烈全家祝贺新年等。自八思巴为忽必烈妻子授喜金刚灌顶后，元朝累代后妃均有受戒的。皇后受戒，或在大都，或在上都。泰定元年（1324）十月，皇后亦怜真八剌在大都“受佛戒于帝师”[⑦]。泰定三年七月壬子，皇后受牙蛮答哥戒于水晶殿[⑧]。文宗天历二年（1329）十一月乙卯，“立皇后，

① 王启龙：《八思巴生平与〈彰所知论〉对堪研究》，中国社会科学出版社1999年，第84—86页。

② 阿旺贡噶索南著，陈庆英、高禾福、周润年译注：《萨迦世系史》，中国藏学出版社2004年版，第117页。

③ 阿旺贡噶索南著，陈庆英、高禾福、周润年译注：《萨迦世系史》，中国藏学出版社2004年版，第119页。

④ 阿旺贡噶索南著，陈庆英、高禾福、周润年译注：《萨迦世系史》，中国藏学出版社2004年版，第119—120页。

⑤ 参见［元］释念常撰：《佛祖历代通载》卷22、卷35。

⑥ 阿旺贡噶索南著，陈庆英、高禾福、周润年译注：《萨迦世系史》，中国藏学出版社2004年版，第171页。

⑦ ［明］宋濂撰：《元史》卷29《泰定帝本纪一》，中华书局1976年版，第660页。

⑧ ［明］宋濂撰：《元史》卷30《泰定帝本纪二》，中华书局1976年版，第671页。

诏天下。受佛戒于帝师，作佛事六十日……”[①]。上有所好，贵族官僚也纷纷以受戒为荣，成为一时风尚。“守内番僧日念吽，御厨酒肉按时供，组铃扇鼓诸天乐，知在龙宫第几重。”[②]“似将慧日破愚昏，白日如常下钓轩。男女倾城求受戒，法中秘密不能言。”[③]按萨迩派的观点，一个人应当珍借今生能投胎为人而没有堕入地狱、饿鬼、畜性“三恶道”的机会，“人身”难得，因此要“诸恶莫作”，专志于行善、做好事，以致来世就可以投生在天、人、阿修罗“三善道”中。为了完全脱离苦恼和流转轮回，必须断除“我执”，进行不间断的修习。因此，萨迦派非常重视自己的生命，注重修行无量寿佛本尊。

藏传佛教传入内地后，大喜乐的修持方式在元朝宫廷大为传播。大喜乐意即通过男女双修可以获得身、语、意的圆满。宋代施护翻译的佛说《最胜妙吉祥根本智最上秘密一切名义三摩地分》卷下载：“金刚手菩萨大执金刚者，如我所说秘密名义，是即一切如来智顶。一切如来智身，妙吉祥根本正智所生。诸佛最胜不共功德清净圆满，最上称赞大喜乐法。广大神通威德胜义，身口意业秘密清净。诸波罗蜜诸地功德，清净圆满无所减失。福智所生彼一切法圆满清净。”[④]藏传佛教密典《大毘庐遮那成佛经疏》认为，“女是禅定，男是智慧”[⑤]。隋三藏法师阇那崛多译《金刚场陀罗尼经》记佛言：“文殊师利，妇女法门一切诸法，是陀罗尼法门。文殊师利言，云：‘何是陀罗尼法门?’佛言：‘虚妄故。文殊师利，一切诸法女根男根无定故’。所谓非实物故，名妇女相入陀罗尼法门。”[⑥]说明密教是以男根、女根为入陀罗尼法门的。密教的左道认为：要修成极乐身和金刚萨埵，只有用阴阳两性的结合。故女性在密宗金刚乘中是作为供养物的，即所谓的“爱供养”。如不空译《金刚顶一切如来真实摄

① ［明］宋濂撰：《元史》卷33《文宗纪二》，中华书局1976年版，第744页。

② ［元］张昱：《辇下曲》，见《四部丛刊续编》集部《张光弼诗集》卷3，上海涵芬楼景印常熟瞿氏铁琴铜剑楼藏明抄本，第13页。

③ ［元］张昱：《辇下曲》，见《四部丛刊续编》集部《张光弼诗集》卷3，上海涵芬楼景印常熟瞿氏铁琴铜剑楼藏明抄本，第18页。

④ 《最胜妙吉祥根本智最上秘密一切名义三摩地分》卷下，见财团法人佛陀教育基金会出版部编：《大正新修大藏经·密教部三》卷20，台湾佛陀教育基金会1990年印本，第812页。

⑤ 《大毗卢遮那成佛经疏》卷3，见财团法人佛陀教育基金会出版部编：《大正新修大藏经》卷39《经疏部七》，台湾佛陀教育基金会1990年印本，第612页。

⑥ 《金刚场陀罗尼经》，见财团法人佛陀教育基金会出版部编：《大正新修大藏经》卷21，台湾佛陀教育基金会1990年印本，第856页。

大乘现证大教王经》中在叙述毗卢遮那佛入各种供养三昧时说：其有一切如来适悦供养三昧、宝鬘灌顶三昧、歌咏供养三昧、舞供养三昧，等等，各个三昧，均有大天女从自心出。[①] 即说明了天女供养在诸供养中的作用。密教宣传的两性结合修持法有严格的“轮座”的仪式，规定参加的性伙伴要有对等数目，一般由8、9或11对男女组成，只能在月圆之日和寂静的地方秘密举行。先男女围坐成一圈，选一位貌美女子坐在中间，身上点缀各种晶莹宝石和饰物，作为女神性力的象征。然后参加者高声诵颂咒语，并在咒语中利用女性作“乐空双运”式性的狂欢。通过“双修”，在男女性媾中去体悟自身及其他一切均为“空性”，以欲制欲，以染达净，而最终达到“即身成佛”的“解脱之境”。[②] 因此，藏密供奉“欢喜佛”。所谓“欢喜佛”也称为“欢喜天”，是佛教密宗中做男女裸身相抱交媾的佛像，主要用来“调心工具”和培植佛性的“机缘”。

藏传佛教独特秘密法门也为元代不少皇帝所喜好，宫廷流行秘密法，一部分女子在宗教外衣的笼罩下成为秘密法或十六天魔舞的牺牲品。《元史》载：“初，哈麻尝阴进西天僧以运气术媚帝，帝习为之，号演揲儿法。演揲儿，华言大喜乐也。哈麻之妹婿集贤学士秃鲁帖木儿，故有宠于帝，与老的沙、八郎、答剌马吉的、波迪哇儿祃等十人，俱号倚纳。秃鲁帖木儿性奸狡，帝爱之，言听计从，亦荐西蕃僧伽璘真于帝。其僧善秘密法，谓帝曰：‘陛下虽尊居万乘，富有四海，不过保有见世而已。人生能几何，当受此秘密大喜乐禅定。’帝又习之，其法亦名双修法。曰演揲儿，曰秘密，皆房中术也。帝乃诏以西天僧为司徒，西蕃僧为大元国师。其徒皆取良家女，或四人、或三人奉之，谓之供养。于是帝日从事于其法，广取女妇，惟淫戏是乐。又选采女为十六天魔舞。八郎者，帝诸弟，与其所谓倚纳者，皆在帝前，相与亵狎，甚至男女裸处，号所处室曰皆即兀该，华言事事无碍也。君臣宣淫，而群僧出入禁中，无所禁止，丑声秽行，著闻于外，虽市井之人，亦恶闻之。皇太子年日以长，尤深疾秃鲁帖木儿等所为，欲去之未能也。”[③]

① 参见《金刚顶一切如来真实摄大乘现证大教王经》，见财团法人佛陀教育基金会出版部编：《大正新修大藏经》卷18，台湾佛陀教育基金会1990年印本，第214页。

② 任继愈主编：《宗教大辞典》，上海辞书出版社1998年版，第1100页“左道性力派”条。

③ ［明］宋濂等撰：《元史》卷205《哈麻传》，中华书局1976年版，第4583页。

元代部分皇后信佛后，还大建佛寺并参加佛事活动。如“至大间，太后创寺台山，曰普宁。延性居之。”[①] 普宁寺，后称圆照寺。至大元年(1308) 十一月癸未，“皇太后造寺五台山，摘军六千五百人供其役”[②]。至大二年 (1309) 五月，“太后幸五台山作佛事，诏高丽王璋从之。”[③] 太后，即是顺宗昭献元圣皇后，答己，弘吉剌氏，为武宗及仁宗之母。王璋即高丽王子，世祖附马。由于昭献元圣皇后有历佐三朝之功，所以武宗不吝资财，耗费巨亿，于 1309 年建成普宁寺为其祈福，临幸作佛事。在元宫廷学佛氛围的影响下，南宋灭亡后的全太后被元人北掳至大都（今北京）也在宫廷佛教氛围的熏陶下请求学佛法。《元史》卷十六载：至元二十八年十二月，“宣政院臣言：‘宋全太后、瀛国公母子以为僧、尼，有地三百六十顷，乞如例免征其租。’从之。”[④]

元朝宫廷佛事活动有时也与民间一些节日活动结合在一起，非常热闹。如每年二月十五举行的声势浩大的“白伞盖佛事”便是一例。“世祖至元七年，以帝师八思巴之言，于大明殿御座上置白伞盖一，顶用素段，泥金书梵字于其上，谓镇伏邪魔护安国刹。自后每岁二月十五日，于大明殿启建白伞盖佛事，用诸色仪仗社直，迎引伞盖，周游皇城内外，云与众生祓除不祥，导引福祉。……兴和署掌妓女杂扮队戏一百五十人，祥和署掌杂把戏男女一百五十人。……都城士女，闾阎聚观。……帝及后妃公主，于玉德门外，搭金脊吾殿彩楼而观览焉。”[⑤] 而《析津志辑佚》详载曰：“自庆寿寺启行入隆福宫绕旋，皇后三宫诸王妃戚畹夫人俱集内廷，垂挂珠帘。外则中贵侍卫，纵瑶池蓬岛莫或过之……由西转东，经眺桥太液池，圣上于仪天左右列立帐房，以金绣文锦疙，捉蛮缬结，束珠翠软，殿望之若锦云绣谷，而御榻置焉。上位临轩，内侍中贵銮仪森列，相国大臣诸王附马，以家国礼，列坐下方迎引……自东华门内，经十一室皇后斡耳朵前，转首清宁殿后，出厚载门外。宫墙内妃嫔媵嫱罟罟皮帽者，又岂三千之数也哉？可谓伟观宫廷，具瞻京国，混一华夷，

---

① 《清凉山志》卷 3《高僧懿行·了性法师传》，见崔玉卿点校：《清凉山传志选粹》，山西人民出版社 2000 年版，第 216 页。

② ［明］宋濂撰：《元史》卷 22《武宗纪一》，中华书局 1976 年版，第 505 页。

③ ［明］宋濂撰：《元史》卷 116《后妃二》，中华书局 1976 年版，第 2901 页。

④ ［明］宋濂撰：《元史》卷 16《世祖纪十六》，中华书局 1976 年版，第 353 页。

⑤ ［明］宋濂等撰：《元史》卷 77《祭祀六》，中华书局 1976 年版，第 1926—1927 页。

至此为盛!"[①]

当时诗人张光弼在其作《辇下曲》中记载了一些宫廷的佛事，尽管含有对藏传佛教的偏见，文字未免有偏颇之处，但对我们认识和了解大都藏传佛教仍有一定的参考价值。"西天法曲曼声长，缨路垂衣称艳装，大宴殿中歌舞上，华严海会庆君王"[②]。"华缨孔帽诸番队，前导伶官戏竹高，白伞威蕤避驰道，帝师辇下进葡萄；守内番僧日念吽，御厨酒肉按时供，组铃扇鼓诸天乐，知在龙宫第几重。"[③]"西番僧果依时供，小笼黄旗带露装，满马尘沙兼日夜，平坡红艳露尤香。"[④]"西天咒师首蜷发，不澡不颛身亦殷，裙□何有披红罽，出入宫闱无靦颜；似将慧日破愚昏，白日如常下钓轩。男女倾城求受戒，法中秘密不能言。"[⑤]从诗中，多少可以想见当时大都藏传佛教流行对宫廷妇女和附近妇女的影响。

2. **女子宫廷音乐舞蹈教育**

蒙古族是一个擅长歌舞的民族，元朝宫廷女子音乐舞蹈教育很发达。

(1) 教坊对女子的培养

元代承继前代传统，在宫廷中设有教坊。史载："散乐则立教坊司，掌天下妓乐，有驾前承应杂戏飞竿走索踢弄藏橛等伎"[⑥]。"教坊司，秩从五品。掌承应乐人及管领兴和等署五百户。"[⑦]中统二年（1261）始置，至元十二年（1275）升正五品。至元十七年，改提点教坊司，隶宣徽院，秩正四品。至元二十五年，隶礼部。大德八年（1304），升正三品。延祐七年（1320），改为正四品。至于当时教坊对女子的教育情况，现不得而知。但从杨允孚《滦京杂咏》记载皇帝每年到达上都时，"千官至御天门俱下马徒行，独至尊骑马直入，前有教坊舞女引导，且歌且舞，舞出天

① [元] 熊梦祥著，北京图书馆善本组辑：《析津志辑轶》，北京古籍出版社1983年版，第215—216页。

② [元] 张昱：《辇下曲》，见《四部丛刊续编》集部《张光弼诗集》卷3，上海涵芬楼景印常熟瞿氏铁琴铜剑楼藏明抄本，第12页。

③ [元] 张昱：《辇下曲》，见《四部丛刊续编》集部《张光弼诗集》卷3，上海涵芬楼景印常熟瞿氏铁琴铜剑楼藏明抄本，第13页。

④ [元] 张昱：《辇下曲》，见《四部丛刊续编》集部《张光弼诗集》卷3，上海涵芬楼景印常熟瞿氏铁琴铜剑楼藏明抄本，第16页。

⑤ [元] 张昱：《辇下曲》，见《四部丛刊续编》集部《张光弼诗集》卷3，上海涵芬楼景印常熟瞿氏铁琴铜剑楼藏明抄本，第18页。

⑥ [明] 叶子奇撰：《草木子》卷下《杂制篇》，中华书局1959年版，第65页。

⑦ [明] 宋濂撰：《元史》卷85《百官志一》，中华书局1976年版，第2139页。

下太平字样，至玉阶乃止”；“每宴，教坊美女必花冠锦绣，以备供奉”[①]来看，当时确实设有教坊。再从张昱《辇下曲》中“教坊女乐顺时秀，岂独歌传天下名。意态由来看不足，接帘半面已倾城”[②]看，当时教坊女子歌舞教育成就很高。

（2）宫廷女子乐舞教育

随着藏传佛教对性生活的开放态度，促使宫廷非常盛行秘密教，其代表的天魔舞也传入宫廷，使女子宫廷乐舞教育获得了一定发展。

天魔舞从元太祖成吉思汗时就开始传入蒙古上层。成吉思汗在对西夏的征服中了解了藏传佛教，吸收西夏的礼乐制度。“太祖初年……征用西夏旧乐”[③]。赵珙《蒙鞑备录》所载“国王（木华黎）出师，亦以女乐随行。皆率十七八美女”等，或即与十六天魔舞有关。因此对秘密教以及十六天魔舞开始进入蒙古贵族生活中。而至世祖忽必烈朝则风靡宫廷内外。被尊为帝师的八思巴，其崇奉者即为密教。据念常《佛祖历代通载》卷 21，至元元年八月十六日改元时，世祖忽必烈所受即为秘密戒[④]。翰林学士王磐在八思巴《行状》中云：“（八思巴）礼伯父为师，秘密伽陀一二千言，过目成诵。七岁演法，辩博纵横，犹不自足。复遍咨名宿，句玄索隐，尽通三藏。癸丑，师年十五……世祖宫闱东宫皆秉受戒法，特加尊礼。”[⑤] 随着藏传佛教在宫廷的传播，具有秘密教象征意义的天魔舞也传入民间，元杂剧中也多有扮演者，以致世祖曾下令禁止。《元典章》：“至元十八年十一月初二日，御史台承奉中书省札付，据宣徽院御史呈提点教坊司申：闰八月二十五日，有八哥奉御、秃烈奉御传奉圣旨：道与小李，今后不拣甚么人，十六天魔休唱者，杂剧里休做者，休吹弹者，四大天王休妆扮者，骷髅头休穿戴者。如有违犯，要罪过者，仰

① ［元］杨允孚撰：《滦京杂咏》，见《景印文渊阁四库全书》第 1219 册，台湾商务印书馆版，第 621 页。

② ［元］张昱：《辇下曲》，见《四部丛刊续编》集部《张光弼诗集》卷 3，上海涵芬楼景印常熟瞿氏铁琴铜剑楼藏明抄本，第 17 页。

③ ［明］宋濂撰：《元史》卷 65《礼乐二》，中华书局 1976 年版，第 1691 页。

④ 《佛祖历代通载》卷 21，见财团法人佛陀教育基金会出版部编：《大正新修大藏经》卷 49《史部一》，台湾佛陀教育基金会刊本，第 705 页。

⑤ 《佛祖历代通载》卷 21，见财团法人佛陀教育基金会出版部编：《大正新修大藏经》卷 49《史部一》，台湾佛陀教育基金会 1990 年刊本，第 707 页。

钦此。”[①]

成宗时，密教也在流行。《续资治通鉴》卷195载：“（成宗大德九年）建大天寿万宁寺，中塑秘密佛像，其形丑怪。皇后幸寺见之，恶焉，以帕障其面而过。”[②] 元张昱《辇下曲》：“北方九眼大黑杀，幻形梵名麻纥剌。头戴髑髅踏魔女，用人以祭惑中华。”[③] 诗句所云显为四大天王、天魔舞女的形象装扮。

成宗至仁宗朝，秘密教和天魔舞于宫中仍有延续。《元史·哈麻传》曰：“……秃鲁帖木儿性奸狡，帝爱之，言听计从，亦荐西蕃僧伽璘真于帝。其僧善秘密法，谓帝日：‘陛下虽尊居万乘，富有四海，不过保有见世而已。人生能几何，当受此秘密大喜乐禅定。’帝又习之，其法亦名双修法。曰演揲兒，曰秘密，皆房中术也。帝乃诏以西天僧为司徒，西蕃僧为大元国师。其徒皆取良家女，或四人、或三人奉之，谓之供养。于是帝日从事于其法，广取女妇，惟淫戏是乐。又选采女为十六天魔舞。”[④]

英宗皇帝对西蕃僧也是敬礼有加，建佛殿，塑佛像更甚往日。史载其于延祐七年十二月“辛酉，作延春阁后殿。壬戌，召西僧辇真哈剌思赴京师。……丙寅……修秘密佛事于延春阁”[⑤]。

顺帝时十六天魔舞则更加盛行。“顺帝荒于游宴，以宫女三圣奴、妙乐奴、文殊奴等一十六人按舞，名十六天魔。首垂发数辫，戴象牙佛冠，身披瓔珞，大红销金长短裙，金杂袄，云肩合袖，天衣绶带鞵袜，各执噶布喇盌之器。内一人执铃杵奏乐。又宫女一十一人，练槌髻勒帕常服，或用唐帽窄衫，所奏乐用龙笛、头管、小鼓、筝、琵琶、笙、胡琴、响板、拍板。以宦者察罕岱布哈管领，遇宫中赞佛，则按舞奏乐。宫官授秘密戒者得入，余不得预。”[⑥]

明人陈邦瞻著《元史纪事本末》卷4云：“每宫中赞佛，则按舞奏

① 《元典章》卷57《刑部》“禁治妆扮四天王等”条，见四库全书存目丛书编纂委员会编：《四库全书存目丛书》史部第264册，齐鲁书社1996年版，第68页。

② ［清］毕沅撰：《续资治通鉴》卷195，古籍出版社1957年版，第5308页。

③ ［元］张昱：《辇下曲》，见《四部丛刊续编》集部《张光弼诗集》卷3，上海涵芬楼景印常熟瞿氏铁琴铜剑楼藏明抄本，第17页。

④ ［明］宋濂等撰：《元史》卷205《哈麻传》，中华书局1976年版，第4583页。

⑤ ［明］宋濂等撰：《元世》卷27《英宗本纪一》，中华书局1976年版，第608页。

⑥ ［明］瞿佑撰：《天魔舞歌》，见［清］于敏中等编纂：《日下旧闻考》卷32《宫室》，北京古籍出版社1983年版，第478－479页。

乐，宫官受秘密戒者得入。余不与。又为龙舟自后宫至前宫山下海子内游戏。八郎者帝诸弟，与其所谓伊纳者，皆在帝前，相与亵狎甚至，男女裸处，号所出室曰‘皆即兀该’，华言事事无碍也。君臣宣淫，而群僧出入禁中，无所禁止。丑声著闻，虽市井之人，亦恶闻之。”[①]为躲避大臣耳目，顺帝还新修宫殿，秘会天魔舞女。明萧洵《故宫遗录》载：至正十九年（1359）“又后为清宁宫，宫制大略亦如前。……又后为厚载门，上建高阁，环以飞桥，舞台于前，回阑引翼。每幸阁上，天魔歌舞于台，繁吹导之，自飞桥而升，市人闻之，如在霄汉。”[②] 这不仅描写了天魔舞优美的舞姿和奇妙的场景，而且更重要的是反映出蒙古上层宫廷的生活以及藏传佛教在宫廷的传播和影响。同时，元明诗人对之也多加歌咏。如来复《燕京杂咏》有诗曰：“鸭绿微生太液波，芙蓉杨柳受风多。日长供奉传杂谱，教舞天魔队子歌。”[③] 朱有燉《元宫词百章》第五十一：“队里惟夸三圣奴，清歌妙舞世间无。御前供奉蒙深宠，赐得西洋塔纳珠。”第五十二：“按舞撺娟十六人，内园乐部每承恩。缠头例是宫中赏，妙乐文殊锦最新。”第五十六：“月夜西宫听按筝，文殊指拨太分明。清音浏亮天颜喜，弹罢还教合凤笙。”[④] 可见，顺帝朝的天魔舞女以三圣奴、妙乐奴和文殊奴舞伎最高，受到赏赐最多，也最为得宠。从这些诗词中，我们可以看到宫廷乐舞教育的重大成绩。

（四）社会女子高等教育

元代社会女子高等教育以道德教育、文学教育、纺织技术教育和婚姻教育较有特色。

1. 道德教育

早期女子道德教育中封建色彩甚淡，随着蒙古族汉化的加深，封建道德在女子教育中逐渐被提倡。随着婚姻制度的变化，女子贞节教育不

---

① ［明］陈邦瞻著：《元史纪事本末》卷 23《脱脱之贬 哈麻附》，商务印书馆 1935 年版，第 146 页。

② ［明］萧洵《故宫遗录》，见［明］失名，［明］萧洵撰：《北平考故宫遗录》，北京古籍出版社 1983 年版，第 74 页。

③ ［明］来复撰：《燕京杂咏》，见［清］于敏中等编纂：《日下旧闻考》卷 32《宫室》，北京古籍出版社 1983 年版，第 479 页。

④ ［元］柯九思等撰：《辽金元宫词》，北京古籍出版社 1988 年版，第 23、25 页。

断加强，政府还以法律加以提倡。在《元典章》中有失节女子不封赠[①]，命妇夫死不许改嫁[②]，出征军妻不得改嫁[③]。大德八年（1304）元礼部对旌表贞节还做过如下的议定："今后举节妇者，若三十以前夫亡守制，至五十以后，晚节不易，贞正著明者，听各处邻右社长，明具实迹，重甘保结，申覆本县牒委文质正官，体覆得实，移文附近不干碍官司，再行体覆，结罪回报，凭准体覆牒文，重甘保结，申覆本管上司，更为核实保结，申呈省部，以凭旌表。"[④] 旌表一个节妇，手续之繁，可见当时社会对贞节观念的重视！元成宗（铁穆耳）还曾颁布诏令，奖励贞节，据《元典章》载，"大德十一年（1307）五月，钦奉登宝位，诏书内一款节，该义夫节妇，孝子顺孙，具实以闻，别加恩赐。"[⑤] 据《元史》载，当时元政府对烈妇段氏奖励为"给羊酒币帛，仍命旌门，复役如制"[⑥]，即除赐物旌门外，还免徭役。在政府的提倡下，元代女子持贞守节较前代尤多。据《元史》所载，共有烈女 215 人，其中守志不嫁者 52 人，约五比一。另据《古今图书集成·闺媛典》的《闺列传》及《闺节列传》载，元代节妇有 359 人，烈女 383 人，远远超过前代（宋、辽、金合计节妇 152 人，烈女 155 人）[⑦]。而烈女自杀的方式以投水和自缢为多，被杀者以杀戮为主，这与宋代差别不大。由此可见元后期封建礼教再度被提倡，这为明清礼教登峰造极奠定了基础。节妇烈女增多，表明寡妇再嫁甚难，元初比较宽泛的道德已不复存在了。

2. **文学教育**

元代诗词曲获得了一定的发展，歌诵和写作诗词曲已成社会时尚，一些女子也受其影响，逐渐在元曲方面有很高造诣。如薛兰英、薛惠英，

---

① 参见《元典章》卷 11《吏部五·封赠》，见四库全书存目丛书编纂委员会编：《四库全书存目丛书》史部第 263 册，齐鲁书社 1996 年版，第 416 页。

② 参见《元典章》卷 18《户部四·婚姻·嫁娶》，见四库全书存目丛书编纂委员会编：《四库全书存目丛书》史部第 263 册，齐鲁书社 1996 年版，第 474 页。

③ 参见《元典章·户部四·婚姻·军民婚》，见四库全书存目丛书编纂委员会编：《四库全书存目丛书》史部第 263 册，齐鲁书社 1996 年版，第 475 页。

④ 参见《元典章》卷 33《礼部六·孝节·旌表孝义等事》，见四库全书存目丛书编纂委员会编：《四库全书存目丛书》史部第 263 册，齐鲁书社 1996 年版，第 613 页。

⑤ 参见《元典章》卷 1《圣政一·旌孝节》，见四库全书存目丛书编纂委员会编：《四库全书存目丛书》史部第 263 册，齐鲁书社 1996 年版，第 317 页。

⑥ ［明］宋濂等撰：《元史》卷 200《列女一·段氏》，中华书局 1976 年版，第 4488 页。

⑦ 董家遵著，卞恩才整理：《中国古代婚姻史研究》下篇第四《历代节妇烈女统计》，广东人民出版社 1995 年版，第 246 页。

吴郡人，皆聪明秀丽，能赋诗，建一楼以处，曰“兰蕙联芳”。二女日夕吟咏不辍，有诗数百首，辑为《联芳集》。当时杨铁崖创作《西湖竹枝曲》，与他唱和者百余家，薛兰英、薛惠英见之笑曰：“西湖有《竹枝曲》，东吴独无《竹枝曲》乎?”于是仿效其体裁作《苏台竹枝十章》。铁崖见其稿，手题二诗于后，云：“锦江只见薛涛笺，吴郡今传兰蕙篇。文采风流知有日，联珠合璧照华宴。难弟难兄并有名，英英端不让琼琼。好将笔底春风句，谱作瑶筝弦上声。”从此名播遐迩，都以为班姬、蔡琰复出，李易安、朱淑真还在其下，不值得称道。[①] 可见当时女子在社会中接受文学教育已成风气。

元代社会承继宋代文士与乐妓的交往之风，如青楼名妓朱帘秀与文人胡紫山、冯海粟交往甚密，胡紫山曾以《沉醉东风》曲相赠，冯海粟也以《鹧鸪天》曲相赠，两曲均流传至今。像这种文人影响妓女从而提高了妓女文学素养的事在元代是十分常见的。

3. **纺织技术教育**

元代纺织技术获得了极大的发展，黄道婆对纺织技术的推广作出了极大的贡献。黄道婆，大约生活在宋理宗淳祐年间即13世纪40年代，出身于松江乌泥泾镇（今上海县华泾镇）的一个贫苦之家。传说她是一个受尽虐待的童养媳。后来逃到崖州（今海南岛），从黎族人民学习种植棉花及纺纱织布技术。在崖州大约生活了三十年，虚心学习。大约在1295—1296年回到家乡，便把崖州黎族使用的纺织工具引进并加以革新，改进了捍、弹、纺、织等一套工具。她还教家乡妇女学会了错纱、配色、综线、挈花等技术，所织成的被、褥、带、手巾，上面织有折枝、团凤、棋局、字样等，十分鲜艳。她把崖州被的织造方法传授给镇上的妇女，“人既受教，竞相作为”[②]，一时“乌泥泾被”闻名全国，远销各地。她向上海人传授棉纺织技术推动了上海棉纺织业的发展。在乌泥泾镇长期传诵着一首歌颂她的民谣：“黄道婆，黄道婆！教我纱，教我布，两只筒子两匹布”[③]。这便是人们对其教育功劳的传颂。

4. **婚姻教育**

由于当时民间盛行嫁女攀高门户而女子并不能幸福的局面，女文学

① 王延梯辑：《中国古代女作家集》，山东大学出版社1999年版，第425页。

② 参见陶宗仪撰：《辍耕录》卷24《黄道婆》，中华书局1985年版，第345页。

③ 张道一主编：《中国民间美术词典》，江苏美术出版社2001年版，第291页。

家郑允端专门作了《吴人嫁女辞》以劝世人。她写道："余见寻常百姓家多以女嫁达官贵人，虽夸耀于一时，而终不得偕老，故作是诗以警之，时至正丙申岁也。'种花莫种官路傍，嫁女莫嫁诸侯王。种花官路人取将，嫁女王侯不久长。花落色衰情变更，离鸾破镜终分张。不如嫁与田舍郎，白首相看不下堂'"[①]。

总的来看，元代的女子高等教育随着社会时代的变化，内容有所改变，其发达程度不如唐宋时期。

第三节　宋元时期的女子高等教育家

宋元时期，由于社会的发展，女子高等教育的重要性日益显现，于是一些政治家、文人学士比较关注女子高等教育，形成了一定的女子高等教育思想。这些思想对本时期女子高等教育的开展起了重要的理论指导作用，在此，我们仅以司马光和《郑氏规范》的女子高等教育思想为例加以介绍。

一、司马光的女子高等教育思想

司马光（1019－1086），北宋著名的政治家、史学家、教育家。其女子高等教育思想散见于他的多部著作中，有《司马温公家范》和《温国文正司马温公文集》等行世。其女子高等教育思想归纳起来主要有：

（一）主张女子应受高深教育

司马光也主张女子应受高深教育并把它与修身、齐家甚至国家的治乱兴衰紧密联系在一起。他说："凡人不学则不知礼义。不知礼义，则善恶是非之所在，皆莫之识也。于是乎有身为暴乱而不知其非也；祸辱将及而不知其危也。然则为人皆不可以不学，岂男女之有异哉？"[②] 又说："家道正，正家而天下定矣"[③]。他进一步援引《大学》之旨加以论证。

① 王延梯辑：《中国古代女作家集》，山东大学出版社1999年版，第418页。

② 司马光：《司马温公家范》卷6《女》，吴兴刘氏留余草堂校刊本，第2页。

③ 司马光：《司马温公家范》卷1，吴兴刘氏留余草堂校刊本，第1页。

“古之欲明明德于天下者，先治其国；欲治其国者，先齐其家；欲齐其家者，先修其身；欲修其身者，先正其心；欲正其心者，先诚其意。意诚而后心正，心正而后身修，身修而后家齐，家齐而后国治，国治而后天下平。自天子以至于庶人，一是皆以修身为本。”① 并认为“其家不可教，而能教人，无之”②。主张“宜其家人，而后可以教国人。”③

（二）论母教

司马光认为做母亲的必须懂得给子女以爱，教子女以理。他说：“为人母者，不患不慈，患于知爱而不知教也。古人有言曰：‘慈母败子’。爱而不教，使沦于不肖，陷于大恶，入于刑辟，归于乱亡，非他人败之也，母败之也。自古及今，若是者多，可悉数。”④ 同时主张做母亲的要善于教育女子改过从善。他列举后魏辑母房氏对其子“训道有母仪、法度”⑤ 和鲁师春姜嫁其女三往而三逐“终知为人妇之道”等为例，主张做母亲的在女子未嫁时就应加以教诲。还要求做母亲的要精于“丝枲纺绩”，做子女的榜样。此外还谈及了做乳母应当具有“宽裕、慈惠、温良、恭敬、慎而寡言”⑥ 等品质。

（三）论宫廷女教

司马光十分强调对公主进行教育以养成其良好的品德。他说：“公主生于深宫，年齿幼稚，不更傅姆之严，未知失得之理”，要求“导之以德，约之以礼”⑦。他对章国献穆公主十分推崇，他说：“献穆公主仁孝谦恭，有如寒楱，奉李氏宗亲，备尽妇道。爱重其夫，无妒忌之行。至今天下称妇德者，以献穆公主为首”，要求公主们应以献穆公主为榜样，事夫以礼，执妇道。⑧ 于是主张应严格审慎地选择老师以教导公主。他说：“择淑慎长年之人，使侍左右。朝夕教谕，纳诸善道。其有恃恩任意非法

---

① 司马光：《司马温公家范》卷1，吴兴刘氏留余草堂校刊本，第3页。

② 司马光：《司马温公家范》卷1，吴兴刘氏留余草堂校刊本，第3页。

③ 司马光：《司马温公家范》卷1，吴兴刘氏留余草堂校刊本，第3页。

④ 《司马温公家范》卷3《母》，吴兴刘氏留余草堂校刊本，第6页。

⑤ 《司马温公家范》卷3《母》，吴兴刘氏留余草堂校刊本，第7页。

⑥ 《马温公家范》卷10《乳母》，吴兴刘氏留余草堂校刊本，第7页。

⑦ ［宋］司马光著：《司马光奏议》卷6《论公主宅内臣状》，见［宋］司马光著，王根林点校：《司马光奏议 纪念司马光逝世九百周年》，山西人民出版社1986年版，第58页。

⑧ ［宋］司马光著：《司马光奏议》卷6《正家札子》，见［宋］司马光著，王根林点校：《司马光奏议 纪念司马光逝世九百周年》，山西人民出版社1986年版，第63页。

邀求，当少加裁抑，不可尽从。然后慈爱之道，于斯尽矣。”①

他还主张在宫中建立嫔嫱之官，以封建的礼法来管理宫女。他说：“使后宫之人共为几等，等有几人。若未足之时，且虚其员数，既足之后，不可更增。”② 要求皇后、妃嫔等遵守等级之礼。他在《后宫封赠札子》中详细论述了建立宫廷等级的必要性，他说：“夫礼之所以慎，在于尊卑之分，别嫌明微。故国君沐粱，大夫沐稷、士沐粱，盖以大夫贵近于君，故推而远之，以防僭逼之端；士贱远于君，虽与之同物，无所嫌也。况后妃之际，实治乱之本，圣人于此尤兢兢焉。皇后敌体至尊，母仪四海，六宫之内，无与等夷，妃品秩虽贵，而皇后犹为女君。今封赠之典混而为一，臣实惧焉。虽陛下圣明，宫壸之政贵贱有伦，必无僭逼之忧。然非所以别嫌疑、防萌兆、垂法度，示子孙也。”认为圣王制礼“内外异宜，不可均一”。③ 要求在宫中建立严格的封建等级制度，并以此无形地教育宫女恪守礼教，达到“正家而天下定焉”④ 的目的。所以他在治平元年五月二十八日《上皇太后疏》中主张人们严加教育女子，使其养成恭之心。他说：“凡闺门之内，子妇有以孝恭之心至者，则尊亲当欢然以慈爱之心接之。若其有过，则当以忠厚之心教之；教之备矣，而犹不听，则虽责之可也，罪之可也。”⑤

由此可见，司马光的宫廷女子教育主张带有明显的封建礼教色彩，但他强调严选教师对宫女进行教育的主张无疑是可贵的。他主张以一定限度采纳宫女，并建议还放宫女回家与其家人团聚等同情宫女的见解也值得称道，因不属教育范畴，不再详述。

二、《郑氏规范》的女子高等教育思想

《郑氏规范》是蒲阳郑氏所著。郑绮子孙自宋建炎初（1127）至明太

① ［宋］司马光著：《司马光奏议》卷6《论公主宅内臣状》，见［宋］司马光著，王根林点校：《司马光奏议 纪念司马光逝世九百周年》，山西人民出版社1986年版，第58页。

② ［宋］司马光著：《司马光奏议》卷12《后宫等级札子》，见［宋］司马光著，王根林点校：《司马光奏议 纪念司马光逝世九百周年》，山西人民出版社1986年版，第134页。

③ ［宋］司马光著：《司马光奏议》卷10《后宫封赠札子》，见［宋］司马光著，王根林点校：《司马光奏议 纪念司马光逝世九百周年》，山西人民出版社1986年版，第105页。

④ 《司马温公家范》卷1，吴兴刘氏留余草堂校刊本，第1页。

⑤ ［宋］司马光著：《司马光奏议》卷14《上皇太后疏》，见［宋］司马光著，王根林点校：《司马光奏议 纪念司马光逝世九百周年》，山西人民出版社1986年版，第151页。

祖洪武十一年（1378）同居达十世、历时二百五十余年，“守诗书礼乐之教弗坠”，六世孙郑太和立家规58则，七世孙郑钦作70则、孙郑铉作92则，八世郑涛作三规。后郑涛率郑泳、郑涣、郑湜等向郑濂、郑源等合计加以增删，何为一册，共计168则，即今所传的《郑氏规范》[①]。其成书主要在宋元时代，我们在此加以讨论。《郑氏规范》十分强调女子应受高等教育。其女子高等教育思想概括起来主要有：

（一）强调成年礼和婚嫁对女子的教育作用

《郑氏规范》规定女子成年要举行成年礼，“女子年及笄者，母为选宾行礼、制辞、字之”[②]。十分注重女子婚嫁，指出“婚姻乃人道之本，亲迎醮啐奠雁授绥之礼，人多违之。今一祛时俗之习，其仪式并遵文公家礼”[③]。具体要求择温良有教养的男子，明确指出“婚嫁必须择温良有家法者，不可慕富贵以亏择配之义”，对豪强逆乱或世有恶疾者“毋得与议”[④]。提倡婚礼从俭，规定“娶妇须以嗣亲为重，不得享宾，不得用乐，违者罚之。”[⑤]

（二）强调对新妇的及时施教和对诸妇的定时施教

强调对新妇人应及时施教。“娶妇三日，妇则见于祠堂……行受家规之礼，拜四拜，家长以家规授之。”[⑥] 并规定新妇半年就应掌握家规并身体力行，“或有不教者，罚其夫。”[⑦] 除对新妇及时施教外，还规定每月朔望后一日对诸妇进行定时教导，“直说《古列女传》，使诸妇听之”[⑧]。

（三）论妇德、妇容和妇工教育

它十分重视妇德的培养。要求妇人做到“安详恭敬，奉舅姑以孝，事丈夫以礼，待娣姒以和”[⑨]，不谍言，不做阃外之事，远僧道之徒，守男女之别。

主张强调妇容雅洁，规定“诸妇服饰毋饰华丽……但务雅洁，违则

① ［明］郑太和著：《郑氏规范·序》，中华书局1985年版，第1页。
② ［明］郑太和著：《郑氏规范》，中华书局1985年版，第9页。
③ ［明］郑太和著：《郑氏规范》，中华书局1985年版，第9页。
④ ［明］郑太和著：《郑氏规范》，中华书局1985年版，第9页。
⑤ ［明］郑太和著：《郑氏规范》，中华书局1985年版，第9页。
⑥ ［明］郑太和著：《郑氏规范》，中华书局1985年版，第9页。
⑦ ［明］郑太和著：《郑氏规范》，中华书局1985年版，第16页。
⑧ ［明］郑太和著：《郑氏规范》，中华书局1985年版，第17页。
⑨ ［明］郑太和著：《郑氏规范》，中华书局1985年版，第16页。

罚之”[①]。

强调勤于妇工。主馈十日一轮，“外则告于祠堂，内则会茶以闻于众”，如“托故不至者，罚其夫”[②]。规定“诸妇工作，当聚一处；机杼纺绩，各尽所长。非但别其勤惰，且革其私心。”[③] 鼓励养成蚕治丝绵并以什一之法加以奖励，对懒惰奸诈者加以惩罚。“每岁畜蚕，主母分给蚕种于诸妇，使之在房畜饲。……所得之茧，当聚一处抽缫。更预先抄写各房所蓄多寡之数，照什一之法赏之。”[④] “诸妇每岁公堂于九月俵散木棉，使成布疋。限以次年八月交收，通卖钱物，以给一岁衣资之用，公堂不许侵使。或有故意制造不佳，及不登数者，则准给本房；甚者住其衣资不给（病者不拘）。有能依期登数者，照什一之法赏之。其事并系羞服长主之。”[⑤]

（四）强调母亲应具怜悯之心，反对置乳母

强调母亲应亲乳孩子，反对置乳母。规定“诸妇育子苟无大故，必亲乳子，不可置乳母以饥人之子”[⑥]。

综上所述，《郑氏规范》的女子高等教育主张虽然十分零碎，但它的女子高等教育思想，至今仍有借鉴意义。

① ［明］郑太和著：《郑氏规范》，中华书局 1985 年版，第 16 页。
② ［明］郑太和著：《郑氏规范》，中华书局 1985 年版，第 16 页。
③ ［明］郑太和著：《郑氏规范》，中华书局 1985 年版，第 16 页。
④ ［明］郑太和著：《郑氏规范》，中华书局 1985 年版，第 16 页。
⑤ ［明］郑太和著：《郑氏规范》，中华书局 1985 年版，第 17 页。
⑥ ［明］郑太和著：《郑氏规范》，中华书局 1985 年版，第 17 页。

第四章

女性主体意识彻底沦落时期：明代至前清的女子高等教育

第一节　明清时期的社会女性观

明清时期，由于生产力的发展，商品经济进一步繁荣，城市不断出现。加之明至前清战争相对较少，社会安定，统治阶级更加奢靡腐朽，享乐之风盛行。社会女性观发生着较大的变化，封建礼教发展达到顶峰，对女性的奴役也达到无以复加的地步，使女性的主体意识彻底沦落。一部分开明人士也对封建礼教加以批驳，为女性解放带来了一线曙光。

一、明代的女性观

明代，女性观十分庞杂，心学的女性观、社会世俗的女性观、宗教的女性观与开明人士反礼教的女性观交织在一起，影响着本时期女子高等教育的发展。

（一）心学的女性观

到明代，儒学由理学进而发展为心性之学，心性之学的主旨是“无善无恶，是心之体；有善有恶，是意之动；知善知恶，是良知；为善去恶，是格物。"[①] 王阳明认为人性在未发动的静态状态是无善无恶的，关键是在发动时意念的状况，"如一念发在好善上，便实实落落去好善；一念发在恶恶上，便实实落落去恶恶。"[②] 认为性有善恶之分，完全是由于一念之差。他反对把人欲完全看成私欲、是坏的，认为情欲发动过分才有害，于是"七情顺其自然之流行，皆是良知之用。不可分别善恶，但不可有所着。七情有着，俱谓之欲，俱为良知之蔽。"[③] 主张"理"与"欲"合一。他认为人欲中有合理性的一面，人人都有良知，在良知支配下的"意之动"产生的欲与念是合理的。这就承认了包括女性在内的人的主体性，对程朱理学灭人欲和否定人的价值的道德说教是一个冲击。但他的这一学说又为人欲横流打开了理论之门，明代社会淫风很盛，两性生活的世俗化不断加剧与此有一定的关系。

（二）社会世俗的女性观

在明代，社会世俗形成了贱视女性、玩弄女性、视女性为物化工具的观念。从最高统治者到一般有钱的市民，很多人都依仗权势或金钱过着纵欲的生活，权贵掳掠民女形成制度，女性买卖在繁华都市如苏州、扬州等地十分普遍，官府还罚良为娼并提倡妓业，"春药"业也十分发达，如此等等。社会已经把女性看成是满足男人色情需要的物化工具。贵族官僚、世俗豪富既竭尽自己的权势和钱财蛮横霸道地破坏别人的家庭，他们又十分注重维护自己的家庭，严密防范妻妾有不轨行为，极端的双重道德十分流行，提倡女子持贞守节更为严厉。在明末清军入关时，在统治阶级上层人物心目中，妻女失节如自己丢官一样重要，所以兵燹未至，往往先令妻女殉死，可见当时人们贞节观已极端化了。社会极端提倡贞节这是明代女子高等教育中道德教育所占比重最大的原因之一。

为了防止女性有反叛的意念，"去私"作为规范道德的重要组成部分被提了出来。认为要使女子做到寡言、不妒、不悍，就应提倡女子去私。明代李晚芳的《女学言行纂》把"去私"放在"妇德之要"（去私、敦

① ［明］王守仁撰：《王阳明全集》卷3《语录三·传习录下》"丁亥年九月"条，国学整理社1936年版，第76、77页。

② ［明］王守仁撰：《王阳明全集》卷3《语录三·传习录下》"先生曰：先儒解格物为格天下之物"条，国学整理社1936年版，第78页。

③ ［明］王守仁撰：《王阳明全集》卷3《语录三·传习录下》"问知譬日"条，国学整理社1936年版，第72页。

礼、读书、治事）之首，认为“女学之要有四：曰去私，曰敦礼，曰读书，曰治事。盖妇德莫病于私，故以去私为首。私念净尽，则天理流行；天理者，礼也。”[①] 要求女子消除私念，以存天理；要求女子去私“忘我”，永远做被役使的工具。这是社会抹杀女子主体意识的反映。

由于社会形成了把女性看成是满足男人色情需要的物化工具，对女性美的观念就更加的扭曲和非人性化。女性弱不禁风、病态愁容、金莲三寸等就是社会推崇的美，因为这样的女子更易被男子玩弄而少反抗。妇女缠足之风已在各地迅速蔓延，明末张献忠进占四川时，大刖妇女小脚，乃至堆积成山，名曰金莲峰。《蜀碧》卷3载：“贼斮妇女小足，叠叠成峰，与爱妾酣饮其下。忽仰视云：‘更得一足合尖方好。’妾举足戏曰：‘此何如?’献云：‘使得!’立命斫之。”[②] 可见四川地区妇女缠足之盛。明代女子为取悦男人而不惜毁坏自己身体的现象十分普遍，说明明代女子的自主意识几乎被社会抹杀殆尽，可以说，明代是女性主体意识彻底沦丧的时期。

（三）宗教的女性观

明代宗教的女性观也发生着巨大的变化，佛教女性观更为世俗化，道教女性观更为衰落，基督教和伊斯兰教的女性观逐渐流行开来。

1. 佛教的女性观

佛教在明代既默许世人纵欲，又宣传禁欲，表现出明显的矛盾性。如《金瓶梅》就是宣扬信佛来拯救淫荡的灵魂，西门庆的独儿最终皈依了佛门。明代的《古今小说》把唐代《续玄怪录》中供人们满足性欲的锁骨菩萨女身改造为男身的观音大士进行禁欲。明代还十分流行报应观念，如《古今小说》中《明月和尚度柳翠》一篇写柳翠的父亲柳县令刁难明月和尚，引诱他犯淫，明月和尚转生为柳县令女儿柳翠，柳翠淫荡做了妓女，这叫“一报还一报”。这些观念对女子社会教育产生了一定的

---

① ［明］李晚芳撰：《女学言行纂》，乾隆五十一年家刻本，转引自冼玉清著：《广东女子艺文考》子部《女学言行纂》，商务印书馆1941年版，第6页。

② 彭遵泗编述：《蜀碧》卷3，中华书局1985年版，第46页。张海英、叶军主编的《中国历史之谜》（文汇出版社2001年版，第138页），梅朝荣著《读〈金瓶梅〉品明朝社会》（武汉大学出版社2007年版，第190页）等亦采此说。但中国民间文艺研究会上海分会、上海文艺出版社合编的《中国民间文学论文选》（1949—1979下）（上海文艺出版社1980年版，第229页）收有董森所撰写的《中国农民革命的光辉记录——试论我国历代农民起义口头传说》一文，对此事持否定态度。笔者在此采信彭遵泗的记录。

影响，一些文化程度较高的女子通过阅读小说也会受到一些影响。

2. 道教的女性观

明朝开国皇帝朱元璋（1368－1398年在位）专门撰有《三教论》、《释道论》等著作，阐发其对儒、佛、道三教并用的主张。他在《三教论》中说："三教之立，虽持身荣俭之不同，其所济给之理一，然于斯世之愚人，于斯三教有不可缺者。"① 继后的历代皇帝都较为重视道教，这为道教女性观的传播提供了良好的条件。

明代道教流行采阴补阳的观点，将女性作为男性奴役的对象，贱视女性人格。一些迫害女性的奇招不断翻新。如世宗为了获取长生丹药，相信方士之言，以处女首次行经之经血作为炼药原料，炼成之丹药称为"先天丹铅"或"红铅"。当时道士、方士进献的方术、方药颇多，但大都秘而不宣，只有少数流传于外。《万历野获编》说："嘉靖间，诸佞幸进方最多，其秘者不可知。相传至今者，若邵（元节）、陶（仲文）则用红铅，取童女初行月事，炼之如辰砂以进。"②《明史》也载：顾可学"自言能炼童男女溲为秋石，服之延年。……遂命为右通政。嘉靖二十四年超拜工部尚书，寻改礼部，再加至太子太保。"③。一些人甚至以强迫少女服药来增加月经量，达到增加辰砂或药石产量，完全不顾少女的身体健康。

当然，明代道教承认女性能与男性一样修道成仙。世宗为其母加封道号对当时产生了很大的影响。据《明史·陶仲文传》载：嘉靖三十五年（1556），上皇妣号为："三天金阙无上玉堂总仙法主玄元道德哲慧圣母天后掌仙妙化元君。"④ 女性通过修道可以成仙的观念促进了本时期女冠高等教育的发展。

3. 基督教的女性观

明代基督教比唐元时代传播面更广，基督教对中国落后的女性观提出了批判，为中国女性意识的觉醒带来了微弱的曙光。基督教第一次传入中国是唐代，第二次是元代，明代已是第三次传入。到明代，基督教在我国得到了较广的传播，一部分女子也相信基督。这与基督教教士对

① ［明］朱元璋撰：《三教论》，见《文渊阁四库全书》第1223册，台湾商务印书馆1986年版，第108页。

② ［明］沈德符撰：《万历野获编》中册，中华书局1959年版，第547页。

③ ［清］张廷玉等撰：《明史》卷307《顾可学传》，中华书局1974年版，第7902页。

④ ［清］张廷玉等撰：《明史》卷307《陶仲文传》，中华书局1974年版，第7897页。

当时中国落后的男女不平等制度的批判、宣扬人人平等的主张有关。如利玛窦（Mathew Ricci，1552—1610）在他的《中国札记》中便对中国的早婚、父母包办婚姻、男子置妾等提出了批评。他写道："中国人通常早婚，他们不赞成婚姻双方年龄相差很大。婚约由双方的父母安排，无须结婚人的同意，虽然有时也征询他们的意见。属于上等社会阶级的人是在本阶级中通婚，合法的婚姻要求门当户对。男人都可以自由纳妾，选妾并不要求门第或财产，因为唯一的挑选标准是姿貌美丽。妾可以用一百锭金子购得，有时还要少得多。在下层阶级中，妻子用银钱买卖，想买卖多少次都行。……皇上的妻子们没有特殊的地位，被禁闭在皇宫里，永远看不到自己的家人。"① 中国的"女孩和成年妇女除了姓以外没有别的名字，她们按出生排行得到一个数目。"② 他特别对中国溺毙女婴大加批评，说："中国有一种更为严重得多的罪恶是某些省份溺毙女婴的做法。这样做的原因据说是她们的父母无力养活她们。有时候这样做的人并不是赤穷，他们怕的是以后不能照料孩子而不得不把孩子卖给不认识的而凶狠的奴隶主。这样，他们就为孩子着想而不得不狠心。由于他们相信灵魂转生或者轮回，这种野蛮行径就可能变得不那样恶劣了。因为相信灵魂从死人的身上会转移到另一个初生的人身上，他们就为这种骇人的暴行披上了善良的外衣，认为他们把孩子杀死是对孩子做了件好事。"③ 他还对中国妇女的愚蠢、怯弱提出了批评，如此等等。他的批评和男女平等的提倡，对少数女子的觉醒产生了一些影响。

4. 伊斯兰教的女性观

622年，穆罕默德（571—?）创立伊斯兰教。伊斯兰教倡导男女平等，主张女性应该求学，女性也能追求高深学问。这些女性观在《古兰经》和穆罕默德的言论《圣训》中多有反映。如《圣训》指出："求学是信奉回教的每一个男子和每一个女子的天职"；"你们应当自摇篮学到墓穴"；"学问虽远在中国，亦当求之"；"学者是历代圣先知的继承者"；"学者的墨汁，其贵重不亚于殉教者的热血"；"尊敬一位学者，等于尊敬

---

① [意] 利玛窦、金尼阁著，何高济等译：《利玛窦中国札记》，中华书局1983年版，第79—80页。

② [意] 利玛窦、金尼阁著，何高济等译：《利玛窦中国札记》，中华书局1983年版，第83—84页。

③ [意] 利玛窦、金尼阁著，何高济等译：《利玛窦中国札记》，中华书局1983年版，第92页。

七十位圣先知”；“学者的品级，居于第三；学者以上，惟有上帝与天使”[①]。这表明伊斯兰教倡导女子有受教育的权利。平等的男女观念和倡导女性追求高深学问的观念也随着伊斯兰教在明代的流行逐渐传播开来，在一定程度上也影响到本时期女子高等教育的发展。

（四）反礼教的女性观

明代在封建礼教思想流行的同时，一些社会男性人士对封建礼教进行了批判，提出了进步的女性思想，为女性主体意识的复活提供了一线曙光。其代表人物有归有光（1507—1571）和李贽（1527—1602）。

1. 归有光的女性观

归有光，字熙甫，号项脊生，人称震川先生，昆山（今江苏昆山）人。他在《贞女论》中对妇女尽节守志提出异议。他说：“女未嫁人，而或为其夫死，又有终身不改适者，非礼也”。理由如次：其一，“夫女子未有以身许人之道也。未嫁而为其夫死，且不改适者，是以身许人也……女子在室，唯其父母为之许聘于人也，而已无所写，纯乎女道而已矣。”[②] 其二，“六礼既备，婿亲御授绥，母送之门，共牢合卺，而后为夫妇。……女未嫁而为其夫死且不改适，是六礼不具，婿不亲迎，无父母之命而奔者也。非礼也。”[③] 他不但认为贞女殉节和守志是不合礼的，还认为有背天地之大义。她说：“阴阳配偶，天下之大义也。天下未有生而无偶者，终身不适，是乖阴阳之气，而伤天地之和也。”[④]

2. 李贽的女性观

李贽的妇女观是建立在“天赋平等”的理论基础上的。李贽反对人有所谓“上智”与“下愚”的天赋差别，认为“天下无一人不生知”[⑤]，“圣人与凡人一”。[⑥] 从“天赋平等”出发，男女的地位也是平等的，“圣

① 托太哈著，马坚译：《回教教育史》，商务印书馆1943年版，第125页。

② ［明］归有光撰：《贞女论》，见归有光著、周本淳校点：《震川先生集》卷3《论议说·贞女论》，上海古籍出版社1981年版，第58页。

③ ［明］归有光撰：《贞女论》，见归有光著、周本淳校点：《震川先生集》卷3《论议说·贞女论》，上海古籍出版社1981年版，第58—59页。

④ ［明］归有光撰：《贞女论》，见归有光著、周本淳校点：《震川先生集》卷3《论议说·贞女论》，上海古籍出版社1981年版，第59页。

⑤ ［明］李贽撰：《焚书》卷1《答周西岩书》，中华书局1975年版，第1页。

⑥ ［明］李贽撰，张建业主编：《李贽文集》卷7《明灯道古录》卷上，社会科学文献出版社2000年版，第361页。

人之所能者，夫妇之不肖可以能，勿下视世间之夫妇为也。……夫妇所不能，则虽圣人亦必不能，勿高视一切圣人为也”①。这是从“能”、“为”方面看，“世间之夫妇”与“圣人”是平等的。在这里，作为“夫妇”这一统一体中的对立面“妇”，已站到与“夫”平等的地位，若再尊夫卑妇，便与下视夫妇和高视圣人同样不符合平等的精神。

李贽进而解释了人之所以有男女名称的原因。“既有两矣，其势不得不立虚假之名以分别之。如张三李四之类是也。若谓张三是人，而李四非人，可欤?”而且天下男子又不少是名不符实的，“故言男子而必系之以真也”。若为人杰，即使是妇女，因胜过男子，同样可冠以“真男子”之名②。“故谓人有男女则可，谓见有男女岂可乎?谓见有长短则可，谓男子之见尽长，女人之见尽短，又岂可乎?”③ 不论是能力，还是见识，妇女与男子都没有先天的差别，那种重男轻女的社会偏见是不对的。李贽主张“有好女子便立家，何必男儿?”④ 生男可以娶媳立家，生女亦可招婿顶门立户，当父亲的不能因为是女儿而另眼相待。针对明末社会上流行的“女子无才便是德”这种偏见，李贽在《初谭集·夫妇篇》中特地立了“才识”一目，罗列了25位“才智过人，见识绝甚”的妇女，并为之大唱颂歌。其中有用财自卫，受秦始皇隆礼相待的寡妇清；有劝夫不为相位所动，以避乱世多害的陈定之妻；有在险恶的官场中助夫获释，教子免祸的许允之妻；有为坚守襄阳重镇建功的朱序之母；有激促弟弟建立帝业的赵匡胤之妹。其中最为李贽赞赏的赵娥，以一孤弱无援的女子，光天化日之下报了杀父之仇，“尤为超卓”。李贽认为这25位有才识的妇女，“男子不如也”⑤。为使更多的女子有才，李贽主张妇女应当与男子同样有受教育的权利。他认为妇女的智慧并不低于男子，坚决反对“妇人见短，不堪学道”的陈腐之见。唐代蜀地女诗人薛涛卓有文才，当时诗坛巨匠元稹竟然“倾千里慕之”，为之折服⑥，李贽把这些在文学和学术上有成就的妇女辑为一类，在《初谭集·夫妇篇》中为之立了“文

---

① ［明］李贽撰，张建业主编：《李贽文集》卷7《明灯道古录》卷下，社会科学文献出版社2000年版，第371页。

② ［明］李贽撰：《初谭集·夫妇篇》，中华书局1974年版，第13页。

③ ［明］李贽撰：《焚书》卷2《答以女人学道为短见书》，中华书局1975年版，第59页。

④ ［明］李贽撰：《初潭集·夫妇篇》，中华书局1974年版，第15页。

⑤ ［明］李贽撰：《初潭集·夫妇篇》，中华书局1974年版，第18页。

⑥ ［明］李贽撰：《焚书》卷2《答以女人学道为短见书》，中华书局1975版，第60页。

学”一目，大加颂扬，以说明妇女不仅有接受教育的能力，而且还可以大有造诣。李贽也反对社会上流行的女祸论，特别推崇中国封建社会唯一的女皇帝武则天，称她才能“胜高宗十倍，中宗万倍”①。李贽在婚姻问题上也提出不少进步的见解。他认为“夫妇之际，恩情尤甚”②，要建立一个平等的婚姻关系，应以真挚的感情和道德品质为基础。在《初谭集·夫妇篇》中，李贽列举了正反两方面的例子加以评点。如高柔与其妻“眷恋绸缪，不能相舍，相赠诗书，清婉辛切”，李贽为之赞叹：“此为太真!”而太常周稚都以“干犯斋禁”为名，把妻子收送诏狱，李贽则斥之曰：“此人太假!”李贽赞成寡妇再嫁，认为寡妇再嫁，满足“人欲”，无可非议。他肯定了寡妇卓文君与司马相如的结合是“获身”，而不是“失身”，是“归凤求凰，安可诬也”。在《初谭集·夫妇篇》中，李贽肯定了诸葛令促成守寡女儿再嫁的“爱女之心”，并为庾亮成全寡媳再嫁的态度叫“好!”王戎子早亡，却不许尚未过门的儿媳出嫁，李贽则连声斥道“不成人，大不成人!”在对待夫妇关系中的妒妇问题上，李贽有其不同俗人的见解。在封建礼教下，妒忌被认为是妇女的恶德，当为“七出”之列，只有悦夫才是为妻的本分，故我国历史上对妒妇的指责历代有之。而李贽却能理解妒妇的苦衷，且深表同情。在《初谭集·夫妇篇》的“妒妇”一目中，李贽称赞“虽妒色而能好德”的桓温妻是“贤主”，“过男子远矣。”对“不令公有别房”的谢安妻刘夫人、“禁制王公，使不能堪”的王导妻曹夫人等6位妒妇，李贽称之“真泼妇也，然亦幸有此好汉矣。”可以说，这些妒妇是私有制下的多妻（妾）制造成，妒是妇女企求专一忠贞爱情的一种反抗形式，尽管这并不能从根本上解决问题，且因妒而伤人害命的极端做法，更是一种犯罪行为。但广大不幸的妇女，正因为有了这样一些被称为“妒妇”的“好汉”，从而对妇女被奴役程度的加深，多少也起了一些延缓的作用。而仅仅这一点，也可视为不幸中之大幸了，这便是李贽的慧眼独到之处。

李贽不仅是一位杰出的女子教育思想家，他进步的妇女观在中国妇女史上有重要的地位，应予充分肯定，而且他也是女子教育的实践家，在当时男尊女卑的传统氛围中，把自己对妇女问题的进步见解，付诸一

① ［明］李贽撰，张建业主编：《李贽文集》卷3《藏书》卷63《太宗才人武氏传》，社会科学文献出版社2000年版，第1201页。

② ［明］李贽撰：《焚书》卷2《书答·与庄纯夫书》，中华书局1975年版，第45页。

定的实践，则更值得我们称道。

李贽实践其进步的妇女观，首先是从自己家庭做起。1547 年，21 岁的李贽与 15 岁的黄氏结婚。李贽虽历七任而至郡守，但在家中对黄氏也是以平等相待，夫妻恩爱甚深，“反目未曾有，齐眉四十年”①。1563 年，李贽因祖父逝世回乡奔丧，并修造父、祖、曾祖三世之墓。当时由于经济短绌，不能携家室同归，权置于河南共城，分赙金一半买田使之耕作自食。而黄氏因思念远在家乡孀居的老母，恐其“朝夕泣忆我，双眼盲矣。若见我不归，必死”，意欲同归。这时，李贽不是以一家之长迫她顺从，而是以商量的口气，“反复与语”，耐心说服，黄氏最后也能体谅丈夫的苦衷，留在共城，在极其困难的处境下，惨淡维持一家生活②。黄宜人于 1587 年回故乡泉州，因思念远方的丈夫，忧郁成疾，不幸于次年卒于家。李贽“自闻讣后，无一夜不入梦，但俱不知是死。岂真到此乎?抑吾念之，魂自相招也?”他在寄与女婿庄凤文（字纯夫）的信中说:“夫妇之际，恩情尤甚，非但枕席之私，亦以辛勤拮据，有内助之益。若平日有如宾之敬，齐眉之诚，孝友忠信，损己利人，胜似今世称学道者，徒有名而无实，则临别尤难割舍也。何也?情爱之中兼有妇行、妇功、妇言、妇德，更令人思念耳，尔岳母黄宜人是矣。独有讲学一事不信人言，稍稍可憾，余则皆今人所未有也。我虽铁石作肝，能不慨然！况临老各天，不及永诀耶！已矣！已矣！……尔岳母平日为人如此，决生天上无疑。须记吾语，莫忘却，虽在天上，时时不忘记取，等我寿终之时，一来迎接，则转转相依，可以无错矣。”③ 回忆起四十余年的夫妻感情，李贽感到无限的悲伤，特作诗《哭黄宜人》6 首，《忆黄宜人》2 首，以资悼念，其真挚的感情，漾溢于字行之间，十分感人。同时他还手书墓碑文“李卓吾妻黄氏之墓”八字寄回，且犯习俗之忌讳，把自己的姓名（号）书于亡妻墓碑之上。清乾隆《泉州府志》卷 20《风俗》曰：“泉人最严于男女之别”④，李贽能如此平等地对待妻子，且感情真挚，确为不易，即使在今天仍值得赞扬。李贽在对待其女儿、媳妇的态度上，均体现了男女平等的精神。黄氏生有四男三女，仅一长女幸存，但李贽“虽

① ［明］李贽撰：《焚书》卷 6《五言四句·哭黄宜人》，中华书局 1975 年版，第 232 页。

② ［明］李贽撰：《焚书》卷 3《杂述·卓吾论略》，中华书局 1975 年版，第 85 页。

③ ［明］李贽撰：《焚书》卷 2《书答·与庄纯夫》，中华书局 1975 年版，第 45—46 页。

④ ［清］黄任、郭庚武纂：《泉州府志》卷 20《风俗》，乾隆二十八年序刊本，第 12 页。

无子，不置妾婢。”[①] 传接香火乃宗法观念，他能如此，可见夫妻情真矣。李贽曾收继子，在继子死后，他写诗招魂，提出要让儿媳妇再嫁，反对理学要求寡妇守节以从一而终的说教，《续焚书》卷5中有这样的诗：“汝妇当更嫁，汝子是吾孙。汝魂定何往？皈依佛世尊。”[②] 不过李贽的以上正义主张也遭到守旧者如张问达等的污蔑，明万历三十年（1602）闰二月乙卯礼科给事中张问达奏劾李贽疏中称：“尤可恨者，寄居麻城，肆行不简，与无良辈游庵院，挟妓女，白昼同浴，勾引士人妻女，入庵讲经，至有携衾枕而宿者，一境如狂。又作《观音问》一书，所谓观音者，皆士人妻女也。后生小子，喜其猖狂放肆，相率煽惑。至于明劫人财，强搂人妇，同于禽兽而不之恤”[③]。李贽当时就给予了澄清与反驳。当今学者陈桂炳在《张问达〈劾李贽疏〉辨析》[④] 一文对张问达的污蔑有详尽的驳斥。

总之，李贽倡导的男女平等的妇女观对于明清时期女子主体意识的觉醒起了积极的作用。

二、前清的女性观

清太祖天命元年（1616）努尔哈赤建立后金。天聪元年（1636）皇太极改金为清。顺治元年（1644）清军入关，灭明朝，逐渐统一中国。前清从1636年建立到道光二十年（1840）鸦片战争爆发前这二百余年间，承袭了明代诸多女性观念，并随着社会的变迁有所发展，主要表现为贞节观更为畸形化、审美观更加病态化和反礼教的女性观更为流行。

（一）畸形的贞节观

前清女子贞、节、孝教育日益畸形化，超乎了基本人情的范围。贞节观经过宋儒一度热烈的提倡，又经过元明时代的推进，到了前清变得非常狭义，差不多成了宗教，使女子大受影响。首先，前清女教书中大多提倡贞节教育，尤以清世祖御纂的《内则衍义》、蓝鼎元的《女学》和王相母的《女范捷录》为最（参见本章第二节）。这些女教书把贞节宗教

① ［明］李贽撰：《焚书·李温陵传》，中华书局1975年版，第3页。

② ［明］李贽撰：《续焚书》卷5《哭贵儿》，中华书局1975年版，第108页。

③ ［明］顾炎武：《日知录》卷18，引《神宗实录》。

④ 陈桂炳：《张问达〈劾李贽疏〉辨析》，《泉州师专学报》1987年第2期。

化，清王朝又一度赞颂、提倡极端的贞节，这是过去无法与之相比的。其次，清政府以法律奖励持贞节的人，旌表之事远胜过以往各朝。

清定都北京后，便继承王朝奖励贞节的制度。顺治五年（1648）题准关于节孝的含义已别有见解。如《嘉庆会典事例》上说："孝子顺孙义夫节妇，自（顺治）元年以后曾经具奏者，仍行巡按，再为核实，造册报部，具题旌表。"可见节妇已归入旌表之列，且此处节妇也包括通常在所谓节妇之外的贞女烈妇。但顺治九年（1652）的敕谕又规定，只有诸王宗觉罗内的守节贞烈才在旌表之列，这便把旌表限制在狭义的节妇内即对寡妇守节不嫁者而言的。并且对守节还有年限的规定，各时期差别很大，但基本呈递减趋势。如康熙六年（1667）议准："民妇三十岁以前夫亡守节，至五十岁以后完全节操者，题请旌表。"[①] 即规定守节要在二十年以上才予旌表。但雍正元年（1723）的上谕，又大加变更："至节妇年逾四十而身故，计其守节已逾十五载以上者，亦应酌量旌奖"[②]。乾隆时仍依此制。道光时已降至十年。如道光四年（1824）议准："安徽省全椒县民妇王杨氏守节十三年身故，按照成例计少二年，应援已故贞女不拘年限之例，比照现存节妇二十年例限之半，定为守节十年，一体旌表。"[③]

在对持贞女子的奖励方面，据《乾隆会典》所载："旌表节孝之礼……贞女烈妇与节妇同。"《道光礼部则例》也规定："未婚贞女，及在夫家守贞者，俱照节妇例，一体准其旌表。"所谓贞女是指未婚守贞的闺女或许婚后未婚夫死但自己矢志守贞或自尽者。清还规定，未婚闺女拒奸致死的也可旌表。如雍正十一年（1733）议准："河南省商水县十二岁幼女娄氏，拒奸致死，当幼稚之年，守正不污，实属贞烈，照例旌表，以慰幽魂，并令该地方官设位于祠。"[④] 乾隆六年（1741）议准："道姑虽不在兵民妇女之列，而御暴全贞，实为贞烈，应照例旌表。"[⑤]

清时对烈妇，即有夫之妇或殉夫之死、或殉难、或拒奸致死者也规定旌表。当然，清廷对烈妇殉夫之死曾屡加禁止，但实际并未真正执行。

---

① 《钦定大清会典事例》卷403，商务印书馆1909年再版，第3页。

② 《钦定大清会典事例》卷403，商务印书馆1909年再版，第4页。

③ 《钦定大清会典事例》卷404，商务印书馆1909年再版，第3页。

④ 《钦定大清会典事例》卷403，商务印书馆1909年再版，第5页。

⑤ 《钦定大清会典事例》卷403，商务印书馆1909年再版，第6页。

清朝为旌表贞节之事，特由礼部的仪制清吏司掌办，礼部还作了很详细的规定：京师和直省、府、县、卫，各设节孝祠，祠外建大坊一座，应该旌表的妇女都题名在坊上，并书刻“节烈可风”、“留芳千古”等字样，身后在祠中设位，春秋致祭，直省交给各府州县卫的守土官，两翼交给大兴和宛平二县管理。关于旌表中分给敕谕的事，规定由内阁撰拟；应给银缎的，都由户部发给；祠中题名设位的事由户部办理。清政府在旌表贞节时依阶级的差别有不同的程序和待遇，但目的都一样，即为巩固封建社会秩序服务。

总之，到清朝时，女子不但丈夫死了要守节，就是未嫁时订婚男子死了或偶尔遇见男子对她有一些非礼的举动，也要尽节、尽烈。她们把贞节看得比自己的生命还重要，自己的生命只不过是第二生命，贞节才是第一生命。男子更看重贞节，认为是女子对于妇道必有的行为，也是永远不得变异的经义；所以不但有劝告，而且还有逼迫女子守节尽节的事。如清人俞正燮（字理初，道光举人）在《癸巳类稿》中引有一首描写福建古风的诗所说：“闽风生女半不举，长大期之作烈女；婿死无端女亦亡，鸩酒在尊绳在梁。女儿贪生奈逼迫，断肠幽怨填胸臆；族人欢笑女儿死，请旌籍以传姓氏。三代华表朝树门，夜闻新鬼求还魂。”[①] 可见清时提倡女子持贞守节已完全宗教化了。因为当时人们对于贞节观念只有迷信，不顾事实，不讲理性，完全出于男子的嗜好和利己要求。

清代社会仍十分推崇理学，并把它作为钳制人们思想的手段。清圣祖玄烨亲自为《朱子全书》作序，提倡朱熹的思想，强调“惟治天下，以人心风俗为本；欲正人心、厚风俗，必崇尚经学，而严绝非圣之书。此不易之理也。”[②]。继后的清统治者将儒家学说大加宣扬，“朝廷每遇覃恩，诏款内必有旌表孝义贞节之条。”[③] 在统治者的提倡下，贞节女子众多，贞节祠堂、贞节牌坊遍布各地。据《古今图书集成》，仅在雍正三年(1725) 之前，节烈妇女已经达一万二千多人，可见女子已未有主体意识了。

---

① ［清］俞正燮撰，安徽古籍丛书编审委员会编纂：《癸巳类稿》卷13《贞女说》，黄山书社2005年版，第631页。

② 《大清圣祖仁皇帝实录》卷258，见清实录馆纂修：《清实录》第6册《圣祖仁皇帝实录》(三)，中华书局1985年版，第552页。

③ 《清世宗圣训》卷26《厚风俗》，见赵之恒、牛耕、巴图主编：《大清十朝圣训》，燕山出版社1998年版，第1041页。

（二）病态的审美观念

清代妇容美以病态为特征，缠足之风日盛就是明显的表现。中国妇容以病态为美，大致起于南朝，而唐宋后逐渐形成社会推崇的标准，到明清时已达到不能复加的程度。正如梁启超所说："以病态为美，起于南朝，适足以证明女学界的病态。唐宋以后的作家，都汲其流，说到美人便离不了病，真是文学界一件耻辱。"[①] 清代提倡女子病态美从李渔的女性美标准中便可见一斑。首先他主张女子肌肤白，"妇人本质，惟白为难。常有眉目口齿般般入画，而缺陷独在肌肤者。""白者、嫩者、宽者为人争取，其黑而粗、紧而实者遂成弃物乎？曰：不然。薄命尽出红颜，厚福偏归陋质，此等非他，皆素封伉俪之材，诰命夫人之料也。"可见，他认为丑女便是做"素封伉俪"、"诰命夫人"的，而美女便是男子的玩物，这便是前清时代社会普遍流行的男子对女性美的根本态度。其次，他认为女子应眉眼细长清秀。他说："目细而长者，秉性必柔；目粗而大者，居心必悍；目善动而黑白分明者，必多聪慧；目常定而白多黑省，或白多黑多者，心近愚蒙。"眉的秀与不秀与性情关系甚大，所以应与眼目同等看待。他说："眉眼二物，其势往往相因。眼细者眉心长，眉粗者眼必巨，此大较也。然亦有不尽相合者，如长短粗细之间，未能一一尽善，则当取长恕短，要当视其可施人力与否。张京兆工画眉，则其夫人之双黛，必非浓淡得宜，无可润泽者。短者可长，则妙在用增；粗者可细，则妙在用减。但有必不可少之一字，而人多忽视者，其名曰曲。"第三，他主张女子手应灵巧，脚必娇小。他说："两手十指，为一生巧拙之关，百岁荣枯所系。……且无论手嫩者必聪，指尖者必慧，臂丰而腕厚者必享珠围翠绕之荣，即以现在所需而论之：手以挥丝，使其指节累累，几类弯弓之決拾；手以品萧，如其臂形攘攘，几同伐竹之斧斤；抱枕携衾，观之兴索；捧卮进酒，受者眉攒；亦大失开门见山之初着矣。"而对女子小脚，他说："选足一事，如但求窄小，则可一目了然，倘欲由粗以及精，尽美而思善，使脚小而不受脚小之累，兼收脚小之用，则又比手更难，皆不可求而可遇者也。其累维何？因脚小而难行，动必扶墙靠壁，此累之在己者也；因脚小而致秽，令人掩鼻攒眉，此累之在人者也。其

① 梁启超：《中国韵文里头所表现的情感》，见夏晓虹编：《梁启超文选》下册，中国广播电视出版社 1992 年版，第 92 页。

用维何？瘦欲无形，越看越生怜惜，此用之在日者也；柔若无骨，愈亲愈耐抚摩，此用之在夜者也。”[①] 由此可见，他对女性美的观念处处都以玩视女性为出发点，特别是对女性小脚的态度尤为明显。这种女性美观念对女性的美育产生着不良的影响。

（三）反礼教的女性观

随着“西学东渐”的深入，一批批进步的有识之士不断将启蒙运动向前推进，提出了反礼教的女性观。李汝珍和俞正燮便是其重要代表。

1. 李汝珍的女性观

李汝珍（1763？－1830?），字松石。直隶大兴（今北京市大兴县）人。清代小说家。曾在河南做过县丞，终身不达，晚年生活贫困。他博学多才，精通音韵学，对经学考据也有研究，著有《李氏音鉴》等书。长篇小说《镜花缘》是他晚年的创作，原计划写二百回，实际只完成了一百回。其女性观主要反映在他所著的《镜花缘》中。

他认为女子本来是好好的，同男子一样，只是男子按照自己的审美观点约束她们，使之变得“矫揉造作”，既失去本性生命的活力，又备受身心的痛苦。所以他用了“反诸其身”的法子，借林之洋被女儿国选做王妃的经历，让男人亲身体味到女性的苦痛，进而改变已成自然的对女性的错误认识。

先写林之洋被扮做贵妃娇饰一番，又写了穿耳之痛，接着就写那惨无人道的缠足：“那黑须宫娥取了一个矮凳，坐在下面，将白绫从中撕开，先把林之洋右足放在自己膝盖上，用些白矾洒在脚缝内，将五个脚趾紧紧靠在一处，又将脚面用力曲作弯弓一般，即用白绫缠裹，才缠了两层，就有宫娥拿着针线上来密密缝口，一面狠缠，一面密缝。林之洋身旁既有四个宫娥紧紧靠定，又被两个宫娥把脚扶住，丝毫不能转动。及至缠定，只觉脚上如炭火烧的一般，阵阵疼痛。不觉一阵心酸，放声大哭道：‘坑死俺了！’……”[②] “到了夜间，不是疼醒，每每整夜不能合眼。”[③] “未及半月，已将脚面弯曲折作两段，十指俱已腐烂，日日鲜血淋

① ［清］李渔撰：《闲情偶存》，见《李渔全集》卷3，浙江古籍出版社1991年版。

② ［清］李汝珍：《镜花缘》，第33回“粉面郎缠足受困　长须女玩股垂情”，人民文学出版社1955年版，第237页。

③ ［清］李汝珍：《镜花缘》，第33回“粉面郎缠足受困　长须女玩股垂情”，人民文学出版社1955年版，第239页。

漓。……不知不觉，那足上腐烂的血肉都已变成脓水，业已流尽，只剩几根枯骨，两足甚觉瘦小"[①]。以男人的笔，用男人的感受，写女人的痛苦，如此真实细腻，不用从理论上阐述缠足的危害，人们（尤其是男人们）也该对此残害女性身心的陋习表示反对了。何况女性毫不情愿所受之苦，仅仅是为了满足男人畸形的审美观，女性供欣赏玩乐的悲剧是惨痛之极。

《镜花缘》第十二回，借吴之和的口气表明作者的观点："吾闻尊处向有妇女缠足之说。始缠之时，其女百般痛苦，抚足哀号，甚至皮腐肉败，鲜血淋漓。当此之际，夜不成寐，食不下咽，种种疾病，由此而生。小子以为此女或有不肖，其母不忍置之于死，故以此法治之。谁知系为美观而设；若不如此，即为不美！试问鼻大者削之使小，额高者削之使平，人必谓为残废之人；何以两足残缺，步履艰难，却以为美？……"[②]李汝珍强烈反对世俗男人的这种错误审美观，并用"反诸其身"的方法唤醒人们认识这种审美观的误导性及对女性的伤害，不愧为女性的同情论者。可惜的是寥寥几位先驱者无法改变几千年的顽固思维习惯，人们只把"反诸其身"当成一个荒唐的笑话，毫不动摇地沿袭着对女性种种不合理的要求。更可惜的是女性们代代默许，顺从了这种摧残，习惯了按照男人的审美标准塑造自己的形象。从"楚王爱细腰，国人多饿死"[③]，到穿耳、缠足，直至今日被女人独占的美容院、化妆品、服饰店，都可看到女性这种盲从的思维惯式及喜欢被人欣赏却缺少自我欣赏的心理，失去独特的个性美，甚至甘愿忍受身体摧残的痛苦。反之，男人们却多以事业的成功与非凡的气质吸引女性，被人们赞赏，这种约定俗成的思维惯式沉淀着过多的社会、文化内涵，理所当然地把女人推到被动、服从与点缀世界的次要地位，从根本上失去与男人缺一不可的重要地位。如果说从前的男人还把女人作为生育后代不可缺少的工具，那么科学高度发展的今天，无性繁殖技术的发展，是否彻底剥夺女性生存于世界的"不可缺少"性呢？女性的价值是什么？女性究竟如何实现自己的人生价

① ［清］李汝珍：《镜花缘》，第 34 回"观丽人女主定吉期　访良友老翁得凶信"，人民文学出版社 1955 年版，第 240—241 页。

② ［清］李汝珍著，张友鹤校注：《镜花缘》，第 12 回"双宰相畅谈宿弊　两书生敬服良箴"，人民文学出版社 1955 年版，第 78 页。

③ 参见《战国策·楚一·威王问于莫敖子华》、《墨子·兼爱中》、《韩非子·二柄》、《晏子春秋·外篇》、《尹文子·大道篇上》和《管子·小臣七主篇》等。

值？这一系列问题，实在是值得今天女性们深思与警惕的！

他也关注男人纳妾与女人妒忌问题。在第五十一回里，那两面国的强盗想收唐闺臣等做妾，因此触怒了他的压寨夫人，她把丈夫打了四十大板，还数落他的罪状道："既如此，为何一心只想讨妾？假如我要讨个男妾，日日把你冷淡，你可欢喜？你们做男子的：在贫贱时原也讲些伦常之道；一经转到富贵场中，就生出许多炎凉样子，把本来面目都忘了，不独疏亲慢友，种种骄傲，并将糟糠之情，也置度外。这真是强盗行为，已该碎尸万段！你还只想置妾，哪里有个'忠恕'之道！我不打你别的，我只打你'只知有己，不知有人'。把你打得骄傲全无，心里冒出一个忠恕来，我才甘心！今日打过，嗣后我也不来管你。"[①] 李汝珍真正看到了男人讨妾心理的根源，那就是自私——"只知有己，不知有人"。他们从没有真正想过，女人"要讨个男妾，日日把你冷淡，你可喜欢？"因为社会没给女人这种权力，男人因此不屑考虑女人的感受，他们只图自己生活安逸，把自己的快乐建立在无数为己牺牲的女人的痛苦之上。正是历代无数女性痛苦心灵的战栗、屈辱、无处诉说，才换得历代男人的自信、自傲和自私自利。他们甚至把占有女人的数量和美貌程度作为炫耀的资本，真是无耻之极！如今的流行歌曲"你到底有几个好妹妹"，仍然是女性对男性这种自私心理的痛苦抗议。可见，男人这种自私心理给女人造成的心灵创伤源远流长，也说明男权文化与男权统治的根深蒂固。李汝珍希望用儒家"忠恕"思想来去除男人的自私心理，实质上就是用儒家"推己及人"的道德修养解决男人纳妾问题。

李汝珍在《镜花缘》中描写了一百位女才子的事迹，以此表明自己男女智慧平等和女子参政的主张。他在武则天的谕旨里说："天地英华，原不择人而畀"[②]，再则"况今日：灵秀不钟于男子"[③]。这种观点与《红梦楼》中"老天，老天，你有多少精华灵秀，生出这些人上之人来"[④] 的

① ［清］李汝珍：《镜花缘》，第51回，"走穷途孝女缺粮　得生路仙姑献稻"，人民文学出版社1955年版，第373页。

② ［清］李汝珍著，张友鹤校注：《镜花缘》，第42回"开女试太后颁恩诏 笃亲情佳人盼好音"，人民文学出版社1955年版，第308页。

③ ［清］李汝珍著，张友鹤校注：《镜花缘》，第42回"开女试太后颁恩诏 笃亲情佳人盼好音"，人民文学出版社1955年版，第308页。

④ ［明］曹雪芹、［清］高鹗著：《红楼梦》，上册，第49回"琉璃世界白雪红梅 脂粉香娃割腥啖膻"，人民文学出版社1996第2版，第654页。

观点相近，既然如此，女子就该与男子一样读书、参加科考，并参与政事。《镜花缘》中一百位女才子都名列高科，做官的做官，封王的封王，这种归宿当然有其历史的局限性，但他却继"木兰代父从军"[①] 后，再次申明：女子智慧与男子平等，应该给她们读书与参政的机会！另外，李汝珍小说中还流露了一个超越他那个时代的进步观点——"莫非琼林琪树，合璧骈珠"[②]，即两性平等共创和谐世界的观点。尽管当时这种理想还很朦胧，但李汝珍敏锐地意识到了，并提出来了，这明显是受了清代女性的觉醒与女性文学之盛的启示。

2. 俞正燮的女性观

俞正燮（1775—1840），字理初，安徽黟县人。道光举人。晚年被祁春圃聘为江宁惜阴书院主讲。学问渊博，除治经外，凡史学，诸子、天文、舆地、医方、星相以及释道之说，无不探究。尤长考据。识见颇卓，力破重男轻女之见与节妇说等传统观念。有《癸巳类稿》、《四养斋诗》等。并曾撰修《黟县志》、《两湖通志》。他对女性的同情集中表现在《癸巳类稿》和《存稿》里。这两部书作于道光癸巳年（1833），对于"缠足"、"多妻"、"强迫妇人守节"等问题有深刻且崭新的认识。

首先，针对"妒忌是女人的恶德"、是"七出"之一的传统观念，俞正燮提出《妒非妇人恶德论》，深刻地指出："男子既要多妻，怎怪妇人不妒"的主张，反对多妻，提倡严格执行一夫一妻制度。初步认识到了女性的人格与人权问题。他说："夫妇之道，言致一也。夫买妾而妻不妒，则是恝也。恝则家道坏矣。天地絪缊，万物化醇，男女构精，万物化生。《易》曰：'三人行而损一人，一人行则得其友'，言致一也，是夫妇之道也。"[③] 整个封建社会都把女性作为玩物，作为逻辑性不同时期，不同心境下的欣赏品。他们根据自己的不同需求，随时娶来不同的女性来满足自己喜新厌旧的心理。这是封建社会纳妾制给予男性的特权。纳妾的结果是无数女性成为男性的牺牲品，她们像被穿旧的衣服一样被抛弃在无人光顾的角落，毫无人格可言；纳妾制同时也造就了女性之间为争

① 参见［宋］郭茂倩编撰，聂世美、仓阳卿校点：《乐府诗集》卷25《横吹曲辞·梁鼓角横吹曲》，上海古籍出版社1998年版，第307—308页。

② ［清］李汝珍著，张友鹤校注：《镜花缘》，第48回"睹碑记默喻仙机　观图章微明妙旨"，人民文学出版社1955年版，第357页。

③ ［清］俞正燮撰：《癸巳类稿》，商务印书馆1957年版，第479页。

宠而生的妒忌，甚至相互残杀①。俞正燮认为“妒者妇人常情”，“夫买妾而妻不妒，则是恝（忽视）也，恝则家道坏矣。”这种认识是极为深刻的。妒，本是爱之极、情之重而产生的心理反映。爱情本身就具有排他性，如果“夫买妾而妻不妒”，那就是妻不爱夫、不重夫，只有不爱、不重才不妒。从这个意义上说，女人的忌妒实在不是恶德，倒是爱情专一的美德。几千年来，之所以“妒”一直为人贬低，是由于它产生的后果常常是伤害别人——心灵上与身体上。而造成这种伤害的根本原因是男性破坏了爱情婚姻的唯一性，造成了“三人行则损一人”的局面。因此，纳妾制度及其制度养成的男性自私心理，才是女性妒忌的根本原因，也是因妒而造成伤害的罪魁祸首。女人是不得已而拿“妒”来反抗男人娶妾的，并以此维护自己的正当权利。更何况妒者与被妒者都是悲剧，纳妾特权下的男性永远是自私的，辞旧迎新是他们的乐事与自豪。漫长封建社会的余毒难以彻底消除，男性的特权意识至今仍有残留，女性悲剧时有发生，致使“情杀”成为当今女性犯罪的重要案例之一种，不能不令人深思，也不能不令今人敬佩一个多世纪前的女性同情论者——俞正燮。

其次，俞正燮反对社会要求女子单方守节。他在《节妇说》中主张：“再嫁者不当非之；不再嫁者，敬礼之斯可矣。”② 他反对自己存心再娶而不许女子再嫁的男子，反对社会允许男子妻妾成群而女子必坚守如一的恶习。他说：“妇无二适之文固也，男亦无再娶之仪”③。又说：“‘古言终身不改’，言身则男女同也——七事出妻，乃七改矣。妻死再娶，乃八改矣。男子礼仪无涯涘，而深文以罔妇人，是无耻之论也！”④ 这真是大胆而深刻的议论。只有真正把女人作为人，作为与男人平等的人看待，才能阐发出如此深刻的结论。

再次，俞正燮对男子教女儿殉节以求荣之卑劣心理，也有深刻揭露。“余尝见一诗云：‘闽风生女半不举，长大期之作烈女。婿死无端女亦亡，鸩酒在尊绳在梁。女儿贪生奈逼迫，断肠幽怨填胸臆。族人欢笑女儿死，

① 汉高祖时吕后把戚夫人做成“人彘”，放在厕所中受辱而死；唐时鱼玄机棒杀侍女绿珠。

② ［清］俞正燮撰：《节妇说》，见［清］俞正燮撰，安徽古籍丛书编审委员会编纂：《癸巳类稿》卷13《贞女说》，黄山书社2005年版，第631页。

③ ［清］俞正燮撰，安徽古籍丛书编审委员会编纂：《癸巳类稿》卷13《贞女说》，黄山书社2005年版，第629页。

④ ［清］俞正燮撰，安徽古籍丛书编审委员会编纂：《癸巳类稿》卷13《贞女说》，黄山书社2005年版，第630页。

请旌藉以传姓氏，三丈华表朝树门，夜闻新鬼求返魂。’呜呼！男儿以忠义自责则可耳，妇女贞烈，岂是男子之荣也！”①

另外，反对缠足，是俞正燮又一进步观点。他反对女性缠足有两个原因，一是说缠足把女子弄弱了，“阴弱则两仪不完”，男子也要受累；二是说弓鞋是从前舞者的贱服，女子穿贱服，女子贱了，男子也是贱的。这种男女同构宇宙，女贱男也贱的观点是站在男女平等的基点出发的，并具有辩证性。

俞正燮虽生长在李汝珍之后，但从他书中立论角度及思维方式来看，并没受李汝珍《镜花缘》的影响。两位女性同情论者的观点是殊途同归，不谋而合的。俞正燮重在理论论述，李汝珍重在形象表现，二人互补，完整地再现了清代哲人对女性的关照。

此外，前清佛教、道教、基督教和伊斯兰教的女性观几乎承袭明代，随着社会的发展，佛教和道教更加衰落，其女性观的影响力日减，而基督教和伊斯兰教的女性观更为流行。

第二节 明清时期的女子高等教育的实施

一、明代女子高等教育的实施

（一）明代的家庭女子高等教育

明代家庭女子高等教育内容十分丰富，主要包括道德教育、文学艺术教育、经史教育、美育、科技教育和宗教教育等。

1. 道德教育

明代家庭女子道德教育承继宋元礼教遗风，并且更加严厉。一般家庭都十分重视女子持贞守节品质的培养。在家规中也有大量的反映，从明代初期起，有些家规如曹端的《家规辑要》将处死列为家法族规的惩罚办法，明确规定对于所谓的淫乱妇女，要逼令自尽。在明末清军入关

① ［清］俞正燮撰，安徽古籍丛书编审委员会编纂：《癸巳类稿》卷13《贞女说》，黄山书社2005年版，第631页。

时，在统治阶级上层人物心目中，妻女失节如自己丢官一样重要，所以兵燹未至，往往先令妻女殉死，可见即使没有污行也会处死。同时家庭也重视妇女其他道德品质如孝敬、顺从、勤俭等的培养。如朱显宗（1344—1427）订立的《白苧朱氏奉先公家规》规定："吾家诸妇，事舅姑笃于孝敬，相夫子专于顺从，纺织为本，勤俭终身，庶不失为妇道。切勿可偏于悍逆，以玷家风"[①]。女性同情论者李贽通过家庭实践其进步的妇女观，对转变当时落后的家庭道德伦常起了积极的作用。

2. **文学艺术教育**

明代家庭女子文学艺术教育相当发达。女子在诗、词、曲、赋、文等方面很有建树，尤以诗为主，并且涌现了一批女性文学家。在此，我们仅以女子诗教为例加以说明。明代女子接受诗的教育，以家庭教育为最多，且有相当部分女子形成了自己独特的诗风。如四川宜宾人尹荣，她嫁给刘晋仲后，受到丈夫的妹妹刘文玉"词翰敏妙"的影响，"心悦而好之，乃学为诗"，并且自成一派诗风。钟惺在《断香铭》中对她的诗这样评价道："纫荣为诗，精神起落，常出人外，其骨散神寒，音节清巉，如病叶从风而坠，或中罥之，附枝翅鸣，不能自致于地；如暗泉之厄于石，而不能自竟其响"[②]。吴娟"其母家为新安著姓。幼而黠慧，从家熟读书，即娴为诗歌"，由于她长期不懈地"研究于声律，诗词婉畅"，又工画善书，被誉为"女博士"。[③] 仁孝文皇后许氏"幼承父母之教，诵诗书之典。"[④] 张引元"六岁能诵唐诗三体，皆得母王文如之训"[⑤] 等等。由于明代相当部分女子受过良好的诗教，因而明代女子诗集很多，其数量远远超过了明以前诸代，单篇的诗那就更多了，详见胡文楷编著《历代妇女著作考》明代部分。

明代女子除受诗教之外，词、曲、赋、文也是她们学习的重要内容，且通过她们的努力，有部分女子的造诣甚高。此以曲为例，如遂宁人黄

---

① 《白苧朱氏宗谱》卷2《奉先公家规》，光绪十五年刊本，转引自费成康主编：《中国的家法族规》，上海社会科学院出版社1998年版，第270页。

② 胡文楷编著：《历代妇女著作考》，上海古籍出版社1985年新1版，第79页。

③ 胡文楷编著：《历代妇女著作考》，上海古籍出版社1985年新1版，第103页。

④ 《仁孝文皇后内训·原序》，见《景印文渊阁四库全书》第709册，台湾商务印书馆版，第722页。

⑤ ［清］徐树敏、钱岳等选编：《众香词》，转引自胡文楷编著：《历代妇女著作考》，上海古籍出版社1985年新1版，第157页。

珂之女黄氏（新都杨升庵继室），她偏颇于男性的跅弛，文字狂放，使其夫也退避三舍，其散曲的造诣很高，至今流传颇多，详见任中敏编的《杨升庵夫妇散曲》一书。除黄夫人外，沈端蕙、徐媛甚至明妓女如呼文如、景翩翩、薛素素等人在散曲方面也有很高的造诣。

3. **经史教育**

经史教育是明代女子高等教育重要的教学内容。明代通行的女教书大都是前代或当时有关女子的经典或历史的记述，女子读层次较高的女教书便是接受经史高等教育的主要途径。明代女教书之多是以前各代无法相比的。当时主要的女教书有《仁孝文皇后内训》、《古今列女传》、吕坤的《闺范》、温璜的《温氏母训》、徐淑英的《女诫杂论》、王集敬妻王刘氏的《女范捷录》、蒋太后的《女训》、郑氏的《女教篇》、王相的《女四书》、方仲贤的《田范》、陵川宗人镇国将军钟坪妻王夫人的《女范》、朱隆姬的《女教经》、慈圣皇太后的《女鉴》、夏云英的《女诫衍义》、徐皇后的《劝善书》及《贞烈事实》、马皇后的《高后内训》及《列女传》、虞嫄的《节妇录》等等。关于女子习经史，史籍记载甚多，如《明史》、《玉台书史》等，在此仅以《玉台书史》所载为例加以说明。如高妙莹"通经史传记"[①]，黄珂女黄氏"博通经史"[②]、袁九淑"少读经史，尤深内典"[③]、朱无暇"长而掩通文史"[④] 等等。明代女子经史高等教育的成就很大，大部分女子受教育后，能以历史上的女范为榜样，并遵守当时社会对女子的各种训令，甚至进行创作，留下著名作品。这样，中国妇女许多优良的传统被继承和发展了。但由于明代比较片面地强调贞、节、烈，也使许多女子在学习经史中不能自拔，被封建礼教所吞噬。

4. **美育**

明代家庭女子美育除通过文学艺术作品加以熏陶外，也十分注重女性体态美的养成，不过是以典型的病态为美。如被士大夫品评的女性美在《杂事秘辛》[⑤] 中有详细的描写："芳气喷袭，肌理腻洁，拊不留手。

---

① [清] 厉鹗撰：《玉台书史》，《说库》本，第 24 页。
② [清] 厉鹗撰：《玉台书史》，《说库》本，第 25 页。
③ [清] 厉鹗撰：《玉台书史》，《说库》本，第 26 页。
④ [清] 厉鹗撰：《玉台书史》，《说库》本，第 33 页。
⑤ 《杂事秘辛》笔记小说，一卷，旧题无名氏撰，伪托为东汉佚书，实为明代杨慎（号升庵）作。

规前方后，筑脂刻玉。胸乳菽发，脐容半寸许珠，私处坟起。为展两股，阴沟渥丹，火齐欲吐。此守礼谨严处女也！约略莹体，血足荣肤，肤足饰肉，肉足冒骨。长短合度，自颠至底，长七尺一寸；肩广一尺六寸，臀视肩广减三寸；自肩至指，长各二尺七寸，指去掌四寸，肖十竹萌削也。髀至足长三尺二寸，足长八寸；胫跗丰妍，底平指敛，约缣迫袜，收束微如禁中，久之不得音响。姁令推谢皇帝万年，莹乃徐拜称皇帝万年，若微风振箫，幽鸣可听。不痔不疡，无黑子创陷及口鼻腋私足诸过。臣妾姁女贱愚憨，言不宣心，书不符见，谨秘缄昧死以闻。”[①] 这反映了士大夫贱视玩弄女性的心态。明代女子缠足之风较宋元时期更甚，一般家庭都要求女性缠足。妇女缠足之风进入兴盛时期，并在各地迅速发展。

5. **科技教育**

明代家庭女子科技教育较过去发达，出现了一批很有科学素养的女子，尤其在医学方面造诣卓著。如谈允贤（1461－1556），江苏无锡人，在医学上很有造诣。她的父、祖都是朝廷命官。世传医术，曾祖、祖父母、伯父都通晓医术。幼时父亲教她诗词、《孝经》等，她均能背诵。因她聪慧，祖父便向她传授医道。她夜以继日，苦读《难经脉诀》等医书。婚后她曾得血气等病，凡请医生诊病之前必先自诊，以便验证一下自己的诊断是否正确；买来药，也必亲自拣择斟酌，由此医术大进。她生有三女一子，有病时，从不请其他医生，只服用她祖母的药剂。祖母临死前，将所保存的经验方术及调药工具都传给她。后来每次患病，即以验方调治，皆痊愈。当时女眷不愿请男医者，都纷纷来求治。她将汇集的祖母验方和自己经验所得，编纂成书，名曰《女医杂言》。[②] 该著作代表了中国女医的发展成就。她通过儒医内科和民间外科技术结合，治好众多疑难病患，她的奇妙治法在民众中广为传颂。从大量医学实践中，她小心选择记录了31例病案，为她最为精心的心得，其中主要为女性慢性病的诊断和治疗。她的医疗风格，体现了女性细腻平和的特点。她把古方、局方与当代名医名方结合起来，得其折中。她平等对待所医治的女性，并体验其情感和生活，形成自己的女医技术风格，强调与女性患者平等对话，关注女性身体和性别受社会压制的原因。在《女医杂言》中

① 沈士龙、胡震亨同校：《（汉）杂事秘辛》，中华书局1991年版，第6－8页。

② 参见谈允贤著：《女医杂言·自序》，明万历十三年锡山谈氏纯敬堂刊本。

记有牙行商人之妻一案，她写道："一妇人，年三十二岁，其夫为才行。夫故商人，以财为欺，妇性素躁，因与大闹，当即吐血二碗，后兼咳嗽，三年不止，服药无效。某先用止血凉血，次用理气煎药，再用补虚丸药。四生丸，出良方，去生荷叶，用生地黄、匾柏叶，加黄连、山栀仁、杏仁、贝母各二两。"[①]四生丸，出于明代薛己《校注妇人良方》，方歌云：四生丸中三般叶，侧柏艾叶荷叶兼，生地合用为丸服，血热吐衄效可验。但这位妻子吐血而得血虚症，起因却是"以财为欺"的商人丈夫的性压迫，女人愤郁之下，情志不遂，所以谈允贤改变原方中单纯凉血之药，另加理气补虚，方为对症。这一改动，不仅仅说明谈允贤诊察细致，用药灵活，而是充分反映了女医与男性儒医不同的医学性别观点和对话方式。由此可见，谈允贤医术之高明。

介休（今山西介休）人韩医妇（1540－1630），在医学上也很有造诣。医术精湛，常游行四方，在民间行医。擅治噎食病，名显一方。史载："孝义知县周佑感其治太夫人之噎食也，刻石以识，内云：余母夫人患噎病，七日汤勺不入口，气奄奄垂尽。闻韩妇治噎有奇效，仆马迎之来，以花椒煮水，令屡漱之，出一白石，长可三寸许，为棱六，一末锐，隐红纹如线，纳之口中，令咽其液，数以指摩掐喉咽，外用箸探吻中咯，咯出一肉片卷之，状若蛇，能蜿蜒动。妇言噎人者其物二：一居喉，一居心坎上，仍治如前法，复出一物，随呼为面茶食之，三日而起。赠以绢钱及所乘马，妇取钱，余谢不受。嵯嵯！昔秦越人治虢太子，太史公奇其事，今世病噎者百无一生，妇能举奄奄垂尽之气，三日而起之，其功岂在越人下也？吁！韩妇有奇术而能不贪，亦异人哉！"[②]

明代女医生、安徽歙县（今属安徽）人方氏，生活于15－16世纪间。夫程相（字子位），精医术，诊验不可胜举。程相父程邦贤、母蒋氏皆长于幼科，方氏亦精于此。内持家务，外诊婴儿，求治者盈门，每年治愈者不下千人，时人评程门医术有"妇胜于夫"之说。[③]

明代女医生彭医妇，生活于万历（1573－1619）年间。精医理，善

① ［明］杨谈允贤，［清］任树仁撰：《女医杂言》，中医古籍出版社2007年版，第1页。

② ［清］陈梦雷等编：《古今图书集成医部全录》第12册《总论》，人民卫生出版社1962年版，第337页。

③ 李经纬等主编：《中医大辞典》，人民卫生出版社2004年版，第374页。

临证，皇太后病目，已失明，彭氏投剂，大有起色，乃留居宫内有年。[①]

明代女医生、无锡（今属江苏）人陆氏，永乐（1403－1424）年间有医名。熟谙医理，临证经验丰富，验案颇多。受召入宫为太后审病问疾，侍内多年，后告老归里。[②]

明代女医生、歙县（今属安徽）人蒋氏，生活于15世纪。深得夫程邦贤医学秘妙，且能行外科手术。有初生儿，粪门（肛门）无孔，腹胀将绝。询知出生时尚能饮，断为脏腑无隔，仅谷道未分。遂以外科刀具斟酌准确部位刺穿，胎屎随出。又用绵纱条蘸蜂蜜时时通畅润滑，以防复闭，乃得痊愈。[③]

明代女医生、无锡（今属江苏）人徐陆氏，医士徐孟容之妻。以医名。永乐（1403－1424）年间，征召入宫，后以老遣归。[④]

由上可见，这一大批女医生主要是通过家庭接受医学高等教育的。当时产生女医生与社会过分强调贞节，女患者担心“男女授受不亲”是分不开的；也与中国女医学科的发达直接相关。

（二）明代女子宫廷高等教育

明代宫廷也按前代体制设有大量的女官，为了提高女官的管理水平也比较注意女子高等教育的实施。据《万历野获编》载：“凡诸宫女曾受内臣教习，读书通文理者，先为女秀才，递升女史，升宫官，以至六局掌印，则为清华内职，比外廷通显矣。但止六品衔门，盖太监亦仅四品，此又次之。然监局各内臣用事者，俱有蟒玉之赐，盖竟用一品章服，不知六局亦有递加者否？若外廷士子，惟翰林院有秀才。先朝名臣，如李西涯、程篁墩、杨石淙辈俱曾为之，受词臣教习，非寻常诸生比，至修《实录》等大典，亦得预焉。然不登第授官者，仅得鸿胪寺序班，与铸印局儒士出身无异，其不逮女秀才多矣。永乐二年，左都御史陈瑛，诬驸马梅殷与女秀才刘氏为邪谋，则女秀才之名久矣。嘉靖初年行皇后亲蚕礼，内赐酒饭，以夫人秀才为第一等，而供事命妇辈反次之，以地在禁密，橱役难办，命尚膳监祇待，则女秀才与夫人并称，其贵近可知。”[⑤]

① 李经纬等主编：《中医大辞典》，人民卫生出版社2004年版，第1671页。

② 李经纬等主编：《中医大辞典》，人民卫生出版社2004年版，第954页。

③ 李经纬等主编：《中医大辞典》，人民卫生出版社2004年版，第1681页。

④ 李经纬等主编：《中医大辞典》，人民卫生出版社2004年版，第1445页。

⑤ ［明］沈德符撰：《万历野获编》“补遗”卷1，中华书局1959年版，第805－806页。

可见，女秀才通过不断的内臣教育，随着自己才学德识的提高，其官职也会升迁，足见明代宫廷是注重女子高等教育的。另据史载，琉球女也到大都（今北京）留学。“洪武二十九年，琉球国入贡。先是其国山南王，遣其姓三五郎等，及寨官之子麻奢里等，入太学，既三年归省。至是复与贡使善佳古耶等来，乞仍入太学，许之。至三十一年，其国中山王察度，遣其臣阿兰匏等贡马及方物。先是其国遣女官姑鲁妹在京读书，至是来谢恩，因而入贡。”① 这里未指明是在京师何处就学，从前后行文看，在宫廷内留学的可能性更大，否则没有必要向朝廷进贡。由此也可见明代宫廷女学之风很盛，对周边国家也产生了影响。

（三）明代的学校女子高等教育

明代推行学校女子高等教育的代表人物是教育家李贽（1527—1602）。李贽主张妇女有受教育的平等权利，他在麻城讲学时，便公开招收女学生。当时向李贽问道的妇女当中，以麻城梅衡湘之女梅澹然最有悟性，李贽称赞她为“出世丈夫”，认为“男子未易及之”。他们之间的师生关系也是平等的，李贽说澹然“以师称我，我亦以澹然师答其称……不独师而彼此皆以师称，亦异矣！”② 李贽对女弟子不讲师道尊严，而以平等相待，这在封建社会里是十分难得的。李贽招收女弟子的做法，在当时也受到了张问达等人的极力攻击。

由于受进步思想的影响及政府提倡女教，明时还出现了女子设女馆讲学的现象。史载贾女士“幼读书，通大义，家贫而寡，设教女馆，授书自给，闺门肃然，事闻旌之。”③ 这位女士创办专门的女学馆，以教书为职业，自力谋生，并由于其教学效果良好受到朝廷的褒奖。清世祖对此作过这样的评价：“以女子而设馆教人，古今以来所不多有。贾氏家贫孀居，不得已而授书自给，其学问之博可以概见。闺门肃然，其有得于学并可以类推矣。”④

明代还出现了清真寺女学，使学校教育又增加了新的类型。参见本

---

① ［明］沈德符撰：《万历野获编》卷30，中华书局1959年版，第770—771页。

② ［明］李贽撰：《焚书》卷4《杂述·豫约》，中华书局1975年版，第183页。

③ 《内则衍义》卷16《学之道·好学》，见《景印文渊阁四库全书》第719册，台湾商务印书馆版，第581页。

④ 《内则衍义》卷16《学之道·好学》，见《景印文渊阁四库全书》第719册，台湾商务印书馆版，第581页。

节“清真寺教育”。

（四）明代的寺庙女子高等教育

1. 尼庵女子高等教育

明朝建立之初，曾出过家的明太祖对发展佛教事业十分重视。首先，建立了僧官制度。洪武元年（1368）建善世院于南京天界寺，又置统领、副统领、赞教、纪化等员，负责全国重要寺庙住持的任免。洪武十五年（1382），又召集名僧对佛教进行系统改革，仿照宋制设各级僧司、僧官。当时在京设有僧录司掌全国僧尼教化之事。从洪武二十五年（1392），僧录司各僧官都按级给俸，并规定按禅、讲、教三等设立佛寺。其次，大力利用佛教以巩固其统治。在他登基之始，就在南京召集僧人开会，为各大寺院选派住持，还于洪武六年（1373）下诏，对全国各地的僧尼免费发放度牒，从而取消了唐宋以来按僧售牒的限制，给出家者很大方便。之后，又规定每三年发放一次度牒。第三，对念经进行规范。他于洪武十六年（1883）下令“瑜伽、显密法事仪式及诸真言密咒，尽行考校稳当，可为一定成规，行于天下诸山寺院，永远遵守，为孝子、顺孙慎终追远之道，人民州里之间祈禳申请之用，凭僧录司行文书诸山住持并各处僧官知会，俱各差僧赴京，于府内关领法事仪式，回还后习学三年。凡持瑜伽教僧赴京试验之时，若于今定成规仪式通者，方许为僧；若不省解，读念且生，须容周岁再试。若善记诵，无度牒者，试后，就当官给予；如不能者，发为民。”[①] 第四，对出家修行加以规范。洪武二十四年（1391）七月，明太祖下诏规定：“女年非五十以上者，不得出家。”[②]由于统治者对佛教事业的重视，佛教女子高等教育在明代获得了一定的发展。如明代的贵州铜仁梵净山，佛教尼庵甚多，有“三里一庙，五里一庵”[③] 之说，可见当时尼庵教育十分发达。成都圆觉庵（今爱道堂）便是明代为了给出家女性提供追求高深佛学而建立的。

位于今西藏自治区浪卡孜县境内的桑顶寺，据德吉卓玛的研究看，它是历代桑顶多杰帕姆女活佛的驻锡地，也是藏传佛教女活佛主持的道场之一，始建于公元15世纪前半期，约公元1440年，由一世桑顶多杰帕

---

① ［明］释幻轮：《释氏稽占略续集》卷2，见《大正藏》第49卷，1934年印本，第932页下。

② ［清］张廷玉等撰：《明史》卷74《职官三》，中华书局1974年版，第1818页。

③ 转引自傅润三编：《漫谈寺院文化》，宗教出版社1999年版，第193页。

姆·杰增却吉仲美女活佛创建。据载，桑顶寺创建初期，为一座密宗修行院，寺院里只有多杰帕姆女活佛一位上师和六名僧众，从第二世桑顶多杰帕姆·杰增贡嘎桑姆时，桑顶寺得到很大发展，扩建了大经堂、佛殿、藏经殿和白宫等建筑，广摄徒众，佛法兴隆。第三世桑顶多杰帕姆·杰增年扎桑姆在桑顶寺设立辩经场，修持显宗《五部大论》，即因明、般若、中观、俱舍、律藏，成为显密兼修的寺院，且产生广泛影响。第五世桑顶多杰帕姆·卡觉贝姆进一步完善桑顶寺的法事仪轨，使教法仪轨体制化，至此，桑顶寺在佛、法、僧等各方面都得到了全面的发展。从第六世桑顶多杰帕姆·丹增德钦赤列措姆起，桑顶寺在各级地方势力的支持下，香火日益旺盛，僧伽越百。桑顶多杰帕姆女活佛，现已传至第十二世，在藏传佛教女活佛传承中，为历史悠久的女活佛体系之一。[①] 第一世桑顶多杰帕姆·杰却吉仲美（约1424—1458)、第二世桑顶多杰帕姆·杰增贡嘎桑姆（约1459—1533)、第三世桑顶多杰帕姆·杰增年扎桑姆（约1504—1544)、第四世桑顶多杰帕姆·乌金佐姆（约1545—1554)、第五世桑顶多杰帕姆·卡觉贝姆（约1556—1610）和第六世桑顶多杰帕姆·丹增德钦赤列措姆（约1611—1677）生活在明朝，其传教过程反映了当时佛教寺庙女子高等教育的情况。下面我们略举第一世女活佛受佛教高等教育及传教生活加以说明。

第一世桑顶多杰帕姆·杰却吉仲美，系吐蕃王朝四十三代赞普，即藏王朗达玛后裔吉德尼玛贡之后代。出生在阿里贡唐王室中，父亲为万户长赤拉旺坚赞，母名多德嘉姆，在兄妹三人中最小。多杰帕姆自幼闻思佛法，被认为是空行母索南旃玛之第三世转世。15岁时，受唐东杰布大师的授记而依止法王珀东·确列南杰大师，出家为尼，取法名贡确嘉姆。她随从珀东·确列南杰大师前往前、后藏各地，学修经、律、论三藏，并受授诸多灌顶及秘诀等教授，成为珀东·确列南杰大师的亲近心传弟子与珀东教法的主要传承者之一[②]。《珀东班钦传》中云："在所有弟子中，最优秀、最殊胜、秉承护持珀东密库者，就是却吉仲美：她就是瑜伽母金刚亥母的变化身……"[③] 又说："所有正觉生身之佛母，金刚亥

① 德吉卓玛著：《藏传佛教出家女性研究》，社会科学文献出版社2003年版，第288页。
② 德吉卓玛著：《藏传佛教出家女性研究》，社会科学文献出版社2003年版，第288页。
③ 释迦格尼班丹久美：《珀东班钦传》，西藏藏文古籍出版社1991年版，第268页。

母密库之持母，以作比丘尼著称于世，化身之舞密库作受持。”[①] 由此可见，第一世桑顶多杰帕姆·杰却吉仲美不仅是珀东·确列南杰大师的教法之主和珀东教法的主要传承者，而且也是当时著名的比丘尼和女佛学大师即女阿阇梨之一。同时她又拜唐东杰布大师修得噶举派等新旧密宗博大甚深之教法、教授等，修持密法，获得证悟，成为一名女大成就者，并示现各种神通，享有盛誉。之后，依唐东杰布大师之授记，携同近侍女弟子德勒曲仲等前往贡布地区，在唐东杰布大师之道场贝吉乃赛（dpal gyi gnas gsar），收徒传法，给贡布信众讲授佛法，为百姓施舍大布施，广做有情利乐事业，为僧众百般敬仰。1440 年杰增却吉仲美在羊卓万户长南卡坚赞的资助下，创建了桑顶寺，并主持桑顶寺传布珀东派与香巴噶举派教法，成为桑顶寺的第一任住持和第一世桑顶多杰帕姆女活佛。大约于 1458 年圆寂，享年 34 岁。著有《入地道法虔信之花》、《续部众神颂》与《愿品二义俱修》等论著。[②] 此后，桑顶寺便成为当时桑顶多杰帕姆女活佛的驻锡地和根本道场，为藏传佛教女子高等教育的发展起了重要作用。

这些女活佛在佛学道德、佛教教义以及其他佛学知识方面都有很高的地位，这与她们长期所受的高等教育以及自己刻苦的修行分不开，她们成名后又不断去教化更多的众徒，使佛教的教义能传承并扩大其影响。

2. 道观女子高等教育

朱元璋认为“释老二教，近代崇尚太过，徒众日盛”[③]，因此，在设置道教管理机构的同时，又制定了由国家颁发给出家人的身份凭证（即度牒）制度。度牒即载明持有者的年龄、姓名、字行以及成为女冠的时间、剃度师，所授度牒的时间、编号等的证书。只有持有度牒者国家才加以承认，才算正式出家的僧人或道士，是合法的，可以享受国家为僧、道制定的诸如免除徭役、税赋等特权。洪武五年（1372）十二月开始向全国包括女冠在内的僧道发放度牒，“时天下僧尼道士女冠，凡五万七千

---

① 释迦格尼班丹久美：《珀东班钦传》，西藏藏文古籍出版社 1991 年版，第 259 页。

② 德吉卓玛著：《藏传佛教出家女性研究》，社会科学文献出版社 2003 年版，第 289－290 页。

③ 《明实录》之《太祖实录》卷 86。李国祥、杨昶主编，吴柏森等编：《明实录类纂·文教科技卷》，武汉出版社 1992 年版，第 930 页。

二百余人，皆给度牒，以防伪滥。”[①] 如为了限制女冠数的过分增长，洪武六年（1373）十二月，令民家女子年纪不过40以上者，不得出家为女道士，令文为“民家女子年未及四十者，不许为尼姑、女冠”[②]。这对女冠队伍素质的提高起了积极的作用，也促使一部分女性潜心修道，进而促进了本时期女冠高等教育的发展。

明代张三丰提出的内丹法和陆西星（1520－1606）的内丹修炼法对当时女冠高等教育产生了重要的影响。张三丰主张阴阳双修。“无根树，花正孤，借问阴阳得类无。雌鸡卵，难抱雏，背了阴阳造化炉。女子无夫为怨女，男子无妻是旷夫。叹迷途，太模糊，静坐孤修气转枯。”[③] 这里“无根树”是指“人身之铅气，丹家于虚无境内养出根株。先天后天都自无中生有。故曰：‘说到无根却有根’也。炼后天者，须要入无求有，然后以有投无；炼先天者，又要以有入无，然后自无返有。修炼根蒂，如是而已。”[④] 张三丰以雌雄、夫妻的浅显道理说明阴阳相抱的深奥理论，从而指出不能孤修性或命，而必须性（心理）命（生理）双修。“无根树，花正圆，结果收成滋味全。如朱橘，似弹丸，护守堤防莫放闲。学些草木收头法，复命归根返本原。选灵地，结道庵，会合先天了大还。”[⑤] 描绘还丹的景象，点明只要毫不懈怠地修炼，即可把精气神融合在一起，结成貌似朱橘、弹丸的纯阳之物，就能返璞归真了。“无根树，花正双，龙虎登坛战一场。铅投汞，配阴阳，法象玄珠无价偿。此是家园真种子，返老还童寿命长。上天堂，极乐方，免得轮回见阎王。”[⑥] 此言阴阳相配、三宝合炼之法。如果性情持聚，精神凝结，阴阳相配，一气混合，就完全可以达到返老还童、延年益寿的修炼目的。还指出人生贪恋荣华富贵，犹如在苦海里漂泊，时常处在危险之中，规劝世人要超脱名利，及时修炼，“无根树，花正幽，贪恋红尘谁肯修？浮生事，苦海舟，荡去飘来不自由。无边无岸难泊系，长在鱼龙险处游。肯回首，

① 《明实录》之《太祖实录》卷77。李国祥、杨昶主编，吴柏森等编：《明实录类纂·文教科技卷》，武汉出版社1992年版，第930页。

② 《明会典》卷104，见王云五主编：《万有文库》第二集万历重修228卷本《明会典》，商务印书馆1936年版，第2274页。

③ ［明］张三丰著，方春阳点校：《张三丰全集》，浙江古籍出版社1990年版，第67页。

④ ［明］张三丰著，方春阳点校：《张三丰全集》，浙江古籍出版社1990年版，第66页。

⑤ ［明］张三丰著，方春阳点校：《张三丰全集》，浙江古籍出版社1990年版，第68页。

⑥ ［明］张三丰著，方春阳点校：《张三丰全集》，浙江古籍出版社1990年版，第70页。

是岸头，莫待风波坏了舟。”[①] 针对年老体衰者提出“无根树，花正微，树老将新接嫩枝。桃寄柳，桑接梨，传与修真作样儿。自古神仙栽接法，人老原来有药医。访明师，问方儿，下手速修犹太迟。”[②] 如果老年不自暴自弃，炼好精气神三宝，以性接命，仍然可以返老还童。他还指出：“无根树，花正青，花酒神仙古到今。烟花寨，酒肉林，不犯荤腥不犯淫。犯淫丧失长生宝，酒肉穿肠道在心。打开门，说与君，无酒无花道不成。”[③] 最后一句“无酒无花道不成”，说明张三丰并不禁绝酒色，从“不犯荤腥不犯淫”和“犯淫丧失长生宝，酒肉穿肠道在心”看，他主张戒淫不戒酒。“无根树，花正亨，说到无根却有根。三才窍，二五精，天地交时万物生。日月交时寒暑顺，男女交时妊始成。甚分明，说与君，只恐相逢认不真。”[④]

张三丰之后学有清修与双修两派。所谓清修，即谓人之一身，自具太极阴阳，一人独修即可结丹，故须绝对禁欲。所谓双修，即指阴阳（男、女）同修。主张此法的丹家认为，阴阳在人表现为有男有女，人由男女交合而生，故要修炼结丹，必须通过男女交合。其方法大致有二：一种是体交而精不泄，采取对方之气；一种是隔体神交，即心交形不交，情交貌不交，气交身不交，神交体不交。

陆西星（1520－1606），字长庚，号潜虚子，又号方壶外史，江苏扬州兴化人。他在探讨道教内丹学的过程中，逐渐形成了自己的内丹修炼体系，主倡阴阳双修，认为：“男女阴阳之道，顺之而生人，逆之而成丹”[⑤]，强调“凝神聚气”、“道归自然”。

由于张三丰和陆西星等都强调阴阳双修，使部分女冠潜心修道，以便掌握妙机，有的女冠通过自己的潜心修炼，道术很高。如沈线阳，沈万三之女，三岁时失踪。《新纂云南通志》载，线阳失踪三十余年之后，沈万三移居至云南，一日线阳忽来曰：“少遇祖师薛真阳（即中条元母），呼儿为玉霞，号线阳，为掌玉匣诸秘法。得授灵通大道，命来就服成

① ［明］张三丰著，方春阳点校：《张三丰全集》，浙江古籍出版社 1990 年版，第 66－67 页。

② ［明］张三丰著，方春阳点校：《张三丰全集》，浙江古籍出版社 1990 年版，第 67 页。

③ ［明］张三丰著，方春阳点校：《张三丰全集》，浙江古籍出版社 1990 年版，第 67 页。

④ ［明］张三丰著，方春阳点校：《张三丰全集》，浙江古籍出版社 1990 年版，第 68 页。

⑤ 陆西星著：《金丹就正篇》上篇，见李一氓主编：《藏外道书》第 5 册，巴蜀书社 1992 年版，第 368 页。

药。”万三出药与之服用，线阳便声洪体硕，无女子相，慨然有普救生灵之志。曾叹曰：“能忍有裨于道，好杀必丧其元。”后得冲举成仙。[①] 又如余飞霞，名蕙刚，字建阳。为余十舍之女，西平侯沐春之夫人、张三丰之弟子。《新纂云南通志》载沈万山及其婿余十舍两家至滇时，沐春深慰抚之，见飞霞风致端闲，宛然仙格，因请赘于十舍。飞霞入西平府后，薄其奁资，不以为礼。曾对沐春言：“公所利者，财耳！措之易易。”请备铅汞，熔之，脱金环投入其内，有声如蝉鸣，真汞已干而环如故。又以汞开铜铁，成金宝无数。[②] 再如道姑欧氏，明代万历时蓬溪双河口人。生而好静，成婚后，回母家住宅旁一石洞内修行。人们争相顶礼，呼为“欧菩萨”。后来蓬溪林知县，将她关押在县城白塔中，绝其饮食。欧氏端坐月余而无恙。后来，翰林学士黄辉知道此事后，便写诗给林知县：“仙佛何尝不世间，只因修炼在深山。叮咛为语神明宰，好放真人早出关。”林知县于是将欧氏放回。[③] 除道术外，部分女冠还擅长琴棋书画。如女道士卞赛，《板桥杂记》载：“卞赛，一曰赛赛，后为女道士，称玉京道人。知书，工小楷，善画兰，鼓琴。喜作风枝袅娜，一落笔，画十余纸。年十八，游吴门，侨居虎丘。湘帘棐几，地无纤尘，见客初不甚酬对；若遇佳宾，则谐谑间作，谈词如云，一座倾倒。寻归秦淮。遇乱，复游吴门，吴梅村学士作《听女道士卞玉京弹琴歌》赠之。”[④]

明代女冠与尼庵一样，也都十分注重出家女性的道德修养。如弘治七年（1494），令“僧道尼姑有犯奸者，就于本寺门首枷号一个月，满日发落。”[⑤]明代还规定女冠不能干政，如洪武十八年月朔序言的《大诰》中，朱元璋规定：“僧民、道士、女冠，敢有不务祖风，混同世俗，交结官吏，为人受寄生放，有乖释道训愚之理，若非本面家风，犯者弃市。”[⑥] 这些规定对女冠道德品质的养成起着规范作用。

---

① 郭武著：《道教与云南文化 道教在云南的传播、演变及影响》，云南大学出版社 2000 年版，第 395 页。

② 郭武著：《道教与云南文化 道教在云南的传播、演变及影响》，云南大学出版社 2000 年版，第 395 页。

③ 冯光荣、胡传淮编著：《蓬溪人》第 2 辑，四川省蓬溪县地方志办公室 1996 年印本，第 22 页。

④ ［清］余怀著，刘如溪点评：《板桥杂记》卷中《丽品・卞赛》，青岛出版社 2002 年版，第 51 页。

⑤ 《大明会典》第 3 册，台湾新文丰出版公司影印本，第 1578 页。

⑥ 钱伯城、魏同贤、马樟根主编：《全明文》第 1 册卷 29，1994 年版，第 599 页。

3. **基督教堂女子高等教育**

一个新的特点是部分女子接受基督教教育，并且大多在家庭中进行，有的也定期到教堂去参加宗教活动。读基督教的经典、反省忏悔、遵守教规等成了教徒学习的主要内容。利玛窦在他的《中国札记》中记载了南昌一位老年寡妇接受基督教教育并进而影响她的女儿、侄女、侍女的事。他写道："她结束了吃斋并在教堂里把她全部可怜的偶像和她用来祷告伪神名字的念珠一起都在火炉里付之一炬。她还交给神父们一份文件，是偶像的祭司们卖给她的类似致阎王的请愿书。这份请愿书请求阎王陛下在她死后宽待她并免掉对她的过错所应给的惩罚。这份文件叫做'阴曹路引'。她交出这些形象换来了送给她的一个十字架和一部圣母玫瑰经。……她的指导师对她说，十诫乃是通向天国的道路，不是通向地狱，它通向奖赏做了好事的基督徒的天国之王。这位夫人在自己家里从丘良厚修士那里接受教诲，但她从不见他的面，因为中国妇女严格不与人接触。他向她讲话是隔着一个挂了帘的门，而他这样做时总以为只是在向一个人谈话。到了她领洗礼的那天，他才发现接受圣礼的不是一个人而是还有六个人：她的女儿、侄女和四个侍女。当问到这几个人都曾听到过什么时，十分明显的是她们都已充分得到教诲可以入教了。她们都十分虔诚，以致尽管中国妇女厌恶被人摸触，但她们对于任何仪式，甚至于涂油礼都没表示任何不快。"① 再如安徽休宁人、崇祯进士金声的女儿在父亲的影响下也信基督教②。汤若望在明宫中"曾为若干太监施洗，其中以若瑟和庞天寿为最著名，若瑟在宫廷中传道，宫内妇女太监及后妃因而信教者有二百余人。"③ 至于明代有多少中国女子皈依基督，因无统计，现不得而知。但当时有一部分中国女子确实成了基督教的信奉者，这是毋庸置疑的。

4. **清真寺教育**

山西大同清真大寺一块明天启二年（1622）碑文，记载有一位著名女君师，该女君师出身于经学世家，名苏明大师氏。"从碑文前后文看，她可能是明弘治元年（1488）来大同清真大寺的。由于她'经典家传'，

① ［意］利玛窦、金尼阁著，何高济等译：《利玛窦中国札记》，第5卷第4章，中华书局1983年版，第497—498页。

② 王治心著：《中国基督教史纲》，青年协会书局1940年版，第79页。

③ 王治心著：《中国基督教史纲》，青年协会书局1940年版，第85页。

得到'四方老师硕学'的尊敬，以至都督詹升（曾在成化十年为北京牛街礼拜寺请赐名号）、武平伯陈勋、掌教马滋、马骊、耆老海源等恳请撒元吉、麻循谋这些大同、右玉一带穆斯林的望族世家人物出头，再一次鼎新大同清真大寺。可见这位女君师的威望已非一般"[①]。苏明大师氏作为清真寺的老师能赢得"四方老师硕学"的尊敬，可见其学识渊博。至于有多少女性拜她为师，现不得而知。根据伊斯兰教传统，她的学生中定有女性是无可质疑的。水镜君与玛利亚·雅绍克在合著的《中国清真女寺史》中这样写道："在明代，像这样杰出的女子数量不会太多，但秉承家教、具有一定伊斯兰教素养的女子不会太少，她们组成了穆斯林社会中一个宗教素养相对较高的女性群体，正是在这个小群体中，产生了最早的女经师。像苏明大师氏这样的女君师有多少，我们无法知道，但可以确知的是早在五百多年前（1488），中国穆斯林社会中就有了受人敬重的女经师，女人的才能和作用得到穆斯林的肯定。苏明大师氏任经师34年后胡登洲才出生，又过几十年后胡登洲开始倡办经堂教育。承继他的经师们注意发挥穆斯林妇女的作用，兴办女学。从此，受伊斯兰教教育的女性不再只限于出身经学世家的女子，普通穆斯林妇女也能在女学中学习伊斯兰教知识。女性在保持伊斯兰教信仰中的作用也越来越大。女性作为妻子、母亲在维护伊斯兰教信仰中的作用，也被男性发现，并加以利用。"[②]

随着伊斯兰教的不断传播，清真女寺逐渐开办，一般女寺都附设有经堂或女学，为穆斯林女子求学提供了较好条件。最迟明末已建有清真女寺，如《周口市志》"周口建立清真寺情况表"载，河西女寺建于明万历二十九年（1601）[③]。"从明末清初重视妇女教育的著名经师的影响范围，经堂教育鼎盛期经师授学和学子游学的情况，《经学系传谱》关于女学的记载以及河南和邻近省份修建女寺的情况看，明末清初的女学主要分布在河南、山东、河北、陕西、安徽等省，过长江向南一直到云南，沿途与中原穆斯林社会联系较多的省区，如湖北、湖南、广西等地的穆

① 李兴华：《关于汉文伊斯兰教碑文搜集整理出版的问题》，《回族研究》第2期。

② 水镜君、［英］玛利亚·雅绍克著：《中国清真女寺史》，生活·读书·新知三联书店2002年版，第105—106页。

③ 周口市地方史志编纂委员会编：《周口市志》第19编《宗教 民俗》，中州古籍出版社1994年版，第639页。

斯林社区，亦有可能办女学。”[①] 穆斯林妇女的宗教教育分两种：一种是普通妇女的教育，目的是掌握最基本的宗教信仰知识和宗教功修知识。所学内容有多有少，一般以学会清真言、做证言、18个索勒、会做礼拜为度，这为基础教育层次，但也有不少穆斯林妇女继续学习女阿訇所学的波斯语经籍，应算穆斯林高等教育范畴；与此同时，还有以培养女阿訇为目的的宗教教育，分初级教育和高级教育两个阶段。初级阶段的教育，即学习最基本的宗教课程，主要内容为阿拉伯字母的拼读和基础语法知识，基本信仰知识，全本《亥听》、《杂学》等。高级阶段则学习波斯语经籍，最基本的有五本（《凡速里》或称《四篇要道》、《穆信吗提》或称《教款捷要》、《欧姆戴》、《否足》以及《伊斯兰教历史常识》，成为女阿訇必须达到的最低限度），然后再学若干本波斯语经籍（即男阿訇学习的大经），学完后就具备了穿衣挂幛、当女阿訇的资格。学完最基本的五本经后，再学多少经籍，没有一定之规，有的再学一两本，有的多达十余本（但多是波斯文），少数出身于宗教世家的女阿訇还跟父亲、丈夫或其他亲属学习阿拉伯文《古兰经》、圣训等，成为男女穆斯林交口称誉的女经师[②]。至于当时有多少女性接受穆斯林高等教育，待考。

（五）明代的社会女子高等教育

明代统治者为了把极端的道德观念植入人心，十分重视社会教化，并强化其功能，因为统治者深知社会教化的功能。英国著名的社会学家、文化学家马林诺夫斯基在《文化论》中曾这样指出：“教育并不常是特设的社会制度。家庭，亲属，地方，年龄，职业团体，技术，巫术，宗教会社——这些制度在它们的次要功能上，是和我们的学校相当的，担任着教育的职务。传统的绵续，或是广义的教育，和法律及经济组织一同形成手段性质的需要，与其他文化设置，能满足这三方面手段性质的需要，与其能直接满足生物基本需要，是同样的重要，因为人类生存的维

① 水镜君、[英] 玛利亚·雅绍克著：《中国清真女寺史》，生活·读书·新知三联书店2002年版，第115页。《经学系传谱》一书为清康熙年间由伊斯兰教经师撰写，主要记述明朝和清朝前期中国“回族、撒拉族中伊斯兰教著名经师和他们之间的传承关系及其社会活动的唯一的一部作品”（[清] 赵灿著，杨永昌、马继祖标注：《经学系传谱·前言》，青海人民出版社1989年版，第1页）。

② 参见水镜君、[英] 玛利亚·雅绍克著：《中国清真女寺史》，生活·读书·新知三联书店2002年版，第111—113页。

持有赖于文化的维持，所以文化手段其实无异于生理上的需要。”[①] 明代统治阶级从礼法制度、经济制度、女教制度、社会舆论及宗教迷信等多方面对女子的观念和行为进行严加控制，迫使无数女子成为社会正统观念的笃信者和实践者，有无数女子心甘情愿地献出青春甚至生命（参见前面所述及的“女性观”相关内容）。明政府十分重视社会教化，加大了对妇女的教育宣传。洪武元年（1368），朱元璋便命令儒臣修《女诫》。史载：“明太祖鉴前代女祸，立纲陈纪，首严内教。洪武元年命儒臣修《女诫》，谕翰林学士朱升曰：‘治天下者，正家为先。正家之道，始谨夫妇。’”[②] 要求妇女严格遵循“夫为妻纲”的教条，严守“妇德”。这样便出现了“后妃虽母仪天下，然不可俾预政事。至于嫔嫱之属，不过备职事，侍巾栉”[③]。不仅如此，明统治者还把汉至元除边远少数民族地区以外已经废除了的强制妇女殉葬制再度复活。朱元璋在世时就首开恶例。洪武二十八年（1395），他的次子秦愍王朱樉死后，便以王妃殉葬[④]。朱元璋本人死后，也用宫女生殉。《明史》载：“太祖崩，宫人多从死者。”[⑤]“建文、永乐时，相继优恤。若张凤、李衡、赵福、张璧、汪宾诸家，皆自锦衣卫所试百户、散骑带刀舍人进千百户，带俸世袭，人谓之‘太祖朝天女户’。历成祖，仁、宣二宗皆用殉。”[⑥] 除皇帝之外，诸王最初也间或用人殉葬，后成为时尚。“景帝以郕王薨，犹用其制，盖当时王府皆然。”[⑦] 这种人殉制直到天顺八年（1464）正月，英宗病危，他才下遗诏表示：“用人殉葬，吾不忍也，此事宜自我止，后世勿复为”[⑧]，这样才宣告结束。

为了使残酷的妇女殉葬制合法化，朝廷对为皇帝诸王殉节者及其父兄从物质和精神方面都加以褒奖和鼓励，这对当时妇女的毒害更深。如明太祖三十一年（1398）七月，建文帝把张凤、李衡等 11 名为太祖殉葬

① ［英］马林诺夫斯基著，费孝通译：《文化论》，中国民间文艺出版社 1987 年版，第 45 页。

② ［清］张廷玉等撰：《明史》卷 113《后妃·序》，中华书局 1974 年版，第 3503 页。

③ ［清］张廷玉等撰：《明史》卷 113《后妃·序》，中华书局 1974 年版，第 3503 页。

④ ［清］张廷玉等撰：《明史》卷 116《诸王一》，中华书局 1974 年版，第 3560 页。

⑤ ［清］张廷玉等撰：《明史》卷 113《后妃一》，中华书局 1974 年版，第 3515 页。

⑥ ［清］张廷玉等撰：《明史》卷 113《后妃一》，中华书局 1974 年版，第 3515 页。

⑦ ［清］张廷玉等撰：《明史》卷 113《后妃一》，中华书局 1974 年版，第 3515 页。

⑧ ［清］赵翼撰：《廿二史劄记》卷 32《明宫人殉葬之制》，中国书店 1987 年版，第 475 页。

宫女的父兄由锦衣卫所试百户、散骑带刀舍人进为本所千百户，从厚优恤，带俸世袭，世称“太祖朝天女户”[①]。正统元年（1436）八月，英宗追赠为宣宗殉葬的惠妃何氏为贵妃，谥端静；赵氏、吴氏、焦氏、曹氏、徐氏、袁氏、诸氏、李氏、何氏等九名宫女也都追封为妃，分别谥以美称。谥册称：“兹委身而蹈义，随龙驭以上宾，宜荐徽称，用彰节行。”[②]当时统治者不仅鼓励王妃为帝王尽节，同时也提倡民间妇女守节。洪武元年明政府下诏“民间寡妇，三十以前夫亡守制，五十以后不改节者，旌表门闾，除免本家差役”[③]，所以《明史·列女传·序》曾这样写道：“明兴，著为规条，巡方督学岁上其事。大者赐祠祀，次亦树坊表，乌头绰楔，照耀井闾，乃至僻壤下户之女，亦能以贞白自砥。其著于实录及郡邑志者，不下万余人，虽间有以文艺显，要之节烈为多。呜呼！何其盛也。岂非声教所被，廉耻之分明，故名节重而蹈义勇欤。”[④]

由于统治阶级提倡妇女守节，这样逐渐在社会上形成了一股把祸福与妇女是否守节等同起来的歪风。明人袁黄撰的《训子言·功过格款》将“完一妇女节”与“救免一人死”同等看待，“准百功”；把“失一妇女节”与“致一人死”同等看待，“准百过”。无形地迫使当时男子不能娶寡妇，甚至强调不能与失节妇女交往，“受触一原失节妇”，“准十过”[⑤]。这样增强了社会对妇女守节的要求。

明统治者在提倡妇女守节的同时，还颁布法令强迫妇女守节。明法律规定：“凡妇人夫得封者，不许改嫁，如不遵守，将所授诰敕追夺，断其离异”[⑥]，甚至“妇人夫亡”，“其改嫁者，夫家财产及原有妆奁并听前夫之家为主”[⑦]。

明代出现了大量的女教书，大肆宣传封建道德。不仅如此，明政府还以褒奖方式鼓励女子持贞守节，使当时妇女逐渐把贞节作为她们的妇

① ［清］张廷玉等撰：《明史》卷113《后妃一》，中华书局1974年版，第3515页；另参见［明］王世贞撰：《弇山堂别集》卷15，中华书局1985年版，第273页。

② ［清］张廷玉等撰：《明史》卷113《后妃一》，中华书局1974年版，第3515页；另参见［明］王世贞撰：《弇山堂别集》卷15，中华书局1985年版，第273页。

③ 《大明会典》卷79《旌表》，台湾新文丰出版公司1976年版，第1254页。

④ ［清］张廷玉等撰：《明史》卷301《列女一》，中华书局1974年版，第7689—7690页。

⑤ ［明］袁黄撰：《训子言》，商务印书馆1985年版，第13、15、16页。

⑥ ［明］张卤撰：《皇明制书》卷3。顾廷龙主编，《续修四库全书》编纂委员会编：《续修四库全书》第788册，上海古籍出版社2002年版，第85页。

⑦ 《大明会典》卷19，台湾新文丰出版公司1976年版，第351页。

道偶像。如明武宗曾于正德六年（1511）颁布法令："近年山西等处，不受贼污贞烈妇女，已经抚按查奏者，不必再勘。仍行有司各先量支银三两，以为殡葬之资。仍于旌善亭傍，立贞烈碑，通将姓字年籍镌石，以垂永久。"[①] 此后社会上一般人都承认贞节是每个女子的一种必然志操，并认为"守节要守得苦，尽节要尽得烈"。从此贞节观念已经变成人们的下意识，失去了理性。

在对民众产生很大影响的作品如《三国演义》、《水浒》、《金瓶梅》等对女子贞淫的褒贬也广泛地教育和影响着妇女。明代贞节不限于寡妇不嫁、处女守贞的平淡事件，特别强调"守得苦"、"死得烈"，女子节烈越惨越苦，则整个家族越荣耀。这一时期形成了不同的贞节种类与等次，如对于未婚女子，有"贞女"、"烈女"之分；已婚的女子，有贞妇、烈妇、节妇之别；同时还有"义妇"、"义妾"、"义姑"等名目。一般女子如果丈夫死后有三种选择，"其一，从夫地下为烈，次则冰霜以事翁姑为节，三则恒人事也"[②]。这是王烈妇丈夫死后他父亲"晓以大义"希望她成烈妇时说的。明代人最称赞"烈"，其次才是"节"，最瞧不起的是不愿节烈而像世人一样活着。这种社会观念不知害死了多少人。由于社会的提倡，女性的主体意识被剥夺殆尽。有大量丈夫死后随之殉烈的女子，有大量丈夫不肖、出卖妻子贞操反为丈夫守贞操而殉死节烈的，有大量丈夫未死先殉烈的，有丈夫甚至未婚夫长期远游甚至终生远游而苦守（终生）的"贞妇"，甚至有亲生父母强迫女儿殉节的，如此等等。"妇道惟节是尚，值变之穷，有溺与刃耳"[③] 成为社会的共识。明政府表彰贞烈已制度化并"著为规条"，要求各地方官必须遵照执行，就连穷乡僻壤都流行着妇女节烈的观念。

董家遵对历代节妇烈女作过粗略的统计，他以《古今图书集成》的《闺媛曲》中的《闺列传》和《闺节列传》为素材，其所得结果为：明代有节妇 27141 人（周代 6 人，秦代 1 人，汉代 22 人，魏晋南北朝 29 人，隋唐 32 人，五代 2 人，宋 152 人，元 359 人），明代有烈女 8688 人（周

---

① 《大明会典》卷 79《旌表门》正德 6 年令，台湾新文丰出版公司 1976 年版，第 1255 页。

② ［清］张廷玉等撰：《明史》卷 302《列女传·烈妇王氏》，中华书局 1974 年版，第 7733—7734 页。

③ ［清］张廷玉等撰：《明史》卷 302《列女传·张烈妇》，中华书局 1974 年版，第 7718 页。

代 7 人，汉代 19 人，魏晋南北朝 35 人，隋唐 29 人，辽 5 人，宋 122 人，金 28 人，元 383 人)[①]，可见明代节妇烈女是以前诸代的几十倍，这些不带感情色彩的数字便足以说明明代妇女受封建礼教的毒害之深。

明代乡党对女子的约束较以前严厉，乡党对女子的教育大多在地方官或监察官的督导下进行，乡约也大多在他们提倡下制定。这样，对女子的“乡规民约”教育已逐渐官方化了。社会普遍注重对女子持贞守节行为的赞赏，如万历《余姚江南徐氏宗范》对妇女守节明确表示奖励。规定“宗妇不幸少年丧夫，清白自持，节行凛然，终身无玷者，族长务要会众呈报司府，以闻于朝，旌表其节。或势有不能，亦当征聘名卿硕儒，传于谱，以励奖。”[②] 同时对女子其他道德教育也很重视，如《余姚江南徐氏宗范》规定：“本宗冢介之妇，有能修行内政，辅夫教子，足以仪刑闺阃者，族长会众激扬之。”[③]

明代宗族对敢于违反礼教的女子的惩罚十分残酷，如曹端在族规中规定：“女子有作非为犯淫狎者，与之刀绳，闭于牛驴房，听其自死。其母不容者，出之；其父不容者，陈于官而放绝之。仍告于祠堂，于宗图上削其名，死生不许入祠堂。既放而悔，容死其女者，复之。”[④] 可见宗族对违反礼教的女子决不宽容，也可见明代宗族对封建礼教执行的力度了。

在封建礼教盛行时期，也出现了敢于挑战封建礼教的斗士，李贽便是重要代表，他对寡妇很关心。李翰峰之妹一嫁到杨家后即寡，仍归李家，与翰峰妻顾氏同居。翰峰没后，姑嫂俩即为翰峰仅留一女招婿入赘，生有二儿，奉李家香火。这时杨氏过嗣之孙因家境贫甚，竟诬加翰峰嗣孙“不孝罪逆恶名”，欲“以服事翰峰先生守节之妹为辞”，达到侵占李翰峰妻、妹财产的目的。李贽得知后，便挺身而出，为之打抱不平，并呼吁有关方面对此主持公道。李贽在湖北麻城时，曾有一老寡妇，不时为他送茶馈果，敬礼不废，“供奉肉身菩萨，希图来报”，后因此而与李贽同遭流言之诬。于是李贽特地带了几个人登门造访，“乃知孤寡无聊，

① 董家遵：《历代节妇烈女的统计》，《现代史学》第 3 卷第 2 期（1937 年）。

② 费成康主编：《中国的家法族规》，上海社会科学院出版社 1998 年，第 273 页。

③ 费成康主编：《中国的家法族规》，上海社会科学院出版社 1998 年，第 273 页。

④ ［明］曹端《曹月川集·杂著·家规辑略》，见《景印文渊阁四库全书》第 1243 册，台湾商务印书馆版，第 8 页。

真实受人欺吓也”，虽有一嗣子三十余岁，但“亲属无堪倚者，子女俱无”。李贽十分同情，说：“自报德而重念之，有冤必代雪，有屈必代申。”[①] 此事后来被张问达在劾疏中诬蔑为“明劫人物，强搂人妇”。甚至李贽还给有艺术才能的妓女列传并收集她们的作品加以刊刻。如隆庆（1567—1572）年间，李贽编刻了《博纂二王真草隶篆千文印薮文镜》一书，其中的篆刻作者中至少有四位妇女，她们同男性书画篆刻家和士大夫一起参加集体篆刻活动，“这在我国篆刻史上、艺术史乃至出版史上都是罕见的，这是对封建社会礼教的有力挑战，是本书编者李贽精心安排的结果。”[②] 而这四位妇女，目前能查到名字的仅林雪一人，而她竟是一位低贱的妓女。可以说，这也是李贽“贵贱平等”观的一次实践。

二、前清的女子高等教育

前清女子高等教育，承明代余绪，没有实质性变化，只是封建礼教色彩更浓。

（一）前清的家庭女子高等教育

前清家庭女子高等教育内容也十分丰富，主要包括道德教育、文学艺术历史教育、妇容和科技教育等。

1. 道德教育

清代女子家庭道德教育十分发达，其内容也十分广泛。除狭义的道德如持贞守节尽孝等（参见女性观部分）外，还包括妇言、妇容和妇工。《清史稿》载：“郑文清妻黎，遵义人。事祖姑及姑能得其欢心。……（长子）珍……录平生所训诫为《母教录》。尝曰：‘妇人舍言、容、工，无所谓德。言只柔声下气，容只衣饰整洁，工则针黹、纺绩、酒浆、菹醢，终身不能尽。’又曰：‘人虽贫，礼不可不富；礼不富，是谓真贫。’”[③]

2. 文学艺术教育

前清文学艺术之盛，为前代所未有。女子受高深文学艺术教育的人

---

① ［明］李贽撰：《焚书》增补一《答周柳塘》，中华书局 1975 年版，第 263 页。

② 王稼冬：《李贽“人人平等”社会观发现新证》，《福建论坛》1984 年第 6 期。

③ 赵尔巽等撰：《清史稿》卷 508《列女一·郑文清妻黎》，中华书局 1977 年版，第 14028 页。

远比前代为多。在高深文学教育方面尤以诗词为最。据陈维寂所撰《妇人集》共有 97 条，记的均是明末清初的妇女能诗善词的轶事。后来冒丹书又著《妇人集补》，补记十条。嘉庆初，许夔臣选集的《香咳集》录有各家妇女诗，共计有 375 家（据《香艳丛书》本）。到道光四十年（1844）蔡殿齐编《国朝闺阁诗钞》十卷，合有百家，较前《香咳集》选得更精，所选诗一家少在十首以上，多则上百首。可以说《国朝闺阁诗钞》正好可代表前清女子诗教的成就。其诗人及诗集情况详见《国朝闺阁诗钞》，另可参见陈东原著《中国妇女生活史》第八章《清代的妇女生活》六《妇女文学之盛》。女子自编诗集者很多，如黄东生妻顾若璞"好言经世之学，为诗、古文辞，自为集序曰：'若璞不才，少不若于母训，笄事东生，十年有三。闲事咏歌，大抵与东生相对忧苦之所为作也。东生溘逝，帏殡而哭，不如死之久矣。徒以藐诸孤在。发藏书，日夜披览，二子从外傅，入辄令隅坐，为陈说吾所明。日月渐多，闻见与积，圣贤经传，旁及《骚》《雅》词赋，翼以自发其哀思。题曰《卧月轩稿》。轩为东生所尝憩，志思也。'东生，茂梧字。顾至康熙中乃卒，年九十。"[①]可见，顾若璞学问大进是在丈夫去世之后在家刻苦学习并与儿子切磋的结果。除诗教外，女子词教亦获得了相当发展，女子善词者甚多。如 1830 年前后在世的赵棻，"字仪姞……上海人，户部侍郎饼冲女也。幼读书，能诗文，有《滤月轩词集》四卷，《文集》二卷、《词》一卷。同时前清女子还受曲教，女子会散曲和戏曲的也不少。女子著文也很普遍。可以说前清女子高等文学教育主要以诗、词、曲、文为内容。前清女子文学发展之盛况参见梁乙真的《清代妇女文学史》一书。

前清女子高等艺术教育，尤以女子书法绘画教育和歌剧教育为发达。在女子书法教育方面，清厉鹗辑的《玉台书史》便载不少。如黄媛介"髫龄即娴翰墨，好吟咏。工书画，楷书仿黄经，画似吴仲圭，而简远过之。"[②] 另据《续图绘宝鉴》载，她"楷书摹黄庭经十三行，画山水小景，有元人笔致，长安闺秀多师事之。"[③] 又如姜淑斋"善临十七帖，笔力矫

① 赵尔巽等撰：《清史稿》卷 508《列女一·黄茂梧妻顾》，中华书局 1977 年版，第 14053 页。

② [清] 厉鹗辑：《玉台书史》，《说库》本，第 28 页。

③ [清] 厉鹗辑：《玉台书史》，《说库》本，第 28 页。

健，不类女子。”[①] 韩郎中妾“好临摹晋唐法帖，独废钟书，韩诘所以，对曰：‘季汉正统，关侯忠义，而斥以贼帅，狂悖极矣。书虽工，抑何足取?’”[②]。在女子绘画方面，本时期女子学画且善画的人也很多，清汤漱玉辑的《玉台画史》载，王端淑“工诗文，善书画，长于花草，疏落苍秀，卒年八十余，著有《吟红稿》。”[③] 又如龙夫人“姓贺氏，永新人孝廉科宝之母也。善绘事，所绘大士像，最工且多。其夫攸令君率簉室课耕凫溪山中，夫人独居龙溪，构竹影楼，与孝廉赋诗弹棋，子母相倡和无虚日，或手调丝桐以自陶写……”[④] 总之，前清的女子受高等书法和绘画教育的人数较过去为多。

3. **妇容教育**

由于前清世人盛行病态的妇容观，女子在这样的社会风俗中，自然少不了受这种病态妇容美的教育。为了弥补自身的缺陷或不足，去追求世人所谓的美，许多女子便挖空心思，不惜摧残身体，特别是女子缠足一事更是如此。清方绚（字陶采，号荔裳）《香莲品藻》一书出笼后，使民间女子深受毒害。方绚在书中把香莲（小脚的佳称）分为五种式样，即莲瓣、新月、和弓、竹萌、菱角，并且香莲贵肥、软和秀。他主张以九品来评判香莲的美丑。其标准为：（一）神品上上。“秾纤得中，修短合度，如捧心西子，颦笑天然，不可无上，不能有二。”（二）妙品上中。“弱不胜羞，瘦堪入画，如倚风垂柳，娇欲人扶；虽尺璧粟瑕，寸珠尘类，然希世宝也。”（三）仙品上下。“骨直以立，忿执以奔，如深山学道人餐松茹柏，虽不免郊寒岛瘦，而已无烟火气。”（四）珍品中上。“纡体放尾，微本浓末，如屏开孔雀，非不绚烂炫目，然终觉尾后拖沓。”（五）清品中中。“专而长，皙而瘠，如飞凫延颈，鹤唳引吭，非不厌其太长，差觉瘦能免俗。”（六）艳品中下。“丰肉而短，宽缓以荼，如玉环霓裳一曲，足掩前古，而临风独立，终不免‘尔则任吹多少’之诮。”（七）逸品下上。“窄亦棱棱，纤非其锐，如米家研山，虽一拳石，而有崩云坠崖之势。”（八）凡品下中。“纤似有尖，肥而近俗，如秋水红菱，春山遥翠，颇觉戚施蒙璆，置之鸡群，居然鹤立。”（九）赝品下下。“尖

① ［清］厉鹗辑：《玉台书史》，《说库》本，第28页。
② ［清］厉鹗辑：《玉台书史》，《说库》本，第30页。
③ ［清］汤漱玉辑：《玉台画史》，《说库》本，第23页。
④ ［清］汤漱玉辑：《玉台画史》，《说库》本，第23页。

非瘦形，踵则猱升，如羊欣书所谓‘大家婢学夫人’，虽处其位，而举止羞涩，终不似真。”此外，他还规定香莲有四忌，即“行忌翘指、立忌企踵、坐忌荡裙、卧忌颤足”。[1] 经过方绚这样的鼓吹，女子缠足便逐渐遍及穷乡僻壤之家庭，许多女子竞相效法。袁枚在《牍外余言》中对女子盲目效法有如下的记述：“习俗移人，始于熏染，久之遂根于天性，甚至饮食男女，亦雷同附和，而胸无独得之见，深可怪也。……女子足小有何佳处，而举世趋之若狂。”[2] 可见当时女子缠足已成风气了。

4. **科技教育**

前清时期，一些科技家学很好的人家也十分重视对女子高深科学知识和科技技能的传授。如江苏江宁人王贞仪（1768－1797）便受到父母施与的科技教育，在天文、医学、数学等方面有造诣。她痛斥过风水迷信之说，反驳并纠正过前人在岁差原理问题上的错误观点。著有《德风亭集》、《沉疴呓语》、《星家图释》、《筹算易知》、《重订策算证伪》、《西洋筹算增删》、《术算简存》、《绣帙余笺》[3]。又如蒙古族的娜仁·阿伯（1770－1855）在家庭中受到良好的医学指导，在外科医学尤其是骨科学方面深有造诣。她对骨折的诊治有一整套独特的方法，医术精湛，医德高尚，受到大汗尊重，被赐予玉腰带、七星宝剑、象牙筷子等奖赏。逝世后当地官府为她修建了一座“包木拉”（陵墓），供人祭祀[4]。又如元和（江苏苏州）人钱绮（1797－1851）在家受到良好家学的影响，终在数学方面很有成就，著有《钝砚卮言》一卷[5]。

（二）前清宫廷女子高等教育

据《清史稿》载：“崇德改元，五宫并建，位号既明，等威渐辨。世祖定鼎，循前代旧典。顺治十五年，采礼官之议：乾清宫设夫人一、淑仪一，婉侍六，柔婉、芳婉皆三十；慈宁宫设贞容一、慎容二，勤侍无

① ［清］方绚撰：《香莲品藻》，见《香艳丛书》第8集卷1，国学扶轮社校辑1914年上海印本，第2、3、6页。

② ［清］袁枚撰：《牍外余言》，见《昭代丛书》庚集《岭外余言》卷18《牍外余言》，道光年间吴江沈氏世楷堂藏板，第10页。

③ 张庆芝著：《中国历代女名人录》，国际文化出版公司2009年版，第23页。

④ 白玉山主编，何象卿、周景生审，哲理木盟政协文史资料委员会、哲里木盟行政公署卫生局编：《哲理木名医录》，1997年9月印本，第6－8页；另参见刘荣伦、顾玉潜编著：《中国卫生行政史略》，广东科技出版社2006年版，第298页。

⑤ 友生、景志：《数学家辞典》，军事译文出版社1984年版，第613页。

定数；又置女官。……康熙以后，典制大备。皇后居中宫；皇贵妃一，贵妃二，妃四，嫔六，贵人、常在、答应无定数，分居东、西十二宫。东六宫：曰景仁，曰承乾，曰钟粹，曰延禧，曰永和，曰景阳；西六宫：曰永寿，曰翊坤，曰储秀，曰启祥，曰长春，曰咸福。诸宫皆有宫女子供使令。每三岁选八旗秀女，户部主之；每岁选内务府属旗秀女，内务府主之。秀女入宫，妃、嫔、贵人惟上命。选宫女子，贵人以上，得选世家女；贵人以下，但选拜唐阿以下女。宫女子侍上，自常在、答应渐进至妃、嫔，后妃诸姑、姊妹不赴选。帝祖母曰‘太皇太后’，母曰‘皇太后’，居慈宁、寿康、宁寿诸宫。先朝妃、嫔称太妃、太嫔，随皇太后同居，与嗣皇帝，年皆逾五十，乃始得相见。诸宫殿设太监，秩最高不逾四品，员额有定数，廪给有定量，分领执事有定程。此其大较也。”[①]可见，清代宫廷仍有庞大的女子队伍，宫廷等级及行为规范对宫廷女子产生着较大的教育作用。

前清统治者对宫廷女子的高等教育是十分重视的。史载：“天命八年，太祖御八角殿，训诸公主以妇道。毋陵侮其夫。恣意骄纵，违者罪之。清当戎衣戗伐之年，即已敕毖闺箴，修明阴教，夭桃秾李，此王化之所由基与。”[②] 天命八年即1623年，清太祖就如此重视女子宫廷高等教育，自然为清代开了个好头。“太祖孝慈高皇后，纳喇氏，叶赫部长杨吉努女”，年14岁与太祖成亲，终年29岁，“后庄敬聪慧，词气婉顺，得誉不喜，闻恶言，愉悦不改其常，不好谄谀，不信谗佞，耳无妄听，口无妄言。不预外事，殚诚毕虑以事上。”[③] 高皇后十四岁入宫，到去世时在宫中呆了15年，其良好品质的形成与这15年的宫廷所受教育是分不开的。到乾隆时，又提倡宫训，以便对宫廷女子进行教化。史载：“大内宫东西，各列六宫。乾隆间，以古后妃之有懿行者为宫训十二帧。景仁宫燕颉姞梦兰，承乾宫徐妃谏猎，景阳宫马后练衣，储秀宫西陵教蚕，启祥宫姜后脱簪，长春宫太姒诲子，咸福宫倢伃当熊。遇年节则张挂，年

① 赵尔巽等撰：《清史稿》卷214《列传一·后妃传》，中华书局1977年版，第8897—8898页。

② 《清朝野史大观》卷1《清宫遗闻》，上海书店1981年据中华书局1936年版复印，第1—2页。

③ 赵尔巽等撰：《清史稿》卷214《列传一·后妃传》，中华书局1977年版，第8899页。

事毕，收藏于景阳宫之学诗堂。按宫史联句诗注，仅载十图，余二图缺。”①

清代皇帝对戏曲也有偏好，这无疑推动了曲艺业的发展。1790年乾隆皇帝诏令四大徽班进京，进京后的徽班艺人与共创剧种（特别是汉剧）艺人朝廷频繁的交流，吸收各种剧种的艺术营养，逐渐演变成京剧，并取代日渐衰落的昆曲，成为流行全国的剧种。当时宫廷也盛行京剧，这使部分宫廷女子受到戏剧教育，除这些进宫的京剧女艺人在宫中仍然受到曲艺专门训练外，妃嫔们主要是通过观戏受到教育和艺术的陶冶。

在清建国初期，宫廷女子高等乐舞教育较为发达，但好景不长，几年之后，随着宫廷女乐妓的取消，宫廷女子高等乐舞教育便不复存在。史载：“顺治元年（1644），沿明制设教坊司，以掌管宫悬大乐”②。“顺治八年，停止女乐，用太监。”③ 即奉旨停止在教坊中用女乐，原先女乐的职责由太监替代。但“顺治十二年，仍改女乐，至十六年，复改用太监。遂为定制。”④“顺治十六（年）裁革女乐”⑤ 后，京师教坊司并无女子。

（三）前清学校女子高等教育

前清推行学校女子高等教育的代表人物有毛奇龄、袁枚和陈文述。

清初学者毛奇龄（1623—1716）的文集《毛西河集》附录有《徐都讲诗》，便是他的女弟子徐昭华所作。徐昭华，字伊璧，浙江上虞人。据《四库全书总目提要》载：“《徐都讲诗》一卷，徐昭华撰，诸暨骆加采妻。父咸清，与毛奇龄善。奇龄暮年里居，昭华从之学诗，称女弟子，故有都讲之目。是集即毛奇龄所点定，附刊《西河集》中者也。”⑥

---

① 《清朝野史大观》卷1《清宫遗闻》，上海书店1981年据中华书局1936年版复印，第41页。

② 《钦定八旗通志·职官》。转引自［清］俞正燮撰，安徽古籍丛书编审委员会编纂：《俞正燮全集》第1册《癸巳类稿》卷12《除乐户丐户籍及女乐考》，黄山书社2005年版，第605页。

③ 《康熙会典·教坊司》。转引自［清］俞正燮撰，安徽古籍丛书编审委员会编纂：《俞正燮全集》第1册《癸巳类稿》卷12《除乐户丐户籍及女乐考》，黄山书社2005年版，第605页。

④ 《皇朝通考·乐考·乐舞》。转引自［清］俞正燮撰，安徽古籍丛书编审委员会编纂：《俞正燮全集》第1册《癸巳类稿》卷12《除乐户丐户籍及女乐考》，黄山书社2005年版，第605页。

⑤ 《雍正会典·刑部·名例上》。转引自［清］俞正燮撰，安徽古籍丛书编审委员会编纂：《俞正燮全集》第1册《癸巳类稿》卷12《除乐户丐户籍及女乐考》，黄山书社2005年版，第606页。

⑥ 转引自胡文楷编著：《历代妇女著作考》，上海古籍出版社1985年版，第473页。

袁枚（1716—1797），字子才，号简斋，别号随园老人。浙江钱塘（今浙江杭州）人。乾隆四年（1739）进士，入翰林。曾任江宁等地知县。在任期间，不避权贵，推行法制，执政清明。三十三岁辞官侨居江宁，于小仓山筑园林，号“随园”。汇集书籍，吟诗属文，优游其中近五十年，提出“性灵说”，并大胆招收女弟子施以文学艺术教育。他教导女弟子作诗应抒写胸臆，辞贵自然，强调独创，对拟古倾向和“温柔敦厚”的“诗教”表示反对。其所作诗篇清丽流畅，多抒写放浪的闲情逸志，其女弟子也受其影响。汪心农在序《随园弟子诗选》时这样写道：“随园先生，风雅所宗，年登大耋，行将重宴琼林矣。四方女士之闻其名者，皆钦为汉之伏生、夏侯胜一流，故所到处皆敛衽扱地，以弟子礼见；先生有教无类。”[①] 他的教育影响，从反对他的章实斋的论述中也可见一斑。章氏曾说：“近有无耻妄人，以风流自命，蛊惑士女；大率以优伶杂剧所演才子佳人惑人。大江以南，名门大家闺阁多为所诱。征刻诗稿，标榜声名，无复男女之嫌，殆忘形其身之雌矣。此等闺娃，妇学不修，岂有真才可取？——而为邪人播弄，浸成风俗。人心世道，大可忧也。”[②] 他的弟子对他不辞辛劳，到各地招集女弟子并施以教育有很高的评价。如金逸曾因病未能参加袁枚在吴门绣阁招集女弟子会而作了如下的诗：“西湖续会许相从，闺阁咸钦大雅宗，我岂能诗惭画虎，人言此老好真龙，竹声当牖凉三径，云气深潭幻一峰，未得追随女都讲，春愁偏欲恼吴侬。”[③] 表现出十分惋惜之情以及对恩师深深的敬佩。孙云凤在《湖楼送别序》中也写道：“夫太史有采风之职，而《周南》多女子之诗，此夏侯所以授经义于宫中，东坡所以遇名媛于海上也……我随园夫子，行年七十，妇孺知名，所到四方，裙衩引领。”[④] 可见他教育影响之大了。他的女弟子的诗反映了当时社会女性的痛苦生活，如寡妇的伤痛、后妻的难堪、习文所遭的诽谤等等，不仅如此，还有相当多的诗反映了她们追求美满幸福生活的愿望。他的女弟子中著名者有 28 人，即席佩兰、孙云凤、金逸、骆绮兰、王倩、廖云锦、陈长生、归懋仪、严蕊珠、张玉珍、

① 《随园弟子诗选·序》，见《随园全集》（残本）卅三种，文明书局藏版。

② 《丁巳劄记》。转引自陈东原著：《中国妇女生活史》，上海文艺出版社 1990 年版，第 269 页。

③ 《随园女弟子诗选》卷 2，《随园全集》（残本）卅三种，文明书局藏版，第 1 页。

④ 《随园女弟子诗选》卷 2，《随园全集》（残本）卅三种，文明书局藏版，第 12 页。

孙云鹤、钱琳、王玉如、陈淑兰、王碧珠、鲍之蕙、张绚霄、毕智珠、卢元素、戴兰英、屈秉筠、许德馨、吴琼仙、袁淑芳、王蕙卿、朱意珠、汪玉轸、鲍尊古。[①] 其弟子在女性文学上造诣较深，由此也可见他在女子文学教育方面所做的贡献。

继袁枚之后，嘉庆举人陈文述（1771－1843）又招收"碧城仙馆女弟子"。陈文述生活时代，风气已变，所以他招收女弟子遭到的反对没有袁枚时强烈。陈氏一家，人才济济。陈碧城夫人龚玉晨，字羽卿，亦能文，妾文静玉湘霞，管筠湘玉，蒋蕊兰玉嫣，薛纤阿云婉，女儿华鲰、丽鲰，无不能诗。尤其是其儿子裴之之妻汪端，不仅能诗，诗论见解高超，而且能创作小说，为通俗小说盛行时代仅见的女作家。陈文述在西泠曾为女弟子小青、菊香、云友修墓，征集题咏，一时闺秀，如汪逸珠、方若徽、钱莲因、沈采石等均有题咏，颇极一时之盛。文述乃汇刻成编，名曰《兰因集》。在这本集里，还载有吴藻的南北曲一套。在这些女弟子中，吴藻不仅擅词，还能曲，当属佼佼者。在《顾太清诗词天游阁集》卷四《含沙小技太玲珑》中谈道他著《碧成仙馆诗钞》后，"有碧城女弟子十余人代为吹嘘"[②]。后来女弟子队伍不断壮大，据台湾东海大学中文系钟慧玲考证达 44 人。其分布情况为：江苏地区有金坛人于月卿（字蕊生）、溧阳人史静（字琴仙）、嘉定人王兰修（字仲兰）、金坛人吴规臣（字飞卿，一字香轮）、苏州人吴仙铢（字飞容）、苏州人吕静仙、如皋人范继成（湘磬）、金陵人孙佩秋（字芙裳）、苏州人徐缃桃、娄东人张兰香（字韵芬）、娄东人张韵兰（字怀芬）、金陵人陈秀生（字友菊）、苏州人陈筠湘（字琳潇、灵箫）、长洲人曹佩英（一名曹培英，字小琴）、青浦人许淑慧（定生）、长洲人黄鬘仙（兰卿）、长洲人黄鬟仙（蕙卿）、梁溪人华玉仙（字芸卿）、常熟人钱守璞（原名钱荫，字藕香、莲因、莲缘）、长洲人戴文玑（字仲昭）、苏州人欢欢、金陵人玉霞、玉卿，寓居者有山西太原人辛丝（字瑟婵）、安徽蒙城人张襄（字云裳）、广东吴川人黄之淑（字耕畹、兰娵）、陕西韩城人师妙婆（字裔裳）、陕西韩城人师妙霎（字霞裳）、安徽祁门人张仪昭（字凤卿、凤娵）；浙江地区：仁和

① 参见《随园女弟子诗选》及袁韵莹、杨瑰珍编：《中国妇女名人辞典》，北方妇女儿童出版社 1989 年版。

② 吉林师范学院古籍研究所李澎田主编：《顾太清诗词天游阁集》，吉林文史出版社 1989 年版，第 142 页。

人吴藻（字苹香）、钱塘人汪琴云（字逸珠）、钱塘人李静娵（字苹仙）、钱塘人袁淑（疏筠）、钱塘人陈滋曾（妙云）、德清人许延礽（字云林）、仁和人钱凝珠（字蕊仙）、钱塘人顾韶（字螺峰）、钱塘人陆香鬟；安徽地区：歙县人何佩芬（字吟香）、歙县人何佩玉（字琬碧、坞霞）；河北地区有宛平人王令晖（字玉梨）；里籍待考者有李宛卿、段梦香、刘若卿①。这里所列闺秀，其中辛丝因嫁梁溪秦氏，与陈文述往来时，即在江苏，故亦得为江苏闺秀。又张襄父亲张殿华为苏州参将；师妙萤父亲师兆龙为常州知府；至於黄之淑早寡，寄寓扬州，皆属江苏地区；张仪昭虽籍属安徽，然陈文述将之归为“吴门女弟子”，则其可能亦寓居江苏；至於王令晖可能亦寓居江南地区，置之待考。由上可知，碧城女弟子大抵以江苏闺秀为主，且多集中于苏州、长洲、金陵等地，此与陈文述长期为官江左相符；其次则为钱塘闺秀。清代妇女文学风气以江浙两地为盛，于此又可得一印证。碧城弟子中，值得注意的是，玉霞、欢欢、陆湘鬟、徐缃桃、钱守璞五人并非书香门第之名媛淑女，甚至有的为秦淮妓，如玉霞。可知陈文述之广收女弟子，亦不限书香门第之名媛，实行有教无类之原则。在他的精心教导下，一批女弟子在文学上进步很快，大多有作品传世，有的造诣很高，著有诗、词、文集等。如于月卿有《织素轩诗》，史静有《停琴伫月楼诗》，王兰修有《昙红阁诗》，陈秀生有《望云楼集》，陈筠有《九华仙馆诗》，许淑慧有《琴外诗钞》和《瘦吟词》，钱守璞有《梦云轩诗》，辛丝有《瘦云馆诗》，张襄有《支机石室诗》、《锦槎轩诗》和《织云仙馆遗稿》，黄之淑有《兰陬女史诗》，师妙婆有《写翠轩琴谱》，吴藻有《花帘书屋诗》、《花帘词》、《香南雪北词》、《乔影》，汪琴云游《沅兰阁诗》，袁淑有《剪湘楼遗稿》和《剪湘亭词》，陈滋曾有《崇兰馆诗》，许延礽有《福连室集》，钱凝珠有《陶谷仙庄诗》和《六朝香月词》，何佩芬有《绿筠阁诗钞》，何佩玉有《藕香馆诗钞》②。

毛奇龄、袁枚和陈文述等招收女弟子设馆教学，实施较为系统的高等文学教育，对于推动清代女子文学的发展做出了杰出的贡献。

（四）前清寺庙女子高等教育

前清时期，佛教和道教更加世俗化，促使女子信佛求道更为容易。

① 钟慧玲：《陈文述与碧城仙馆女弟子的文学活动》，《东海中文学报》2001年第13期。

② 钟慧玲：《陈文述与碧城仙馆女弟子的文学活动》，《东海中文学报》2001年第13期。

外来的基督教和伊斯兰教也获得了一定发展，寺庙女子高等教育更加发达起来。

1. **尼庵女子高等教育**

清代僧官制度，承袭明代制度，改动较小。对于寺庙女尼有一定限制。官给度牒，不准私度女尼，造寺须报请礼部批准。但乾隆十九年后，因私度女尼人数增多，难以查补给牒，故废除官给度牒制。女子出家更为容易，这为佛教女子高等教育的发展起了积极的作用。

位于今西藏浪卡孜县境内的桑顶寺多杰帕姆女活佛所持教法仍十分发达。其传承弟子涉及第七世至第九世，其传教过程反映了藏传佛教寺庙女子高等教育在前清时的情况。

第七世桑顶多杰帕姆·确卓旺姆（约1678—1722），系公元7世纪吐蕃王朝大臣吐米·桑布扎之后裔，出生于宁木同西地方，依止一切知赤列嘉措与卓班玛赤列等上师修习教法；她以神变幻术著称于世，是一位具有无边法力和神通的大瑜伽母，她使桑顶寺的影响大大增强。

第八世桑顶多杰帕姆·格桑确丹德钦旺姆（约1723—1772），出生于香扎西孜地方，为六世班禅班丹益希之侄女。由六世班禅灌顶，迎至桑顶寺。在七世达赖喇嘛格桑嘉措座前剃度受戒，取法名格桑确丹德钦旺姆。在桑顶寺依止一切知明久仁钦桑波和格勒坚赞修习珀东教法等。曾在扎什伦布寺从六世班禅修习“大威德”等格鲁派教法，六世班禅班丹益希将格鲁派寺院江孜乃宁寺（位于今日喀则地区康马县境内）及所辖土地和庶民等赐予侄女多杰帕姆·格桑确丹德钦旺姆，以做桑顶寺的庄园。由此，桑顶寺不仅成为拥有亿万资产的寺院，而且成为拥有属寺的实力型的寺院。据说，第八世多杰帕姆·格桑确丹德钦旺姆，曾受乾隆皇帝之邀到内地，被封为呼图克图，享有一定地位。在《番僧源流考》中被列为十小呼图克图①。

第九世桑顶多杰帕姆·确央德钦措姆（？—1856），出生于拉萨拉鲁家族中，9岁时，从策墨林活佛阿旺绛贝次成剃度受戒，取法名杰增阿旺洛桑确央德钦措姆，在桑顶寺坐床。从无宗派之别的善知识赤列伦珠、仁增南嘉等修习各种教法，从绛央钦泽旺波修习宁玛派教法，并与其合著《珀东确列南杰赞》、《空行水驻》以及至尊德钦旺姆的《本生祈请》

① 张其勤等编，吴丰培校订：《番僧源流考》，西藏人民出版社1982年版，第25页。

等论著。从第九世多杰帕姆开始，桑顶寺广泛修持宁玛派密法，九世多杰帕姆女活佛不但撰有《伏藏班姆心髓加行正行》、《资满护摩》、《往生、风息、能断三密法》、《因、道、果理义导释》等论著，而且在雪山等地苦行修持，获共同和不共生起圆满二次第瑜伽成就。在噶伦谢扎瓦·顿珠多吉、七世班禅丹白尼玛等的资助下，还扩建了桑顶寺殿宇和佛塔等，并摄受徒众，传法布道，广做利乐事业，著称于世。

由上述这些女活佛的求学历程及传教生涯，我们从中可窥见藏传女子高等教育的实施情况，这些女活佛具有高尚的佛学道德、高深的佛教教义以及广博的佛学知识与她们长期所受的高等教育和自己刻苦的修行分不开，她们坚持不断的布教精神也是她们长期受教育的结果。

前清佛教女子高等教育的发达从江苏兴化人震华（1909－1947）1939年著成的《续比丘尼传》（1942年印行）可见一斑。《续比丘尼传》上起梁、陈，下至民国，共六卷。关于清代比丘尼，他设了两卷，计有正传86人，附传19人，共有105人，而全书正传207人，附传47人，因此清代女尼正传为全书的41.55%，附传为全书的40.42%，总之占到全书的四成以上。在105人中，除宁波青莲庵尼明恒、黄安绿波庵尼人稀、泰州曲塘报本庵尼素文、武进大成庵尼青莲、高邮观音庵尼本莲及其师绪修、昆明永乐庵尼清法以及长沙铁垆寺灵一等八人外，均为前清时期人，从这些不带感情色彩的数字，也可知前清佛教女子高等教育是很发达的。当时女尼不仅重视佛学知识的学习和佛教道德的修炼，也注重其他知识的涉猎和多方面能力的养成。如清白下某庵尼静照“祝发为尼，道念精纯，为人所重。”著有宫词百首，其中有“到面春风只自知，燕花牌子手中持。椒房领得金龙纸，敕写先皇御制诗。”“一树寒花冒雪开，幽香寂寂映妆台。女官争簇传呼近，知是鸾宫选侍来。”“宝妆云髻亸金衣，娇小丰姿傍玉扉。新入未谙宫禁事，低头先拜叚纯妃。”“口敕传宣幸玉熙，乐工先候九龙池。装成傀儡新番戏，尽日开帘看水嬉。”“阅遍司农水旱书，君王减膳复斋居。御厨阿监新承旨，来日羹汤不进鱼。”“俭德慈恩上古稀，他方织锦尽停机。赭黄御服重经浣，内直才人着布衣。”[①] 可见静照文学素养很高。广州严净庵尼等龄“清初出家，晨昏礼

① 震华撰：《续比丘尼传》卷4《清白下某庵尼静照传》，见［南朝梁］释慧皎等撰：《高僧传合集》，上海古籍出版社1991年版，第997页。

诵，翘志净土，称念大士洪名，不辍于口。于顺治庚寅年七月二十三日，礼念至中夜，四壁寥然，惟自一身，恍如掌中有物。不觉将纳于口。咽已，开拳，尚余三颗在手，其色鲜赤，形类朱砂。自此绝食，了无饥渴，礼念犹谨。次后，稍饵时果，而七谷不沾唇，肤体如故，精神较健。”[1]可见等龄佛法很高。嘉兴伏狮院尼行刚，“幼有至性，好禅静。”出嫁不久即守寡，“茹素奉佛，誓欲了生死。”拜密云悟为师，“薙染受具”。又拜石车乘为师，继续问道。“乘授以如意祖衣而记莂焉。闭关胡庵九年，应住梅溪伏狮院。首辟禅堂，创立矩矱，森严峻绝，法席俨然。……僧腊二十有三，著有《祇园刚禅师语录》二卷，入《嘉兴藏》。”[2] 可见行刚佛知渊博，还从事佛教教育工作，并把自己的教育心得流传后世。嘉庆年间女尼了然，在四川酉阳甘溪石家坝之观音阁修行。她曾在汉口习过拳术，精于技击，号称“无敌”。同时精擅骨伤科，常以其专长治疗贫苦者。乡里人冉崇贤从树上掉下，摔断了腰，受伤极重。家人惊恐号啕，认为必死无疑。了然先施手法为其接续断骨，继而敷以伤药。经过一段时间的精心治疗，竟然完好如初。[3] 又如桐乡某庵尼德密“夫故，即参内典诵佛书。”为叩问禅旨向禅师请教，得指点后，“昼夜静参，一时领悟。住庵行化，四远归依，得其心要者凡若干人。”[4] 仁和薛支庵尼石岩，“仁和蒋氏女，名舜英。幼读书警悟，凡技艺一一涉猎，而于琴尤得绝调；书法董文勉，尤精于斯邈篆隶；亦时作兰竹小画，文则工六朝，俪体诗绝似义山、飞卿。初为巨室侍姬，后祝发于薛支庵。诵经念佛，精进无减。久之，慧悟浚发，善说法要，能令闻者心开意解。或悬示经旨，或随口开示，无不深中肯綮，一时，皆尊为善知识。”[5]金陵旧院尼妙慧，“熟精《文选》、唐诗，书小楷、八分及绘事，独薄纨绔。好品题花月，指点溪山。”《饮雨台赋·落叶》云：“登眺台千尺，论心酒一尊。清霜侵

① 震华撰：《续比丘尼传》卷4《清广州严净庵尼等龄传》，见［南朝梁］释慧皎等撰：《高僧传合集》，上海古籍出版社1991年版，第998页。

② 震华撰：《续比丘尼传》卷4《清嘉兴伏狮院尼行刚传》，见［南朝梁］释慧皎等撰：《高僧传合集》，上海古籍出版社1991年版，第998页。

③ 张庆芝著：《中国历代女名人录》，国际文化出版公司2009年版，第3页。

④ 震华撰：《续比丘尼传》卷4《清桐乡某庵尼德密传》，见［南朝梁］释慧皎等撰：《高僧传合集》，上海古籍出版社1991年版，第998页。

⑤ 震华撰：《续比丘尼传》卷5《清仁和薛支庵尼石岩传》，见［南朝梁］释慧皎等撰：《高僧传合集》，上海古籍出版社1991年版，第1004页。

树杪，红叶媚江村。逐浪同浮絮，随风欲断魂。荣枯何足叹，此日幸归根。”又《烛花》云：“银烛透银帘，兰房瑞色融。白葩应妒月，紫烬却愁风。杯映珠还浦，光流星度空。无香辜蝶恋，有焰引飞虫。”后为比丘尼，“受戒于栖霞苍霞法师，专勤学佛。遍游太和、九华、天竺诸山，思结茅莫愁湖上，焚修度世。”[①] 可见当时女尼不但对佛学知识和佛学道理有很高的修养，而且在诗、词、歌、赋、医学、体育等许多学科方面都有很高的造诣，女尼高等教育追求女尼全面素质的发展是本时期的显著特征。

2. **道观女子高等教育**

前清时期，道教进一步走向衰落。因为清代皇室尊奉藏传佛教，对道教采取严厉限制政策。如对张天师，只能称正一真人，由二品降为五品，禁止正一真人传度。全真教获得了一定发展，在道教理论建设方面也有一些建树。而龙门派发展迅速，影响遍布大江南北。但从政治地位和理论建构两个角度来看，道教是日渐衰败的，更加世俗化、民间化。因而女子接受道教高等教育远不如明代。当然，从零星的史料来看，当时仍有部分女子出家入道观接受道教高深教育。如明清之际常州武进（今属江苏）人陈圆圆（1624 —?），吴三桂曾纳为妾。三桂出镇山海关，李自成农民起义军攻克北京，曾被俘。三桂降清，清军攻陷北京，仍归三桂，从至云南。晚年为女道士，改名寂静，字玉庵。傅以礼《吴逆始末记跋》云：“道光庚寅，太仓王后山幕游云南，于会垣西关外瓦仓庄三圣庵，得晤圆圆七代法孙见修，言圆圆出家后始末甚详。当吴逆将叛，圆圆以齿暮，乞为女道士，于宏觉寺玉林大师座下薙度，法名寂静，别号玉庵。迨吴逆殄灭，遂遁迹于三圣庵，从之者，伪昆阳牧妻李氏。因庵屋湫隘，辟地数弓。有康熙二十八年碑记可证。至康熙丁巳（十六）怛化，年八十。立墓昙华庵后。有遗像二帧，一明时都人妆，著红霞帔子，手执海棠花一枝，乃入宫时作也；一比邱尼，趺坐蒲团，乃披薙后作也。”[②] 可见，陈圆圆在清初确实出家为女道士。

---

① 震华撰：《续比丘尼传》卷 5《清金陵旧院尼妙慧传》，见［南朝梁］释慧皎等撰：《高僧传合集》，上海古籍出版社 1991 年版，第 1005 页。

② 《吴逆始末记跋》，见《丛书集成续编》第 25 册史部《吴逆始末记》，上海书店出版社 1994 年版，第 183 页。

3. **清真寺女子高等教育**

前清时期，清真女寺建得比过去多。如周口地区有1655年建的天坊街女寺，1735年建立的明善堂女寺，1697年建的东老寺女寺，1748年建的陈州街女寺，1778年建的荥阳寺女寺，1830年建的淮庆寺女寺[①]。在这些女寺中一般都附办有女学，招收女子实施伊斯兰宗教教育。清咸丰二年（1852）问世的《天方正学》一书卷七以“真人墓志”形式，简介51位中外伊斯兰教圣人、名人的生平，其中有6位女性。令人注意的是男女真人的排列顺序。著者不是按惯常做法分开男女，将女人排在男人后面，而是把杰出的女性与男性同等对待，按在世时间排序，六位女性中有两位中国女性，一位是陕西泾阳的蔡姑太，一位是译著者的母亲蓝母（由蓝煦的学生撰写）。蓝母的墓志位于最后，应是去世最晚者。她是湖南邵阳人，生于乾隆年间，“自幼诵西经，读儒书”，60岁去世[②]，葬于北京。算起来她去世的时间应在道光年间（1821－1850）或此前。蔡姑太排在蓝母和六位男性真人之前。她“自幼诵西经，好道学”，曾在清真寺跟西来的男性大师学经，昼夜不辍，并因此遭非议。后因高深的宗教素养受地方官敬重，谣传亦不攻自破[③]。蔡姑太在世的时间更早，很可能是清前期人。流传至今有她抄写的《古兰经》著名袖珍抄本。从蔡姑太和蓝母的情况看，当时妇女学习宗教知识的热情很高，其中的佼佼者与宗教素养高深的男性并称，已经达到高等教育水平。儒家男女授受不亲观念及伊斯兰教隔离男女规则的双重影响，促成女人代替男人成为女学教员。因此，经师或阿訇的妻子（中原穆斯林称师娘，云南等地称师母）便自然成为较早的女学教员。“不少师娘出身于经师世家，从小就跟父兄学习宗教知识。她们随丈夫在清真寺生活，有学经之便。师娘中有不少像蔡姑太和蓝母那样的女性，由她们做女学教员，指导妇女的宗教生活。无男女混杂之嫌，最容易为当时的主流社会和穆斯林小社会接受。”[④] 英国学者玛利亚·雅绍克在所著的《中国清真女寺史》中写道：“在中原穆斯林社区，师娘一般都负有指导本坊穆斯林妇女宗教生活，教习基本宗

① 周口市地方史志编纂委员会编：《周口市志》第19编《宗教 民俗》，中州古籍出版社1994年版，第639页。

② 蓝煦：《天方正学》，清真书报社1925年重印本，第55页。

③ 蓝煦：《天方正学》，清真书报社1925年重印本，第49页。

④ 水镜君、[英] 玛利亚·雅绍克著：《中国清真女寺史》，生活·读书·新知三联书店2002年版，第120页。

教知识的义务。不具备此能力的师娘，只作为阿訇的妻子生活在清真寺，但这样的师娘不多。绝大多数师娘婚前都受过专门的宗教教育，有的是家学，有的出嫁前在女学受过教育，婚后继续跟丈夫学习。没有女寺的社区，师娘成为穆斯林妇女宗教生活的实际指导者或女教师。不少师娘在丈夫去世后成为专职女阿訇。师娘的职责及不少师娘补充到女阿訇队伍中的事实，令年龄较大的中原穆斯林至今仍保持着称女阿訇为师娘的习惯。这一事实表明，师娘这个与伊斯兰教宗教职业者关系最密切的女性群体，极有可能是历史上继男人之后妇女教育的主力。'师娘（师母）'也因此演变为一种职业名称。这期间的女学有可能因师娘做女教员，主要设在清真寺中，或临时开办，或长设。在女教员代替男教员的演变过程中，女学渐渐发展成型。"[①] 由此可见，在前清，有部分女子在清真寺女学中接受到了高等教育，并结合自己在家的继续求学因而成为女阿訇或女教师。

（五）前清社会女子高等教育

前清社会十分重视女子的社会教化，部分女子通过社会教化使自己的道德达到"至善"、文学素养不断提高、音乐戏剧才能十分精湛，从而促进了社会女子高等教育的发展。

1. 妇德教育

清代设有专门的社会教育机构负责社会教化的推行。《清史稿》载："清制，礼部掌旌格孝妇、孝女、烈妇、烈女、守节、殉节、未婚守节，岁会而上，都数千人。军兴，死寇难役辄十百万，则别牍上请。捍强暴而死，爰书定，亦别牍上请，皆谨书于实录。"[②] 清初对女子孝行不加旌表，当时只有男子的孝行才加旌表，直到雍正三年（1725）及雍正五年（1727）才复准："定例旌表孝子顺孙义夫节妇，惟孝妇旌表未有成例，但妇女孝行无亏，宜邀旌典。"[③] 但对于孝女之旌表，仍有限制，即是"孝女以父母未有子侄，终身不嫁，照孝子一例旌表"。[④] 其后的乾（隆）嘉（庆）道（光）时期也大致相同。如《乾隆会典》规定："旌表节孝之

---

① 水镜君、[英] 玛利亚·雅绍克著：《中国清真女寺史》，生活·读书·新知三联书店 2002 年版，第 121 页。

② 赵尔巽等撰：《清史稿》卷 508《列传一·后妃传》，中华书局 1977 年版，第 14020 页。

③ 《钦定大清会典事例》卷 403，商务印书馆 1909 年版，第 4 页。

④ 《钦定大清会典事例》卷 403，商务印书馆 1909 年版，第 4 页。

礼……孝女与孝子同。”《嘉庆会典》及《道光礼节则例》规定：“孝女以父母未有子孙，终身奉亲不嫁者，如孝子例。”在清时，孝包括愚孝如割股疗亲、卧冰求鱼之类也受到旌表。愚孝虽曾于顺治九年（1652）规定不准旌表，但雍正时又打破规定。可见，前清提倡女子尽孝已丧失了理性。

清代的社会教化机构对封建礼教极力推行，这使清代孝妇、孝女、烈妇、烈女、守节、殉节、未婚守节、捍强暴而死妇女人数大增。据开编于康熙末年、成书于雍正三年（1725）《古今图书集成·闺媛曲》的《闺列传》和《闺节列传》载，前清的节妇有9482人，烈女为2841人，仅90年就有这样多的节妇、烈女，可见前清女子贞节教育的“成效”了！

2. **文学教育**

前清时期，女子读书习文较过去更为普遍，在社会上逐渐掀起了女性文人结“社”立“派”之风，此风在明末十分流行，清初仍很兴盛。这种女子文学社团以研习和创作为主，是当时具有高等教育性质的学术团体。如康熙时钱塘御使钱肇修的母亲顾玉蕊，“工诗文骈体，有声大江南北，曾经集合能诗的女子，组织蕉园诗社。当时所谓蕉园五子，就是徐灿、柴静仪、朱柔则、林以宁、钱云仪五人，互相酬唱，颇风动一时。大概在林以宁于归肇修之后，继续姑志，重行组织蕉园七子社（?），新加入的有张槎云、毛安芳、冯又令、顾启姬，而徐灿、朱柔则不在内。蕉园七子之名，很蜚扬于西子湖滨。”[①] 她们通过写诗著文，互相影响、互相学习。《国朝杭郡诗辑》对当时“蕉园诗社”的活动曾有这样的记载：“是时，武林风俗繁侈，值春和景明，画船绣幕交映湖溽，争饰明珰翠羽，珠髾蝉縠以相夸炫。季娴独漾小艇，偕冯又令，钱云仪，林亚清，顾启姬诸大家，练群椎髻，授管分笺。邻舟游女望见，辄俯首徘徊，自愧弗及。”[②] 通过互相学习，她们提高了诗文创作的水平。林以宁著有《墨庄诗文集》、《凤箫楼集》；徐灿（湘蘋）也有诗传世，如《送方太夫人西还》：“旧游京国久相亲，三载同淹紫塞尘。玉佩忽携春色至，兰灯重

① 谭正璧著：《中国女性文学史话》，百花文艺出版社1984年版，第350页；另见谭正璧著：《中国女性文学史》，百花文艺出版社1991年版，第329页。

② ［清］吴颢汇录：《国朝杭郡诗辑》卷30，嘉庆五年刊本，转引自梁乙真：《中国妇女文学史纲》，上海书店1990年版，第389页。

映岁华新。多经坎坷增交谊，遂判云龙断夙因。料得鱼轩回首处，沙场犹有未归人。"[①] 表达了作者饱满的情感。继后，在乾隆年间，在苏州地区又出现了以张允滋为首的"清溪吟社"，规模更大。张允滋"与同里张紫蘩芬、陆素窗瑛、李婉兮嫩、席兰蕙文、朱翠娟宗淑、江碧岑（珠）、沈蕙孙纕、尤寄湘澹仙、沈皎如持玉结'清溪吟社'，号'吴中十子'，媲美西泠。嗣又选定诸作，刊《吴中女士诗钞》，附以词赋及骈体文。艺林传诵，与'蕉园七子'并称。"[②]《吴中女士诗钞》刊于乾隆五十四年，所选十人之集，集前大都有社里同仁的题词或序文。除这十位女士外，还有女尼王寂居经常与她们参禅论学[③]。可见清溪吟社的影响不仅仅只在社内，并且对社会产生影响了，还影响到宗教界女士了。

3. 音乐戏剧教育

明时被称为"四大声腔"的海盐腔、余姚腔、弋阳腔和昆山腔在清代仍流行，对清代的戏曲音乐产生了巨大的影响。清康熙以来，河北、河南、山东、山西、安徽等地，已逐步形成众多的地方梆子剧种。清代皇帝对戏曲的偏好无疑推动了曲艺业的发展。由于曲艺业在都市的兴盛，使一些女子在社会中受到了高等的戏曲教育。如珠泉居士的《续板桥杂记》记乾隆年间秦淮乐妓活动逸事，书中记有：乐妓王秀瑛"能鼓琴，善南北曲，非兴会所至，虽素心人不克强之发声，是青楼中最有品者"；乐妓张玉秀"善昆曲，有崩云裂石之音"；唐小"善歌能饮，解诵讽诗"；谢玉"善南北曲，娇喉一啭，飞鸟遏音"；徐寿姐"妙解音律，同居数姬，而善度曲"；周四"善弹琵琶"，她有二女，"十余龄耳，已识曲中三昧"。[④]

前清民歌获得了较大的发展，一些地方志对此有专门记述。如清乾隆三十年《辰谿县志》载："歌谣，农人有插秧歌，丁民有扯炉歌，皆以节劳，余则牧童唱山歌。庆元霄，有采茶歌及川调、贵调之属，其词俚俗，操土音，盛此熙皞之一微也。"民歌中有相当数量反映劳动人民爱情生活的以及揭露阶级矛盾、表现劳动人民不甘受压迫而向往美好生活的，这些民歌对劳动人民的女子起着相当的教育作用。部分成年女子也专门

---

① 周道荣编选：《中国历代女子诗词选》，新华出版社 1983 年版，第 165 页。

② ［清］恽珠编：《国朝闺秀正始集》卷 16，道光十一年（1831 年）红香馆刊本。

③ 参见任兆麟：《两面楼诗稿叙》及尤澹仙《怀人十绝句》。

④ 参见修君、鉴今著：《中国乐妓史》，中国文联出版社 1993 年版，第 388 页。

拜师学唱，有一些女子唱艺造诣很高，有的歌谣甚至陪伴她们终身。

前清戏剧教育发展，由于世人对戏剧的爱好，一些女子拜师学艺，造诣很高，涌现了一批女子戏剧家。如明末清初的尹春，字子春，金陵（今南京）教坊妓，专攻戏剧，擅演生旦，演《荆钗记》扮王十朋，演得悲壮淋漓，声泪俱下，可见她演艺之精湛。又如明末清初调腔戏女艺人朱楚生经常在绍兴演唱《江天暮雪》、《宵光剑》、《画中人》等剧，她受教于姚益城，其演技大为长进，世人称赞其表演胜过兹曲老艺人。又如明末清初戏曲演员刘晖吉，她是张岱家的歌妓，以演《唐明皇游月宫》的叶法善而著名，也善舞灯，前清时期像这样的女子还很多。

第三节　明至前清时期的女子高等教育家

一、仁孝文皇后《内训》的女子高等教育思想

徐皇后（？－1407）　明代政治家。安徽濠州（今凤阳）人，武宁王徐达之女，明成祖皇后。博览群书，善诗文，著述颇多。有《文皇后诗》一卷、《贞烈事实》二卷、《劝善嘉言》三卷、《劝善感应》一卷、《仝孝文皇后内训》一卷、《劝善书》二十卷、《梦感佛说第一希有大功德经》二卷。于 1407 年去世，被谥为“仁孝文皇后”。她十分关注女子教育，此仅就其《内训》介绍她的女子教育主张。

《内训》共二十篇，前有原序。二十篇包括德性、修身、慎言、谨行、勤励、节俭、警戒、积善、迁善、崇圣训、景贤范、事父母、事君、事舅姑、奉祭祀、母仪、睦亲、慈幼、逮下、待外戚。较前代女教书尤为详备，我们从徐皇后的序便可得知。她说：“独女教未有全书，世惟取范晔《后汉书》、《曹大家女诫》为训，恒病其略。有所谓《女宪》、《女则》，皆徒有其名耳。近世始有女教之书盛行，大要撮《曲礼》、《内则》之言与《周南》、《召南》诗之《小序》及传记而为之者。仰惟我高皇后教训之言，卓越往昔，足以垂法万世，吾耳熟而心藏之。乃于永乐二年

冬，用述高皇后之都以广之，为《内训》二十篇，以教宫壶”[①]《内训》的女子教育思想现归纳如下：

（一）教育目的是培养具有良好道德的女子

纵观《内训》二十篇，无一不与道德教育密切相关。关于这一点，从《内训》的体例安排便可知晓。徐皇后说：“夫人之所以克圣者，莫严于养其德性，以修其身。故首之以德性，而次之以修身”[②]。以后诸篇均以“养其德性，以修其身”为目的。她说“而修身莫切于谨言行，故次之以慎言谨行。推而至于勤励警戒，而又次之以节俭。人之所以获久长之庆者，莫加于积善；所以无过者，莫加于迁善，又次之以积善迁善之数者，皆身之要。而所以取法者则必守我高皇后之教也，故继之以崇圣训。远而取法于古，故次之以景贤范。上而至于事父母、事君、事舅姑、奉祭祀，又推而至于母仪、睦亲、慈幼、逮下，而终之于待外戚。”[③]一句话，就是要求女子阅读后能深领其意——“治内之道”，以便出嫁后“能配君子以成其教”[④]，近可“成化于家”，远可隆兴国家[⑤]。

（二）教育内容，首先重修身，慎言行

她说：修身之道在于“目不视恶色，耳不听淫声，口不出傲言”，反之则“皆身之害也”。要求妇人居必端正，行无偏斜。并认为修身、立德不仅对家而且对国关系重大。她说：“夫身不修则德不立，德不立而能成化于家者，盖寡焉，而况于天下?”“家之隆替，国之废兴，于斯系焉。于乎闺门之内，修身之教，其勗慎之哉!”[⑥]修身的途径在于慎言行，于是她十分强调对女子言行的培养和训练。强调妇女慎于言，最好寡言。她说：“妇人德性幽闲，言非所尚，多言多失，不如寡言。”缄默而内修，“宁其心，定其志，和其气，守之以仁厚，持之以庄敬，质之以信义，一语一默，从容中道，以合乎坤静之体，则谗慝不作，家道雍穆矣。”[⑦]除慎言之外，也强调慎行。认为“行专则纲常废，行危则嫉戾兴，行矫以污

① 《内训原序》，见《景印文渊阁四库全书》第709册，台湾商务印书馆版，第723页。

② 《内训原序》，见《景印文渊阁四库全书》第709册，台湾商务印书馆版，第723页。

③ 《内训原序》，见《景印文渊阁四库全书》第709册，台湾商务印书馆版，第723页。

④ 《内训・德性》，见《景印文渊阁四库全书》第709册，台湾商务印书馆版，第723页。

⑤ 《内训・修身》，见《景印文渊阁四库全书》第709册，台湾商务印书馆版，第725页。

⑥ 《内训・修身》，见《景印文渊阁四库全书》第709册，台湾商务印书馆版，第725页。

⑦ 《内训・慎言》，见《景印文渊阁四库全书》第709册，台湾商务印书馆版，第725页。

则人道绝”，要求“纯行”。具体就是：从日常生活习惯这些细微之处做起，即要求平时做到“体柔顺、率贞洁、服三从之训、谨内外之别”，这样“可以修家政，可以和上下，可以睦姻戚”[1] 与此同时还时时警戒，“念虑有常，动则无过，思患预防”[2]，并持之以恒，那么便可成德性。其次，勤于妇工，善于节俭。她认为“怠惰恣肆”是人身的祸害，而“勤励不息”对自身是大有好处的，强调应勤勉。她说如果妇女懒惰就会“机杼空乏”，人们便会缺衣少穿。她认为“治丝执麻，以供衣服；幂酒浆，具菹醢，以供祭祀”是女子的天职。认为“早作晚休可以无忧，缕积不息可以成匹”[3]，要求女子勤于劳作以戒怠惰。勤劳可以致富，百奢靡终会变穷，所以她除强调勤作外，还要求戒奢侈，提倡俭节。指出：“戒奢者，必先于节俭也。夫澹素养性，奢靡伐德”[4]，认为节俭是圣人的高贵品德，并强调蔻成果来之不易，要求妇女应节俭。指出：“一缕之帛出工女之勤，一粒之食出农夫之劳，致之非易”，对那种“暴殄天物无所顾惜”行为加以批判[5]。提倡朴素的生活作风。她说：“夫锦绣华丽，不如布帛之温也；奇羞美味，不若粝粢之饱也”，强调“饮清茹淡”。总之，戒奢节俭又勤于劳作，就可“民无冻馁，礼义可兴，风化可纪”。[6]

（三）积善迁善

她引用荀子的话“积土成山，风雨兴焉，积水成渊，蛟龙生焉，积善成德则神明自得”来勉励人们积善。明确指出“妇人内助于国家，岂可以不积善哉！”[7] 她把“柔顺贞静、温良庄敬、乐乎和平”等作为妇人的善德[8]。要求妇女做到宽宏、仁慈、礼义而遵先训，这样就是一个好的内助。而积善是与迁善分不开的，因而徐皇后不仅强调积善，同时也强调迁善。她说：“人非上智，其孰无过？过而能知，可以为明；知而能

① 《内训·谨行》，见《景印文渊阁四库全书》第709册，台湾商务印书馆版，第726页。

② 《内训·警戒》，见《景印文渊阁四库全书》第709册，台湾商务印书馆版，第728页。

③ 《内训·勤励》，见《景印文渊阁四库全书》第709册，台湾商务印书馆版，第726－727页。

④ 《内训·节俭》，见《景印文渊阁四库全书》第709册，台湾商务印书馆版，第728页。

⑤ 《内训·节俭》，见《景印文渊阁四库全书》第709册，台湾商务印书馆版，第728页。

⑥ 《内训·节俭》，见《景印文渊阁四库全书》第709册，台湾商务印书馆版，第729页。

⑦ 《内训·积善》，见《景印文渊阁四库全书》第709册，台湾商务印书馆版，第729－730页。

⑧ 《内训·积善》，见《景印文渊阁四库全书》第709册，台湾商务印书馆版，第730页。

改，可以跂圣。”[①] 人为小过不改就会酿成大过，迁小善就可积大善。认为妇人之过主要是“嫉妒”和“邪僻”，要求“去之如蟊蟦，远之如蜂虿”，认为“蜂虿不远则螫身，蟊蟦不去则伤稼，已过不改则累德”[②]，不能因恶小而为之、善小而忽之。只有行小善，戒小恶，才能成大善而无大戾，女子才能成为德妇。

（四）崇圣训、景贤范

要求女子向历史上的贤妃贞女学习，牢记她们的教训，她说：“诗书所载，贤妃贞女，德懿行备，师表后世，皆可法也[③]”认为“珠玉非宝，淑圣为宝；令德不亏，室家是宜”[④]，如果能达到“高山仰止，景行行止”的境界，这样就可“内佐君子，长保富贵，利安家室 ，而垂庆后人”[⑤]。

（五）孝敬父母、舅姑，善事丈夫

她说：“孝敬者，事亲之本也，养非难也，敬为难[⑥]”，要求女子在家时应孝敬父母，出嫁后善事舅姑，辅佐其夫。

（六）教子以母仪，待幼以慈爱

她要求母亲应“不出闺门，以训其子”。如何训子？具体做到：“导之以德义，养子以廉逊，率之以勤俭，本之以慈爱，临之以严恪，以立其身，以成其德”[⑦]。但应做到恰如其分，不因慈爱而姑息，她说：“然有姑息以为慈，溺爱以为德，是自敝其下也”[⑧]。同时也不因严恪而伤恩，善于以贞信孝敬的妇德对子女进行潜移默化，做到“载色载笑，匪怒伊教”[⑨]。

---

① 《内训·迁善》，见《景印文渊阁四库全书》第709册，台湾商务印书馆版，第730页。

② 《内训·迁善》，见《景印文渊阁四库全书》第709册，台湾商务印书馆版，第730页。

③ 《内训·景贤范》，见《景印文渊阁四库全书》第709册，台湾商务印书馆版，第731页。

④ 《内训·景贤范》，见《景印文渊阁四库全书》第709册，台湾商务印书馆版，第732页。

⑤ 《内训·景贤范》，见《景印文渊阁四库全书》第709册，台湾商务印书馆版，第732页。

⑥ 《内训·事父母》，见《景印文渊阁四库全书》第709册，台湾商务印书馆版，第732页。

⑦ 《内训·母仪》，见《景印文渊阁四库全书》第709册，台湾商务印书馆版，第736页。

⑧ 《内训·慈幼》，见《景印文渊阁四库全书》第709册，台湾商务印书馆版，第738页。

⑨ 《内训·母仪》，见《景印文渊阁四库全书》第709册，台湾商务印书馆版，第736页。

（七）和睦诸亲，善待外戚，宽惠对下

关于和睦诸亲，她指出："一家之亲，近之为兄弟，远之为宗族，同乎一源矣。若夫娣姒姑姊妹，亲之至近者也，宜无所不用其情。"认为"凡一源之出，本无异情"，要求和九族诸亲。认为"内和而外和，一家和而一国和，一国和而天下和矣，可不重与?"[①] 关于善待外戚，她要求具体做到："择师傅以教之，隆之以恩，而不使挠法；优之以禄，而不使预政。杜私谒之门，绝请求之路，谨奢侈之戒，长谦逊之风"[②]，这样就可消除内政之祸患。此外，她主张宽惠待下人，"荐达贞淑，不独任已"，"贞静宽和，明大孝之端，广至仁之意，不专一己之欲，不蔽众下之美，务广君子之泽。"这样就可以"安上下顺，和气蒸融，善庆源源"[③]。

（八）奉祭祀

她认为奉神灵可定邦家之基，"苟不尽道而忘孝敬神，斯弗享矣。神弗享而能保躬裕后者，未之有也。"故她认为祭祀是"教之本也"，要求"凡内助于君子者，其尚勖之"。[④]

综上可见，《内训》的教育内容，均在为培养具有统治阶级宣扬的良好道德的女子和善于持家辅政的良妇，这无疑在当时有进步意义。《内训》内容丰富，它在当时十分看重女子贞节问题的社会环境中，对女子的贞节问题避而不谈，这无疑有其进步性。

关于《内训》的影响，据《名山藏坤则记》载，最初徐太后作《内训》，"不过示皇太子诸王而已"[⑤]，影响仅及宫廷。但到康乐五年（1407）七月以后，"成祖乃出后《内训》便逐渐传开。明神宗命儒臣王相笺注，与班昭《女诫》合刻，让各保母、傅母朝夕讲于宫闱。前有神宗御制序及制序。其后又与宋若昭的《女论语》、江宁刘氏的《女范捷录》合刻为《闺阁女四书》。此书于明永乐六年（1408）传入日本，1656 年日本出了

① 《内训·睦亲》，见《景印文渊阁四库全书》第 709 册，台湾商务印书馆版，第 737 页。

② 《内训·待外戚》，见《景印文渊阁四库全书》第 709 册，台湾商务印书馆版，第 740 页。

③ 《内训·逮下》，见《景印文渊阁四库全书》第 709 册，台湾商务印书馆版，第 738 页。

④ 《内训·奉祭祀》，见《景印文渊阁四库全书》第 709 册，台湾商务印书馆版，第 736 页。

⑤ 《钦定四库全书·内训·提要》，见《景印文渊阁四库全书》第 709 册，台湾商务印书馆版，第 722 页。

《女四书》的意译本[①]后《内训》由昌平黉官校六然堂辑之列入《昌平丛书》、《墨海金壶》本、《珠丛别录》本，影响甚大。

二、《温氏母训》的女子高等教育思想

《温氏母训》，一卷，明温璜（1585－1645）录其母陆氏的训言编辑而成。温璜，初名以介，字于石，号石公，后以梦兆改今名，字宝忠。乌程（浙江吴兴县）人，大学士体仁再从弟。崇祯十六年（1633）进士，官徽州府推官。事迹附见《明史·邱祖德传》。乾隆四十一年（1776）赐谥忠烈。“母陆守节被旌。璜久为诸生，有学行”[②]，“其家庭之间素以名教相砥砺”，[③] 有遗集十二卷。《温氏母训》系卷末所附录。“语虽质直而颇切事理”[④]。据《温氏母训·序》载：该书“乃母夫人陆所身教口授者，信乎家法有素，而贤母之造就不虚也，夫颜训、袁范，世称善则，内皆哲士之所修立，未闻宫师垂诫。踵季妇大家而有言者，有之自节孝始矣。原集繁重，不利单行，爰再会梓，读者其广知奋兴乎？”[⑤]《教女遗规》及《丛书集成初编》本均有收录，但不全。此以《景印文渊阁四库全书》本并参校前两种版本谈谈其女子教育思想。

纵观全篇，其女子教育思想概括如下：

（一）重子教而轻女教

温氏母开篇便说：“穷秀才谴责下人，至鞭扑而极矣，暂行知警，常用则玩，教儿子亦然。”[⑥] 要求经常对男孩进行教育。她十分推崇陶侃母教子有方，“母训”载“问介：‘侃母高在何处？’介曰：‘剪发饷人，人所难到。’母曰：‘非也。吾观陶侃运甓习劳，乃知其母平日教有本也。’”[⑦] 但她又

---

① ［日］冨士谷笃子主编，张萍译：《女性学入门》，中国妇女出版社1986年版，第153页；另参见《中国大百科全书·教育》，中国大百科全书出版社1985年版，第270页。

② ［清］张廷玉撰：《明史》卷277《温璜传》，中华书局1974年版，第7093页。

③ 《温氏母训·提要》，见《景印文渊阁四库全书》第717册，台湾商务印书馆版，第522页。

④ 《温氏母训·提要》，见《景印文渊阁四库全书》第717册，台湾商务印书馆版，第521页。

⑤ 《温氏母训·序》，见《教女遗规》卷下，陈宏谋编辑，扫叶山房发行，中华民国15年石印本。

⑥ 《温氏母训》，见《景印文渊阁四库全书》第717册，台湾商务印书馆版，第522页。

⑦ 《温氏母训》，见《景印文渊阁四库全书》第717册，台湾商务印书馆版，第525页。

主张“妇女只许粗识柴米鱼肉数百字，多识字无益而有损也。”[①] 可见她宣扬女子无才便是德。

（二）重祭祀之教

她说：“贫人不肯祭祀，不通庆吊，斯贫不可返者矣。祭祀绝，是与祖宗不相往来；庆吊绝，是与亲友不相往来。名曰‘独夫’，天人不佑。”[②] 认为要想上天、祖先保佑，就应重视祭祀，并希望女子善祭祀。

（三）待人处世之教

首先主张女子应善待亲友，不要吝啬贪财。她对“世间轻财好施之子，每到骨肉，反多恚吝”[③] 提出了批评，要求女子不受人惠，善助亲人，不应吝啬贪财。她说“做人家切弗贪富，只如俗语‘从容’二字甚好。”[④] 要求女子应施人恩德，厚道待人。她说“凡人同堂同室同窗多年者，情谊深长。其中不无败类之人，是非自有公论，在我当存厚道”[⑤]。不仅提倡施人以“斗米串钱”，还提倡“当风抵浪”、“开人胆智”、“道貌诚心”，使“后生小子，步其孝弟长厚，终身受用不穷”[⑥]，这才叫真正的积阴德。“穷亲穷眷，放他便宜一两处，才得消谗免谤。”[⑦] 其次特重寡妇的处世行为。温璜母对寡妇是否守节持宽容态度。她说：“少寡不必劝之守，不必强之改”。强调寡妇应勤劳，以勤磨练自身。她说：“只看晏眠早起，恶逸好劳，忙忙地无一刻丢空者，此必守志人也”，认为“身勤则念专，贫也不知愁，富也不知乐，但是铁石手段。”认为如果有半晌偷闲，“老守终无结果”，由此得出“寡妇勤，一字经”的训则。[⑧] 她还对寡妇的交往方式进行了论述。主张寡妇应审慎交往。她说：“凡寡妇，虽亲子侄兄弟，只可公堂议事，不得孤召密嘱。寡居有婢仆者，夜作明灯往来。”[⑨] 如果不慎行，就会遭谤。她说：“凡寡妇不禁子弟出入房阁，无故

---

① 《温氏母训》，见《景印文渊阁四库全书》第717册，台湾商务印书馆版，第523页。

② 《温氏母训》，见《景印文渊阁四库全书》第717册，台湾商务印书馆版，第522页。

③ 《温氏母训》，见《景印文渊阁四库全书》第717册，台湾商务印书馆版，第525页。

④ 《温氏母训》，见《景印文渊阁四库全书》第717册，台湾商务印书馆版，第526页。

⑤ 《温氏母训》，见《景印文渊阁四库全书》第717册，台湾商务印书馆版，第523页。

⑥ 《温氏母训》，见《景印文渊阁四库全书》第717册，台湾商务印书馆版，第523页。

⑦ 《温氏母训》，见《景印文渊阁四库全书》第717册，台湾商务印书馆版，第523页。

⑧ 《温氏母训》，见《景印文渊阁四库全书》第717册，台湾商务印书馆版，第522－523页。

⑨ 《温氏母训》，见《景印文渊阁四库全书》第717册，台湾商务印书馆版，第522页。

得谤”。[1] 主张寡妇不要轻受人惠，应以养子为乐。

（四）教育方法：主张言传身教，反对体罚

纵观《母训》，“不过日用恒言，而于立身行己之要，型家应物之方，简赅切至，字字从阅历中来，入能耐人寻味，发人深省”[2]。加之温璜母陆氏又“守节被旌”，可见不仅陆氏之言，而且陆氏之行对当时的女子也产生了影响。温璜母也反对体罚，说：“儿子是天生的，不是打成的。”对古人所说的“棒头出肖子”提出了质疑，“若把驴头打做马面，有是理否？”[3]。

总之，《温氏母训》虽仅一千余字，但包含着较为丰富的女子教育思想。特别是它公开主张寡妇再嫁与否应由本人决定，判断一个妇女的好恶贞淫主要看她是否“勤”，这在当时是十分进步的。但它又主张女子不必学问广博，只要知道有关家庭经济方面的文字就够了，这是应当批判的（当然这与温璜母所处的时代有关）。总的来看，此书较前代女教书封建色彩有所减弱，是当时平民女子教育理论重要代表。日本学者山川丽这样评价：“此书应该说是明代的女子教训书中最为出色的。”[4] 我认为这种评价是公正的。此书被清人陈宏谋收入《教女遗规》中，流传、影响甚广。民国十五年（1926）由扫叶山房出版有重校石印本，在民间仍继续流传。到解放前夕，民间许多人还把它作为女教书加以推崇。

三、《御定内则衍义》的女子高等教育思想

《内则衍义》于顺治十三年（1656）八月御纂而成。在序文中，纂者大学士傅以渐把编此书的缘由做了说明。他说：“臣敬遵慈旨，汇辑古来嘉言美行，统一成编，上备披览，下示来兹，谨按《内则》所载，皆闺门之内起敬、起孝、兴仁、兴让之事”，以做降德布教的依据。因为治家关系到治国，而《内则》是治内的本经。“夫圣人言，欲治其国者，先齐其家；又言，家正而天下定。齐之正之，其惟《内则》乎？世传《后妃纪》、《列女传》、《家范》、《内训》诸书，著作不少，然未尝原本《内则》

① 《温氏母训》，见《景印文渊阁四库全书》第717册，台湾商务印书馆版，第528页。
② 《温氏母训》陈宏谋引言，见陈宏谋编辑：《教女遗规》，扫叶山房1926年石印本。
③ 《温氏母训》，见《景印文渊阁四库全书》第717册，台湾商务印书馆版，第524页。
④ ［日］山川丽著，高大伦、范勇译：《中国女性史》，三秦出版社1987年版，第67页。

而发明之”，为达到尊经立教的目的，于是应对《内则》进行衍义，“施诸一家无不宜，放乎四海无不准”①。

《御定内则衍义》以《礼记·内则》篇为本，援引经、史诸书以佐证，“每举一类，必证以圣贤经传之言，实以古今淑顺之行，所采事迹贵贱不同，而其道则同，所引文辞深浅不一，而其理则一，阐明大指，诠释微文，名曰《内则衍义》”，以便使天下女子“感发其性情，渐摩乎理义，广教化而美风俗”②。其编纂原则为：第一，“著书求其可法，故博采正史加以断论，若流虹绕电等事，虽称祥瑞，恐近荒唐，皆不敢录”；第二，“道莫先于孝，而女以夫为家，故事舅姑列事父母之前，刲股割肝等事，虽曰至情，不可为例，既删之”。第三，“《内则》为圣贤相传之正经，故每项俱用《内则》冠首，正经无可采，始引他书以证之。然嘉言善行，俱出十三经、二十一史及《通鉴》、《通考》等书，稗官、野史、近代杂刻者不录。”第四，“同为此类中间，情节不同，俱分疏详解，以便参观。”第五，“守贞殉节二类，其事甚繁，其人至多，故更加分晰，守贞约二十项，殉节约四十余项。”第六，“贤后事多可学，不惮详引，如汉之马、邓，宋之曹、高、向、孟，本传所载，分布各类，庶文不重复，而美无挂漏。”③ 全书从几个方面加以论述，即孝之道、敬之道、教之道、礼之道、让之道、恋之道、慈之道、学之道。下面我们简单谈谈其女子教育思想。

（一）孝之道

主张女子应尽的孝包括事舅姑、事父母两个方面。它认为“女子在室所受者，父母之恩；所奉者，父母之教。既嫁，所受者，舅姑之恩；所奉者，舅姑之教”，所以它要求女子应尽孝。让女子做到“凡施于己之身者，无不肃矣。……凡适于舅姑之用者，无不备矣”；到舅姑之所，未到之前便怀敬意及至便“问衣之寒燠而加减之，体之痛痒而按摩之，出入则先后扶持，沃盥则少长侍奉，且必请所欲而进焉。”要求妇事舅姑，

① 《御定内则衍义·序》，见《景印文渊阁四库全书》第719册，台湾商务印书馆1983年版，第347—348页。

② 《御定内则衍义·序》，见《景印文渊阁四库全书》第719册，台湾商务印书馆1983年版，第348页。

③ 《御定内则衍义·序》，见《景印文渊阁四库全书》第719册，台湾商务印书馆1983年版，第349页。

无所不敬，方能为孝。其要则是“下气怡声柔色”，养成孝舅姑的一贯之心方为真孝[①]。就是日常小节也不敢忽视，常情也不敢放纵，它说：“今观圣人所训，如应对、进退、周旋、出入、升降，皆人所谓小节也，而必不敢忽。口之哕噫咳唾，身之欠伸跛倚，目之睇视，鼻之垂洟，寒而袭痒而搔，人所谓常情也，而必不敢恣。以至舅姑所服之衣履，所用之几杖，所卧之衾枕簟席，盛黍稷之敦牟、盛酒之卮、盛水浆之匜，皆不敢慢。”即便平常饮食，如果不是舅姑所剩，也不敢饮用，以免养成“犯上乱家”的习性，故它说妇道“贵柔而恶刚”[②]

在事父母方面，因“女子在家从父，故当以父母之教遵而守之。”要求女子像事舅姑一样尽心孝敬父母，“未嫁之际莫之敢忽”，要求女子慎修善心善行，以“无遗父母羞”，并认为使父母有“令名”便是女子事父母的“极则”。[③]

（二）敬之道

认为女子敬之道包括事夫、劝学、佐忠、赞廉、重贤诸方面。

在事夫方面，认为夫妇是结两姓之欢而衍百世之绪的，为排除“非礼”，故应“谨夫妇”。要求女子十五及笄便学为人妇，二十而嫁则妇德、妇容、妇言、妇工无不完备。要求女子处处顺从丈夫，认为这是女子事夫的正道。[④]

关于劝学，它说“圣王在上，天下无不学之人，即无不劝丈夫学之妇，故取为妇人劝学法。”[⑤]

关于佐忠，它要求妇人贤佐其夫，指出“佐忠尤妇人女子之所难也”，要求女子在关键时刻应善佐其夫，使之“有功于国家”，遵大义

---

① 《御定内则衍义》卷1《孝之道·事舅姑》，见《景印文渊阁四库全书》第719册，台湾商务印书馆1983年，第353页。

② 《御定内则衍义》卷1《孝之道·事舅姑》，见《景印文渊阁四库全书》第719册，台湾商务印书馆1983年，第354页。

③ 《御定内则衍义》卷2《孝之道·事父母》，见《景印文渊阁四库全书》第719册，台湾商务印书馆1983年，第364页。

④ 《御定内则衍义》卷3《敬之道·事夫》，见《景印文渊阁四库全书》第719册，台湾商务印书馆1983年，第376—377页。

⑤ 《御定内则衍义》卷3《敬之道·劝学》，见《景印文渊阁四库全书》第719册，台湾商务印书馆1983年，第381页。

而行。[①]

关于赞廉，它认为“官吏之受财纳贿，皆起于私妻子之一念；妻子之失孝失敬，皆起于丰殖一己之心”，所以“丈夫之廉，非妇人有以赞襄之不可。”[②] 要求妇人持家勤俭，安于贫贱，这样便不会有非分之念。

在重贤方面，要求妇人“事夫之道必以重贤为要软”，因为亲师取友是成就夫德的条件之一，师友之贤，应加尊敬。[③]

（三）教之道

认为教之道包括教子、勉学、训忠三方面。

关于教子，要求孩子未生之前应注意胎教，即“教子之道甚豫”。即生便应教育，即“教子之始”。要求教以“敬之德”和“仁之德”。“敬之德”即恭慎、寡言，“仁之德”宽裕、慈惠、温良[④]。还认为父母是孩子幼年时很重要的教师，“人之少时，皆赖父母之力以成”，就是成年后父母的教育也相当重要，应“至壮而老，必守父母之教以终身”，并认为父与母在教育子女方面有同等重要的地位。要求人母在教其子女时应做到“子虽少，教之勿过于慈；子既壮，教之必合于道。”[⑤]

关于勉学，它认为圣贤之学均与母训有关，“圣贤之学，至邹孟子而道益明，至宋欧阳子、二程子而传愈广，然皆有母训焉。”反对为人母对其子“纵姑息之爱”，应时时处处加以勉励，使子女“追踪圣贤，究心理学，道明于天下，功被于后世”，这便是“千古教子之极则”。同时应教育子女“毋友不如己者，盖友之德业出我上”之人，以便“日思企而及之学”，免“损己”、“自满”而学退之弊。[⑥]

在训忠方面，它认为人应“始于事亲，终于事君”，要求为人子者既

① 《御定内则衍义》卷3《敬之道·佐忠》，见《景印文渊阁四库全书》第719册，台湾商务印书馆1983年，第384页。

② 《御定内则衍义》卷3《敬之道·赞廉》，见《景印文渊阁四库全书》第719册，台湾商务印书馆1983年，第385页。

③ 《御定内则衍义》卷3《敬之道·重贤》，见《景印文渊阁四库全书》第719册，台湾商务印书馆1983年，第387页。

④ 《御定内则衍义》卷3《教之道·教子》，见《景印文渊阁四库全书》第719册，台湾商务印书馆1983年，第391页。

⑤ 《御定内则衍义》卷3《教之道·教子》，见《景印文渊阁四库全书》第719册，台湾商务印书馆1983年，第393—394页。

⑥ 《御定内则衍义》卷3《教之道·勉学》，见《景印文渊阁四库全书》第719册，台湾商务印书馆1983年，第408、410页。

应“以全身远害为孝”，同时又应“以尽忠殉节为孝”；要求人母应随时加以教诲，使其子养成“蹈大节，成完人”之性。[①]

（四）礼之道

认为“礼者持己之要也，其类有九：敬祭祀、肃家政、定变、守贞、殉节、端好尚、崇俭约、谨言、慎仪是也”[②]，但它尤重女子守贞、殉节。《礼之道》一共八卷，其中有五卷是讲“守贞”和“殉节”的。它收集历代守贞殉节的事，加以分析，守贞约二十项，殉节约四十余项，在每项下，还加按语、赞、颂。如有三少女守节抚孤，它说“夫女子之守贞，天性也；寡妇之抚孤，人纪也。”[③] 又如卫宣夫人初嫁未成礼而持丧不归，它说：“天性纯至，动与贞全。故守贞也者，本天而守，非因人而守也。”[④] 要求女子以守身为第一义，它说：“按身也者，父母之遗体也，敢不敬乎？况女子以身事人，则身为丈夫之身。为丈夫而守身，如之何，可以不慎？故守身为女子第一义。”[⑤] 提倡夫死寡妇应殉节，它说“女子之身既归丈夫，则身属丈夫之身，丈夫既逝，妇称曰未亡人，则身应与夫俱亡”[⑥]；“妇为夫死，古之大经”[⑦]。

此外，还要求女子要敬祭祀、肃家政、定变、谨好尚、崇俭约、谨言、慎仪，使言行无不于礼。

（五）学之道

认为包括好学和著书。在好学方面，它主张女子从小应受教育，“女子之生，必有傅姆。自能食能言，约其德于宽裕慈惠。先嫁三月，祖庙

---

① 《御定内则衍义》卷3《教之道·训忠》，见《景印文渊阁四库全书》第719册，台湾商务印书馆1983年，第411、413页。

② 《御定内则衍义·序》，见《景印文渊阁四库全书》第719册，台湾商务印书馆1983年，第348页。

③ 《御定内则衍义》卷3《礼之道·守贞一》，见《景印文渊阁四库全书》第719册，台湾商务印书馆1983年，第449页。

④ 《御定内则衍义》卷3《礼之道·守贞二》，见《景印文渊阁四库全书》第719册，台湾商务印书馆1983年，第457页。

⑤ 《御定内则衍义》卷3《礼之道·守贞一》，见《景印文渊阁四库全书》第719册，台湾商务印书馆1983年，第442页。

⑥ 《御定内则衍义》卷3《礼之道·守贞二》，见《景印文渊阁四库全书》第719册，台湾商务印书馆1983年，第456页。

⑦ 《御定内则衍义》卷3《礼之道·殉贞一》，见《景印文渊阁四库全书》第719册，台湾商务印书馆1983年，第464页。

未毁者，教于公宫；祖庙既毁者，教于宗室，以成妇顺，而后亲礼成焉。”要求女子“无时不好学”[①]。主张女子应拜师求学并应为人师以畅其学。它说：“学不可以无师，我无师则所入之理必不深；学不可不为人师，不为人师则所获之美必不畅。”[②] 它说：“为学莫大于通经”、“通天下之理者，莫如经；载天下之事者，莫如史。故穷经以立其体，稽史以达其用，而学遂无所不贯焉。”[③] 同时强调身体力行。它说：“为学之道必身体而力行之，始可谓之有获”[④]，反对只学道而不力行的迂学。

关于著书，它说：“德之所发为言，立言以明德，传记、疏、序之类是也。志之所形为诗，作诗以见志，赋、颂、歌、咏之类是也。”要求女子著文应“发乎情，止乎礼义”，“大则续史，小则属文”。[⑤] 特别应多著教令、训诫，以“裨于国政壸教”、“以佐壸范、明妇道”；强调“词多雅正而可观”、“精思有超人意。”[⑥]

此外，它主张女子让之道应崇谦退、和妯娌、睦宗族、善待外戚；恋之道应和蔼待下，以慈爱之心感幼；慈之道应敦仁、爱民、宥过；勤之道应勤于妇工，工于饮食。

总之，《御定内则衍义》把女子立身处世的各个方面均做了合符封建礼教的规定，其全面程度是以前女教书未曾有过的。加之它作为官方颁定的女教书，其影响力之大也是以前女教书所不曾有过的。

四、蓝鼎元的女子高等教育思想

蓝鼎元（1675－1733）字玉霖，号鹿洲，福建漳浦人。父早卒，由

---

① 《御定内则衍义》卷3《学之道·好学》，见《景印文渊阁四库全书》第719册，台湾商务印书馆1983年，第575页。

② 《御定内则衍义》卷3《学之道·好学》，见《景印文渊阁四库全书》第719册，台湾商务印书馆1983年，第576页。

③ 《御定内则衍义》卷3《学之道·好学》，见《景印文渊阁四库全书》第719册，台湾商务印书馆1983年，第480页。

④ 《御定内则衍义》卷3《学之道·好学》，见《景印文渊阁四库全书》第719册，台湾商务印书馆1983年，第580页。

⑤ 《御定内则衍义》卷16《学之道·著书》，见《景印文渊阁四库全书》第719册，台湾商务印书馆1983年，第582页。

⑥ 《御定内则衍义》卷16《学之道·著书》，见《景印文渊阁四库全书》第719册，台湾商务印书馆1983年，第582、585、587页。

兄训教。少喜经济之学，工诗及古文，通达治体。后随从史蓝廷珍入台镇压朱一贵的义军，并参加治理台湾的规划，主张“兴学校”、“教树富”。雍正元年（1723）拔贡，分修《一统志》。任广东普宁、潮阳知县，断狱如神，与邑人讲明正学，俗为之变。后任广州知府。学崇程朱，以陆王、佛老、西洋天主教为异端之学，在潮州建棉阳书院，著《棉阳学准》，认为教育任务“莫先于明正学”，必须“化民成俗”、“兴贤育才”为宗旨，指出“以科举文章逐尽一生之事业、则渺小”，又认为“齐家之道当自妇人始”、“女子之学与丈夫不同”，采辑经史诸子百家及《列女传》、《女诫》等书，撰《女学》。后因忤监司削籍归。著有《鹿洲初集》、《鹿洲公案》、《平台纪略》、《修史试笔》等。其女子高等教育思想集中反映在《女学》一书中。现归纳如下：

（一）主张女子必须受高等教育

他在《女学自序》中说：“天下之治在风俗，风俗之正在齐家，齐家之道当自妇人始。”“闺门风化之原，自开辟以迄于今，不可易也”。[①] 认为“妇人善恶不同，性习各异”，要达到“化而齐之”的目的就应当通过教育。认为“古者男女皆有学”，并针对前代女教书“简不能该，繁不能尽，鄙陋浅率，难登经史之堂”的状况，决定编撰女学专书，以教导女子，改变当时“女子入学，不过十年，则将会人家事，百务交责，非得专经，未易殚究”、“深闺令淑，若瞽之无相，伥伥乎其何之”的局面。[②] 并在《女学》之尾引《学记》嘉言——“玉不琢，不成器；人不学，不知道”、“虽有嘉肴，弗食，不知其旨也；虽有至道，弗学，不知其善也”[③]，要求妇人努力学习。他说：“女子不学而墙，无从而知，学则知之”，“四德备，而后成人，妇之道也”。不仅如此，他还主张“知之则当效之”，强调不行结合。他说：“善读者身体而力行之，内正其心，淑其身，宜其家人，则家可齐也。推而放诸乡里而准，推而放诸千里而准，

---

① ［清］蓝鼎元著：《女学》，沈云龙主编：《近代中国史料丛刊》续编第 41 辑《女学》，台湾文海出版社 1977 年影印版，“女学自序”第 1 页。

② ［清］蓝鼎元著：《女学》，沈云龙主编：《近代中国史料丛刊》续编第 41 辑《女学》，台湾文海出版社 1977 年影印版，“女学自序”第 1—3 页。

③ ［清］蓝鼎元著：《女学》卷 6，沈云龙主编：《近代中国史料丛刊》续编第 41 辑《女学》，台湾文海出版社 1977 年影印版，第 391 页。

则国治；推而放诸四海九州而准，则天下平矣。”[①] 由此可见，他的女子教育目的就是要彀治国平天下。

（二）女子高等教育的内容

概括起来就是“妇德、妇言、妇容、妇功”。这从《女学》一书便可见一斑。他在谈到自己编撰《女学》时说：“采辑经史诸子百家及《列女传》、《女诫》诸书，依《周礼》、《妇学》之法，开章总括其要，后以《妇德》、《妇言》、《妇容》、《妇功》分为四篇，又于四篇中分章别类，使读者一见了然，随事矜式”[②]。他认为女子教学内容如下。

1. 女德教育

他十分重视女子道德品质的培养。他说：“妇以德为主，故妇德独详”，具体要求女子应具备以下妇德：

其一，出嫁后善事丈夫、舅姑，和叔妹、睦娣姒。在事夫方面做到“妇以夫为天，所仰望而终身者，好合则如鼓瑟琴”，认为“庭闱和乐，家道昌焉。夫妇反目，人伦之变，衽席化为戈矛，祸患无所底止。”由此强调“事夫不可不学”。主张应对女子进行教育，以达到“敬顺无违，以尽妇道，甘苦同之，死生以之”的目的[③]。并列十章专论妇事夫的道理。论事舅姑，他说“为妇而不能事舅姑，虽有才能，不足称也。”认为妇人只知“夫之为亲”而不知“亲夫之亲”这便是“愚妇”。认为贤妇的标准是“夫惟孝敬，勿逆勿怠，曲意承欢，务尽乃职，历患难而不忘，遇酷虐而无愠”[④]。并列九章专论事舅姑之德。在和叔妹方面，他说：“夫之弟妹，俗所谓小叔小姑也。姑叔之间，易启猜嫌，待之不得其道，则上失舅姑欢心，伤吾夫孝友之志，非贤妇也。”[⑤] 要求诸妇应“如叔妹”，具体做到济叔妹之贫，不争长竞短，不偏爱私藏。同时还要求诸妇应睦娣姒，

① ［清］蓝鼎元著：《女学》卷 6，沈云龙主编：《近代中国史料丛刊》续编第 41 辑《女学》，台湾文海出版社 1977 年影印版，第 392—394 页。

② ［清］蓝鼎元著：《女学》，沈云龙主编：《近代中国史料丛刊》续编第 41 辑《女学》，台湾文海出版社 1977 年影印版，“女学自序”第 4 页。

③ ［清］蓝鼎元著：《女学》卷 1，沈云龙主编：《近代中国史料丛刊》续编第 41 辑《女学》，台湾文海出版社 1977 年影印版，第 7—8 页。

④ ［清］蓝鼎元著：《女学》卷 1，沈云龙主编：《近代中国史料丛刊》续编第 41 辑《女学》，台湾文海出版社 1977 年影印版，第 21—22 页。

⑤ ［清］蓝鼎元著：《女学》卷 1，沈云龙主编：《近代中国史料丛刊》续编第 41 辑《女学》，台湾文海出版社 1977 年影印版，第 32—33 页。

他说："夫兄弟之妻，俗所谓妯娌也。古曰娣姒。长妇为姒，介妇为娣。妇人相称皆曰姒，则从乎其尊者。娣姒之亲，亦如兄弟。异姓相聚，争长竞短，风俗之衰，不可言矣。人非木石，皆可相观而善，有礼让之诚，无自私自利之心，安往而不和睦哉？"[①]并专列六章论之。

其二，在家事父母、兄嫂。他说，父母"生我劬劳"、"拊我畜我，长我育我，顾我复我，出入腹我"，为子女的应当有报答之德，不能因男女而有别，"虽有男女，自父母视之，则皆子也"，要求女子在家应善事父母，永存"孝思"，"随其力之所能为"[②]。同时还应善事兄嫂。他说："妇人爱女，其天性也。女子事嫂，当倍加亲爱，温和谦让。岂可自图便利，相倾相轧哉?!"对那种不把兄嫂看做亲人，并常在父母面前"播弄长舌，论说是非"的女子进行了批评，并专列两章加以论述。[③]

其三，为嫡则弃嫉妒之心，尽续宗脉之职。他认为"有妻有妾"对男人来说是"人道之正"，因此做妻妾的均应当去嫉妒之心。"月星并丽，岂掩末光"，强调妇人"妒心不可萌也"。要求妇人聆听先哲之言，观贞淑之懿行，不要"至老无子，情甘绝祀，而不愿夫娶妾"。对反对丈夫娶妾以至绝嗣的妇人大加批抨，认为"此等妇人，罪不可胜诛矣"，并列十章加以反复论说。[④]

其四，处约而安贫，富贵尤恭俭。他认为士、君子通常都贫穷，妇应向士、君子学习，处约而安贫。虽然"贫与贱是人之所恶也"，但"不以其道得之，不去也"。要求妇人尊天命，他说："妇人从夫，贫富惟天所命，处贫而不能安，将有无所不至者矣。"[⑤] 要求女子以此为鉴，并列九章加以论述。如果富贵则尤应恭俭，"爱惜物力"而不"骄奢淫佚"，明确提出恭俭对女子来说"不可不学也"，做到"富而有节"，不仅可致

① ［清］蓝鼎元著：《女学》卷1，沈云龙主编：《近代中国史料丛刊》续编第41辑《女学》，台湾文海出版社1977年影印版，第36页。

② ［清］蓝鼎元著：《女学》卷1，沈云龙主编：《近代中国史料丛刊》续编第41辑《女学》，台湾文海出版社1977年影印版，第42—43页。

③ ［清］蓝鼎元著：《女学》卷1，沈云龙主编：《近代中国史料丛刊》续编第41辑《女学》，台湾文海出版社1977年影印版，第49—50页。

④ ［清］蓝鼎元著：《女学》卷1，沈云龙主编：《近代中国史料丛刊》续编第41辑《女学》，台湾文海出版社1977年影印版，第52—53页。

⑤ ［清］蓝鼎元著：《女学》卷1，沈云龙主编：《近代中国史料丛刊》续编第41辑《女学》，台湾文海出版社1977年影印版，第63—64页。

财富不匮乏，也可陶冶品德，并专列五章加以论述。[①]

其五，敬身、重义、守节、复仇。他说“男女之防，人兽之关，最宜慎重，不可紊也。女子守身，当兢兢业业，如将军守城，稍有一毫疏失，则不得生。故曰：无不敬也，敬身为大焉。”要求女子防微杜渐，并做到“可贫可贱，可死可亡，而身不可辱。”[②] 并列八章加以论述。同时他强调女子应向古代哲妇学习，“放义而行，私爱可捐，躯命可舍”而不能“自私自利”[③]。并专列五章加以论述。不仅如此，他还要求女子守妇道，从一而终，不能“存亡改节”，应做到“夫死不嫁”、“不幸而遭强暴之变，惟有死耳。”如果畏死贪生而失节，则“名虽为人，实与禽兽无异矣”[④]。要求女子应把贞操看得至高无上，并以命而捍卫之，特列十六章加以详细论述。此外，他还主张女子在“父为人所杀，无兄弟可以复仇”的情况下应义不容辞替父报仇。若夫被人杀后，妻也应替夫报仇，并列五章加以论述[⑤]。

其六，为人母应善教其子，善爱前子，善待众下。他认为做母亲的最了解自己子女的“举动善恶”，要求教子以严，“不可专事慈爱，酿成桀骜，以几于败也。”[⑥] 要求做人母的要教、爱结合，把握好严与爱的尺寸。同时主张教育女子应从小开始，不应过分宠爱而使其成为“败子”。并列十章加以论证。要求做后母的应慈爱前子。他说：“为人后妻，往往暴虐前子，甚至谗谮蛊惑，致使其父亦遂不慈”，并认为这是“古今通患，非一日矣。”要求后母不能另眼看待前子；如果“待前子稍有谬戾，世将指为口实”，主张做继母的“不可不慎”，并专列四章加以论述[⑦]。同

① ［清］蓝鼎元著：《女学》卷 1，沈云龙主编：《近代中国史料丛刊》续编第 41 辑《女学》，台湾文海出版社 1977 年影印版，第 76 页。

② ［清］蓝鼎元著：《女学》卷 2，沈云龙主编：《近代中国史料丛刊》续编第 41 辑《女学》，台湾文海出版社 1977 年影印版，第 85—86 页。

③ ［清］蓝鼎元著：《女学》卷 2，沈云龙主编：《近代中国史料丛刊》续编第 41 辑《女学》，台湾文海出版社 1977 年影印版，第 95 页。

④ ［清］蓝鼎元著：《女学》卷 2，沈云龙主编：《近代中国史料丛刊》续编第 41 辑《女学》，台湾文海出版社 1977 年影印版，第 105 页。

⑤ ［清］蓝鼎元著：《女学》卷 2，沈云龙主编：《近代中国史料丛刊》续编第 41 辑《女学》，台湾文海出版社 1977 年影印版，第 136 页。

⑥ ［清］蓝鼎元著：《女学》卷 2，沈云龙主编：《近代中国史料丛刊》续编第 41 辑《女学》，台湾文海出版社 1977 年影印版，第 151 页。

⑦ ［清］蓝鼎元著：《女学》卷 2，沈云龙主编：《近代中国史料丛刊》续编第 41 辑《女学》，台湾文海出版社 1977 年影印版，第 169—170 页。

时针对当时一些妇女刻薄待下，如“发人细过，自矜明察”、“虐使侍婢，无故鞭笞，以狭隘酷烈为才能”等进行了批评。主张以容忍为贵，“修德获福”。由此提倡待下应仁厚，并列四章加以论述。①

其七，修正辟邪，教导女子不信鬼神。他说：“死生有命，富贵在天，非神力所能转移。即使鬼神有力，亦必福善祸淫，正直是与，岂听巫尼谄佞，颠倒人世之是非，以妄加祸福，无是理也”。“作善降之百祥，作不善降之百殃”。并引孔子之言“获罪于天，无所祷也”加以论证。主张女子不与三姑、六婆相往来，且“僧道男人，尤非妇女所宜见面”。认为三姑、六婆、僧男等人皆是花言巧语，“能移人性情，坏人心术”，一旦被其迷惑，不仅会耗释财物，而且还会败辱身名。要求“严拒禁绝，不可与之相接”，并列六章加以论述。②

由上可见，蓝鼎元共列一百二十章专论妇德，认为“德”是“妇人一生之大本”，并认为妇言、妇容、妇功只有依德方可以立，它们之间的关系就如轮与车、梁栋与房子的关系一样。但他过分强调德而忽视才。他说：“妇人有德，则内行克敦，外观有耀。一举一动，皆足为模楷，虽奇丑若钟离春，吾爱之敬之。无德而徒有才，其才不足称也。”并说：“蔡文姬之诗，李易安之文，失节再醮，读者尤为齿冷，况于垝垣复关，兄弟咥笑者哉。古来奇才国色，接踵相望，一失其身，人所贱恶，虽有仙姿慧舌，妙技绝艺，由君子观之，不过名妓者流耳。张丽贞曰：‘悔此宵一念之差，呕心有血，致今日终身之误，剥面无皮。’呜呼！可不慎哉?!”并要求“女子既入学读书，识道理，于吾言所不尽者，当深思而自得之，以正厥德也。”③

2. 女言教育

他十分重视女子言语的教诲，提出了以下几点：

其一，在夫妻之间，强调“妇人之言，不出阃阈”，反对“放言媚辞”，认为“君子以为亵也”。要求妇人应以言善勖其夫，“绳愆纠谬”、

① ［清］蓝鼎元著：《女学》卷3，沈云龙主编：《近代中国史料丛刊》续编第41辑《女学》，台湾文海出版社1977年影印版，第179页。

② ［清］蓝鼎元著：《女学》卷3，沈云龙主编：《近代中国史料丛刊》续编第41辑《女学》，台湾文海出版社1977年影印版，第183—185页。

③ ［清］蓝鼎元著：《女学》卷3，沈云龙主编：《近代中国史料丛刊》续编第41辑《女学》，台湾文海出版社1977年影印版，第196—198页。

"相规以德"[1]，并主张"夫有过，可以力争"[2]。

其二，在母子之间，要求做母亲的"训以义方，弗纳于邪"。[3]

其三，对舅姑的过失，主张做女子、儿妇的以"几谏之法"，"将顺遂非，非所以为孝也"[4]。

其四，要求妇人言必合礼。"妇人之义莫重于礼。《记》曰：'人有礼则安，无礼则危。'礼不可不学也。一出言而不敢忘礼，故礼所不当言，则不言，是妇言之正则也。"主张妇言应"发乎性情，止乎礼义"[5]，并列七章论述"守礼之言"。他还主张"多言不如寡言，寡言不如无言"，并说："孔子曰：'君子欲讷于言'，况妇女乎？不得已而有言，必如班氏所谓择词而说，不道恶语，时然后言，不压于人而已矣。"[6]

其五，倡贤智之言。他说："人无远虑，必有近忧，斯明哲者贵焉，妇人见识几何，欲以小慧逆亿，难矣。然天下盛衰消长，祸福倚伏，天道人事，有开必先，固可以理信之耳"。要求妇人"据理而谈，使知趋避，亦足补救万一"，认为这不算妇人多言，而是贤智的表现，并列十八章加以论述[7]。

其六，倡免祸之言。他认为"人静观则智，祸至则昏，当夫患难猝来，克撑竺者鲜矣。"要求娴于辞令的妇人"片言解厄，或以理夺，或以情求"。总之，以达到转祸为福的旷日持久。认为这不是"长舌利口之流"，而是妻子应尽的义务[8]。

由上可见，蓝鼎元专列七十五章以论妇言。虽然主张女子善于言论，

① ［清］蓝鼎元著：《女学》卷4，沈云龙主编：《近代中国史料丛刊》续编第41辑《女学》，台湾文海出版社1977年影印版，第200—201页。

② ［清］蓝鼎元著：《女学》卷4，沈云龙主编：《近代中国史料丛刊》续编第41辑《女学》，台湾文海出版社1977年影印版，第245页。

③ ［清］蓝鼎元著：《女学》卷4，沈云龙主编：《近代中国史料丛刊》续编第41辑《女学》，台湾文海出版社1977年影印版，第229页。

④ ［清］蓝鼎元著：《女学》卷4，沈云龙主编：《近代中国史料丛刊》续编第41辑《女学》，台湾文海出版社1977年影印版，第245页。

⑤ ［清］蓝鼎元著：《女学》卷4，沈云龙主编：《近代中国史料丛刊》续编第41辑《女学》，台湾文海出版社1977年影印版，第249—250页。

⑥ ［清］蓝鼎元著：《女学》卷4，沈云龙主编：《近代中国史料丛刊》续编第41辑《女学》，台湾文海出版社1977年影印版，第290—291页。

⑦ ［清］蓝鼎元著：《女学》卷4，沈云龙主编：《近代中国史料丛刊》续编第41辑《女学》，台湾文海出版社1977年影印版，第258页。

⑧ ［清］蓝鼎元撰：《女学》卷4，见［清］蓝鼎元撰：《闽漳浦鹿州全集》，清光绪六年（1880）重修跋、闽漳浦素位山房代印本。

“择善词而说，不道恶语”，但他又主张女子常保缄默，他说：“多言不如寡言，寡言不如无言。议论风生，非家之福也”①。主张女子少管阃外之事，以守贞静之身。②

3. **女容教育**

他主张女子在不同情况下应注意不同的容貌。具体提出了以下几方面：

其一，事舅姑之容：要求女子视亲“必有和气，有愉色，有婉容”，认为这才是“孝”。如果“不极意承欢”而“直情径行、疾言戾色”，这便是不孝，“虽日用三牲之养”也不可改变不孝的罪名。并列二章加以论述。③

其二，敬夫之容：他认为“夫妇之好，不患不亲，患其过于狎也。”要求“狎而敬之，畏而爱之”，并认为“人之所以异于禽兽者”是由于人遵礼。要求夫妻之间“专心正色，相敬如宾”，反对“乱发坏形，窈窕作态”，认为这样“非庄妇可知，见者将厌薄之矣”。并列八章加以论述④。

其三，起居之容：他要求妇人起居“必有礼法”，视动言听之间都不可随便，“宁为拘谨，勿为放诞；宁过矜庄，勿为嬉笑。”要求女子“静处深闺，养成令淑”，“无崇好佚游，无出入寺观，无矜尚纷华”，反对“冶容丽饰”，并列二十一章加以论述。⑤

其四，妊子之容：他主张应对妇女进行胎教，他说：“人子之生，多肖父母，性情形貌，大约不甚悬绝，然而为善为恶，或有不齐者，则于妊子之时，所感异也。望子以圣贤，莫若先胎教。”⑥ 主张妊妇应注意起居，保持良好的性情，善听美者，以便陶冶胎儿。

---

① ［清］蓝鼎元著：《女学》卷4，沈云龙主编：《近代中国史料丛刊》续编第41辑《女学》，台湾文海出版社1977年影印版，第290—291页。

② ［清］蓝鼎元撰：《女学》卷4，见［清］蓝鼎元撰：《闽漳浦鹿州全集》，清光绪六年（1880年）重修跋、闽漳浦素位山房代印本。

③ ［清］蓝鼎元著：《女学》卷5，沈云龙主编：《近代中国史料丛刊》续编第41辑《女学》，台湾文海出版社1977年影印版，第297—298页。

④ ［清］蓝鼎元著：《女学》卷5，沈云龙主编：《近代中国史料丛刊》续编第41辑《女学》，台湾文海出版社1977年影印版，第300页。

⑤ ［清］蓝鼎元著：《女学》卷5，沈云龙主编：《近代中国史料丛刊》续编第41辑《女学》，台湾文海出版社1977年影印版，第305—306页。

⑥ ［清］蓝鼎元著：《女学》卷5，沈云龙主编：《近代中国史料丛刊》续编第41辑《女学》，台湾文海出版社1977年影印版，第320页。

其五，居丧之容：要求女子注重丧事。他说："丧重事也，三年之丧，终天大痛，当变易常度，以悲哀为主。"要求女子在守丧三年之间"不可对人欢笑，谐谑宴乐"，"但素服不为华饰"，并专列十六章加以论证。①

其六、避难之容："妇人当乱世，所忧不在见杀，惟惧名节难保尔。慷慨赴死，以全清白之躯，斯为上矣。其或未遇掳掠，相率逃难，则必毁容貌、恶衣服，使人畏忌，不生觊觎之心。"甚至可以以药敷面，"伪为癞疾"，认为是"保全名节之善计"②。

由此可见，蓝鼎元所谈的妇容的"容"指仪容，即"动止有礼，非艳冶美丽之谓也"。主张女子不仅要重视服饰美，更应重视心灵美。他说："服饰颜貌之际，率其日用之常，鲜洁整齐，无俾垢秽焉可矣。然修身在正其心，心正则容正，端庄静一，淑慎尔仪，虽宿瘤无盐，吾未见其丑也。"③

4. **女工教育**

他提出女子应注意以下五个方面：

其一，蚕绩之功。他反对当时妇女"怠惰养安，非息偃在床，则群聚游戏"，主张女子从小就应该受纺绩教育。他说："古者生女三日，弄之瓦砖，以明纺绩织纴，为妇人所有事也"，要求女子向古代天子之后、公侯之夫人学习，"蚕桑絺绤，不辞况瘁"，戒工"自逸"之嗜。④

其二，中馈之功。他认为"妇人为中馈之主司"，反对妇人"养尊处优，专委其权于婢仆"，主张妇人应"司酒食"、"烹饪必亲，米盐必课"。把"丰俭有节，于家计无漏卮，于待人不失礼"作为持家的"要道"。反对"鄙吝性成，计较纤悉"，"但知自奉，而以滥恶应宾"的做法。⑤

其三，奉养之功。他把事奉舅姑作为丈夫娶妻的目的。他说："娶妇

① ［清］蓝鼎元著：《女学》卷5，沈云龙主编：《近代中国史料丛刊》续编第41辑《女学》，台湾文海出版社1977年影印版，第324页。

② ［清］蓝鼎元著：《女学》卷5，沈云龙主编：《近代中国史料丛刊》续编第41辑《女学》，台湾文海出版社1977年影印版，第332—333页。

③ ［清］蓝鼎元著：《女学》卷5，沈云龙主编：《近代中国史料丛刊》续编第41辑《女学》，台湾文海出版社1977年影印版，第336页。

④ ［清］蓝鼎元著：《女学》卷6，沈云龙主编：《近代中国史料丛刊》续编第41辑《女学》，台湾文海出版社1977年影印版，第343页。

⑤ ［清］蓝鼎元著：《女学》卷6，沈云龙主编：《近代中国史料丛刊》续编第41辑《女学》，台湾文海出版社1977年影印版，第356—357页。

所以奉养舅姑”，于是主张妇人应“晨昏定省，服勤趋势”，“起敬起孝，无时倦息”，做到“未寒而为之衣，方饥而为之食”，就像慈母养育婴儿一样，不要提醒便知。[①]

其四，祭祀之功。他认为“娶妻以奉祭祀”是人生的根本。认为“自后妃以至士庶人之妻，虽贵贱不同，而报本追远，其道则一。尽物尽志，以致爱悫之思，谁独非人情哉?”[②]

其五，学问之功。他主张女子应读书明理。他说：“妇人终老深闺，女红之外，别无事业。然耳目见闻，不能及远，则读书明理，其大要矣”。认为女子读书的目的是“能变化气质”，而不是“咿唔文章，咏物写情”。但他提倡女子“通经学古，著书垂训”，认为这样君子也会以之为贵。[③]

由上可见，蓝鼎元所论妇功，“非功德之谓也”，乃“妇人所有事尔”。他强调妇功“必工巧过人，惟勤劳所事而已矣”，并把勤劳作为“古今妇人修身治家之大要”，要求女子应为此而努力。

由上可见，蓝鼎元《女学》的目的在于阐发女教，希望此书与朱熹的《近思录》、《小学》并驾齐驱。他采辑前人事迹，汇辑诸家学说，不过是替“三从四德”的封建道理做了一番推演罢了。可以说《女学》一书是诸代封建女子正统教育的一次大的的汇编，故终成六卷巨著。蓝鼎元自已也说，此书可算专讲女教的第一部宏大著作。

综上所述，明代女子高等教育思想在宋元的基础上获得了较大的发展，封建礼教得到进一步加强，理学家们所提倡的正统女子高等教育日益走向反动，女教书大多鼓吹女子持贞守节，政府对贞女烈妇大加褒奖，社会日益要求女子缠足，在《女儿经》中就有“为甚事，裹了足？不是好看如弓曲，恐她轻走出房门，千缠万裹来拘束!”[④] 可见缠足已不是女子的自愿了。虽然一些开明人士也提出了进步的女子高等教育思想，西方文化也逐渐传入，但最终未能冲垮封建礼教的堡垒。明代这种正统的

---

① ［清］蓝鼎元著：《女学》卷 6，沈云龙主编：《近代中国史料丛刊》续编第 41 辑《女学》，台湾文海出版社 1977 年影印版，第 367－368 页。

② ［清］蓝鼎元著：《女学》卷 6，沈云龙主编：《近代中国史料丛刊》续编第 41 辑《女学》，台湾文海出版社 1977 年影印版，第 373 页。

③ ［清］蓝鼎元著：《女学》卷 6，沈云龙主编：《近代中国史料丛刊》续编第 41 辑《女学》，台湾文海出版社 1977 年影印版，第 377－378 页。

④ 转引自贾仲著：《中华妇女缠足考》，载《史地学报》第 3 卷第 3 期（1924 年 10 月）。

女子高等教育并未因明代农民战争而受到改变，继后的清王朝承袭了明代女子正统高等教育的模式并大加发挥，正统女子高等教育随着封建社会的日益腐朽，其反动本质越加暴露。人们正是在这一过程中逐渐认清了正统女子高等教育的落后之处并起来大胆地加以改革。这些我们将在晚清的女子高等教育中加以介绍。

第五章

女性主体意识复兴时期：晚清的社会女性观与女子高等教育

女性主体意识萌动时期的女子高等教育是指 1840 年鸦片战争爆发至 1912－1913 年“壬子癸丑学制”颁布之前的晚清时期的女子高等教育。由于这一时期社会发生了巨大的变化，人们的思想观念随着社会的变革开始转变，而西洋文化的传入，对改变中国的传统观念起了重要的作用。在这样的情况下，社会的女性观逐渐发生了变革，传统女子高等教育也开始改变。

第一节　晚清时期的社会女性观

晚清时期，社会处于动荡变化之中。鸦片战争打开了我国“闭关锁国”的大门，并促使自给自足的自然经济解体，西洋文化不断东渐，挽救民族危亡成为国人的首要使命。在反帝反封的旗帜下爆发了太平天国革命，随后出现了为“自强”、“求富”、“新政”的洋务运动、维新运动以及预备立宪运动。这些社会变革使社会女性观发生着较大的变化，并影响着这一时期的女子高等教育。

一、鸦片战争至洋务运动时期的社会女性观

（一）西方传教士的女性观

在鸦片战争之前，清政府实行“闭关锁国”政策，对外贸易指定地

点是广州、厦门、云台山、宁波四口岸，后只剩下广州一口岸。当时为了严“夏夷之防”和“男女之防”，外国妇女进入中国口岸（澳门除外）实行禁限政策，来华的外国妇女只能呆在船上，不得随意上岸。清政府明文规定：“有夷船到澳，先令委员查明有无妇女在船，有则立将妇女先行就澳寓居，方准船只入口；若藏隐不遵，即报明押令该夷船另往他处贸易，不许进口；倘委员徇隐不报，任其携带番妇入省，行商故违接待，取悦夷人，除将委员严参、行商重处外，定将夷人船货一并驳回本国，以为违反禁令者戒。”[①] 这是清政府第一次明文规定不准外国妇女进入广东省。1831 年 5 月 12 日，清政府又公布了新的《防范夷人章程八条》，对外国妇人入省的查禁更为严格，规定容留隐匿番妇至省者，“照私通外国例治罪”；官兵未能查出者，也“照失察故纵，从重究处”[②]。

1840 年鸦片战争爆发，中国在帝国主义船坚炮利的打击下被迫打开了闭关自守的大门。随着一批不平等条约的签定，外国人可携带家眷进入通商口岸，同时规定外国人可在中国通商口岸租地建屋，可以建立教堂，可以与华人自由贸易，还可以雇佣华人为其服务，标志着中国传统的“夏夷之防”和“男女之防”可能被改变，这为西方资产阶级男女平等思想在中国传播提供了一定土壤。随着第二次鸦片战争的爆发以及一系列不平等条约的签定，外国人可以任意在内地游历、通商、传教，并把过去没收的教会和慈善机关的设施全部归还给基督教和天主教教会，这就使外国传教士在中国传教的活动更加合法化。

欧美的妇女解放运动起步较早，在法国资产阶级提出《人权宣言》的同时，要求男女平等的《女权宣言》也应运而生。它的出现对欧美各国影响极大，西方妇女解放运动便循着要求教育平等、经济独立、政治同权的顺序展开。1850－1880 年，在女子教育渐次发达的基础上，德、英、法、美诸国女子取得了名义上的女子高等教育平等权。1868 年法国允许妇女从事医师职业，1881 年又允许妇女在邮电、铁路等部门工作，女子获得了一定的职业权，女子参政权也在争取之中。中国由于长期的闭关锁国，对外了解甚少。随着传教士的东进，妇女解放运动的信息才逐渐传到中国。

① ［清］梁廷枬撰：《粤海关志》卷 27，北京文殿阁 1935 年版，第 3 页。
② ［清］梁廷枬撰：《粤海关志》卷 29，北京文殿阁 1935 年版，第 28－36 页。

外国传教士（大部分新教教士以及许多天主教传教士本身都是女性）一方面肩负着对外进行文化侵略的任务，另一方面特别是一批激进的女权主义（feminism）者是抱着使天下妇女能享有与男子平等权利的热望开始了向东方“布道”的。于是他们关注中国妇女问题，便在《北华捷报》、《字林西报》、《万国公报》等上发表文章，介绍西方妇女的有关情况，如西方男女并重、女子同男子一样读书、参加社会工作、从事社会活动、实行一夫一妻制等，对中国一些陋习（如：中国妇女仍完全顺从于父母、丈夫，无自我表现与社会接触的机会，学校教育与女子几乎无缘，妇女不得参与科举考试或担任任何公职，蓄妾、缠足及杀害女婴习俗）进行了批判，为中国女性观的变化起了一定的作用。许多传教士在文章中还特别强调女性教育与国家文明教化之关系，如花之安曾指出：“观教化者，必观国中女性之地位，以定其教化之等级。”① “妇女有学，今在泰西甚要，有关于政治民生”②。对中国女性教育用力颇多的林乐知也提出：“观教化者，以女人为定格”③，“女俗为教化之标志”④，“西国教化之成为文明，未始不由于振兴女学之功”⑤，“观泰西之国，男女未曾读书者，皆引以为国耻，民间崇重学问，国家培植人材，其国所以蒸蒸日上也”⑥。《万国公报》发表《论崇实学而收效》一文，介绍“泰西各国，莫重于读书，有得教化之源。……无分男女，例必入学。故男女，皆可挥写诵读，研究各种学问，为人所必需。……女徒入院读书，美国最多，其学问造于精微，英、法、德三国亦然”⑦。传教士韦廉臣在1889年发表的《治国要务论》一文中也同样强调了女性教育对国家的重要性：“妇女失教，非惟家道不成，而国亦坏其强半矣”，“坏其国之半，几将之人而尽坏矣”，“教训妇女一端，尤国之所万不可缺矣！”⑧

---

① 孙邦华：《万国公报与晚清教育现代化——报刊传媒与现代教育》，北京师范大学博士后出站报告，2001年，第133页。

② 孙邦华：《万国公报与晚清教育现代化——报刊传媒与现代教育》，北京师范大学博士后出站报告，2001年，第131页。

③ 李楚材编：《帝国主义侵华教育史资料》，教育科学出版社1987年版，第419页。

④ 李楚材编：《帝国主义侵华教育史资料》，教育科学出版社1987年版，第419页。

⑤ 李楚材编：《帝国主义侵华教育史资料》，教育科学出版社1987年版，第419页。

⑥ 李楚材编：《帝国主义侵华教育史资料》，教育科学出版社1987年版，第416页。

⑦ 李楚材编：《帝国主义侵华教育史资料》，教育科学出版社1987年版，第407页。

⑧ 孙邦华：《万国公报与晚清教育现代化——报刊传媒与现代教育》，北京师范大学博士后出站报告，2001年，第132页。

林乐知认为中国“女子无才便是德”的观念是极其荒谬的，指出“中国理学家常言：女子无德，以无才为有德，推其言外之意，实见无有才之女子，决难必其为有德者也。”认为“中国女人之地位，所以不能振拔者，名教纲常有以限之也。”[①] 于是主张通过在中国创办教会女学，以便从思想观念上和生活实践上落实男女平等的主张，改变中国一些落后的社会观念，这种宣传对于教会女学在中国的出现起了积极作用。

传教士对中国社会陋习如缠足的批判尤多。他们在《万国公报》上发表了多篇反缠足的文章。如英国传教士秀耀春指出：“夫上帝生人，不分男女各予两足”，“今任女子缠足，竟将重用之肢，归于无用之地，辜天恩，悖于理，违天命，罪恶丛生。”[②] 厦门的一位牧师也指出“今观天下，除中国以外，妇女均无缠足，可见上主造人之足形，男女无二致，此古今之通义也。”[③] 传教士在批判缠足的同时，纷纷组织天足会以实践其主张。传教士反缠足的活动对于革除中国长期摧残女子肉体进而折磨女子精神的缠足恶习起了一定的作用，它促使中国一部分女子反思社会的女性美观念，促成了日后健康女性美观念的形成。

（二）太平天国的女性观

由于外国资本主义的入侵，加之清政府的腐败，终于在1851年爆发了中国近代史上第一次伟大的农民革命运动。这次农民革命运动向封建主义发起了强烈的攻击，在女性解放运动史及女子教育史上都做出了伟大的贡献。

太平天国的女性观总的来看是倡导男女平等的观念。如在《原道醒世训》中宣称：“夫天下凡间，分言则有万国，统言之则实一家……天下多男人，尽是兄弟之辈，天下多女子，尽是姊妹之群，何得存此疆彼界之私，何可起尔吞我并之念？”[④] “太平天国的政纲——《天朝田亩制度》亦说：“盖天下皆是天父上主皇上帝一大家，天下人人不受私物，物归上

① 孙邦华：《万国公报与晚清教育现代化——报刊传媒与现代教育》，北京师范大学博士后出站报告，2001年，第135页。

② 《缠足论衍义》，《万国公报》光绪十五年四月。

③ 吕美颐、郑永福著：《中国妇女运动》，河南人民出版社1988年版，第42页。

④ ［清］洪秀全：《原道醒世训》，见杨家骆主编：《中国近代史文献汇编》之《太平天国文献汇编》（一），鼎文书局1973年版，第92页。

主，则主有所运用，天下大家，处处平均，人人饱暖矣。”[①] 在漫长的中国封建社会里，向有“四海之内皆兄弟”之说，但未在任何组织的纲领性文件中把男女相提并论，太平天国第一次以钦定文书的形式加以肯定，不能不说太平天国为解放女性迈出了可喜的第一步。这些宣传促使了社会女性主体意识的复活，无数女子积极起来参加太平天国倡导的女性解放运动，这对太平天国女子高等教育以深刻的影响。但我们应当看到，太平天国的家庭妇女观是较为落后的。在太平天国初期是没有小家庭的，奉行“天下总一家，凡间皆兄弟”，“天下一家，共享太平”的宗旨，但到 1855 年前后，这种违背人性的做法便宣告失败，又重新恢复小家庭。其家庭观仍然是中国传统的宗法性家庭观，这明显地反映在家庭女子高等教育中。

太平天国的女性美观念是崇尚自然之美，他们对五代以来的妇女缠足恶俗进行了批判，倡导天足。1859 年，洪仁玕到天京总理太平天国朝政，发表《资政新篇》，大胆主张学习西方资本主义的先进经验，主张禁革陈规陋习，如禁溺子女、禁卖子女为奴、禁女子缠足，这都对太平天国社会女子高等教育产生了重大影响。

总之，太平天国的女性观对于提高女性的地位、唤醒女性的主体意识起了积极的作用。它倡导的经济上的男女均田观、政治上的男女同军同政观、文化上的男女平等教育观、婚姻上的自主择偶观等等，尽管在当时仍有封建思想的残余，但总的来看，其思想具有进步性。对于女性主体意识的觉醒以及社会尊重女性的主体意识都有积极的意义。在提倡男女平等思想的指导下，太平天国采取了一些措施以提高女性的文化素质，进而推动了太平天国女子高等教育的发展。

（三）佛教的女性观

在本时期，佛教的影响力逐渐衰落。如晚清江震间女尼“绝无自愿为尼而皈依佛法者”[②]，这虽有些绝对，但本时期佛教的影响力确实明显降低。一方面，由于西方传教士通过不平等条约在中国取得传教权后，基督教及天主教思想便迅速在中国传播开来；二是中国世俗思想对宗教

---

① 《天朝田亩制度》，见杨家骆主编：《中国近代史文献汇编》之《太平天国文献汇编》(一)，鼎文书局 1973 年版，第 322 页。

② 《梵门绮语录·震泽新庵连生》，见［清］虫天子编：《中国香艳全书》第 2 册，团结出版社 2005 年版，第 679 页。

思想具有较强的抵制作用，使佛教的传播受到较大阻力，如中国家庭和家族的规约把信佛视为异端行为，要受处罚，如咸丰六年（1856）常熟丁氏义庄在《规条》中就明确规定“族中或本身或妇女，有诵经、佞佛、流为殿端畔道者，月米及丧葬、嫁娶、考费全家不给。”[①] 加之明清时期，佛教与道教和儒家思想进一步合流而更为世俗化，使自己的独特性发生了很大的改变，从而影响其发展。不过，本时期佛教女性观宣扬的男女平等观念和因果报应思想对女性的影响仍较大，尤其是观世音的慈悲形象对女性影响尤为明显，尽管受儒家思想影响较深的家庭不准女子信佛，但观世音还是被广大女性所喜爱和敬奉，“乡村妇女称赞她是能够理解她们的姐妹”[②]。当然，在藏传佛教地区，女性出家的还是存在，并且有的还成了女活佛。藏传佛教地区之外，也有一些女性出家。

（四）儒家的女性观

儒家女性观承继前代余风，要求妇女遵守“三从”、“四德”，尚贞守节，清统治者仍采用旌表贞节来维系封建的道德观，对以身殉夫殉亲的烈妇烈女、夫死不嫁的节妇、未婚守节的贞女等均予以表彰。被旌表者可以树立贞节牌坊，表现突出的还会载入方志甚至记入国史，一般家庭也视为荣耀。这种礼教观念较过去更为流行，据《清史稿·列女传》载，每年各地方官上报的贞节妇女的人数就达数千[③]。可见儒家传统女性观流行的情况了。

（五）世俗的女性观

由于国门洞开，一些有识之士开始介绍国外情况，逐渐使世俗的女性观发生了变化。如魏源于1842年在《海国图志》中对英国教育情景进行了介绍：“小儿自二岁以上，又立赤子学，女人办之。”[④] “国中无论男女皆习文艺，能诗画，兼工刺绣。”[⑤] 记普鲁士“女子悉天文”[⑥]。记美国教育“国之男女无不能书算者”[⑦]。这就给世人展示了国外女子均有才学，

① 费成康主编：《中国的家法族规》，上海社会科学院出版社1998年版，第289页。
② 卡莫迪著，徐钧尧等译：《妇女与世界宗教》，四川人民出版社1992年版，第77页。
③ 赵尔巽等撰：《清史稿》卷508《列女传·序》，中华书局1977年版，第14020页。
④ ［清］魏源著，陈华等点校注释：《海国图志》卷51，岳麓书社1998年版，第1419页。
⑤ ［清］魏源：《海国图志》卷51，岳麓书社1998年版，第1406页。
⑥ ［清］魏源：《海国图志》卷57，岳麓书社1998年版，第1581页。
⑦ ［清］魏源：《海国图志》卷61，岳麓书社1998年版，第1676页。

这无疑是对中国儒家“女子无才便是德”落后观念的挑战。他还介绍了与中国十分不同的婚俗及男女关系。如记英国写道：“婚姻必男女自愿，然后告诸父母，不用媒妁。惟拜教主，祈上帝，婿则以戒指插新妇之指，即为夫妇。因上帝原初止造一男一女，故不能娶二妇，亦不许出妻。多有男终身不娶，女终身不嫁者。父母产业男女均分，不能男多女少，嫁则婿受其赀焉。倘违禁娶两女者，其罪流。”[①]“君民皆无妾媵，无鬻子女者。男二十四岁以上，自度有俯畜之业，方议娶。娶妻不用媒妁，与女子自订可否，诺则告其父母而聘定焉。聘后往来，以知其情性，乃集两家亲朋赴礼拜堂，请教师，祈上帝，遂为夫妇。妇将己有业产财帛俱归其夫，终身无贰。”[②]“贵女贱男，……妇亦与人往还。”[③]“婚嫁听女自择，女主赀财，夫无妾媵。自国王以下，莫不重女而轻男。”[④] 又记美国人的婚姻习俗：“开辟之始，未有人类，上帝既造一人为万物之主，又立一女子以配之。夫妇之礼自此始，历代相传无异，但无立妾及少年预聘之例。年十五以上者，访求淑女，若非亲谊，则踵府谒其父兄，结好往来三五载，彼此贤愚皆已知之。或面订佳期，或各告父母，并无奠雁迓轮及聘定之礼。娶之日，男女升堂携手，有一官或族正等书二人名，盖之以钤记、印信，其后报丁册，内列夫妇姓名，自后必终身偕老。”[⑤] 可见作者对西国女子有婚姻自主权及女子在财产、社交、教育等方面享有与男子同等权利一事特别给予关注，甚至得出了西国“重女轻男”的结论。而且词语之间并无说毁之意，反映了作者对这些与中国传统道德观念显然不同的习俗，抱有一种新奇和宽容的心态。他的这一宣传无疑是对中国传统重男轻女思想的批判，向世人展示国外是“重女轻男”，与中国正好相反。在书中，他还明确提出“师夷长技以制夷”的主张，为日后国人大胆向外国学习起了积极的作用。1849 年林鍼著的《西海纪游草》刊行，在书中，作者对美国学校记述道：“术数经纶，学校男师女傅”[⑥]。这为中国女性可以从事教师职业观念的形成起了一定的影响。1851 年，在上海租界修赛马场，每年举行赛马会，吸引了无数中国女子前去观看，

① ［清］魏源：《海国图志》卷 51，岳麓书社 1998 年版，第 1406 页。
② ［清］魏源：《海国图志》卷 51，岳麓书社 1998 年版，第 1418 页。
③ ［清］魏源：《海国图志》卷 52，岳麓书社 1998 年版，第 1433 页。
④ ［清］魏源：《海国图志》卷 53，岳麓书社 1998 年版，第 1452 页。
⑤ ［清］魏源：《海国图志》卷 59，岳麓书社 1998 年版，第 1640 页。
⑥ ［清］林鍼：《西海纪游草》，岳麓书社 1985 年版，第 38 页。

随后上海照相业盛行，无数爱美女子纷纷走出家庭到照相馆去留下倩影，这些都是对中国儒家传统的女子只能呆在家中观念的冲击。

1857年淮阴心如女士（即女作家邱心如）著的著名长篇弹词《笔生花》4卷32回刊行。邱心如写的《笔生花》，是受《再生缘》的影响而创作的[①]。她丈夫颇平庸，早死。二十余年后，爱子夭亡，女亦出嫁，家境贫穷，乃回母家，设帐授徒。《笔生花》是作者前后经三十余年陆续写成的。作品描写了明代一位女子姜德华，由于皇帝选美，拆散姻缘，被迫背井离乡，女扮男装，后凭自己的才干中状元、做宰相，拥兵勤王，带兵十万重整江山，并假结鸾凤，最后被皇帝封为“忠孝英烈女侯”。作者身为女性，最了解妇女的痛苦和不幸，所以，在作品中也真实地反映了妇女所受到的深重压迫。书中描写了好几位或富家、或穷户的女子所遭受的不幸，表现了妇女对自身所受困苦的悲戚之情。同时，作品也寄托了妇女的愿望和理想，着力渲染女主人公姜德华的非凡才能。作品里说她从小就聪明绝世，熟读诸子百家，作文篇篇锦绣，所以一举考中状元，压过全国须眉士子，且有治国平天下的胆识和才能，率兵勤王，主持朝政，嘉靖帝依为股肱。邱心如处处流露出对她的赞美，明确表达了妇女的心声：女子本来具有与男子同样的才能，只要不受到压抑和摧残，她们同样可以做出不逊于男子的惊天动地的大事业来。这充分反映了广大妇女对男权压迫的抗议。然而，作者毕竟生活在封建社会，只能以封建的伦理道德标准为衡事的准绳。姜德华这一理想形象，就集中体现了三从四德的封建道德观念。作者试图把女主人公姜德华塑造成一个全忠全孝，全文全武，既有超凡才能，又完全符合封建道德规范的完美女性。因而，书中描写她自从复妆以后，就一心用在调和闺房，拉拢姻缘，意在做一个最具封建德性的贤妻良母。该作品反映出妇女观念从单纯贤妻良母型到家庭事业双重型的过渡：在社会角色上顶天立地，不让须眉；在家庭中仍为贤妻良母。这是中国妇女对自身社会角色的认识由古代花木兰“代父从军”的单纯“孝女”观念向争取自身幸福、发挥自身才能的主体观念的发展。这种变化就其内涵来说，与西方近代的女权思想有一定的相通之处，也是中国妇女观念由传统向近代转变的重要环节，代

① ［清］邱心如著：《笔生花》卷1《第一回》，中州古籍出版社1984年版，第1页。

表了正在觉醒的中国女子的主体意识[①]。

（六）洋务派的女性观

洋务派作为清末封建官僚统治集团，他们主张依靠外国援助开办近代军事工业和民用工业，以达到“自强”、“求富”、“新政”的目的，同时他们又想借助于军事工业来镇压人民的反抗，维护其封建统治。因而洋务派对西方文化采取有选择地吸收，主张“中学为体，西学为用”。他们对女子和女性教育也比较关心，既主张封建传统女子角色，也主张女子接受一定的新教育，不过总的来看，其女性观含有浓厚的封建色彩。在此，我们以李鸿章、张之洞为代表加以说明。

李鸿章（1823－1901），清末淮军军阀，洋务派首领之一。其女性观主要反映在《李文忠公全集》中。首先，认为女子天资不错，能接受教育。他说：女子“赋性幽娴，能知礼教”[②]，于是女子应接受教育。其次，重视女子传统道德。他认为女子应以端淑为美，在家应善事父母、做到“笃孝至性”[③]，出嫁应善侍丈夫、夫死应“从容殉节”[④]，还主张女子应有同情心，在他人遭灾时应踊跃“捐输”加以赈救。[⑤] 第三，主张女子应学习文化，努力读书。他对孝女王氏“读书通大义，能读文”[⑥] 大加赞扬。由此可见，在他的女性观中既有封建礼教成分，又有反映时代进步的新观点。他强调女子善侍丈夫，夫死应“从容殉节”，这是他思想中落后的一面，但他又主张女子应受教育，努力读书，女子应帮助他人等，这是他思想中进步的一面。

张之洞（1837－1909），在洋务方面成就颇丰，是洋务运动后期的杰出代表。他的女子观散见于《张文襄公全集》中，其女子观在1898年前

---

① 参见刘志琴主编、李长莉编：《近代中国社会文化变迁录》卷1，浙江人民出版社1998年版，第101－103页。

② ［清］李鸿章：《郭松林之妾殉节片》，见《李文忠公全集·奏稿》卷37，光绪乙巳四月金陵付梓戊申五月印行。

③ ［清］李鸿章：《孝女王氏事迹片》，见《李文忠公全集·奏稿》卷29，光绪乙巳四月金陵付梓戊申五月印行。

④ ［清］李鸿章：《郭松林之妾殉节片》，见《李文忠公全集·奏稿》卷37，光绪乙巳四月金陵付梓戊申五月印行。

⑤ ［清］李鸿章：《林维源母请匾额片》，见《李文忠公全集·奏稿》卷31，光绪乙巳四月金陵付梓戊申五月印行。

⑥ ［清］李鸿章：《孝女王氏事迹片》，见《李文忠公全集·奏稿》卷29，光绪乙巳四月金陵付梓戊申五月印行。

后有所差别。在1898年前，他持的仍是封建传统女性观，在1898年后逐渐拥护新女性观。1898年他出版了《劝学篇》，在该书中，他主张女子应受封建传统女教，应遵三纲、守五伦。他说："三纲为中国神圣相传之至教，礼政之原本，人禽之大防，以保教也。"[①] 在《劝学篇·内篇》中，他专列"明纲"一章，要求女子遵守"三纲"和"男女有别"的封建信条。他指出："三纲"是"五伦之要，百行之原，相传数千年，更无异义。圣人所以为圣人，中国所以为中国，实在于此。"[②] "人君非此不能立国，人师非此不能立教。"[③] 主张用"夫妇之纲"来反对日益兴起的男女平权学说。而对女子是否受学校教育却未提及。但随着时代的发展，他的女子观有所改变，光绪二十四年闰三月二十日（1898年4月22日）姚锡光上他的查看日本学校大体情形的奏折对他影响很大。姚锡光在奏折中把日本重视女子教育，除实行男女同校外，还单设有女子高等学校、女子高等师范学校和华族女学校做了详细的介绍，并指出"日本教育之法，大旨盖分三类，曰体育、曰德育、曰智育，故虽极之盲哑推及女子，亦有体操，重体育也。言伦理、言修身，在德育也。凡诸学科皆智育也。此虽在女子，所不废也。……若夫其子女诸学校，公私林立，故自中人之家以上，无不通学术之女子，是以小学校之中，女师及半。而华族女子以外，亦大半自食其力，且教其子女也。易是其法，亦未始不善，特以中国风教各殊，习俗亦异，尚未能以为规则耳。"[④] 这对张之洞形成新的女子教育观起了极大的促进作用。清光绪二十九年（1903）张之洞参与拟定的《奏定学堂章程》便改变了以前张百熙拟定的《钦定学堂章程》不重女子教育的状况，《奏定学堂章程》的《蒙养院章程及家庭教育法章程》规定各省应设蒙养院，"以蒙养院辅助家庭教育，以家庭教育包括女学。"[⑤] 主张女子应学习科学知识，同男子一样受新式的学校教育。要求

---

① ［清］张之洞撰：《劝学篇·序》，见罗炳良主编：《张之洞 劝学篇》，华夏出版社2002年版，第2页。

② ［清］张之洞撰：《劝学篇·内篇·明纲》，见罗炳良主编：《张之洞 劝学篇》，华夏出版社2002年版，第34页。

③ ［清］张之洞撰：《劝学篇·内篇·明纲》，见罗炳良主编：《张之洞 劝学篇》，华夏出版社2002年版，第36页。

④ 《姚锡光上张之洞查看日本学校大概情形手折》，见朱有瓛主编：《中国近代学制史料》第2辑上册，华东师范大学出版社1987年版，第32—33页。

⑤ 《奏定学堂章程》，见朱有瓛主编：《中国近代学制史料》第2辑下册，华东师范大学出版社1989年版，第573页。

各省蒙养院为乳媪及保姆教授幼儿事宜。还明确指出："使全国女子无学，则母教必不能善，幼儿身体断不能强，气质习染断不能美。"[①] 为了实现他的女子教育主张，1904 年 7 月他在武昌宾阳门内的敬节分堂，为女子开办了傅姆科，这相当于今天的幼儿师范。后又办保育科、女子高等小学堂，促进了武昌女子教育的发展。可见他的晚期女子观较前期有明显进步，但仍流露出一定的守旧倾向，如认为"少年女子断不宜令其结队入学，游行街市，且不宜多读西书，误学外国习俗，致开自行择配之渐。……其干预外事、妄发关系重大之议论，更不可教"[②]，等等。

总之，这一时期，社会女性观逐渐发生变化，传统的女性观由于西洋文化的传入受到了一定冲击，女性的社会价值逐渐得到社会的认可，一些开明人士已关注女性的人格。新旧思想的斗争十分明显，呈现出多元化的女性观。总的看来，传统女性观仍占上风，虽少数女子的主体意识已渐渐觉醒，但绝大多数女子的主体意识仍处于沉睡状态。这些都深刻地影响着本时期的女子高等教育，使之仍以传统型为主。

二、维新运动至预备立宪时期的社会女性观

（一）资产阶级维新派的女性观

随着甲午战争的失败，帝国主义掀起了瓜分中国的狂潮，外国资本主义的入侵进一步加深，维系社会稳定的封建伦理及纲常名教在民族矛盾和中西文化冲突进一步加剧的情况下受到严峻的挑战，传统的女性观逐渐被以男女平等为核心的资产阶级女性观所取代。维新派人士对传统女性观进行了批判。如谭嗣同认为："三纲之慑人，足以破其胆，而杀其魂。"[③]

资产阶级维新派对"女子无才便是德"的观念进行了大胆的批判，他们以"贤妻良母主义"取代"女子无才便是德"的旧观念。而维新派的"贤妻良母主义"不同于传统的"贤妻良母主义"，故通常称之为"新

① 《奏定学堂章程》，见朱有瓛主编：《中国近代学制史料》第 2 辑下册，华东师范大学出版社 1989 年版，第 573 页。

② 《奏定学堂章程》，见朱有瓛主编：《中国近代学制史料》第 2 辑下册，华东师范大学出版社 1989 年版，第 573 页。

③ ［清］谭嗣同著：《仁学》，中华书局 1981 年版，第 348－349 页。

贤妻良母主义”。它主张贤妻良母必须要有高深的文化科学知识，因而入学校接受教育就应成为女子必不可少的权利。如郑观应在《盛世危言》卷3《女学》中说：“中国之人生齿繁昌，心思灵巧，女范虽肃，女学多疏。诚能广筹经费，增设女塾，参仿西法，译以华文，仍将中国诸经、列传，训诫女子之书别类分门，因材施教，而女红、纺织、书数各事继之。富者出资，贫者就学，由地方官吏命妇岁月稽查，奖其勤而惩其惰。美而贤者，官吏妥为择配，以示褒嘉。至于女塾章程，必须参仿泰西，整齐严肃。庶他日为贤女，为贤妇，为贤母，三从四德，童而习之，久而化之；纺绣精纱，书算通明；复能相子佐夫，不致虚縻坐食。”① 并设法筹措经费，向泰西学习，设立女塾，以教育女子。倾向于维新变法的民族资本家经元善认为，“我中国欲图自强，莫急于广兴学校，而学校本原之本原，莫亟于创兴女学”②。为了改变中国缺乏女子教育的现状，积极支持兴办女学，为女学的兴办筹钱出力。女子教育观念的更新是本时期女性观中特别值得称道的。

同时，一部分中国女子在“天赋人权”、男女平等思想的影响下，逐渐觉醒，她们自觉地起来争取初等、中等教育权。受戊戌维新思想影响较深的一批女子认为，要实现男女同权，重要的是兴女学，“使举国之女，粗识礼仪”，最终达到“才德之女彬彬矣”③ 的目标。要改变千百年来女子遭摧残、受歧视的现状，“非遍开女学以警醒之、启发之不可”④。少数最先觉醒的妇女，为了妇女解放，积极倡导女子教育。卢翠在《女学报》上发表文章说：“向使吾辈皆如西国之女，人人读书，人人晓普通之学，人人习专门之业，不特以一家之中大有裨益，即一国有事，亦岂无一报效毫末哉。”⑤ 刘纫兰也发表了《劝兴女学启》，指出“天下兴亡，女子也有责焉”⑥。康有为的长女康同薇和次女康同璧在家庭的熏陶下，自幼没有缠足，戊戌时期也积极倡导女子教育。经元善的夫人更是亲自

① 郑观应著，辛俊玲评注：《盛世危言》卷3《女教》，华夏出版社2002年版，第120—121页。

② ［清］经元善等：《女学集议初编》，见虞和平著：《经元善集》，华中师范大学出版社1988年版，第213页。

③ 康同薇：《女子利弊说》，《女学报》第7号。

④ 康同薇：《女子利弊说》，《女学报》第7号。

⑤ 《女子爱国说》，《女学报》1898年第5期。

⑥ 《劝女学启》，《女学报》1898年第4期。

宴请“泰西女士之足以匡扶女学者”，投身于兴办女学的具体实践中去。这些先进妇女的自我觉醒，无疑推动了中国女子教育观念的更新。

（二）资产阶级改良派的女性观

资产阶级改良派的女性观以陈以益（1871—?）的观点为代表。他说：“世界之平和，必先改良社会，欲社会之改良，必先扶植女权。女子者，国民之母也。女子在社会上无权，则社会安能改良?”[①] 因而他主张“提倡女学，扶植女权，以为社会改良之基。”[②] 认为如果不能很好地解决女子问题，将来必发生“妇人革命”。为防止“妇人革命”，就应当“于女权上注意，使女学、女权同时并进，即得真正之文明”[③]。他对中国女子所受压迫进行了深刻的剖析，并从“天赋人权”的思想出发，主张男女平权，女子应与男子一样受教育。他认为中国当时处在黑暗时代，“此时代一般以妇人为男子所有物，两性间一切关系，殆以是决定。妇人概如家畜，一切天赋人权，皆为男子所侵夺”[④]，就连妇女自己也承认无权是“自然之运命”。他把中国妇女因无权而所受之压迫归纳为六点，即使役、赠与、买卖、生杀、玩弄、禁锢。并认为妇女受压迫的总根源是中国“君权、亲权、夫权之极端滥用所致”[⑤]，是“尚力时代”女子“短于力”的缘故。他认为当时是“智力过渡时代”，而女子“长于智而短于力”，女子的天质并不比男子差，当然女子在各方面应与男子平等，不应受男子的压迫。他说：“我女子之智识不殊于男子，则其权利亦当无异于男子，而其能自立而不必有所依附亦无异于男子”[⑥]。要求女子首先应自立，然后才能获得解放。他说中国传统女子教育无非是不让女子自立，他写道：“女诫女训，千条万理，无非为破坏其自立计”[⑦]，主张女子应受新教育，以增进其“智识”，为自身的解放和过渡到将来的“尚智时代”而努力。他在《男尊女卑与贤母良妻》一文中对“襄夫教子”的贤母良妻主义进行了批判，指出把女子的性质仅限于襄夫教子而不能独立这是不可取的，但他并不反对把女子培养成贤母良妻，只是反对把它作为女

---

① 陈以益：《女论》，《女报》1909年增刊。
② 陈以益：《女论》，《女报》1909年增刊。
③ 陈以益：《女论》，《女报》1909年增刊。
④ 陈以益：《女论》，《女报》1909年增刊。
⑤ 陈以益：《女论》，《女报》1909年增刊。
⑥ 陈以益：《女论》，《女报》1909年增刊。
⑦ 陈以益：《女论》，《女报》1909年增刊。

子教育的唯一目的。他说："吾非谓贤母良妻不足取也，吾非谓贤母良妻无所用也。惟男女既同为人类，同宜教育，即宜受同等之教育。"[①] 那种仅给女子授予普通学识而无专门学问的"贤母良妻主义"是与此相违背的，实质是庸人教育。于是他"谨告女学界，其勿以贤母良妻为主义，当以女英雄女豪杰为目的。""苟欲去男尊女卑之谬说，则请取贤母良妻之主义并去之。与女子以男子同等之教育，即与女子以男子同等之权利。则平等平权，庶非虚语，而女学与女权发达当有日矣。"[②] 他主张我国应设立与男校同等的女校。教育应满足女子的愿望，有大志者可追求高深学问，无大志者听其为贤母良妻而终，这才是社会所希望的教育。

（三）资产阶级革命派的女性观

资产阶级革命派的女性观发展了"新贤妻良母主义"的女性观，归纳起来，有如下几点。

1. 主张女性应成为独立的自食其力的人

革命家秋瑾（1875－1907）是该主张的著名代表之一。她在《敬告姊妹们》一文中说："如今中国不是说有四万万同胞？但是那二万万男子，已渐渐进了文明新世界了，智识也长了，见闻也广了，学问也高了，身名是一日一日的进步了；这都亏得从前书报的功效呢。今日到了这地步，你说可羡不可羡呢？所以人说书报是最容易开通人的智识的呢。唉！二万万的男子，是入了文明新世界，我的二万万女同胞，还依然黑暗沉沦在十八层地狱，一层也不想爬上来。"[③] 她对当时女子依靠男子麻木地过奴隶似的生活进行了批判，要求女子应进学堂求学，以增进知识、掌握技术，自己养活自己，从"奴隶"的处境中解放出来。她说："但凡一个人，只怕自己没有志气；如有志气，何尝不可求一个自立的基础，自活的艺业呢？如今女学堂也多了，女工艺也兴了，但学得科学工艺，作教习，开工厂，何尝不可自己养活自己呢？也不致坐食，累及父兄、夫子了"[④]。她认为女子受了教育后，有了知识，谋到一个职业，这样既可使家业兴隆，又可使男子敬重，"洗了无用的名，收了自由的福"[⑤]。她主

① 陈以益：《女论》，《女报》1909年增刊。

② 陈以益：《女论》，《女报》1909年增刊。

③ ［清］秋瑾：《秋瑾集·敬告姊妹们》，上海古籍出版社1979年版，第14页。

④ ［清］秋瑾：《秋瑾集·敬告姊妹们》，上海古籍出版社1979年版，第15页。

⑤ ［清］秋瑾：《秋瑾集·敬告姊妹们》，上海古籍出版社1979年版，第15页。

张妇女“生了儿子，就要送他进学堂，女儿也是如此，千万不要替他缠足。幼年姑娘的呢，若能够进学堂更好，就不进学堂，在家里也要常看书、习字。”① 不仅如此，她还把女子受教育作为国家富强的手段。她说：“东洋女学之兴，日见其盛。人人皆执一艺以谋身，上可以扶助父母。下可以助夫教子，使男女无坐食之人，其国焉能不强也?”②。

2. 女性应成为女国民

光绪三十三年（1907）《中国新女界杂志》在发刊词中强调：“本社最崇拜的就是‘女子国民’四个大字，本社创办杂志的宗旨虽有五条，其实也只有这四个字，本社新女界杂志从第一期以后，无论出多少期、办多少年、做多少文字，也只是反复解说四个大字。”③ 1902 年 4 月在上海成立的中国教育会，其章程也明确规定：“本会以教育中国男女青年，开发智识而增进其国家观念，以为他日恢复国权之基础为目的。”同年冬，该会创办的爱国女学的培养目标就是“铸造国民为目的”④。可见，女国民观念是资产阶级革命派的女性观。

3. 女性应成为新时代女性

资产阶级新时代女性观以金天翮（1874－1947）的主张为主要代表之一，他批判过去只有男子有权享受教育而女子却无权的状况，主张女子应受教育，且应受不同于旧式教育的新教育。他把女子新教育的宗旨归纳为八点，即“一、教成高尚纯洁、完全天赋之人。二、教成摆脱压制、自由自在之人。三、教成思想发达、具有男性之人。四、教成改造风气、女界先觉之人。五、教成体质强壮、诞育健儿之人。六、教成德性纯粹、模范国民之人。七、教成热心公德、悲悯众生之人。八、教成坚贞激烈、提倡革命之人。”⑤ 根据他这八条标准，可见他的女子教育目的是培养有独立人格、有个性的、品德高尚、身体健康、热心公德、敢于革命、敢于改造社会的新时代女性。

（四）儒家的女性观

本时期儒家“三纲五常”、“三从四德”的女性观仍较流行，在 1905

---

① ［清］秋瑾：《秋瑾集·敬告中国二万万女同胞》，上海古籍出版社 1979 年版，第 6 页。

② ［清］秋瑾：《致湖南第一女学堂书》，《女子世界》第 2 年第 1 期（1905 年）。

③ 《中国新女界杂志》，1907 年，第 42 页。

④ 张玉法、李又宁主编：《近代中国女权运动史料》，台北传记文学出版社 1975 年版，第 1007 页。

⑤ 金天翮撰、陈雁编校：《女界钟》，上海古籍出版社 2003 年版，第 44－45 页。

年科举废除之前，儒家思想主要通过礼部、学政和教谕等教育机构由家庭、宗族以及社会教化加以推行，而科举考试和祭孔仪式是推行儒家教化的重要形式。《清史稿·职官志》规定，有关学校贡举之事，由尚书负责，“尚书掌五礼秩叙，典领学校贡举，以布邦教。侍廊贰之。典制掌嘉礼、军礼。稽彝章，辨名数，颁式诸司。三岁大比，司其名籍。四方忠孝贞义，访懋旌闾”[①]。光绪三十一年（1905）废科举对儒家女性观的传播体系给予了较大的打击，但家庭与宗族的势力在当时仍然很强，对传播儒家女性观仍起着很大的作用。

（五）宗教的女性观

西方天主教和基督教女性观承继前一时期内容，无实质变化，只是在本时期更加流行开来。教会人士对中国陋习进行了更为激烈的批判，刺激了中国社会女性观的更新。尤其是主张女子应受包括高等教育在内的学校教育对本时期学校女子高等教育和留学女子高等教育的出现起了积极的作用。

伊斯兰教的女性观较过去更为流行，主张男女平等并应接受教育，穆斯林不断创办女学，使清真女学获得一定发展。

而佛教和道教女性观由于受到西方宗教和世俗社会观念的冲击更大，在社会上产生的影响日益减小，其对本时期女子高等教育产生的影响也逐渐减小。

此外，世俗的女性观则有一定的变化。如开始注意女性的教育，这在一些家规或族规中都有明显反映，在文学作品中也有很多反映；主张女性应有自己的职业，应自己养活自己的观念逐渐流行；社会上仍充斥着把女子当成玩物的观念。总的来看，本时期世俗女性观处于新旧观念的争斗阶段。

综上所述，从维新运动至壬子癸丑学制建立之前的社会女性观发生着巨大的变化，封建传统女性观受到资产阶级女性观的强烈冲击，女子接受教育尤其是新式学校教育逐渐成为社会的共识，一大批已觉醒的女性也积极参加到唤醒女性主体意识的运动中来，就整个社会女性主体意识来看已经复兴。她们积极争取男女平等，积极参与高等教育。由于整个社会女性主体意识的复兴促成了1907年女子初、中等教育在学制上的

---

① 赵尔巽撰：《清史稿》卷114《职官一》，中华书局1977年版，第3280页。

建立以及1912—1913年女子高等教育在学制上的确立。壬子癸丑学制颁布之后，中国女子高等教育就以学校教育为主要类型向前发展了。

第二节　晚清时期的女子高等教育

一、鸦片战争至洋务运动时期的女子高等教育

（一）家庭女子高等教育

本时期一些贵族之家十分重视家庭女子高等教育，内容仍然是传统的妇德、妇言、妇容、妇工“四德”，但新思想、新道德在一些家庭教育中也开始出现，且科学技术教育在家庭女子高等教育中占有一定地位。

1. 妇德教育

在妇德教育方面，本时期家庭教育十分重视贞、节、孝等道德。1853年至1860年，仅江苏扬州一地，妇女因怀有名节观念、惧怕兵乱被污而殉节的妇女就达1130人[①]，可见儒家传统道德观在家庭教育中是十分流行的。当时有孝敬事姑达数十年没有仍何怨言的，如“欧阳玉光妻蔡，湘乡人。玉光母刘，治家有法度。玉光居父丧，以毁卒。蔡承姑教，董家事，率妯娌，与子侄佣奴，各有专职，家渐起。”[②]蔡妇事姑敬，几十年如一日。“曾国藩为之传，谓：‘欧阳姑、妇，虽似庸行无殊绝者，而纯孝兢兢，事姑至六十年、五十年之久而不渝，天下之至难，无以逾此。’”[③]可见，蔡妇所恪守的是中国传统道德。家法族规也注重妇德教育，如光绪二十一年（1895）合江东乡李氏的《族规》中有：“尊卑之分，秩然不淆”；“族中如有孝子……节妇，确有实迹、未经旌奖者，应由族人备录其行状，会众覆实，联名举报，或请匾额，或请旌表。”“族中妇女，不幸夫故孀居，自宜以守节为贵。然此非可强自他人。惟既经改醮，即非本族之妇，古人所谓‘出则与庙绝者’也。虽有子孙，谱中

---

① ［清］谢延庚修：《光绪江都县续志》卷10“咸丰三年以来妇女殉城表第八”，清光绪十年（1884）刻本。

② 赵尔巽等撰：《清史稿》卷508《列女一》，中华书局1977年版，第14044页。

③ 赵尔巽等撰：《清史稿》卷508《列女一》，中华书局1977年版，第14044页。

必削其名氏。续修之日，概不许刊人。”[①] 这一时期由于民族危机加深，一些家庭在教育中也增加了爱国教育的内容。如曾纪芬（1852－1933）一生养成了勤俭朴素的良好生活作风和爱国的热忱，1894 年曾纪芬在沪道署中，曾纪泽夫人刘氏来署，埋怨她自制衣服所用花边样式陈旧，她马上教育嫂嫂说：“余所买者，虽已过时，然自爱之，且喜其价为中国所得，金钱不外流也。……若人人能如是眷想，或皇太后能见及此，而不爱洋珍玩，则所省多矣。”[②] 她还针对当时朝廷及社会的奢靡之风，著成《廉俭救国说》，对当时许多家庭妇女产生了较大的影响。又如曾纪鸿的夫人郭筠（1848－1916，字诵芬，号艺芳）自幼在家受父训，1866 年与曾纪鸿结婚，到曾家后，读的书更多。据其长孙女曾宝荪回忆：“我祖母是湖北蕲水郭沛霖公之第三女。……我祖母更是儒教信徒，在家已受到相当高的中国教育。但据祖母自己说：‘我十九岁结婚，大部头的书，如《十三经注疏》、《御批通鉴》等，都是到曾家来，在文正公指导之下才读的。’她老人家最爱看杂志报章，谈政治时事，常说‘袁桅廷将来恐怕要做伯理喜天德’。那时我们不懂。后来才知道。”[③] 可见，郭筠妇德卓绝，学问高深，并且关心时事。

而太平天国的家庭女子高等教育较为落后。太平天国初期是没有小家庭的，但到 1855 年前后又重新恢复了小家庭。中国旧式家庭组织的成员，单就女性而言，便是母、媳、姊、妹、妻、嫂、婶等，而丈夫是全家的统治者，是全权的主人翁。所以家庭妇女必须依赖于丈夫，而欲求好于丈夫，必须团结丈夫周围的家庭成员，如叔嫂弟妹等等。这在中国古代女子教育中已论及。太平天国也受此影响，在女子家庭观念方面仍继承了中国传统的伦理观，于是制定了“女道”、“母道”、“媳道”、“姊道”、“妹道”、“妻道”、“嫂道”、“婶道”等，要求女子遵守，以便形成和睦快乐的家庭生活。如“女道总宜贞，男人近不应，幽闲端位内，从此兆祥祯”、“为母莫心偏，慈和教子贤，母仪堪媳学，福气达高天”、“嫁出为人媳，和柔道自图，莫同妯娌辈，吵闹激翁姑”、“姊当教弟妹，炼好走天堂，有故归宁日，团圆嘱短长”、“细妹遵兄妹，和情莫逞高，小心勤炼正，遵守十天条”；“妻道在三从，无违尔夫主。牝鸡若司晨，

① 《合江李氏族谱》卷 8《族规·族禁》，光绪二十一年（1895 年）刊本。

② 转引自罗绍志、田树德著：《曾国藩家世》，江西人民出版社 1996 年版，第 223 页。

③ 转引自罗绍志、田树德著：《曾国藩家世》，江西人民出版社 1996 年版，第 194 页。

自求家道苦”；“为嫂道何如？思量法最宜，欢心和叔婶，谁至有差池”；“婶敬嫂如何？谦卑重长哥，万般都让嫂，胜比瑟琴和。”[①] 由此可见，太平天国所宣扬的女子“端贞”、“幽闲”、“慈和”、“和柔”、“欢心”、“谦卑”等道理自然有中国女子的传统道德，但仍没有冲破封建礼教的束缚，要求妇女遵守“三从”就是证明。1853年洪秀全下诏，明确规定别男女。他说：“男理外事，内非所宜闻；女理内事，外非所宜闻。”[②] 太平天国后期，封建传统女教色彩更为明显，在洪秀全撰写的《天父诗》中，重弹“牝鸡无晨”的反动论调。他说：“母鸡千祈不好啼，一啼斩头天所排。”[③] 并武断地宣称“只有媳错无爷错，只有婶错无哥错。”[④]

2. 妇工高等教育

本时期家庭妇工高等教育获得了极大的发展，特别是家庭高等刺绣教育发展尤快。如安徽人胡莲仙（1832－1899）是湖南湘绣的杰出艺人，她很早就学会了苏绣，根据社会对绣品观念的变化，结合实用，创始了湘绣。她的刺绣艺术与实用结合的特点使绣品供不应求，于是收徒传授绣艺，她自己不仅会绣，而且又会画和剪制绣稿，对学员影响很大。其绣风以色丝五彩缤纷、针线繁多织成的花鸟条屏和百鸟、百花、百鱼百蝶、百童等被面见长。她创始的湘绣成为我国四大名绣之一[⑤]。她的高足弟子如湖南长沙魏氏（1842－1914）也是著名的绣品艺人，1886年魏氏拜胡莲仙为师，勤奋学艺，发挥了高度的才能和创造性，并在苏绣的基础上结合了粤绣的风格，创立了新的绣风；她也从事教育工作，尽量把自己高超精湛的绣艺传播开去，在湖南长沙袁家坪及沙坪等地授徒达一百余人。她与老师胡莲仙共同奠定了湘绣基础[⑥]。

3. 高等科技教育

家庭科技女子高等教育在本时期获得了一定发展。如江惠（1839－?），近代才女，字次兰，重庆江津人，作家江海平女，宋楠妻。生而聪慧，承父指教，酷好天文，年十二三，尝绘星象图，名《天文扇》。咸丰四年

① 《幼学诗》，见《太平天国文献汇编》（一），鼎文书局1973年版，第232－234页；另见舒新城编：《中国近代教育史资料》上册，人民教育出版社1981年版，第7－8页。

② 《天命诏旨书》，见《太平天国文献汇编》（一），鼎文书局1973年版，第69页。

③ 《天父诗》，第378首，《太平天国文献汇编》（一），鼎文书局1973年版，第484页。

④ 《天父诗》，第378首，《太平天国文献汇编》（一），鼎文书局1973年版，第484页。

⑤ 钱定一编：《中国民间艺人志》，人民美术出版社1987年版，第102－103页。

⑥ 钱定一编：《中国民间艺人志》，人民美术出版社1987年版，第103页。

(1854)，修改《中星图考》历时一年，易稿数十次，方成书，使逐节天象灿然可考，题曰《中星图》。次年研究《步天歌》，并作补注，以赤道分南北，分为两卷。宋楠以书稿示人，皆备受赞扬，遂于光绪六年(1880) 刊刻，题为《心香阁考定中星图》，凡图二十六幅，并配有《中星歌》。中星歌及图，若按岁差改正时间，至今尚可使用。

（二）宫廷女子高等教育

1. 太平天国宫廷女子高等教育

这一时期，太平天国在天京（今南京）建立了与北方清廷对立的小朝廷，在太平天国内部也建立起了一套近似宫廷的制度，并教育“宫女”。为了巩固自己的后宫制，洪秀全还制定了《十该打律》，规定妇女“服事不虔诚，一该打；硬颈不听教，二该打；起眼看丈夫，三该打……”[①]要求“看主单准看到肩，最好道理看胸前。”[②] 纵观五百余首的天父诗，竟有四百余首是训诫后宫嫔妃等女性的，可见其灌输封建旧教育之严密了。

2. 清宫廷女子高等教育

清宫廷女子高等教育仍发展着。美国学者 I. T. 赫德兰这样写道：慈禧在被选入宫之前虽学过《女儿经》、《女孝经》，“尽管如此，我们可以很肯定地说她在入宫之前没有受过多少教育。”在入宫之后，“她最需要学习的是怎样行为举止。”“正如我们所看到的，中国的父亲母亲都认为，女孩子被选秀入宫，是她的幸运，也是她的不幸。这个小姑娘入宫后，发现调教这些女子的都是读书识礼的太监。她聪慧过人，引人注目，而且还野心勃勃。我说的这个‘野心勃勃’没有贬义，你也可以说她有远大的抱负。她读起书来勤奋刻苦，能把全身心都投入了进去，她这样做一方面是为了吸引‘先生们’的注意，另一方面，当然也是为了她自己真正能够识字断文，能书擅画。所以，时间不久，她在所有入选的女子中就引起了皇后和皇帝本人的注意。于是，她被定为贵妃，而且从那

① 《天父诗》，第 17、18 首，《太平天国文献汇编》（一、二），鼎文书局 1973 年版，第 435—436 页。

② 《天父诗》，第 237 首，《太平天国文献汇编》（一、二），鼎文书局 1973 年版，第 466 页。

时起直到皇后去世，她与皇后的关系一直相当融洽。”[①] 继后的几年便由贵妃升为西太后，与东太后共同执政。慈禧太后“执掌大权近五十年，而没有引起东太后的嫉妒、恼怒和敌意。从她处理与东太后的关系上也能看得出来，慈禧太后是个了不起的女人。……这两个女人竟然相安无事地生活了二十五年之久，这几乎可以说是历史上绝无仅有的奇迹。”[②] 我们仅就东西太后能和睦相处二十余年也可见清宫廷女子高等教育的成功；如再观慈禧能执掌大权五十余年，可见其管理才能也不低下。慈禧在宫中还拜缪夫人学画画，美国学者 I. T. 赫德兰这样写道：“那天下午三个人闲谈时，我夫人问慈禧太后是不是多年以前就开始学画画。缪夫人说：‘刚开始学画时，我们年龄都不大。不久她就被选入宫内，开始读书习礼。后来她开始在宫里学画，因为画画可以消遣，当然她也十分喜爱画画。宫里收藏了很多历代大师的名作，宫里还有很多藏书，书里还有很多木版刻的古代绘画。太后就临摹这些作品，她旷世的才分很快就表现了出来。我那时年龄不大，几个兄弟都是画家。后来我丈夫去世了，就被招进宫里侍奉老佛爷作画’”[③]。“老佛爷对作画很热衷。大半天的工夫，我们都在画画，要么就学一点绘画史，临摹书里的木刻画，要么在画廊里观赏历代大家的绘画。……太后是一个很了不起的人，这个谁都知道。但作为一个画家，她只能算是一个业余爱好者，不是专业画家的水平。如果她专门学画画，或许能成为中国最了不起的一个画家。她作画时用笔有力，干净利索，只有那些有天分的人经过专门的训练后才能做到这一点。她对艺术有很高的鉴赏力。如果处理国家大事的重任让别人承担，让太后自由发挥自己的绘画天分，她就会成为了不起的画家。”[④]

晚清宫廷女子日常行为规范教育在左远波所著的《清宫旧影珍闻》中记述很详，他写道：“宫女入宫后，称上一代的宫女为‘姑姑’。另外，每个新宫女都有一名姑姑负责调教，教其各种宫规礼节。对于小宫女来

---

① ［美］I. T. 赫德兰著，吴自选、李欣译：《一个美国人眼中的晚清宫廷》，百花文艺出版社 2002 年版，第 11 页。

② ［美］I. T. 赫德兰著，吴自选、李欣译：《一个美国人眼中的晚清宫廷》，百花文艺出版社 2002 年版，第 12 页。

③ ［美］I. T. 赫德兰著，吴自选、李欣译：《一个美国人眼中的晚清宫廷》，百花文艺出版社 2002 年版，第 37 页。

④ ［美］I. T. 赫德兰著，吴自选、李欣译：《一个美国人眼中的晚清宫廷》，百花文艺出版社 2002 年版，第 38 页。

说，姑姑就是主子，她所有的事，如洗脸、梳头、洗脚、洗身子，都得由自己来服侍。姑姑大都爱美，对衣服鞋袜十分讲究，所有需要拆、改、做的事情，也都让小宫女来做。姑姑对小宫女可以随时进行惩罚，特别是自己在别处受了气之后，经常在小宫女身上发泄。因为宫里有个规矩，就是许打不许骂，所以小宫女挨打就成了家常便饭。不过，宫女一般是不许打脸的，除非她做出下贱的事来。宫女平时的戒律很多，据晚清时期慈禧太后的贴身宫女荣儿回忆，她们在宫里最大的困难有两件：一是睡觉时不许仰面朝天，必须侧着身子、蜷着腿。因为宫里人大都相信鬼神，如果宫女睡觉时大八字一躺，唯恐冲撞了哪尊殿神。刚入宫时，她们不知为此挨过姑姑多少次打。二是要严格控制饮食，侍候太后时要干净、整洁、利落，身上不能带半点邪味儿。为此她多年没吃过鱼，担心身上带腥气味。每顿饭只能吃八成饱，不敢多吃西瓜，怕当差时出虚恭，惹出麻烦。宫里的规矩，有有形的和无形的，宫女的一举一动都得留心。例如：走路时要姿态安闲，头不许左右乱摇，也不许回头乱看；笑不许出声，不许露出牙来，多高兴的事，也只能抿嘴一笑；有多么痛苦的事，也不许哭丧着脸，挨打更不许出声；不该问的不能问，不该说的不能说……除了随主人外出或奉主人之命取送东西，平时不许离开本宫半步。”①

（三）寺庙女子高等教育

1. 尼庵女子高等教育

佛教女子高等教育在受西洋文化影响较大的地方、科学知识逐渐普及的地方以及商业化和城市化较快的地方衰落得很快，而受这些因素影响极少的地区，佛教女子高等教育仍存在。如广大藏区，佛教女子高等教育仍很发达，产生于15世纪，在藏传佛教女活佛转世体系中较早的桑顶多杰帕姆女活佛转世体系在本时期仍传承着。藏地的女活佛不同于西方国家的女教皇、女牧师那样主要依靠社会群体和女权力量去争得，而主要是通过自己的苦行和深厚的佛学造诣而赢得。因此，要取得女活佛的地位，自然是受过佛教高等教育、拥有高深佛理之人。在本时期产生了第十世桑顶多杰帕姆·阿旺仁青贡桑旺姆（约1857—1897）。第十世桑顶多杰帕姆·阿旺仁青贡桑旺姆曾被授记为宁玛派掘藏师德钦林巴的伏

---

① 左远波著：《清宫旧影珍闻》，百花文艺出版社2003年版，第369—370页。

藏《修心除障》之教主和传承者，此法已录入宁玛派法典《伏藏宝典》中。她在弘传珀东教法的同时，大力传播宁玛派伏藏，并潜心修持，获得大成就。圆寂于桑定寺的乃宁庄园。又如产生于17世纪的在青藏高原东部安多藏区的贡日卡卓玛女活佛，意即康区贡日地方的“空行母”女活佛，它是继桑顶多杰帕姆女活佛后，传世时间比较长的藏传佛教又一女活佛转世体系。在本时期出现了第四世贡日卡卓玛女活佛贡日卡卓玛·贡确仁增卓玛（1814－1892），她生于甘加，4岁时由第三世贡唐仓·丹贝仲美活佛认定为第三世贡日卡卓玛·贡确曲仲女活佛的转世化身，并剃度受戒，赐法名为贡确仁增卓玛。她先后依止第三世和第四世嘉木样、第三世贡唐仓、第三世德哇仓等活佛及阿莽班智达、相顿·丹巴嘉措等高僧大德学经论，一生受持苦行，获得成就，曾六次前往罗家洞胜乐金刚圣地朝礼，举行“胜乐金刚修持仪轨”法会，并塑造怙主等像，还曾为拉卜楞寺僧众布施七次，广做施舍。她晚年曾塑造空行母玛久拉仲佛母像，以替代自己，常做觉域派法事仪轨，备受信众敬仰[①]。

除藏区外，也还存在一些佛教女子高等教育。震华在《续比丘尼传》中记载有宁波青莲庵尼明恒、黄安绿波庵尼人稀、泰州曲塘报本庵尼素文、武进大成庵尼青莲、高邮观音庵尼本莲及其师绪修、昆明永乐庵尼清法以及长沙铁垆寺灵一等八人为晚清时期人。明恒尼，“先为优婆夷，住宁波乡之青莲庵，专修净土。因病，遂薙发念净土。”[②] 在世时，曾受妙理法师和式教大师教诲。人稀尼，“黄安人，通文墨书翰。年二十余而寡，苦节数年，事姑极孝。既削发为尼，道念甚坚，募建绿波庵，朝夕诵经，时端身正坐，如对佛天。即平居自检，亦极严肃，规行矩步，不肯稍纵。以姑老，仍迎养庵中，并劝勤持佛号，作生西资粮，不可放失余景，致成贻误。咸丰间，粤贼至，肩负姑以逃。贼遍焚民居，庵竟不毁。乱定，行持愈切。姑先逝，料理丧葬后，无事不轻踰阃，人有叩访者，应酬只数言，多则不答。后年垂八十，始化。”[③] 素文尼，名心一，泰州曲塘裴氏女。幼年茹素。年及笄，拟出家，父母不忍舍，乃改宅为

---

① 德吉卓玛著：《藏传佛教出家女性研究》，社会科学文献出版社2003年版，第304－305页。

② 震华撰：《续比丘尼传》卷5《清宁波青莲庵尼明恒传》，见［南朝梁］释慧皎等撰：《高僧传合集》，上海古籍出版社1991年版，第1009页。

③ 震华撰：《续比丘尼传》卷5《清黄安绿波庵尼人稀传》，见［南朝梁］释慧皎等撰：《高僧传合集》，上海古籍出版社1991年版，第1009页。

报本庵，遂削发为尼。继后劝父母受戒，同修净行。她“善翰墨才高识远，不泥近迹，常念女人多障，身纵出家，难光祖道。遂革庵为僧，收青年驱乌数人，督课甚严。既长，使之参学丛林，率皆成材而归。将示寂，召诸僧谓曰：‘勿图我像，勿立我位，我爱道也。是庵既归汝等，即以汝等为始。汝等能顾庵之名，各发胜心，多行利济，则四恩总报，三有均资。能如是，我愿已足，他何求焉？’言已而寂，时年八十九，同治某年二月初四日也。”[①]青莲尼，武进西郊人。“青年祝发于大成庵，精修梵行，为远近善信所钦敬”[②]。泰邮人本莲尼，字理明，“幼茹素，依小教场观音庵绪修上人出家。及长，受戒于乾明寺。归则佐师襄理庵务，性甚慈和，善忍辱，强怜凶恶，多受其感化。每日作务之余，密持大悲咒、楞严咒心、弥陀圣号以为恒课，绪修极爱重之。”在绪修师圆寂后，“益励苦行，精进无间，省节余赀，购室西屠肆，建佛堂七间”，教诲徒众[③]，于光绪八年（1882）八月二十日示寂。清法尼，字宝月，在昆明永乐庵披剃。“自幼精持戒律，闭关拜《华严经》一部，一字一拜。晨昏扣钟，利济幽冥，五易寒暑，中宵不辍。晚岁专修净土，临寂诵佛坐化，咸丰元年也，世寿七十三。”[④]长沙吴灵一尼，“幼有善念，不食腥血。年二十一，剃发于县中铁垆寺，未几，受具于南岳祝圣。精持律行，日诵金刚、弥陀诸经，晚礼佛百拜，诵佛万声，以为常课。至光绪二十七年辛丑，自知日至，如期坐化。末后一偈，有‘直往西天九品莲’之句”[⑤]。

2. **清真寺女子高等教育**

清真寺女子高等教育获得了一定发展。现存清光绪年间（1875—1908）有关碑文表明：清嘉庆至光绪年间，河南、云南等地由女性执教

① 震华撰：《续比丘尼传》卷5《清泰州曲塘报本庵尼素文传》，见［南朝梁］释慧皎等撰：《高僧传合集》，上海古籍出版社1991年版，第1009页。

② 震华撰：《续比丘尼传》卷5《清武进大成庵尼青莲传》，见［南朝梁］释慧皎等撰：《高僧传合集》，上海古籍出版社1991年版，第1009页。

③ 震华撰：《续比丘尼传》卷5《清高邮观音庵尼本莲传》，见［南朝梁］释慧皎等撰：《高僧传合集》，上海古籍出版社1991年版，第1009—1010页。

④ 震华撰：《续比丘尼传》卷5《清昆明永乐庵尼清法传》，见［南朝梁］释慧皎等撰：《高僧传合集》，上海古籍出版社1991年版，第1010页。

⑤ 震华撰：《续比丘尼传》卷5《清长沙铁垆寺灵一传》，见［南朝梁］释慧皎等撰：《高僧传合集》，上海古籍出版社1991年版，第1010页。

的女学，已经成为一种制度[①]。如光绪年间云南已建立清真女学。在昆明顺城街清真寺，先后迎两位掌教和女学两位师母进寺，共花费白银250两，大米三十多石[②]。可见该寺在被毁以前已形成了请师母开女学的传统。广东学者马建钊在《近现代广州回族教育概述》一文中，谈到光绪七年（1881）广州穆斯林聘请云南重洋朝真大师母马氏到广州，在广州开办女子经学的事[③]。由此可知，光绪年间云南的女子经学已颇有影响。在此之前必定有一段兴盛时期。开远县大庄的女学建于清同治十二年（1873）[④]，此为目前所知最早的云南女学。在中原地区，师娘替代男性经师成为女学教员后，云南受其影响，也办起由女性执教的女学，女学教员的职业名称亦为师娘，因方言改为师母。清末杜文秀起义失败后，云南的伊斯兰教受到毁灭性打击。光绪年间，随着各地清真寺的重建和著名经师马联元等人的努力，经堂教育才得到恢复。马联元根据中国情况，将女人学习的三本波斯文（法而西）经做了增删修改，成为至今云南穆斯林妇女宗教教育的主要教材。此举促进了云南女子经学的恢复和发展[⑤]。清晚期，云南经堂教育较为发达的滇南地区，如玉溪、通海、开远、昆明一带不少清真寺办过女子经学。但有固定房屋，常设的女学不多，大多是夜校形式，开办的时间也不一定。有固定房屋的女学一般设在清真寺内，有专门的房间或院落，同一大门出入，唯一的例外是开远大庄，这里于清同治年间修建了独立的女学。云南被尊为师母的女性中有部分是开女学的女教员。她们受过专门的经学教育，主要学习三本经，即中原女阿訇所学女人经中的前三本，也有少数学男阿訇学的“大经”，这便是高等教育层次了。当时实行聘任制，师母教学能力一般较强。可见，在晚清时期，清真寺女子高等教育尽管仍很零星，但已逐渐发展起来。不过，清真寺女子高等教育的真正发展是民国以后的事。

此外，受西洋文化、科学知识逐渐普及以及商业化和城市化的影响，

---

① 水镜君、［英］玛利亚·雅绍克著：《中国清真女寺史》，生活·读书·新知三联书店2002年版，第121页。

② 《中国伊斯兰教研究文集》编写组编：《中国伊斯兰教研究文集》，宁夏人民出版社1988年版，第272页。

③ 山东民族事务委员会编：《中国回族教育史论集》，山东大学出版社1991年版，第292页。

④ 林艺：《圣洁的心旅》，云南教育出版社1995年版，第4页。

⑤ 天方学人滇南马联元校述：《清真玉柱》“校订者序”，1981年油印本。

本时期道教更加衰落，其女子高等教育无太多成就。

（四）社会女子高等教育

这一时期社会女子高等教育仍延续过去的途径，主要通过官府教化和宗族教化来实施，其主要目的是要宣传统治者所推崇的道德思想观念，树立社会榜样人物以教化民众。如光绪十年（1884）《宁乡熊氏祠规》规定："僧释原非正道，无父无君。族中有出家者，将父兄责四十，勒令本身入祠，枷号三月，反佛乃止。否则，凭族长处死"，"妇女入寺烧香……将家长责四十，着该夫、父、兄严责妇、女、妹"。[①]

太平天国为了达到保护妇女的目的，十分重视社会女子高等教育工作。在太平天国三年颁布的《天朝田亩制度》中规定："凡礼拜日，伍长各率男妇至礼拜堂，分别男行女行，讲听道理，颂赞祭奠天父主皇上帝焉"[②]。太平天国曾实行男女分行，并颁布"十款天条"，规定"不好奸邪淫乱"。此条注脚中有"天下多男人，尽是兄弟之辈，天下多女子，尽皆姊妹之群。天堂子女，男有男行，女有女行，不得混杂。凡男人女人奸淫者名为变怪，最大犯天条。即丢邪眼、起邪心向人，及吸洋烟、唱邪歌，皆是犯天条。"[③] 这样在太平天国内掀起了尊重妇女、保护妇女的热潮，希望妇女都能为当时的革命斗争发挥自己的才智。这样在太平天国内掀起了尊重妇女、保护妇女的热潮。与此紧密相联，太平天国还规定男女均有同等的应试和被录用的权利。当时的考试分男女两榜，分别举行。据《太平野史》载："太平朝既开科举，复举行考试女子之典，正主试为'洪宣娇'，副主试为'洪婉如'，'王自珍'；婉如'皖'人，自珍'鄂'人。题为'惟女子与小人为难养也'全章。应试者二百余人，金陵'傅槐'之女'善祥'所作，独力辟难养之说，引古来贤内助之功，卷荐后，为天王所激赏，拨置第一，饬以花冠锦服，鼓吹游街三日，闾阎群呼为状元。第二名为'钟氏'，第三名为'林氏'。"谢介鹤在《金陵祭甲纪事略》中也载有"傅善祥者，金陵人，二十余岁，自恃其才。东贼闻之，选入伪府，凡贼文书，皆归批判，颇当贼意。"另据胡思燮《患难一

① 费成康著：《中国的家法族规》，上海社会科学院出版社 1998 年版，第 313 页。

② 《天朝田亩制度》，见杨家骆主编《中国近代史文献汇编》之《太平天国文献汇编》（一），鼎文书局 1973 年版，第 322 页。

③ 《天条书》，见杨家骆主编《中国近代史文献汇编》之《太平天国文献汇编》（一），鼎文书局 1973 年版，第 79 页。

家言》中有“令女官举女子应试”的记载，可见当时女子有与男子同等的应试和被录用权是不容置疑的（有学者认为洪宣娇无其人、傅善祥不是状元，但这并不能否认女子有与男子平等的应试和被录取权）。一位参加过太平天国革命的英国人呤唎（A. F. Lindley）曾经这样写道：“太平天国尊重妇女地位，认为妇女为男子的伴侣，在教育上她们受到了同等的注意，在宗教上她们受到了谆谆的教诲，在宗教礼拜中她们也享有适当的位置。许多妇女都是热心的《圣经》宣讲师。”[①] 在涤浮道人的《金陵杂记》中也曾提到洪秀全的榜中有“女教师等名目”。可见太平天国妇女与男子几乎有平等的文化教育地位，太平天国妇女不但受到了与男子相等的高深教育，而且许多妇女曾参加教师工作，女子做教师有利于女子教育的发展。这无疑是对中国传统的男尊女卑的观念的一次巨大冲击。

太平天国对女子的美育实行严格的社会教化，对五代时期出现的妇女缠足恶俗进行了批判，倡导天足，对“有未去脚缠者，轻则责打，重则斩脚。”[②] 通过放足，太平天国女子表现出了独立自主的精神风貌。据长期在忠王军中做事的英国人呤唎曾这样写道：“凡目睹太平军之内容者，无不交口称誉，谓其形式上体制上行为上，无不优于官军（指清军——引者）万万。欧人视支那人为世界至奇怪之民族，长辫斜眼，其异服，其女子之纤足，无一非讽刺画家之材料。其空气之闭塞，其迷信，其骄奢，无一非文明社会之笑柄。太平军则大异，所同者仅皮肤之颜色耳；其体格则已受宗教与自由之影响而改进矣。”[③] 由此可见妇女放足对当时人们观念所产生的影响了。

此外，太平天国还提倡新式婚姻、禁娼、铲除奴隶制，对太平天国女子也产生很大的影响。英国人呤唎对太平天国社会高等教育曾这样评价道：“太平天国社会制度中最值得称赞的就是妇女地位的改善，她们已经由亚洲国家妇女所处的卑贱地位提高到文明国家妇女所处的地位了。太平天国革除了两千年来妇女所受到的被愚昧和被玩弄的待遇，充分地

---

① ［英］呤唎著，王维周译：《天平天国革命亲历记》（上册），上海古籍出版社 1985 年版，第 241 页。

② 汪堃：《盾鼻随闻录》卷宗《摭吉纪略》，光绪元年不惧无闷斋刻本校以北平图书馆藏咸丰九年抄本，见《太平天国文献汇编》（四）。1973 年鼎文书局印行，第 376 页。

③ ［英］呤唎著，孟宪承译：《天平天国外纪》卷上，商务印书馆 1926 年第 3 版。转引自杜学元著：《中国女子教育通史》，贵州教育出版社 1995 年版，第 260 页。

证明了她们的道德品质的进步性。虽然某些好战的基督徒以多妻制作为屠杀太平军的借口，可是这批极端的道德家却从来没有企图去教导太平军，指出他们的许多宗教教规是采自亚伯拉罕时代的律法，从而和基督教教规有所不同。如果认为太平天国是普遍推行多妻制的，那是大错特错的。”“太平天国已经废除了妇女缠足的恶俗。……太平军起义后出生的女孩子全部是天足，这给妇女带来了巨大的福利，从而使她们改善了自己的外貌。妇女摆脱了缠足的恶俗，男子摆脱了剃发垂辫的奴隶标记，这是太平天国最显著最富有特色的两大改革，使他们的外貌大为改善，和在鞑靼统治下的中国人的外貌显出了巨大的区别，并表现了巨大的改进。太平天国妇女的社会地位大大地超越了她们的姊妹，那些束缚在清朝的家庭制度中的妇女的社会地位，这是太平天国的辉煌标志之一。太平天国的下层人民，一人只许娶一个妻子，并且须由教士主持婚礼。首领结婚举行隆重庆祝的盛大宴会；贫穷阶级则须被认为适当，并经上级批准，始可结婚。太平天国和清政府相反，婚姻一旦缔结之后就永远不能解除，因此，中国所常有的任意出妻鬻妻的风俗或英国离婚法庭所常有的任意离异的风俗，在太平天国则是不被准许的。”“太平天国妇女或结婚成为家庭一员，或入姊妹馆（许多大城中都设有姊妹馆，由专人管理），而不准单身妇女有其他生活方式。这条法律是为了禁娼，违者处以死刑。自然，这是非常有效的办法，因为在太平天国所有城市中，娼妓是完全绝迹的。……太平天国尊重妇女地位，认为妇女为男子的伴侣，在教育上她们受到了同等的注意，在宗教上她们受到了谆谆的教诲，在宗教礼拜中她们也享有适当的位置、许多妇女都是热心的《圣经》宣讲师。总之，太平天国采取了一切方法，使妇女符合于她们从太平国革命运动中所获得的改善地位。”“太平天国彻底废除了令人憎恶的奴隶制。这个禁令是严厉执行的，违者不论男女一概斩首论处。禁止男奴的法律尚无关紧要，因为男奴在中国并不普遍，但是对于或多或少都是奴隶的妇女来说，这样一种重大的革新措施，就是完全必要的了。”[①] 特别是男女平等享受高等教育政策的实施对当时封建世俗观念是一次猛烈的打击，

① ［英］呤唎著，王维周译：《天平天国革命亲历记》（上册），上海古籍出版社 1985 年版，第 239—242 页。

它的影响并未因太平天国革命的失败而告终①。此后，一些开明人士逐渐接受了男女平等的思想，提倡男女平等的女子教育，为后来中国女子获得真正的教育解放起了积极的作用。

本时期教会女子学校教育在中国的出现，对当时中国社会产生了积极的影响。首先，教会女学为中国少数女子第一次提供了接受学校教育的机会，对中国长期将女子排斥在学校之外的局面提出了大胆的挑战，对中国传统的“女子无才便是德”的社会风俗起了一定的冲击作用。第二，教会女学往往以西方的科学文化作为传教的媒介，有益于“西学”在中国的传播。第三，教会女学的创办，给中国传统女子教育提出了挑战，同时也塑造了一种新的有别于传统女性的新女性形象，在当时具有一定的示范性，刺激开明的中国人反思和检讨中国的传统教育，为此后中国人自办女学提供了启发和一些可资借鉴的经验。第四，这一时期初等教育性质的教会女学的发展为20世纪60—90年代中等教育性质的教会女学的发展奠定了基础。而这些都或多或少对中国近代妇女启蒙运动起了推动作用。随着教会女学的发展，社会逐渐改变“女子无才便是德”的观念，主张女子应有高深学问的观念逐渐流行，一些女子在社会中受到了这些新思想的熏陶，这就为近代学校女子高等教育的出现起了积极的作用。

（五）留学女子高等教育的出现

受洋务运动和早期维新思想的影响，这一时期，极少数中国女子在外国友人的帮助下到国外留学，追求高深学问，开创了我国近代留学女子高等教育的先河。如金雅妹（1864—1934），近代医学专家，浙江宁波人。幼孤，为宁波基督教长老会美国人麦加地收养，后随麦赴日本上学。1881年进美国纽约大医院附属女子医科大学学医。1885年毕业后在纽约大医院研究显微镜在医学上的使用，并在《纽约医学杂志》上发表论文多篇。1888年回国，在厦门、成都和天津等地行医。又如康爱德（1873—?），爱国医学专家，江西九江人。刚出生即被父母丢弃，幸被人救起养大，入教会学校边做工边读书，和同学石美玉结为挚友。1884年

① 有学者认为：“太平天国运动不仅不是一次妇女解放运动，而且对中国近代妇女解放运动也未产生直接的影响。太平天国时期一度出现的新气象，随着整个太平天国运动的失败而风消云散”（见吕美颐、郑永福著：《中国妇女运动》，河南人民出版社1990年版，第33页），笔者对此不敢苟同。

得到资助，与石美玉一起赴美国，进密执安大学医科学习。她对帝国主义奴役中国、封建礼教摧残妇女十分气愤，立志学成后报效祖国，济难民众。其间，发奋读书，学习成绩名列前茅。中日甲午战争后，她满怀救亡图存热忱回国，在九江行医，以高超的医术和诚挚的态度，博得了人们的信赖，对打破“女子无才便是德”的封建观念有很大影响，受到维新派领袖梁启超的赞扬。她们的留学举动对此后中国留学女子高等教育无疑起了激励作用，预备立宪时期及民国时期有很多女子以金雅妹和康爱德为榜样，其影响是深远的。

二、维新运动至预备立宪时期的女子高等教育

（一）学校女子高等教育

1. 学校女子高等教育理论的出现

维新派、改良派和革命派主张女子应该才、德皆备，主张女子应与男子一样接受教育，这为学校女子高等教育理论的逐渐形成起了积极的作用。

早期维新派[①]大力宣传国外女子有高深学问，进而主张中国应向外国学习，让女子进学校接受教育，对于促进我国学校女子高等教育理论的形成无疑有积极的作用。如王韬在游历英法后写成了《漫游随录》，在书中，他对英国女子学问高深并在法国巴黎招女弟子办女学给予了高度赞赏。他这样记述道：“（英人）堕满有抹曰媚黎，在法京为女塾师，教女弟子以英国语言文字。一夕盛设茶会，特延余往塾中。女弟子长者凡二十余人，年皆十六七，无不明慧秀整，秋菊害兰，各极其妙。各乞余写

① 早期维新派是一个庞杂的政治派别，他们有的曾跻身于晚清官僚的行列，参加洋务运动，逐渐对外界有所了解，如薛福成、马建忠、陈炽、汤震、郑观应等；有的则通过译书、办报、出国游历等而了解外界，如王韬、何启、李圭等；有的则居住在外国租界地，对外界了解也多，如胡礼垣等。他们在中法战争前与洋务派有着密切的联系，直接或间接从事洋务活动，后来不断分化。到甲午中日战争后，他们大多与洋务派分道扬镳了。他们中有相当一批人十分关注妇女问题，在女子教育方面也提出了一些有价值的主张，尤以王韬（1828－1879）、李圭（1842－1903)、陈炽（？－1898)、宋恕（1862－1910)、陈虬（1851－1903)、郑观应（1842－1922）等为代表。

一诗篇，珍为珙璧。群为余弹琴唱歌，各极其乐。”[①] 在游英国时，见到英国女子读书胜过中国男子。他这样写道：“英人最重文字，童稚之年，入塾受业，至壮而经营四方，故虽贱工粗役，率多知书识字。女子与男子同，幼而习诵，凡书画、历算、象纬、舆图、山经、海志，靡不切究穷研，得其精理。中土鬓眉，有愧此裙钗者多矣。”[②]李圭在游历世界后写的《环游地球新录》，也记述了美国女子教育的状况。他对美妇工院记述颇详，写道：“凡妇女所著各种书籍、绘画、图卷、针黹之物，并各各巧技妙法，悉萃于此，另一室用陈女塾器具，女师法程。即居院执事之人，亦尽选妇人为之。圭游至院，见天文、地理、格致、算学并女红、烹饪等书，分别排列。其精巧器具物件亦甚多。向其询问，皆乐为人道，娓娓不倦。举止大方，无闺阁态，有须眉气。”[③] 他于是发出美国妇女可敬可爱的感慨。他还对西欧其他国家的女子教育做了介绍，指出：“泰西风俗，男女并重，女学亦同于男。故妇女颇能建大议、行大事。”“近年来，各国女塾，无地无之。英国大书院，男女一律入学考试。德国女生八岁，例必入塾读书，否则罪其父母。美国女师、女徒多至三四百万人。其所以日益日盛者，亦欲尽用其才耳。天下男女数目相当，若只教男而不教女，则十人仅作五人之用。妇女灵敏不亚男子，且有特过男子者，以心静而专也．若无以教导之，终归埋没，岂不深负大造生人之意乎。故外国生男则喜，生女亦喜，无所轻重也。”[④] 于是主张女子应受教育，对“女子无才便是德”进行了批判。他说：“今且有口边一语曰：‘女子无才便是德。’噫！惟此语为能误尽女子矣。夫所谓才者，岂惟吟红咏绿而已哉！以是谓才，宜乎无德。倘得重新女学，使皆读书明理，妇道由是而立，其才由是可用。轻视妇女之心由是可改，溺女之俗由是而自止。”[⑤] 他还对美国费里地费城的女习正院、哈佛城的聋哑女院、纽约城的女子

---

① ［清］王韬著，陈尚凡、任光亮校点：《漫游随笔·扶桑游记》，湖南人民出版社 1982 年版，第 95 页。

② ［清］王韬著，陈尚凡、任光亮校点：《漫游随笔·扶桑游记》，湖南人民出版社 1982 年版，第 111 页。

③ ［清］李圭著，陈尚凡、任光亮校点：《环游地球新录》，湖南人民出版社 1980 年，第 41 页。

④ ［清］李圭著，陈尚凡、任光亮校点：《环游地球新录》，湖南人民出版社 1980 年，第 41—42 页。

⑤ ［清］李圭著，陈尚凡、任光亮校点：《环游地球新录》，湖南人民出版社 1980 年，第 42 页。

学习状况进行了颇为详细的记述。陈炽在所著的《庸书》中专设《妇学》，回顾了我国上古女教发达的历史并分析了后来衰微的原因，进而提倡女子高深教育。他说："古人立教，男女并重，未尝有所偏倚于其间"，后来妇学失传，是由于"女子无才便是德"谬论作祟，"遂乃因噎废食，禁不令读书识字"。由于中国不施女教，使中国半数之人成为"弃民"，"游惰之民充塞天下"，他认为女子才力聪明并非劣于男子，主张女子四至十二岁必须接受教育[①]。郑观应则明确提出女子应受正规教育。他对当时"朝野上下间拘于无才便是德之俗谚，女子独不就学"进行了批评，指出：'女子独不就学，妇功亦无专司"，也就是说．人们称颂的"妇德、妇言、妇容、妇功"只是"有其名，无其实。"为此，他主张仿照西方资产阶级的办法让女子受正规的新教育。他说；"泰西女子，与男丁并重，人生八岁，无分男女，皆须入塾，训以读书、识字、算数等事"，就是年长的妇女也习"书数、绘画、纺织、烹调之事"，以便辅佐丈夫，成为"贤内助"[②]。于是他主张在中国建立女子学校，仿西方办法对女子实行强迫教育，以培养学问高深、道德高尚的"贤女、贤妇、贤母"。他在《盛世危言》的《学校》篇中这样写道："学校者，造就人才之地，治天下之大本也"[③]。主张中国应仿效西方，"通饬各省，广立女塾，使女子皆入塾读书"。教学内容主张结合本国实际，兼采西学，包括纺织、书数、女红、中国传统经书、列女传等，以培养既能辅佐丈夫，又能进行独立生产不致"虚糜坐食"的"贤女、贤妇、贤母"。并预言："各塾女师如能教化贤才，卓有成效，咨请旌奖以劝将来。一转移间利兴弊去，二百兆裙钗皆能佐夫教子。成周之雅化，《关雎》、《麟趾》之休风，无难复见于今日矣！"[④]

一批觉醒的中国女子也主张女子不仅应受初中等教育，同时也应受高等教育，如裘毓芳在《女学报》第 7 期上发表了《论女学堂当与男学堂并重》便倡女子也应与男子一样受高等教育。卢翠建议光绪皇帝"如西国设贵妇院例，设贵妇院于颐和圆。召各王公大臣命妇，一年一次，

① ［清］陈炽：《庸书》外编卷下《妇学》，见宋育仁撰《庸书二篇附续富国策四卷》，丙子三月文芸阁石印本。

② 郑观应著，辛俊玲评注：《盛世危言》卷 3《女教》，华夏出版社 2002 年版，第 120 页。

③ 郑观应著，辛俊玲评注：《盛世危言》卷 1《学校》，华夏出版社 2002 年版，第 88 页。

④ 郑观应著，辛俊玲评注：《盛世危言》卷 1《学校》，华夏出版社 2002 年版，第 121 页。

会集京师"，以便讨论女学及其他有关妇女权利事宜，并请求光绪帝设女学部大臣，公举十二人，分任各省，"广开女教，并准荐拔高等女学生及闺媛，入贵妇院授职理事。"还建议皇上"举女特科，定女科甲"，让女子参加科举考试，以便发挥女子的聪明才智[①]。康同薇对中国妇女愚昧提出"非先遍开女学以警醒之启发之不可"，于是提出了三级女子学校教育的方案："遍立小学校于乡，使举国之女，粗知礼义，略通书札，则节目举矣。分立中学校于邑，讲求有用之学，大去邪僻之习，则道德立矣。特立大学校于会城，群其聪明智慧，广其材艺心思，务平其权，无枉其力，则规模大立，而才德之女彬彬矣。"[②]

美国传教士林乐知于1881年发表《振兴中华布道事业》一文，主张布道"最要三端：一为设立教会大学；二为译书撰报；三为创立印书局"[③]。同年他全力筹办以教会大学为目标的中西书院，并于9月在《北华捷报》和《万国公报》上刊登《设立中西书院启》，内称将在上海设立一大学堂两小学堂，书院规矩悉照泰西之法，中西学并习，小学堂教以浅近之学，肄业三年后，拔至大书院，渐习天文、地理、格致、理学、化学、重学、数学等，并于分院内另设女学，半日学西学，半日学西法针线。可见，林乐知已开始关注学校女子高等教育问题了。

2. 学校女子高等教育的复兴

(1) 中国女学堂的创办

中国女子接受近代新式教育最早的学校是英国的格兰女士（Miss Grant）于1825年在新加坡创办的。1837年英国"东方女学促进会"[④] 会员艾迪绥（Miss A1dersey）在爪哇的Sourabaya创办了一所女学，兼收中国女子。19世纪30年代时，美国公理会传教士裨治文妻以利沙（Elizah Bridgman）在广东设立女塾，为教会在中国大陆创办女学之始。鸦片战争后，外国传教士凭借与中国签订的一系列不平等条约大肆在中国办学，招收中国女子。1844年艾迪绥在宁波创办了艾迪绥女塾（Miss Aldersey's），随后教会女学不断涌现，著名的如1850年美国圣公会传教

---

① 卢翠：《女子爱国说》，《女学报》，第5期。

② ［清］康同薇：《女学利弊说》，见杜学元、汤泽生、冉元辉、郭明容编：《中国女子教育文萃》，四川教育出版社1999年，第284—285页。

③ 《中华基督教卫理公会百周年纪念册》，1947年印本，第81—82页。

④ 亦译"东方女子教育协进社"（The Society for Promoting Female Education in the East），1834年成立于伦敦。

士裨治文夫人在上海设立的裨治文女塾；1851 年美国圣公会琼司女士在上海设立的文纪女塾（圣玛利亚女学校的前身，1881 年改后名）；1853 年天津设立的淑贞女子小学；福州设立的福州女书院；1859 年福州设立的育英女书院。女学堂在各通商口岸及其他城市陆续开办，出现了"教会所至，女塾接轨"的局面①。在 1847－1860 年这 13 年中，外国传教士在五个通商口岸就建了 12 所教会女学②。外国传教士在中国创办女学堂教育中国女子，对中国人刺激很大。维新运动时期，维新志士深深感到外国教会在中国办女学堂对中国女子实施教育有损中国的国格，如梁启超在《倡设女学堂启》中不无激动地说："夫他人方拯我之窘溺，而吾人乃自加其梏压，譬犹有子弗鞠，乃仰哺于邻室；有田弗芸，乃假手于比耦。匪性先民之恫，抑亦中国之羞也"；又如康同薇也指出："我有民焉，而俟教于人，彼所以示辱我也，无志甚矣"③。加之一批女性已开始觉醒并主张创办女学堂，以便提高自己的教育水平。这样，在维新志士的倡导和觉醒的女性的强烈要求下，第一所自办的中国女学便诞生了。

1897 年下半年，维新派人物经元善、梁启超、康广仁、郑观应等开始酝酿女学堂事宜，纷纷著书立说。经元善明确提出："我中国欲图自强，莫亟于广兴学校，而学校中本原之本原，尤莫亟于创兴女学"④，并指出："有淑女，而后有贤母；有贤母，而后有贤子"⑤，为了改变中国女子缺乏教育的现状，他决心在上海创办中国女学堂。他说："惟沪上通商既久，渐习西法，即就沪先创一总套，以开风气之先，徐图逐渐推广"⑥，这一主张得到了盛宣怀、郑观应等人的赞同。随后进行了艰辛的筹备工作，他曾多次上书南洋、北洋大臣，向他们汇报筹办情况，并申请补助

① 梁启超：《倡设女学堂启》，见舒新城编：《中国近代教育史资料》（下册），人民教育出版社 1961 年版，第 797 页。

② 见《英文中国最近教育状况（Bulletins on Chinese Education 1923 · Women's Education in China)》第 3 页；另参见：俞庆棠著：《三十五年来之中国女子教育》，载《最近三十五年之中国教育》，商务印书馆 1931 年印本。

③ ［清］康同薇：《女学利弊说》，见杜学元、汤泽生、冉元辉、郭明容编：《中国女子教育文萃》，四川教育出版社 1999 年版，第 284 页。

④ ［清］经元善：《又上总署北南洋各督抚宪夹单禀》。经元善、虞和平编：《经元善集》，华中师范大学出版社 1988 年版，第 213 页。

⑤ ［清］经元善：《居易初集》卷 1《致郑杨董三君论办女公学书》，光绪二十九年上海同文社铅印本，第 20 页。

⑥ ［清］经元善：《又上总署北南洋各督抚宪夹单禀》。经元善、虞和平编：《经元善集》，华中师范大学出版社 1988 年版，第 213 页。

经费，终于得到了南洋大臣刘坤一的赞许。

1898年5月31日第一所由中国人自办的女学堂——中国女学堂正式开学。该校设在上海城南高昌乡桂墅里，初名为“桂墅里女学会书塾”，后在向清政府申请刻制女学堂公章时定正式名称为“中国女学堂”，但通常称为“经正女塾”或“经氏女塾”。该学堂由董事会领导和管理。有内外董事各20人，均从捐款人中推选产生。经元善任总理，沈和卿及经元善夫人总管堂务。初办时由沈和卿任提调，常驻学堂，总管塾内日常事务，后由中文教习刘可青继任。10月末，女学堂又在上海城内陶沙场陈公祠内时化堂设分塾。

创办中国女学堂是“欲复三代妇学宏规，为大开民智张本，必使妇人各得其自有之权。然后风气可开，名实相副。”[①]“其教育宗旨，以彝伦为本，所以启其智慧，养其德性，健其身体，以造就其将来为贤母为贤妇之始基。”[②] 招收8—15岁的少女入学，“必择良家闺秀”，凡奴婢、娼妓一概不收。其课程设置为中文、西文两种。中文课有《女孝经》、《幼学须知句解》、《内则衍义》、《女四书》、《唐诗》、《古文》等，女红、绘事、医学间日习之；每旬逢三、八日，则由教习试课论说。西学功课如英文、地理等。于读书写字之暇. 兼习体操、针黹、琴学等。后中文教授内容十分广泛，“塾中教授如《仪礼》,《诗》、《书》、《记载内则》、班氏《女训》、《女诫》及《女孝经》、《论语》、《闺范》等书，凡与女学相发明者，皆已搜访靡遗。”[③] 刘坤一还建议将“《钦定四库全书提要》顺治十三年御制《内则衍义》十六卷，以孝、敬、教、礼、让、慈、勤、学八端为纲。子目中，如相夫、教子、佐忠、勉学、赞廉、重贤、敦仁、爱民、好学著书无不立为教条。”[④] 目的便是培养有高深文化、有妇德而身体健康的贤妻良母。

中国女学堂在组织管理方面，规定教职员工全由女子担任，“凡塾中执事，上自教习、提调，下至服役人等，一切皆用妇女。严别内外，自塾门以内，不准男子闯人。”[⑤] 学生入学“须觅妥实保人”并填校方“保

---

① 《上海新设中国女学堂章程》,《时务报》第47册第7页（光绪二十三年十一月十一日）。

② 《女学会书塾开馆章程》,《女学报》第9期。

③ 《刘忠诚公（坤一）遗集·奏疏》卷28《两江总督刘坤一片》（1898年9月14日）。

④ 《刘忠诚公（坤一）遗集·奏疏》卷28《两江总督刘坤一片》（1898年9月14日）。

⑤ 《女学会书塾开馆章程》,《女学报》第9期。

单”，写明籍贯、住址和学生父母以及照料学生的亲友，并要指定人员来领；校方还设计了“虎符”式的“对牌”，“半存在学生家中，请假验牌领回，次日到馆，仍将对牌取去。”① 完全是一种监管奴隶式的方式。寄宿制学生每月缴学膳费二元半。教师中有两位是来自教会的，也有西籍的女教师，她们主要担任中国人自己还不会教的课，如地理之类。课程表中也有英文，是由来自教会学校的中国人教的。中文教习先后有蒋畹芳，龚慧苹等；西文教习先后有葛瑞星、徐贤梅和美国传教士林乐知的女儿林梅蕊等。林梅蕊任西方总教习兼授英语、算术、地理、图画等课。此外还有医学、针线教习各一人，帮办一人，女工若干。内董事“轮日到学，稽查功课，并助提调照料，管束一切。”②“李提摩太的夫人被邀每月访问女学堂一次，对教学提出意见。学堂以《女学报》作为中文校刊，另办有英文月刊 The Chinese Girls Progress（《中国女孩的进步》）来鼓吹女子教育，讨论实际问题，扩大对外影响。此外，还组织了一个以提高成年妇女知识水平的组织——“中国妇女知识传播社”（Society for the Diffusion of Knowledge amony Chinese Women）。

女学堂开学之初，规模甚小，只有学生邓宝莲、金兰贞、盛静英、经玉娟等 16 人。第二学期开学时学员增至 20 名，加上分校学生 20 名，共有学生 40 名。到第二年年初，学生人数已增至 70 余人。“远方童女，亦愿担簦负笈而来”③。

中国女学堂已具有高等教育的雏形，尽管当时未对它的程度作明确规范，但从它所定培养目标及所开部分课程来看，相当于今日的大学预科是无疑的。15 岁是中国传统入大学的年龄，也是当时女子开始议婚的年龄，就这样的女子而言，其学识程度不会很低，否则要学习当时所开的课程便难以如愿，也难以实现中国女学堂的培养目标，至少我们说，15 岁的女子就读该校所受的教育对其而言确实是高等教育了。

在中国女学堂创办之初，就遭到了顽固官绅们的反对；一些创办者支持维新运动，在维新运动失败之后，顽固派更借机绞杀。在此情况下，原盛宣怀资助女学堂的捐款也因朝中有人反对而拒绝供给，还把经元善打算从电报局 20 万公积金中提出一部分来维持女学堂的开支也以职权加

① 《女学会书塾开馆章程》，《女学报》第 9 期。

② 《女学会书塾开馆章程》，《女学报》第 9 期。

③ 拟莺：《上海创设中国女学堂记》，《万国公报》第 125 册（1899 年 6 月）。

以禁止，这样女学堂的经费供给便遇到了极大困难；与此同时，女学堂还遭到当地地痞流氓的围攻破坏，致使上海知县不得不出示严禁并派人在校外巡逻。于是女学堂董事们经过商讨，于1899年8月25日在《中外日报》上刊登告白，宣布停办[①]，这样桂塾里总塾便停学了，但分校延办至1900年。

中国女学堂虽然存在的时间不长，所培养的高级女性人才也十分有限。但是，它的出现无疑对封建上层建筑是一次有力冲击，它是继明代和前清时期少数女子可以受学校高等教育之后又一次女子可以走出家门进学校接受高等教育，虽然它在教学内容、招生与管理等方面带有一定的封建色彩，但它从理论上和实践上打破了“女子无才便是德”的传统观念，对改变社会风气、提倡男女平等、女子可以接受高水平的学校教育等无疑起了积极的作用。此后，中国人自办的女学堂逐渐增多，解决众多中国女子接受高等教育的问题便提上了议事日程，中国由此出现了正规的女子高等学校。

（2）教会女子高等学校的出现

在壬子癸丑学制建立之前的十年间，陆续出现了招收女生的高等教会学校。据史记载，主要有两所，即华北女子协和大学和华南女子学院。

华北女子协和大学（The North China Union College for Women），由美国基督教公理会在北京原清朝佟王府第创办。初为裨治文夫人1864年创办的贝满（Bridgeman）女塾，小学程度。1895年发展为中学，改名为贝满女子中学。1904年，以裨治文（Bridgeman）学院为基础，建立了专门招收女生的华北女子协和大学。1905年增设大学课程。美国女教士米勒（S. L, Miner）[②]任校长，1920年并入燕京大学，改称“燕大女校”。华北女子协和大学1910年有女生13人，到1912年增加到20人[③]。其培养的毕业生多数到美国留学，留学回国后其职业不仅仅限于教育界，因而该校尽管培养的女性高级人才不多，但影响是不能低估的，当时首任校长美国女教士米勒曾说：“南至长江，北至北极，东至太平洋，西至

① 《女公学书塾告白》，《中外日报》1899年8月25日。

② 旧译为麦美德。

③ 徐文台：《收回教育权》，《民铎杂志》第7卷第3号；另参见黄新宪著：《中国近现代女子教育》，福建教育出版社1992年版，第150页。

堪司炭厅（土耳其），以若大地点仅此女子大学一处，其负责亦云重矣。”①

华南女子学院（Hwa Nan College for Women），又称华南女子大学。1904 年 5 月，美以美会在美国洛杉矶召开年会，女传教士程吕底亚（Miss Lydia Trimble）呼吁在福州建立一所女子大学，美以美会会督柏锡福对此表示支持，并于同年 10 月 20 日到达福州，会同程吕底亚等人就创办女子大学一事进行实地考查与具体商讨，次年，美以美会在上海召开年会，决定立即在福州进行创建女子大学的前期准备。1907 年 5 月，华南女子学院正式成立。1908 年 1 月，程吕底亚被任命为第一任校长。该校设在福州城南仓前山的岭后山麓。初创时期靠租赁民房做校舍，经多年经营后逐步形成了一个占地面积四十余亩的校园，包括办公室、教室、家事实习室、科学馆、图书馆、礼堂、学生宿舍和教师宿舍、球场等建筑群。该校设备比较齐全。1904 年 10 月，柏锡福在视察了华南女子学院校址后，在日记中写道：“视察女子大学地点，同意委员会提议组成一个董事会，并同意要求 25000 美元的拨款”②。1907 年 3 月，美以美会外洋布道会决定“为照顾我们的中国福州女子大学建筑学校行政机关而捐赠 15000 美元……我们美以美会妇女外洋布道会执行人员，保证每年按需要给予拨款，以维持这项理所当然属于这个大学的工作。”③ 1911 年春天，美国巴尔的摩女子大学校长、爱丁堡布道会教育组主席约翰·高绰博士访问华南女子学院后指出：“福州女子大学面临史无前例的紧急情况，给妇女以基督教育比任何其他呼吁都要迫切，对天国的来临或换取投资的更大效益也都更感重要，而福州女子大学比什么时候都更需要马上扩建并应受到及时和慷慨的援助。”④ 此后，教会马上给予支援，捐款不断增加。从柏锡福、外洋布道会的信女、美国来访的俄勒冈州立大学家政专家以及华南女子学院的校友都捐了款。这一举动对于华南女子学院早期的发展是至关重要的。当时的华南女子学院只设有大学预科班，

① 转引自黄新宪著：《中国近现代女子教育》，福建教育出版社 1992 年版，第 151 页。

② ［美］华惠德（I. E. Wallace）著，游捷译：《华南学院（Hwa Nan College）·初创时期的福建华南女子大学（第一部分）》，《教育评论》1990 年第 1 期。

③ ［美］华惠德（I. E. Wallace）著，游捷译：《华南学院（Hwa Nan College）·初创时期的福建华南女子大学（第一部分）》，《教育评论》1990 年第 1 期。

④ ［美］华惠德（I. E. Wallace）著，游捷译：《华南学院（Hwa Nan College）·初创时期的福建华南女子大学（第一部分）》，《教育评论》1990 年第 1 期。

也称指导部。

这些学校的出现，“中国基督教教育调查会”曾这样写道：“教会高等教育之设也，其初心主旨，有欲以为养成牧师、教长之资者；有欲等其为同宗诸校之冠者；有欲尊高等教育灌输于教中儿女者。更有出于通常宗旨，欲以扩充基督教势力范围者，藉兹方法为华人通译教义者；以及教授备有新常识、染有宗教观念之男女少年，以谋助国人之进步之发达者。其目的虽异，其坚心竭力谋导学生信奉基督为大主宰则同。”[①]

（3）高等革命女学校的出现

在壬子癸丑学制建立之前，一批革命学校出现，其中也有极少数女校达到了高等教育的程度，如上海爱国女学便是其中之一。

该校创建于1902年冬，初因经元善、林獬及其妹林宗素、蔡元培等人提倡女学，后蔡元培邀集经元善、林獬、林宗素、陈范及其女陈撷芬、吴彦复及其女吴亚男、吴弱男、其妾夏小正、韦增佩、韦增英姊妹等议决筹办女学堂。1902年冬，由中国教育学会成员蒋智由、黄宗仰提议，蔡元培、林獬、陈范等列名发起，在上海登贤里租赁校舍创办了爱国女学。初推蒋智由为经理（即校长），不久蒋去日本，由蔡元培继任。1903年6月，蔡元培因事离沪，托钟宪鬯经理校事。

爱国女学校表面上“以增进女子之智、德、体力，使有以副其爱国心为宗旨”[②]，实际上是以教育为手段，通过办女学来提高女子的民族主义和民主主义觉悟，激发人们的爱国主义精神，培养革命人才。蔡元培任爱国女学校长时就把“并不取贤妻良母主义，乃欲造成虚无党一派之女子”[③] 作为办学方针。他后来说：“本校初办时，在满清季年，含有革命性质。盖当时一般志士，鉴于满清政治之不良，国势日蹙，有如人之罹重病，恐其淹久而至于不可救药，必觅良方以治之，故群起而谋革命。革命者，即治病之方药也。上海之革命团，名中国教育会。革命精神所在，无能其为男为女，均应提倡，而以教育为根本。故女校有爱国女学，男校有爱国学社”[④]。蔡元培在《我在教育界的经验》一文中，谈到爱国

① ［美］司德敷（Milton T. Stauffer）编：《中国基督教教育事业统计》，商务印书馆1932年版，第99页。

② 《爱国女学校甲辰秋季补订章程》，《警钟日报》1904年8月1日。

③ 邹鲁编著：《中国国民党史稿》第4编《列传·蔡孑民先生传略》，中华书局1960年版，第1633页。

④ 蔡元培著：《蔡元培全集》第3卷《在爱国女学之演说》，中华书局1984年版，第7页。

学社和爱国女学校为了培养革命骨干，把军事体育放在重要地位时曾说："在爱国学社中，竭力助成军事训练，算是下暴动的种子。又以暗杀女子更为相宜，于爱国女学，预备下暗杀的种子"[①]。蔡元培还在当时革命派的刊物上，公开发表《论刺客的教育》一文，提倡在学校中进行刺客术教育，培养女学生的勇敢精神和暗杀本领。他说："在爱国女学为高材生讲法国革命史、俄国虚无党历史，并由钟先生及其馆中同志讲授理化，学分特多，为训练制炸弹的预备。年长而根底较深的学生如周怒涛等，亦介绍入同盟会，参加秘密小组"[②]。

最初学生仅限于发起人家中妻女十人左右，1903 年开始对外招生。学校陆续增加妇女速成师范科、女工传习所。教员由教育会会员义务担任。教学内容分为文、理两科。文科设有伦理、心理、论理、教育、图画、体操；理科设有伦理、教育、国文、外国文、算学、博物、物理、化学、家事、手工、裁缝、音乐、图画、体操。学校经费初由哈同夫人逻迦陵女士提供，后向社会募集，并接受江南财政局和上海道津贴。爱国女学校虽然设置的课程一部分属中等教育程度，但确有一部分课程已达到高等教育的程度，如物理、化学、政治、党史、暗杀术、心理学、论理等，并且当时学校有一批大师，如蔡元培、蒋智由等从事管理，王小徐、严练如、钟宪鬯、虞和钦等教授理化，叶瀚、蒋维乔等教授文史，陈独秀、蔡元培与章士钊、杨笃生、钟宪鬯、俞子夷还在校内试制炸药和弹壳，这一批大师将该校的学术品位大大提高。正如后来清华大学校长梅贻奇所言："所谓大学之谓，乃有大师之谓也。"可见，该校具备了高等教育的性质。

通过教育，该校培养了一批批具有崇高革命理想、较高革命理论素养且掌握了较强革命技能的女革命者，不少人后来参加了辛亥革命。蔡元培曾说："辛亥革命时，本校学生多有从事于南京之役者，不可谓非教育之成效也。"[③] 爱国女学校在提倡女权、主张男女平等、反对封建礼教方面亦作出了相当贡献。它的成立，对各地的革命教育影响极大。如中国教育会江苏吴江同里支部发起人金一略仿爱国女学创办了明华女学校；教育会常熟支部发起人丁初我创办了《女子世界》；嘉兴爱国女学社把

① 高叔平编：《蔡元培教育文选》，人民教育出版社 1980 年版，第 240 页。

② 高叔平编：《蔡元培教育文选》，人民教育出版社 1980 年版，第 240 页。

③ 蔡元培著：《蔡元培全集》第 3 卷《在爱国女学之演说》，中华书局 1984 年版，第 7 页。

"提倡爱国精神，讲习社会法则，及家庭教育，以伸女权，而植国本"[①]作为办学宗旨等都受爱国女学的影响。

（二）留学女子高等教育的出现

由于维新运动的开展，中国掀起了向先进的东、西洋学习的热潮。新政伊始，张之洞、刘坤一便说："今日育才强国之道，自以多派士人出洋游学为第一义"[②]。于是1901、1902两年，清政府数次通电各省选派留学生出国。1902年京师大学堂总教习吴汝纶赴日考察教育，与日本前山阳女学校长望月与三郎讨论女子教育问题。望月与三郎力陈兴女学的重要性："固国础之道，在于育英。育英之法不一，大设学堂，虽谓良法，抑亦末也。欲获人才，须造良家庭。欲得良家庭，须造贤母。贤母养成之道，在教育女子而已。故曰：国家百年之大计，在女子教育。无他，是教育之根本，而实巩固国础之法。……先生明敏，既看破此理，画贵国百年之长策，可不以女子教育为急务也哉"[③]。吴回国后，将日本女子教育发达、日本女子可出国四处游学的现实写入了《东游丛录》，对当时中国教育界产生了很大的影响，推动了中国女子留学教育的开展。通过留学接受高等教育成为中国女子高等教育的又一途径。一批批爱国女子为振兴祖国、挽救民族危亡，"师夷之长技以制夷"，便毅然远涉重洋，主动求学异国，寻觅挽救民族危亡的良方。这样，中国留学女子高等教育便不断发达起来。中国女子留学之地主要以日本和欧美为主，因而可分为留学日本的女子高等教育和留学欧美的女子高等教育。再根据留学经费来源的不同，又可将留学女子高等教育分为公费留学女子高等教育和私费留学女子高等教育。下面分别加以介绍。

1. 私费留学女子高等教育

私费留学女子高等教育可分为留学欧美的女子高等教育和留学日本的女子高等教育。

（1）私费留学欧美女子高等教育

留学欧美的女子高等教育发端于教会女学建立以后。当时中国女子

---

① 《嘉兴爱国女学社简章》，《苏报》1903年6月16日。

② 《江督刘鄂督张会奏条陈变法第三折》，见毛佩之辑：《变法自强奏议汇编》卷18，台湾文海出版社影印本，第458页。

③ ［清］吴汝纶：《东游丛录·函札笔谈·前山阳高等女学校长望月与三郎来书》，日本三省堂书店1902年印本。

出国留学是被传教士携带出国，在外国大学受教育。英国教士李提摩太在《西女有功中国说》一文中曾说，西洋传教女子远渡重洋，来到中国，除设医、救灾外，还设立女塾“招集中国幼女，教以泰西诸学，或兼教以华文，所学有成，则留之游外国，数年卒业，浮海而归，闺阁有才，庙廊无恙，今南北中各省，似此妙选，实繁有徒，造就之宏，概可想见”[①]。清末名士江西康爱德、金韵梅等都是因幼年家贫或某种变故被传教士带出国受教育的。戊戌政变以后，出洋留学的女生更多。情佛曾在《女子教育平议》一文中这样写道：“自戊戌政变以来，为男子者，亦稍知女子之为重矣；为女子者，亦渐觉其身之不可弃矣！而辞其父母，渡重洋、越大海，以游学于欧美各国者，踵相接矣！”[②]。可见当时女子留学欧美是很多的。

（2）私费留学日本女子高等教育

留学日本的女子高等教育出现于甲午战争后。甲午战争，中国惨败。国人认为日本较中国先进，于是留学风潮转向日本。陈彦安在《劝女子留学说》中认为：我国女子日居深闺，不知国家之弱、外国之强，更不知自身对国家的责任。欲救此弊，唯有留学。文中指出：“不登山者，不知泰岱之高；不赴海者，不知沧漠之深。……欲兴女学，无从措手，故不得不采他国之长，而为拯救同胞之计。父母育我辈，无男女之分，皆爱之若一体，而我侪所受之责任、应与男子相同，皆有国民之责任，国有难则皆肩之”[③]。同时陈氏还阐述了女子留学日本有三大好处：“日本与我国道路相隔仅一东海，文字相同。资费又廉。以日本之女学而敷入我国，最为相符”；虽然日本女学较之欧美“渺乎微矣”，但“日本女子程度，与吾华相去不远，吾国女子聪明才智之所能及也”，这样程度相当，学习起来比较容易。此外“壤地紧接，便于往复”，“学费节省，便于苦学”[④]。在一些人的鼓吹下，女子留学日本比留学欧美逐渐增多起来。据《日本留学生调查录》（1901 年 12 月）记载，当时就有三位中国女留学生。这可算中国女子自费留学日本之始，1902 年夏天，又有二十余名女生赴日留学。这些留学生“长者二十余，幼者八九岁”，她们留学所进学

① 《万国公报》光绪二十五年九月，1968 年台北华文影印本第 30 册，第 18797 页。

② 《顺天时报》光绪三十二年九月十日。

③ 《江苏》第 3 期（1903 年）。

④ 《江苏》第 3 期（1903 年）。

校由幼稚园、小学、中学、大学各自不等。可见，这一批留日女生中有一部分是在日本接受高等教育。为了团结留日女学生。一些进步团体亦相继产生，如1903年成立的“共爱会”和1907年成立的中国留日女学生会，后者还于1911年创办了机关刊物《留日女学生会杂志》，唐群英为编辑。

2. 官费留学女子高等教育

在民间留学女子高等教育不断发展的情况下，清政府开始改变女子留学“有碍风化”的传统观念。在一些开明士绅的鼓动下，近代官费留学女子高等教育随之产生了。

(1) 官费留学欧美女子高等教育

光绪三十一年（1905）五大臣出国考察宪政时，美国大学赠中国留学生奖学金。光绪三十三年，两江总督端方在江南各学堂考选，录取了三名女生赴美国威尔莱安女学学习，是为中国官费女子留学之始[①]。

宣统三年（1911），学部在《编订女生留学酌补官费办法》中规定：“赴欧美女生，查其学力优良，品性方正，俟毕业归国时，足资启本国教育者，由部选定补给官费。至普通留学生，经本省提学使考验，果有学力与章程合格者，亦准补给官费，以期女学教育之发达”[②]。这样女生跟男生一样获得了留学官费补助权。同年，美国政府照会清政府：“美国各校均以无女生诘问，请兼选有中学毕业程度女生来美就学。名额不妨稍多，以后每年匀派”[③]。但在辛亥革命前，因风气未开，中国又无女子中学，一般女生程度，尚无法大量赴美留学。留美的大多是民间办理的，且留美人数较留日人数少得多。据1911年《教育杂志》载“留美中国学生统计”中，中国官私费学生肄业于美国高等学堂者男女共650人，其中女子共52人，大多在威尔士来学校、拉克烈夫学校、韦尔斯学校等。女生平均年龄在25岁[④]。

(2) 官费留学日本女子高等教育

1905年湖南省派二十名女学生赴日读速成师范科，是中国近代官费

① 《两江总督端方奏选派学生赴美留学情形折》，《政治官报》光绪三十三年十二月二十五日。

② 《顺天时报》1911年4月9日。

③ 《民立报》1911年7月12日。

④ 《教育杂志》第3年第6期（1911）。

女学生留日求学之始。同年奉天省派遣熊希龄到日本视察教育后，便与近代日本著名女子教育家、日本实践女校校长下田歌子约定每年派遣十五名女学生到实践女学肄业。到1907年，奉天女子师范学堂派出二十一名女生到实践女学读师范科。江西省派出十名官费女学生到实践女校求学。同时云南也派出十三名官费女学生赴日。据《女子世界》1905年驻日本东京调查员称："据最近调查，中国女子在东京者百人许，而最著名者共三十人，其中长于英文者有吴弱男及陈撷芬女士一流。长于汉文者，有秋瑾女士，林宗素女士一流。长于数学几何代数学者，有陈光璇女士、黄振坤女士一流。长于音乐者有潘英女士一流。"①

在留日教育不断发展之时，清政府顽固派也加紧了破坏活动。光绪三十四年（1908），翰林院侍讲周爰诹奏请撤回留日女学生。学部以自费女生留日为风气所趋，难以遏止为由，对周爰诹奏未加采纳，但对官费留学女生做了如下的规定："嗣后非确查其家世性行不至稍滋流弊者，不予选派"②。宣统二年（1910），学部又对出洋女学生的程度加以限定，要求"女生游学，为养成母教之基，关系至重，中国女学，尚未发达，虽不能限以中学毕业程度，亦应慎重选择"③。还要求以后赴日留学女生，将由学司考验，其程度以"必须受过本国教育，文理明顺，品行聪淑者，方予给咨东渡，否则仍令入本省学堂肄业"。至于自费生补给官费，"应以考入东京高等女子师范、奈良女子师范、蚕业讲习所三部女校为限，照考取等第，挨次推补，以归划一，而重女学"④。

清末留日女学生较欧美虽多，但由于清末留学宗旨未确定、留学教育成了代替本国女子高等教育或女子高等补习教育的手段。留学日本的女生多为速成生，学习程度欠佳。关于这点，王国维曾这样写道："高等教育既兴，则外国留学可废……且留学生之大半所学者，速成法政耳，速成师范耳，以不谙外国语之人，涉数千里之外，学至粗浅之学，而令东京之私立学校得因之以为市！"⑤。但在留学日本女学生中涌现了一批批反帝反封的爱国志士，她们虽然在知识的学习方面不够精深，但养成了

① 《日本东京调查员·外国特别调查》，《女子世界》第2年第3期（上海小说林社1905年，第85页）。

② 《东方杂志》第5年第1期，"教育"。

③ 《教育杂志》第3年第8期，"记事"。

④ 《教育杂志》第3年第8期，"记事"。

⑤ 王国维著：《静庵文集》，辽宁教育出版社1997年版，第188页。

良好的爱国品质，在反对帝国主义的奴化教育中起了积极的作用。尽管各帝国主义国家费尽心思地企图通过教育来奴化中国留学女生，但绝大多数女生并未被帝国主义国家的奴化教育所熏染，反而由于她们“留学以广见闻，且因身在国外，可见西方、东洋之强，爱国之心油然而生，故留学女生多参与革命救国事业。”[①] 如1903年当俄国暴露出侵略我国东北的野心时，留日女学生的革命团体“共爱会”便召开了紧急总会，议决从军，参加国内的拒俄运动。她们清醒地认识到祖国与她们的血肉关系。她们说：“有国家才有我们，国家灭亡了，我们没有安身之处，也没有学问”[②]。再如1905年，清政府勾结日本当局联合镇压中国留学生的革命运动，日本当局颁布了《清国留学生取缔规则》，中国留日女学生会团结全体留日学生与日本政府进行了斗争，表现了极高的革命激情和反帝精神。不仅如此，有相当一批留日女学生回国后积极参加反帝反封、拯救国家命运的活动。如女革命家秋瑾于1906年回国，她在临行前与同胞的谈话中这样说道：“吾归国后，自然要尽力筹划，以期光复旧物，与君等相见于中原。成败虽未可知，然苟留此未死之余生，则吾志不敢一日息也。吾自庚子以来，已置吾生于不顾，即不获成功，而死亦无所悔也。且光复之事，不可一日稍缓，而男子之死于谋光复者，则自唐才常以后，若沈荩、史坚如、吴樾诸君子不乏其人，而女子无闻焉，亦吾女界之羞也，愿与诸君交［共］勉之”[③]。她回国后，以办学为手段，建立革命据点，联络革命党人，并发刊《中国女报》，宣传女子革命，提倡女权运动。在浙江绍兴任大通学堂督办期间，组织“光复军”、敢死队，积极响应并配合徐锡麟的起义，最后英勇就义，给中国妇女树立了光辉的榜样。除秋瑾之外，在留日女学生中还涌现了像陈撷芬、燕斌等的一批女子解放的宣传鼓动者；像唐群英、张汉英、王昌国、吴木兰、林宗惠、吴亚男、吴弱男等的一批女子活动家。她们成了辛亥革命以及民国时期女子革命活动的中坚，为国家的振兴及女性的解放作出了相当的贡献。

（三）家庭女子高等教育

传统家庭女子高等教育以道德教育、文学艺术教育、高级女工技能

---

① 王婷婷撰：《清末女子教育思想》，私立中国文化大学史学研究所硕士论文，1981年台湾印本，第124页。

② 转引自高大伦、范勇编译：《中国女性史》，四川大学出版社1987年版，第58页。

③ 转引自梁占梅编著：《中国妇女奋斗史》，建中出版社1942年版，第63页。

的教育及科技教育等为主。

1. **道德教育**

在女子道德教育方面，无数家庭仍将“三从四德”、“三纲五常”等传统道德作为女子道德教育的内容，如1898年张之洞在《劝学篇》中就反复强调这些传统道德对女子立身为人的重要性，一些家规也保留有这样的内容。尽管少数家庭已提倡新道德，但传统道德教育仍是主要的。儒家的经典如《女四书》等是本时期家庭女子高等教育的重要教材，妇女学习《女四书》的较多。美国学者I. T. 赫德兰在他所著的《一个美国人眼中的晚清宫廷》中这样写道：“很多年来，中国一直有专门为女子准备的《四书》，相当于旧学中男子所读的《四书》。这些专为女子准备的《四书》曾经印过很多版，几乎在中国所有上等人家都广为传阅。1894年到1900年间，每次到我家拜访我妻子的中国妇女中，至少总有一人读过这些书。而慈禧本人就是一个很好的例子，她说明了旧学体制下女子能取得的成就。”①

2. **文学艺术教育**

在女子文学艺术教育方面，女子学习诗、词、歌、赋、文、曲等较过去更为普遍，涌现了一大批女文学家，详见胡文楷《历代妇女著作考》一书。

3. **妇工教育**

妇工教育也是本时期家庭妇女重要的功课，曾纪芬这样写道：“予等兼须为吾父及诸兄制履，以为功课。纺纱之工，予至四十余岁，随先外子居臬署时犹常为之。”②

可见，这一时期就连贵族之家都重视妇工教育，更何况一般的家庭。由于一般家庭都重视妇工教育，这一时期涌现了一批技术精湛的女能人，如光绪年间著名的湘绣艺人萧咏霞擅长绣山水、人物、花草，湘绣以人物著名由此而始，还为清代诗人樊增祥绣过像，创造了按照肌肤组织的开针绣法，成为当时湘绣所具有的特点。她先后在宁乡、长沙、衡阳等

① ［美］I. T. 赫德兰著，吴自选、李欣译：《一个美国人眼中的晚清宫廷》，百花文艺出版社2002年版，第208页。

② 曾纪芬：《勤俭救国说》，转引自罗绍志、田树德著：《曾国藩家世》，江西人民出版社1996年版，第99页。

地授徒，对湘绣的推广作出了贡献[①]。金静芬（1885－1970），原名金彩仙，回族，江苏苏州人，年十九（1904）师事刺绣大师沈寿，后随师进京，在清廷农工商部工艺局绣工科任教习，后执教于苏州女子职业学校、南通女工传习所等处。她的刺绣技艺十分精湛，所绣《猫嬉图》获南洋劝业会优秀奖，所绣《齐老太》亦在巴拿马－太平洋国际博览会上获奖。

4. **科技教育**

女子科技教育在本时期获得了一定的发展，出现了一批很有学问的女科技工作者。如钱塘（今浙江省杭州市）人黄履，字颖卿，金华教谕黄起女，才女黄巽妹，博学多才，通天文算学，曾制寒暑表、望远镜。又如华阳（今四川省成都市）人曾懿（1852－1889?），字朗秋，一字伯渊，户部主事曾咏长，著名女医学家，十岁父亡，奉母左锡嘉居蜀。秉承慈训，博览群书，才艺超人。针绣、烹饪之术，无所不精，尤其潜心医学研究，医术十分精湛，著有《医学篇》、《中馈录》等行于世。再如元和（今江苏省苏州市）人江熹（1882－1902），字缃芬，一作湘芬，江衡之女，擅算学，虽20岁去世，也留下《两楼遗稿》二卷，其中一卷为算学。

一些开明之家，在家庭高等教育中增加了新时代的内容，如曾纪鸿夫人郭筠十分注重用新思想和新内容来教育晚辈，并且她也勤奋学习，通过身教来影响晚辈。曾宝荪曾这样回忆道："没有祖母，我们孙辈的教育就会毫无成就……祖母年轻时得过一次瘫痪症，因此不大走动，大多时间在自己外间房里看书、写信、习字、做诗……，但家中事无大小，她都知道，而且管理教导得极其合理。家中人有错误，从不大声叫骂，只唤进自己房中轻言教训、撷古比今，总要人自知悔过才止。……我和大姐保龄也学学绣花。祖母起头做几针，便教我们去做。"[②]"我祖母的教育宗旨也很特别，她不赞成八股文章，也不愿两孙去考秀才，但她要我们学习外国文字，因为那时正是留日高峰，所以我家里也聘了一个日本人森树要教日文。另外有陈墨西先生教国文史地等。每日要看报、点报——那时报上文章都是文言，也都不断句的，要小孩用朱笔点报可以晓得他们看得通或看不通。我和大姐并未习女红烹饪，却要画画、读诗、

① 钱定一编著：《中国民间艺人志》，人民美术出版社1987年版，第103页。

② 曾宝荪著：《曾宝荪回忆录》，香港基督教文艺出版社1970年版，第2－3页；岳麓书社986年版，第2－3页。

学做诗。”① 她还送孙女到国外留学，并教育她要热爱祖国。1912 年曾宝荪到了英国留学，她后来说：“我们的祖母对于我们这一辈的教育，真是尽了最大的努力，不但让我们出国进修，而且培养了我们一些中文基础，使我们在外国不至忘记中国文化。”② 从郭筠实施的家庭女子高等教育中，我们可以窥见社会文化变迁对女子高等教育的影响。

（四）宫廷女子高等教育

由于新学思想日益传播，慈禧也逐渐改变观念，接受女子应受学校教育的主张，于 1904 年在宫廷里办起妇女学校——毓坤会。据《四朝佚闻》载：“北京西苑，慈禧太后曾命设女学，赐名毓坤。刘锦藻《续文献通考》载之，略云：光绪三十年，命设毓坤会于南海，原按孝钦显皇后允京卿裕庚之女之奏，在南海创设女学，赐名毓坤会。命王公贝勒之福晋、格格、及京员三品以上之命妇女子，均得报名入学。学习东西文字。即派裕庚之女主其事，盖仅研究语言文字，以备赐宴各国公使夫人时，为之通译云。”该校是最早的宫廷女子高等语言学校，它专门研究东西方的语言文字，即今天的外语专科以上学校。光绪二十九年，慈禧太后命裕庚之女德菱、龙菱入宫充当翻译。民国后，德菱撰有《清宫二年记》，述说她们在宫中的经历始末。由于德菱姊妹受过西洋教育，擅长外国语言，承应内廷后，在顽固的封建清朝中曾受到猜忌诽谤。《清宫词》有：“莲花为貌玉为肤，能读斜行异国书。长信恩深甘薄命，茂陵不聘女相如”。注云：“德钦使裕庚之女，长身玉立，姿容绝世，兼通翰墨，能英法语及其文字。孝钦召见入宫，甚宠异之，欲赐婚醇邸，女固辞不允，遂出宫”③。

（五）社会女子高等教育

1. 批判封建礼教

一些开明的维新人士批判封建礼教对女子产生着重要的教育影响。如宋恕在《六斋卑议》中对理学家们宣扬的“饿死事小，失节事大”、严禁妇女再嫁、强制妇女守节进行了揭露，认为这样的结果常常是“逼死

① 吴相湘主编：《湘乡曾氏文献》第 10 册，台湾学生书局 1974 年版，第 6574 页。

② 曾宝荪著：《曾宝荪回忆录》，香港基督教文艺出版社 1970 年版，第 20 页；岳麓书社 1986 年版，第 15—16 页。

③ 单士元撰：《故宫札记》，紫禁城出版社 1990 年版，第 19—20 页。

报烈之惨日闻”，于是主张凡婚姻应尊重男女本人意愿，除父母做主作主外，应征得男女本人同意，“于文据上亲填愿结”；如父母已去世，应“听本男女自主”，严禁他人干预，“强擅订配”。婚后，如果夫妻不和，男女两方中任何一方均可提出离婚[①]。他还指出，宋明理学“假君权以利私说”，使“夫为妻纲”成为捆绑妇女手脚的绳索。于是对“夫为妻纲”进行了批判[②]。而何启、胡礼垣在《新政真诠》中也对三纲进行了揭露和批判，指出：“君臣不言义而言纲，则君可以无罪而杀之臣，而直言敢谏之风绝矣；父子不言亲而言纲，则父可以无罪杀其子，而克谐充若之风绝矣；夫妇不言爱而言纲，则夫可以无罪而杀其妇，而伉俪相庄之风绝矣。”[③] 他对张之洞认为“知夫妇之纲，则男女平权之说不可行也”进行了批判，提倡男女平权。谭嗣同（1865－1898）也对封建纲常礼教进行了批判，主张把妇女从封建礼教约束缚中解放出来。他指出：“俗学陋行，动言名教，敬若天命而不敢渝，畏若国宪而不敢议。嗟乎！以名为教，则其教已为实之名，而决非实也。又况名者，由人创造，上以制其下，而不能不奉之，则数千年来，三纲五伦之惨祸烈毒，由是酷焉矣。君以名桎臣，官以名轭民，父以名压子，夫以名困妻，兄弟朋友各挟一名以相抗拒，而仁尚多少存焉者得乎？”[④] 又说“三纲之慑人，足以破其胆，而杀其灵魂，有如此矣。”[⑤] 他对那种嘴里喊守伦常而实则“渎乱夫妇之伦”的“君”进行了批判。他说：“为之君者，乃真无复伦常，天下转相习不知怪，独何欤？尤可愤者，已则渎乱夫妇之伦，妃御多至不可计，而偏喜绝人之夫妇，如所谓割势之阉寺与幽闭之宫人，其残暴无人理，虽禽兽不逮矣。”[⑥] 这便扯下了独裁者“仁义道德”的假面具，道明了所谓封建伦理纲常不过是统治者压迫人民的工具。他在《仁学》中还猛烈抨击了封建道德对妇女的压迫，大声疾呼解放妇女。他指出，在封建社会中，妇女完全被当做敌人，“锢妇女使之不出也”，“严男女之际使不相见也”，“立淫律也”，“禁淫书也”，总之，对妇女“锢之、严之、隔

① 胡珠生编：《宋恕集·六斋卑议·始伦章》，中华书局1993年版，第149－150页。

② 胡珠生编：《宋恕集·六斋卑议·旌表章》，中华书局1993年版，第149页。

③ ［清］何启、［清］胡礼垣撰：《新政真诠》第五编《劝学篇书后》，光绪格致新报馆排印本，第14页。

④ ［清］谭嗣同著：《仁学》，中华书局1958年版，第11－12页。

⑤ ［清］谭嗣同著：《仁学》，中华书局1958年版，第58页。

⑥ ［清］谭嗣同著：《仁学》，中华书局1958年版，第59页。

绝之，若鬼物，若仇雠。”还强迫妇女穿耳、缠足，“残毁其肢体”[①]。最令人痛心的是，在这种封建教条的毒害下，很多妇女认为受这样的压迫是应该的，那些“俗间妇女，昧于理道，奉腐古老之谬说为天经地义，偶一失足，或涉疑似之交，即为人劫持，钳其舌，使有死不敢言。至于为人玩弄，为人胁逃，为人鬻贩，或忍为婢媵，或流为娼妓，或羞愤断吭以死。”[②] 为了把妇女从封建礼教的束缚中解放出来，认为重要的是教育妇女使她们懂得所受的压迫，相信自己与男子一样有相同的能力，“男女同为天地之菁英，同有无量之盛德大业。”同时还应摈弃重男轻女的观念，他说“重男轻女者，至暴乱无礼之法也。男则姬妾罗侍，放纵无忌，女一淫即罪至死。驯至积重，流为溺女之习，乃忍为蜂蚁豺虎之所不为。”[③] 主张应改变这种不平等的社会现状。只有这样，女子才能和男子享有平等的受教育的权力。

2. 倡导新式家庭婚姻

在维新运动时期，维新派对封建传统婚姻的弊端进行了揭露，倡导新式婚姻。如谭嗣同对不自由又无感情的婚姻进行了揭露，指出：“非两相情愿，而强合渺不相闻之人，絷之终身，以为夫妇……实亦三纲之说苦之也。”[④] 还对宋儒“饿死事小。失节事大”的谬论提出了批判，主张寡妇可以再婚。又如我国著名教育家蔡元培于 1900 年在续弦时公开提出择偶条件，便是直接向传统婚姻制度挑战。他从小接受传统教育，光绪年间先中举人，后点翰林，因不违父母命与媒妁之言，迎娶王昭女士为妻。1900 年，王夫人病逝，为当年 33 岁的蔡元培说媒的人很多。面对媒人，他提出了择偶的五项条件：女子须不缠足者；须识字者；男子不娶妾；男死后，女子可再嫁；夫妇如不相和，可离婚。次年他不顾社会非议，与不缠足、识字、善书画的江西黄世振（仲玉）女士成婚，并按新式婚礼成婚，终于实践了自己的诺言[⑤]。

预备立宪时期，由于女学的兴起和资产阶级民主革命思想的不断传播，使一部分新觉醒的女性认识到家庭革命是民主革命的组成部分，她

① ［清］谭嗣同著：《仁学》，中华书局 1958 年版，第 15—16 页。

② ［清］谭嗣同著：《仁学》，中华书局 1958 年版，第 17 页。

③ ［清］谭嗣同著：《仁学》，中华书局 1958 年版，第 16 页。

④ ［清］谭嗣同著：《仁学》，中华书局 1958 年版，第 58 页。

⑤ 唐振常著：《蔡元培传》，上海人民出版社 1985 年版，第 23 页。

们主张婚姻自主，促使了社会婚姻家庭观念的革命。资产阶级革命派把批判君主专制同反对封建父权、夫权相结合，在其创办报刊、发表的论著以及成立团体所确立的宗旨中，都把对婚姻的改革作为一个重要内容。如1903年的《女界钟》、《妇女世界》和《神州女报》等都刊登了大量文章，对传统婚姻家庭制度的弊端进行了揭露，主张家庭革命、婚姻自主、自由恋爱，反对父母包办；主张男女平等，反对买卖婚姻。如一些觉醒的女革命家也主张对传统婚姻进行改革。如女革命家秋瑾与湖南的纨绔子弟王廷钧的结合就是父母之命、媒妁之言的牺牲品。后来秋瑾结识了具有进步思想的女友吴芝英，开始接受新思想。在女子留学热潮的影响下，秋瑾冲破家庭的阻力，毅然东渡日本留学，接受了资产阶级民主革命思想，加入同盟会，最后把自己投身到民主革命之中。她在《精卫石》中主张婚姻自主，恋爱自由。她这样写道："此生若是结婚姻，自由自主不因亲……一来是品行学问心皆晓，二来是性情志愿尽知闻，爱情深切为偶，不比那一面无亲陌路人。"[①] 1904年《女子世界》发表了《女子家庭革命说》，认为："二十世纪，为女权革命世纪。今中国犹君权时代也，民权之不复，而遑言女权！女权与民权，为直接之关系，而非有离二之问题。欲造国，先造家；欲生国民，先生女子。政治之革命以争国民全体之自由，家庭之革命以争国民个人之自由，其目的同。政治之革命由君主法律直接之压制而起，女子家庭之革命由君主法律间接之压制而起，其原因同。试观今日家长之威严，直有第二君主之权力……论男女革命之重轻，则女子实急于男子万倍。"这是因为中国女子"襁褓未离，而'三从四德'之谬训，'无才是德'之警言，即聒于耳而浸淫于脑海，禁识字以绝学业，强婚姻以误终身，施缠足之天刑而戕贼其体干焉，限闺门之跬步而颓废其精神焉。"呼吁诸姐妹"以革命为斩情之利剑，吾且欲扬家庭独立之旗，击鼓进行于女权世界，不忍使二万万个人天赋之权利，牺牲于独夫之手也。""欲革国命，先革家命；欲革家命，还请先革一身之命"[②]。

中国传统的婚礼以"六礼"为基本，十分烦琐，且传统婚礼中有愚昧、落后、迷信、买卖的成分，受资产阶级思想影响而觉醒的一批女子

① ［清］秋瑾：《秋瑾集》，上海古籍出版社1979年版，第130页。

② ［清］丁初我：《女子家庭革命说》，见《辛亥革命前十年间时论选集》卷1，读书·生活·新知三联书店1963年版，第925—929页。

对此提出了大胆的改革方案，提倡自由恋爱、自由结婚，并在婚姻的福分、服饰、婚龄等方面学习西方的文明婚姻，形成了“文明结婚”、“新式婚礼”[①]。

清末的婚姻家庭变革的思想宣传对封建君主专制统治及维护封建统治的旧伦理、旧道德以极大的冲击，使一部分女子的思想观念发生了改变，在一定程度上改良了社会习俗，提高了女子婚姻的质量和女子在家中的地位，进而深化了民主革命的内涵，其历史功绩是十分巨大的。

3. **批判缠足等毁伤身体陋习**

一些开明人士对女子缠足也进行了批判，这对社会女性美和女子思想意识的改变起着十分重要的作用。如郑观应对当时女子缠足的恶习提出了批判，他在《论裹足》章中，首引古训“身体发肤、受之父母，不敢毁伤”做论据，主张“女禁裹足”。他对缠足的害处进行了详尽的说明：“裹足则残其肢体，束其筋骸，伤赋质之全，失慈幼之道。致今夫憎其妇，姑嫌其媳，母笞其女，嫂诮其姑。受侮既多，轻生不少。且也，生子女则每形孱弱，操井臼则倍觉勤劳，难期作健之贤，徒属诲淫之具。其流弊，难罄形容。”[②] 他指出，世界五大洲只有中国自四五岁起就在父母的逼迫下让女子缠足，“稚年罹剥肤之凶，毕世婴刖足之罪”，终使女子体质孱弱。他批判缠足“酷虐残忍，殆无人理”，主张女子应把缠足的工夫用于学习，这样“天下之女子之才力聪明，岂果出男子下哉?!”[③] 主张用法律来严禁强迫女子缠足的行为。陈虬指出缠足之害无穷，承平之日，已“渐遏其生机”，乱离之秋，则“无异坑之死地”，“中国生人根基渐溺，未必非母气被遏所致。”[④] 于是主张严禁缠足。1897 年 6 月底，谭嗣同等人在上海创立了不缠足会总会，他被推为董事。他对家乡湖南成立不缠足会也大加支持。为了宣传天足的好处，他还“从亲友家觅得大脚女佣游街示众，奖给他们每人一枚银牌或九块银元，让各大家族的内眷垂帘观看。”[⑤]

---

① 参见刘志琴主编、闵杰编：《近代中国社会文化变迁录》第 2 卷，浙江人民出版社 1998 年版，第 332－336、572－580、651－662 页。

② 夏东元编：《郑观应集》上册，上海人民出版社 1982 年版，第 163－164 页。

③ 夏东元编：《郑观应集》上册，上海人民出版社 1982 年版，第 288 页。

④ 杨家骆主编：《中国近代史文献汇编》之《戊戌变法文献汇编》一《治平通议·救时要义》，台湾鼎文书局 1973 年版，第 228 页。

⑤ 谭吟瑞：《记祖父谭嗣同二三事》，《百科知识》1980 年第 2 期。

清末新政，政府将反缠足作为新政时期改良社会风俗的重要内容。1901年清廷下诏禁止缠足。中央政府提倡，各地立即推行。他们在各地设立不缠足会，制定不缠足章程，推动不缠足运动的开展。与此同时，各地还利用新闻媒体，从舆论上进行广泛宣传。如武昌不缠足会创办画报，“每期共图八面，上系浅说，稍识字者皆能通晓，即不识字之妇女，观图亦知缠足之害。”[①] 如1902年新任川督岑春煊上任伊始就刊发《劝戒缠足示谕》，缠足不仅是“关系国家、关系众人的弊病”，而且关系到妇女一身的弊病，希望士绅妻女作出榜样，以为民众效仿。慈禧太后于光绪二十七年（1905）颁布谕旨，禁民间缠足，并说：“汉人妇女率多缠足，由来已久，有伤造物之过，嗣后缙绅之家，务当婉切劝导，使之家喻户晓，以期渐除积习，断不准官吏胥役，藉词禁令扰累民间。”[②] 由于禁缠足得到了朝廷的正式提倡，从而促进了各地天足运动的开展。据不完全统计，仅四川一地就有20个不缠足团体。1907年清政府在《学部奏定女子小学章程》中再次指出：“女子缠足最为残害肢体，有乖体育之道，各学堂一律禁止，力矫弊习。”[③] 随着新式教育的兴起，许多女学生在反缠足思想的影响下，开始放足。两江总督端方在1909年颁布禁止缠足章程，要求皖赣等省所辖各厅州县务须在10年内废除缠足陋习，“如有仍前漠视者，轻则记过，重则撤参”[④]，以严加考核的形式督促下属切实推行。清末的禁缠足措施收到了一定的效果，一些开明的士绅为了适应新式教育的需要，纷纷让自己的女儿放足，同时也利用自己的威望，推动不缠足活动的开展，在移风易俗方面做了一些工作。而随着清政府的垮台，继后的北洋政府和国民政府继续承担清末反缠足运动的责任。

4. 抨击溺杀女婴恶习

郑观应还对当时溺杀女婴的恶习提出了批评，并劝天下父母戒溺杀女婴。他说：“溺女一事，罪孽甚大”，并详细分析了溺女婴的原因，指出“惟毒妇无知，丈夫不加劝戒”、“或以为生女太多，忿而溺之；或以为生女需乳，不利速孕，急而溺之；或婢女所生，妻不能容，迫而溺之；或偷生诚恐露丑，恶而溺之。”他进而做了详尽的讨论，他说：“有此女

① 《各省报界汇编》，《东方杂志》第2年第1期。

② 朱寿朋编，张静庐校点：《光绪朝东华录》，中华书局1958年版，第190页。

③ 舒新城编：《中国近代教育史资料》下册，人民教育出版社1981年版，第794页。

④ 《前两江总督札饬各属禁止缠足章程》，《东方杂志》第6年第12期。

未必遂贫，无此女未必致富……世有贫子不能娶，未见有贫女不能嫁者。吾见子之多逆于亲，未见女之敢逆于母。可知生子未必尽佳，生女何尝不善？……古今孝女不少，何患女之多乎？”[1]，并认为生男生女是命中注定的，想“急于生子，而竟溺其女者”，不仅不能速生男，还会遭到报应。他要求地方官在设育婴堂的同时，向百姓宣传保婴会规条，以禁溺女婴之俗，改变“以生女为可耻”的陋风，使人“必心生惭愧”而养其女孩[2]。李圭也对当时人们溺杀女婴进行了揭露，认为这是由于“女学坠废所致”，并赞扬外国“生男则喜，生女亦喜，无所轻重”的男女平等观。主张通过教育来改变这种“轻视妇女之心”，“溺女之俗由是而自止。”[3]

此外，清末报刊和女子团体不断涌现，一些女子通过阅读报刊和参加女子团体获得了高深知识、改变了思想观念、形成了新道德，总之，完善了自身。据不完全统计，1902－1912 年间，全国各地陆续出版女子报刊（包括以宣传妇女解放为主的一些报刊）有五十余种。从创办地点看，女报刊分布在全国各地，其中又以上海、北京、广州和日本的东京较为集中。从创办人的情况看，其中大多数是接受过新式资产阶级教育，不少是留学国外的女知识分子，如陈撷芬、秋瑾、唐群英等就是其中的代表。当时女子报刊的类型及内容十分广泛，为女子提供了广泛接受高深教育的空间。据济南大学文学院教授林吉玲女士归纳为三类：①革命派创办的，政治性比较强，直接为辛亥革命服务。她们多把妇女解放与资产阶级民主革命相结合，鼓励女性走出家门，在争取民族解放和实行民主共和的同时，争取自身的解放，如《女报》、《女子世界》、《中国女报》、《中国新女界杂志》、《神州女报》、《女学报》、《留日学生会杂志》等。②是具有社会改良倾向，以提倡女学、开通女智，尊重女权、反对缠足，要求移风易俗，提倡妇女道德，培养贤妻良母，改良家庭，改良社会等为宗旨，重在对女性进行启蒙。如《北京女报》、《女镜报》、《女界灯学报》、《天足会报》、《妇女日报》、《妇女时报》等。③是深受无政府主义思想影响，不顾社会实际，否定国家和政府，要求废除私有财产，消灭阶级，打倒一切强权，实现人人平等，强调个人的绝对平等，并把

① 夏东元编：《郑观应集》上册，上海人民出版社 1982 年版，第 36 页。

② 夏东元编：《郑观应集》上册，上海人民出版社 1982 年版，第 38 页。

③ ［清］李圭著，谷及世校点：《环游地球新录》，湖南人民出版社 1980 年版，第 42 页。

妇女的解放作为人类解放的先决条件。主张一切革命都应从男女革命开始，废私产、废家庭、废婚姻，对当时社会影响很大。如 1907 年刘师培、何震等人在日本东京创办的《天义报》，留法学生李石曾、张静江等人创办的《新世纪》等。从女报刊的内容看，有些内容对女性思想觉悟的提高以及文化知识的增长产生了较大的影响。如《中国日报》所刊载的陈撷芬《女界之可危》一文便对女性有较大的思想教育作用。文中说："吾中国之人数也，共四万万，男女各居其半。国为公共，地土为公共，财产为公共，患难为公共，权利为公共。我辈既有公共责任，宁能袖手旁观，甘亡国之奴隶，甘为印度、波兰也?"[①] 又如《天足会报》，它的宗旨是以劝导女性不缠足为主，以发动广大妇女参加天足会及附设的女学堂为目的，这自然对社会陋俗的改良和现代女性美的启蒙都产生了极大的影响。与此同时，当时报刊有大量提倡科学，反对封建迷信的文章，这无疑对女性科学文化素养的提高有积极的作用。因为女性在漫长的封建社会里常被封闭在家庭的小圈子里，科学知识极度缺乏，因此，她们极易接受封建迷信，受封建迷信之害也深。《女子世界》登载的《纠俗篇》，针对有病不找医生治而求助神仙占卜一事，以科学的知识、通俗的道理，来揭封建迷信的底。指出："病者以不知卫生之故，或饮食不时，或运动不力，或倾于寒热而不调。疾乃因之而起，疫乃因之而染。及其于病犹不延医服药，而惟求神问卜之。是务托生命于贱民之手，徒执金钱于虚牝之乡，亦见其惑矣。夫究其解星之意，以为'一人在世，必有一星在天，其星即为其身所属，故身病则星晦，得方士解其晦，则星明而病自愈矣'。呜呼，星者为日所遗之流质，遇冷而凝为球，或能自发光，或受日光以为光，晦者常晦，明者常明。""若谓人死则星坠，人生则星出，则世人之死生固无时或息，何独不见零星一宿之升降不休耶。"[②] 由上可见，当时女子报刊的思想性和学术性是很强的，一些知识女性通过女子报刊不断提高自己的思想觉悟，增进自己的知识尤其是一些新的高深的科学知识，对于一部分女子学问的提升起了积极的作用。

清末知识女性创办的女子团体对一部分女性思想觉悟的提高，高深知识的获得、高超技能的养成产生着重大的影响。革命家秋瑾就认为：

① 《中国日报》，1904 年 4 月 26 日。

② 廖斌权：《纠俗篇》，《女子世界》1904 年第 10 期。

"欲脱男子之范围，非自立不可，欲自立，非求学艺不可，非合群不可。"[①] 其"合群"思想就是主张成立女性团体、集合女性力量以便更好地锻炼女性、发挥女性的智慧和才能。组织团体不仅是女性谋求自身解放的重要工具，而且是妇女运动走向自觉的重要标志之一。在辛亥革命前后由女知识分子发起组织的各种妇女团体约有35个[②]，济南大学文学院林吉玲教授根据其宗旨和目标的差异将它们分为以下几类。①政治色彩较浓、革命目的性强。如1903年4月由胡彬夏等人创立于东京的"共爱会"，1903年成立于上海的"对俄女同志会"，1904年由陈撷芬创立于东京的"实行共爱会"，1905年创立于东京的"中国留日女学生会"，1911年由林宗素创立于上海的"女子参政同志会"，1912年创立于上海的"中华女子竞进会"，1912年由唐群英、张汉英在南京设立的"女子同盟会"等。这一类团体多由激进的革命女性组成。以武昌起义为界，武昌起义前，以振兴女学、恢复女权、提倡自立为宗旨，主要活动是参加拒俄运动、抑制美货运动，参与同盟会的活动，发行报刊，进行舆论宣传。武昌起义以后，激进的一派多转向争取参政为主要目的的参政运动。②以振兴女子教育为已任，组织或参与创办女子教育团体。如1904年张竹君在上海组织成立的"女子兴学保险会"、1905年由秋瑾在东京设立的"女子雄辩会"、1906年由张雄西在昆明设立的"女界自立会"、1912年由周咏香在武昌设立的"湖北女子教育会"等，提倡女子教育，倡导女权。一批爱国女知识分子在辛亥革命前后，创办或参与创办了38所进步的、重视革命思想教育的新式女子学校。其培养的学生不少是同盟会的会员，有的直接参加了辛亥革命的军事活动。③以改良社会风俗为主旨的妇女团体。如1904年由张竹君在上海创立的"卫生讲习所"以谋求为国民增健康之幸福、立强毅之基础为宗旨；1910年北京妇女发起组织的"中国国民妇女禁烟会"，其任务是："一、运动全国女子速组织女子禁烟会，务期于本年年终全国禁绝鸦片；二、联合北京女子禁吸纸烟会，以通生气庶可互相协助；三、作禁鸦片之演说，登各处报纸；四、印刷禁鸦片之演说及警世图画，分送各处。"[③] 同年底天津学界妇女组织了"中

① ［清］秋瑾：《致湖南第一学堂书》，见秋瑾著：《秋瑾集》，上海古籍出版社1979年版，第32页。

② 林吉玲著：《二十世纪中国女性发展史论》，山东人民出版社2001年版，第118页。

③ 《中国女子禁烟会成立》，《顺天时报》1911年2月28日。

国女子禁烟会”。④兴办实业，以谋求与女子职业有关的团体。如 1904 年张竹君在上海设立的“女子手工传习所”，附设于上海爱国女校之内，以传授手工，解决妇女谋职为宗旨；1912 年初，由林宗雪等人在上海创办女子殖权物产公司，推销国货；1912 年由王赵润、卢玉华等 10 位女士联名发起成立“中华女子实业进行会”，该会“以振兴女子工艺，提倡女子经商，结合女工团体，俾我国实业大昌，以立富强之基础为宗旨”。[①] ⑤与辛亥革命时期军事活动有关的妇女团体。如 1910 年尹锐志、尹维俊在上海设立的“锐俊学社”实为光复的总部，以联络革命为主。从这些女子团体所确立的宗旨可见它们对参加这些团体的女子无疑起了积极的作用，锻炼了组织者的管理能力，提升了参加者的思想境界和文化水平。

本时期女子报刊与女子团体的出现是社会女性主体意识复兴的标志，无数女子通过女子报刊和女子团体的宣传受到了教益，积极参加到妇女解放运动中去，在革命斗争中不断成长，为民国时期女子革命运动在思想上、组织上、人才上奠定了坚实的基础。

（六）寺庙女子高等教育

藏区尼庵女子高等教育仍较为发达，产生于 15 世纪，在藏传佛教女活佛转世体系中较早的桑顶多杰帕姆女活佛转世体系和产生于 17 世纪的在青藏高原东部安多藏区的贡日卡卓玛女活佛转世体系在本时期仍传承着，这样出现了一批佛德高尚、佛学高深的女活佛，如桑顶多杰帕姆·阿旺贡桑土丹曲央贝姆（1898－1937）和贡日卡卓玛·贡确丹贝旺茂（1892－1934）等女活佛。除藏区之外，不管是道观、尼庵，还是清真女寺都因社会变迁而逐渐衰落，寺庙女子高等教育成就不大，在此就不再叙述了。

第三节　康有为的女子高等教育思想

康有为（1858－1927）原名祖诒，字广厦，号长素，又号更生，广东南海县（今广州）人，后称他为“南海先生”。著有《新学伪经考》、《孔子改制考》、《戊戌奏稿》、《大同书》、《康南海先生诗集》等，其女子

① 《中华女子实业进行会章程》，《神州日报》1912 年 6 月 11 日。

高等教育思想如下：

一、阐述了女子教育的重要性

1898 年康有为在进呈的《日本变政考》中就提出兴办女学，他说："中国以二百兆之女子，曾无一学校以教之，则不学者居其半，是吾有民而弃之也"[①]。他深感"泰西之强于人才，人才出于学校"[②]，于是十分关注中国女学堂的倡办，支持他的学生梁启超积极配合经元善兴办女学，终于在 1898 年 5 月办起了兼有高等教育性质的、中国人自办的第一所女学堂。他认为女子求学是妇女独立的必由之路，"无专门之学，何以自营而养生；无普通之学，何以通力而济众；无与男子平等之学，何以成名誉而合大群，何以充职业而任师长。所以人求独立，非学不成。"[③] 他自己也十分注意培养女子高级人才，曾任万国妇女公议会副会长的女儿康同璧和著名书法家肖娴便是他女弟子中的佼佼者。

二、认为男女资质相同，应平等受高深教育

康有为于 1902 年著成《大同书》，在该书中他认为男女资质相同，应平等受高深教育，并阐述了女子教育的重要性。他从天赋人权的观点出发，指出"人则有男女，此固天理之必至而物形所不可少者也"，虽然男女在形体上有所区别，但他（她）们"既得为人，其聪明睿哲同，其性情气质同，其德义嗜欲同，其身首手足同，其耳目口鼻同，其能行坐执持同，其能视听语默同，其能饮食衣服同，其能游观作止同，其能执事穷理同，女子未有异于男子也，男子未有异于女子也。"[④] 他举例说："以女子执农工商贾之业，其胜任与男子同。今乡曲之农妇无不助耕，各

---

① 康有为：《日本变政考》卷 3，见康有为撰，姜义华、张荣华编校：《康有为全集》第 4 集，中国人民大学出版社 2007 年版，第 150 页。

② 康有为：《日本变政考》卷 4，见康有为撰，姜义华、张荣华编校：《康有为全集》第 4 集，中国人民大学出版社 2007 年版，第 153 页。

③ 康有为著，章锡琛、周振甫校点：《大同书》戊部《去行界保独立·妇女之苦总论》，古籍出版社 1956 年版，第 133 页。

④ 康有为著，章锡琛、周振甫校点：《大同书》戊部《去行界保独立·妇女之苦总论》，古籍出版社 1956 年版，第 126 页。

国之工商既多用女子矣。以女子为文学仕宦之业，其胜任亦与男子同。今著作文词之事，中国之闺秀既多，若夫任职治事，明决果敏，见于史传者不可胜数矣。故以公理言之，女子当与男子一切同之。此为天理之至公，人道之至平，通宇宙而莫易，质鬼神而无疑，仇万世以待圣人而不惑，亿万劫以待众议而难偏。”① 他还论述了“男女贵贱不在身体脑度”，指出：“人之贵贱，在才智之高下，不在形体之长短”，“独以短体抑女，岂公理所许乎！当初民之始，女子短体弱力，受制男子，造成原因则有之，若以此故永远抑女，则非人心所安也。”② 他指出女子“其才智绝伦，学识超妙，过于寻常男子殆不可道理计，此不待繁徵而尽人易见也。”③ 可见，他驳斥了数千年来一直被人们所确信不疑的女子在生理上、才智上不及男子的陈腐观念，认为“男尊女卑”的观念“不独背乎天理，亦不协乎人生也”④。由此主张男女应享有相同的权利。他指出：“女子与男子同为人体，同为天民，亦同为国民。同为天民，则有天权而不可侵之；同为国民，则有民权不可攘之。女子亦同受天职而不可失，同任国职而不可让焉。”⑤ 既然女子与男子一切权利平等，教育当然也不例外。由此主张女子应与男子受平等的高深教育。主张设立女学、恢复女子的教育权，进而论述了女子比男子更需要受教育。他说：“妇女之需学，比男子为尤甚，盖生人之始本于胎教，成于母训为多。女不知学，则性情不能陶冶，胸襟不能开拓，以故嫉妒褊狭，乖决愚蠢，钟于性情，扇于风俗，成于教训，而欲人种改良，太平可致，犹卻行而求及前也”，并把女子受教育作为解放女子的重要手段。他说；“人求独立，非学不成。无专门之学，何以自营而养生；无普通之学，何以通力而济众；无与男子平等之学，何以成名誉而合大群，何以充职业而任师长。故为人

---

① 康有为著，章锡琛、周振甫校点：《大同书》戊部《去行界保独立·妇女之苦总论》，古籍出版社 1956 年版，第 126—127 页。

② 康有为著，章锡琛、周振甫校点：《大同书》戊部《去行界保独立·论男女贵贱不在身体脑度》，古籍出版社 1956 年版，第 150—151 页。

③ 康有为著，章锡琛、周振甫校点：《大同书》《去行界保独立·论男女贵贱不在身体脑度》，古籍出版社 1956 年版，第 151 页。

④ 康有为著，章锡琛、周振甫校点：《大同书》戊部《去行界保独立·妇女之苦总论》，古籍出版社 1956 年版，第 126 页。

⑤ 康有为著，章锡琛、周振甫校点：《大同书》戊部《去行界保独立·妇女之苦总论》，古籍出版社 1956 年版，第 131 页。

类自立计，女不可无学；为人种改良计，女尤不可不学。”[①]

三、主张批判传统观念、倡办女子学校以使女子接受高等教育

他认为，女子之所以受压迫、男女之所以不平等是由于“三纲”“五常”使然，它们是男女不平等理论的基础，夫为妻纲，使“女子常托于男子之家，遂失其自立之人权：一曰不得立门户，二曰不得存姓名，三曰不得顾私亲。”“夫为妻纲，女子乃至以一身从之”，“以形体之微异而终身屈抑，服从于人，乃至垂老无自由之一日，是尤何义耶！其夺人自立之权，未有过此。”[②] 于是从自然人性论、天赋人权学说出发，明确提出男女平等的资产阶级女性观。他写道：以公理言之，女子与男子一切同之，男女同为“天民”与“国民”，应同享“天权”与“民权”。那种“压制女子，使不得仕官、不得科举、不得自由，甚至不得出入、交接、宴会、游观，又甚至为囚、为刑、为奴、为私、为玩，不平至此，耗矣哀哉！损人权，轻天民，悖公理，失公益，于义不顾，于事不宜”[③]。进而指出：“人者，天所生也，有是身体，即有其权利，侵权者谓之天权，让权者谓之失天职。男与女虽异形，其为天民而共授天权一也。人之男身，既知天与人权所在，而求与闻国政，亦何抑女子攘其权哉？女子亦何得听男子擅其权而不任其天职？……以公共平等论，则君与民且当平，况男子之与女子乎？”[④]

除了“三纲五常”的约束外，“女子无才便是德”的传统观念使女子不能平等地接受教育，也是女子受压迫、男女不平等的重要根源。因此，应大力革除封建旧教育制度的流弊、积极推行西方资产阶级的新型教育制度，使妇女教育能在教育制度中得到承认。于是他主张创办女子学校，

① 康有为著，章锡琛、周振甫校点：《大同书》戊部《去行界保独立·妇女之苦总论》，古籍出版社1956年版，第133页。

② 康有为著，章锡琛、周振甫校点：《大同书》戊部《去行界保独立·妇女之苦总论》，古籍出版社1956年版，第135—136页。

③ 康有为著，章锡琛、周振甫校点：《大同书》戊部《去行界保独立·妇女之苦总论》，古籍出版社1956年版，第130页。

④ 康有为著，章锡琛、周振甫校点：《大同书》戊部《去行界保独立·妇女之苦总论》，古籍出版社1956年版，第130页。

使妇女有接受教育的机会。在《大同书》中，他明确提出女子高等教育问题，“宜先设女学，章程皆与男子学校同。其女子卒业大学及专门学校，皆得赐出身荣衔，如中国举人、进士，外国学士、博士之例，终身带之。”①

为了保证女子受高等教育的持续发展，他还十分关注女子受高等教育之后的去向问题，提倡开放女子职业。在《大同书》中，他主张选举、应考、为官、为师只重才能，不分性别，女子也可当选大总统；女子可以与男子一样充当议员，担负国务。这些见解标志着中国学校女子高等教育理论的初步形成。

四、注重社会女子高等教育内容的改革

1898 年 8 月 13 日康有为在《请禁妇女裹足折》中，把女子缠足的危害精辟地归纳为：“以国之政法论，则滥无辜之非刑；以家之慈恩论，则伤父母之仁爱；以人之卫生论，则折骨无用之致疾；以兵之竟强论，则弱种展传之谬传；以俗之美观论，则野蛮贻诮于邻国。”② 主张应摈弃妇女缠足陋习。他在 1902 年著成的《大同书》中也深切地关注社会女子高等教育问题，提出了一系列改变社会风俗的主张，如妻子与丈夫在法律上一律平等；禁止从夫姓风俗，还女子本人之姓名；婚姻自由，父母尊亲不能包办；禁止二十岁以前的早婚现象；女子成年后有出入、交接、游观、宴会的自由；禁止缠足、细腰、穿耳鼻唇以挂饰物以及用长布擀面、蔽身，加锁于眉中、印堂等危害妇女健康的风俗；女子在一切场合与男子平起平坐，不分畛域；女子与男子衣服装饰同。对女子穿耳、细腰、黑齿、剃眉、敷黛、施脂、抹粉、诡髻、步摇等以损坏身体来供男子玩弄的做法，表示坚决反对，主张严禁，“科以削减名誉之罚，或罚赎锾”；至于“其袒肩、裸体与男子相抱跳舞者，出自野蛮，徒起淫心，皆加严禁”③。

① 康有为著，章锡琛、周振甫校点：《大同书》戊部《去行界保独立·女子生平独立之制》，古籍出版社 1956 年版，第 162 页。

② 沈茂骏编：《康南海政史文选（1888—1898）》，中山大学出版社 1988 年版，第 279 页。

③ 康有为著，章锡琛、周振甫校点：《大同书》戊部《去行界保独立·女子生平独立之制》，古籍出版社 1956 年版，第 163 页。

总之，康有为站在为女子鸣冤的高度，对当时社会压迫奴役女子、女子没有平等人权的状况进行了揭露和批判，倡导男女平等，女子应与男子平等接受教育，并详细阐明了女子受高等教育的可能性和必要性。同时要求女子提高自己的主体意识，为自身的解放而奋起努力，从自己做起，与社会抗争。这些独特的见解对于女子高等教育的发展有着重要影响。

结 束 语

一、社会女性观与中国女子高等教育的关系

社会女性观与中国女子高等教育有着十分紧密的关系，壬子癸丑学制建立前的中国，社会女性观呈多元化趋势。社会女性观深受中国经济、政治、文化的影响，可以说是社会经济、政治和文化等的综合反映，它深刻地影响、塑造和推进着中国女子高等教育，使之具有自己的独特性：独特的培养目标、实施体系和内容体系，还涌现了一大批女子高等教育家。中国女子高等教育与同期其他国家的女子高等教育相比，其发达程度是其他国家无法比拟的。这一时期的女子高等教育与此后的女子高等教育有明显的区别，特别是其培养目标、实施体系，女子教育家的思想也有一些不同。壬子癸丑学制建立前，多元化的社会女子观促成了中国女子高等教育的丰富多彩性，而儒家女性观长期占统治地位与女性主体意识被压抑而沉睡甚至沦落，使中国女子高等教育带有很强的儒家礼教色彩，并深刻地压抑着女性主体意识的觉醒。

社会女性观作为社会经济、政治与文化等的综合反映，在发生巨大变动的中国近代社会，也有很大的变化。中国以儒家思想为主的社会女性观受到了西方传入的基督教与天主教的女性观、资产阶级的女性观以及产生于中国本土的太平天国的女性观、洋务运动的女性观、资产阶级维新派的女性观和资产阶级革命派的女性观等的冲击，其统治地位逐渐被资产阶级女性观所代替。女性的主体意识也经过压抑——复苏——初步沦落——彻底沦落时期，又再度复兴。伴随着社会女性观的变化和女

性主体意识的复兴，女子高等教育也发生着很大的变化：新式女子高等教育、留学女子高等教育不断发展并被世人所接受；家庭女子高等教育、宫廷女子高等教育和社会女子高等教育在教育内容中增加了与时代发展相宜的新内容；寺庙女子高等教育除藏区外，呈现明显的衰落趋势。随着中国女性主体意识的复兴，无数女子积极争取男女平权，最终促成了女子高等教育壬子癸丑学制的建立，这为女子高等教育发展奠定了法律基础。随后，学校女子高等教育获得了前所未有的发展，女性在接受学校高等教育后，其主体意识更加觉醒。

二、本研究对假设的印证

通过研究，我们印证了本书开篇所提出的假设，即中国古代存在女子高等教育，中国女子高等教育有自己独特的体系，中国传统文化的社会女性观强化着中国传统的女子高等教育，女性主体意识的觉醒是变革传统女子高等教育的重要前提。

三、研究所获启示

通过研究，我们获得如下启示：

（一）社会女性意识的发展是社会政治、经济、文化等因素综合促成的，其中文化因素是最直接的影响因素

社会女性意识是社会的产物，它植根于一定时期社会的文化土壤，是社会政治制度与经济制度的综合反映。马克思主义哲学告诉我们，意识是物质高度发展到人脑时所产生的特殊技能，是人脑对物质的反映。任何社会意识都是社会物质世界在人脑中的反映，社会女性意识也不例外。

社会经济对社会女性意识的影响是十分明显的。如果女性在社会中有足够的经济地位，社会对女性便会尊重，社会就不会轻视女性的存在，并会通过各种途径发挥女性的才智，社会就会形成尊重女子的观念。在原始社会的母系氏族阶段，由于采集经济在社会经济结构中占有十分重要的地位，而女性当时从事的主要是采集，而男子从事的主要是狩猎，采集经济在当时的保障性远远高于狩猎经济，于是社会就形成了崇女之风。随着生产力的发展，砍伐树木、开垦荒地以便定居农耕正好适合体

力强于女性的男性，于是定居农耕的经济逐渐使女性在社会经济中的主体地位变为次要地位，这样母系氏族被父系氏族所代替，女性的劳动逐渐失去社会劳动的性质，其创造的社会价值难以为社会所承认。这样，社会就流行男尊女卑的观念，并且不断强化。可见社会经济性质的变化会影响社会女性意识的变化，社会女性意识要受社会经济的影响。要改变男尊女卑这种落后的社会意识，就必须对社会经济进行变革。中国从近代开始，社会经济形态发生了很大的变化，尤其是商品经济的发展，促使一大批女子经商，而经商除需要一定的体力外，主要是靠脑力，男女脑力几乎没有什么差异，因而女性的才能易于发挥，于是社会上逐渐流行男女平等的观念，传统的“男尊女卑”的观念逐渐被抛弃。

社会政治对社会女性意识的影响也是十分深刻的。女性在社会中的政治地位通常是与其经济地位相连的。政治地位的表现是在社会的政治生活中是否有参与权、决策权和执政权，如果社会排斥女子从政，女性对社会的看法尤其是对社会管理的看法就难以在政府决策中得到体现，社会就会按男子的观念来制定规则进行管理，不可避免地会伤及甚至完全忽视女性的利益。如中国在进入父系社会尤其是阶级社会后，女性被排斥在社会政治活动之外，社会就将家庭作为妇女发挥才能的主要场所，以家政代替国政，女子本应为国政献力的义务就逐渐被社会所剥夺，社会便流行女子从政会祸及国家的谬论，“牝鸡无晨。牝鸡司晨，惟家之索”。这样在中国政治生活中就制定了无数不利于女性的政策，如统治者在确立经济的主要源泉——土地时常剥夺女子的分地权或只给予女子部分的分地权，致使中国女子在经济地位上不如男子，进而影响女性社会地位的提高。在对世系的确立时只承认男性的合法性而完全忽视女子的合法性，好像儿子是父亲的而女儿则不是父亲的；但如果妇女不能生育男孩，社会总怪罪妇女而几乎不反责男子，这种双重的道德观在中国古代十分普遍。在王位（皇位）的继承方面确立了以男性为主的嫡长子继承制，完全排斥女子的权利。在极少数精英女子展示了自己的治国才能后，社会对她们的评价也常常是不公正的，历史学家通常以她们的私生活有失检点而湮没她们卓绝的治国才能，而不是像对待男性统治者那样加以避讳，更不要说对其加以粉饰了。因此，男性政治必然影响女性利益的合理性，使社会形成不合理的女性意识。要改变这种情况，就必须变革这种片面的男性政治模式。

社会文化对社会女性意识的影响既十分深刻、又更为直接。社会文化是在一定群体或社会的生活中形成的并为其成员所共有的生存方式的总和，其中包括社会的价值观、知识、信仰、艺术、法律、风俗习惯、风尚、生活态度及行为准则，还包括相应的物质表现形式。它是社会经济和社会政治在观念形态和制度层面上的集中反映。可以说，社会文化直接塑造了社会的女性意识。在中国古代社会，社会形成的“男尊女卑”的价值观、“女子无才便是德”的知识与道德观、宗教的信仰观、愉悦男子的艺术观、维系男权的法律观……对社会落后女性意识的形成起了决定性的作用。因为社会经济与社会政治对社会女性意识的形成是必不可少的，但仅有社会的经济和政治，不可能自然而然产生社会认知，形成社会情感与态度，养成社会意志，塑造社会期望，促成社会行为。个体对社会经济与社会政治的认知必须通过内化才能转变成个体对社会的心理，这些心理的有机融合才会形成群体的社会心理。

因此，社会女性意识虽然离不开社会的经济与政治，但它必须依靠社会文化方能形成，故我们说，社会女性意识的发展是社会政治、经济、文化等因素综合形成的，其中文化因素是最直接的影响因素。

（二）女性主体意识的发展是社会女性观在社会发展中的反映

社会女性观，是指一个社会对女性看法的总和，其主要包括女性角色观、女性价值观、女性道德观、女性知识观、女性能力观、女性审美观、女性人才观、女性教育观、女性职业观等等。它是男性对女性的看法和女性对女性的看法的社会群体心理以及女子个体对自身看法的个体心理综合的一种产物，它左右和影响着女性的成长和发展，是社会政治、经济和文化的综合反映。在社会女性观中，随着社会的发展，尤其是女性经济独立性的增强和政治地位的提高，女性主体意识才逐渐发展起来。因而女性主体意识的发展是社会女性观尤其是女性对女性的看法的社会群体心理和女子个体对自身看法的个体心理发展的反映，而女性对女性的看法的社会群体心理和女子个体对自身看法的个体心理要获得发展离不开社会的发展，因此，女性主体意识的发展是社会女性观在社会发展中的反映。

（三）教育尤其是高等教育是女性主体意识觉醒与发展必不可少的条件

在经济、政治和文化因素中，文化因素对女性主体意识的影响更直接、更深刻，尤其是文化因素中的教育因素对女性主体意识的觉醒与发展具有更为重要的意义。因为女性主体意识的唤醒与提高主要通过教育使然，经济与政治因素只是外因，当然是十分重要的和不可或缺的，但教育尤其是教育过程中女性自主性、选择性、批判性和创造性等的发展是女性主体意识真正觉醒与提高的关键所在，教育既作为女性主体意识觉醒与发展的条件，也作为女性主体意识觉醒与发展的结果，其作用自不必言，而作为女性教育的高级阶段的高等教育在女性主体意识觉醒与发展中的作用更大，壬子癸丑学制之前的中国女子高等教育尤其是晚清的女子高等教育的发展已充分说明了这一点。因此，高等教育对女子是十分必要的，并不是可有可无的，大力发展女子高等教育是不断促进女性主体意识觉醒与发展的重要前提。尤其是提倡全民素质教育的今天，女性主体意识作为女性素质的重要组成部分被日益看重，大力发展女子高等教育就更显必要了！

（四）女性主义视角对建立男女平等的研究观是十分重要的

女性主义的研究视角就是在研究中站在女性的立场，以女性主义特有的视角，对社会的政治、经济和文化等加以审视和分析，以改变男性主义社会所形成的对女性的忽略与歧视，还历史以本来面目的一种研究方法，强调女性在社会发展中的重要地位和作用，但并不是以女性的偏见来对付男性的偏见，而是要通过这样的研究视角尽量避免长期以来社会对女性的忽视和歧视，这种研究视角将重视女性在人类社会发展中的地位和贡献。用女性主义视角进行研究就会发现，在很长的时期内，女性处于受歧视的地位，她们的知识与经验未受到尊重，于是主张以教育和社会中的性别歧视为敏感点，分析产生性别歧视的原因，并探讨消除教育中性别歧视的途径与方法，真实地反映女子应有的地位，因此，它对于男女平等的研究观的形成与发展有重要意义。男女平等的研究观是客观的、公正的、研究社会问题必不可少的价值观，对于社会问题研究的进一步深入发展有积极意义。

限于篇幅，本书研究的范围暂为先秦至晚清时期。随后，笔者将继续研究民国以来的女子高等教育。目前，这一部分初稿已经完成。在不久的将来，将以另书形式加以介绍。

参考文献

一、著 作

[1] 阿旺贡噶索南著，陈庆英、高禾福、周润年译注：《萨迦世系史》，中国藏学出版社 2004 年版。

[2] 白玉山主编，何象卿、周景生审，哲理木盟政协文史资料委员会、哲里木盟行政公署卫生局编：《哲理木名医录》，1997 年 9 月印本。

[3] [清] 抱犊山人纂：《唐诗一万首》上册，花山文艺出版社 1991 年版。

[4] 北京图书馆古籍出版编辑组编：《北京图书馆古籍珍本丛刊》，书目文献出版社 1991 年版。

[5] 毕世明主编：《中国体育史》，北京体育学院出版社 1989 年版。

[6] [清] 毕沅撰：《续资治通鉴》，古籍出版社 1957 年版。

[7] 财团法人佛陀教育基金会出版部编：《大正新修大藏经》，台湾佛陀教育基金会 1990 年刊本。

[8] 财团法人佛陀教育基金会出版部编：《大正新修昭和法宝总目录》，台湾佛陀教育基金会印本。

[9] 蔡元培：《蔡元培全集》，中华书局 1984 年版。

[10] [明] 曹雪芹、[清] 高鹗著：《红楼梦》，人民文学出版社 1996 第 2 版。

[11] 朝汛、天华主编：《中国历代才女传》，湖北人民出版社 1997 年版。

[12] [明] 陈邦瞻著:《元史纪事本末》,商务印书馆 1935 年版。

[13] 陈东原著:《中国妇女生活史》,上海文艺出版社 1990 年版。

[14] [明] 陈继儒撰:《太平清话》,中华书局 1985 年版。

[15] [清] 陈梦雷等编:《古今图书集成医部全录》,人民卫生出版社 1962 年版。

[16] 陈桥驿主编:《中国都城辞典》,江西教育出版社 1999 年版。

[17] 陈垣编纂,陈智超、曾庆瑛校补:《道家金石略》,文物出版社 1988 年版。

[18] 陈作霖、陈诒绂撰:《金陵琐志九种》,南京出版社 2008 年版。

[19] [宋] 程颢、程颐著,王孝鱼点校:《二程集》,中华书局 1981 年版。

[20] [清] 虫天子编:《中国香艳全书》,团结出版社 2005 年版。

[21]《丛书集成续编》,上海书店出版社 1994 年版。

[22] [唐] 崔令钦撰:《教坊记》,中华书局 1985 年版。

[23] 崔玉卿点校:《清凉山传志选粹》,山西人民出版社 2000 年版。

[24] [南朝梁] 道宣著:《续高僧传》,台北文殊出版社 1988 年版。

[25]《大明会典》,台湾新文丰出版公司影印本。

[26]《大正藏》,1934 年印本。

[27]《大正新修大藏经》,佛陀教育基金会印本。

[28] 单士元撰:《故宫札记》,紫禁城出版社 1990 年版。

[29]《道藏》,文物出版社、上海书店、天津古籍出版社 1988 年版。

[30] 德吉卓玛著:《藏传佛教出家女性研究》,社会科学文献出版社 2003 年版。

[31] 邓小南主编:《唐宋女性与社会》,上海辞书出版社 2003 年版。

[32] 丁福保:《佛学大辞典》,文物出版社 1984 年新 1 版。

[33] [清] 董诰等编:《钦定全唐文》,中华书局 1983 年版。

[34] 董家遵著,卞恩才整理:《中国古代婚姻史研究》,广东人民出版社 1995 年版。

[35] [宋] 窦仪等编:《宋刑统》,中华书局 1984 年版。

[36] [宋] 窦仪等编:《重详定刑统》,法律出版社 1999 年版。

[37] 杜芳琴著:《女性观念的衍变》,河南人民出版社 1988 年版。

[38] 杜学元、汤泽生、冉元辉、郭明容编:《中国女子教育文萃》,

四川教育出版社 1999 年版。

[39] 杜学元著：《中国女子教育通史》，贵州教育出版社 1995 年版。

[40] [唐] 段安节撰：《乐府杂录》，中华书局 1985 年版。

[41] [宋] 范晔撰，[唐] 李贤等注：《后汉书》，中华书局 1965 年版。

[42] [宋] 范仲淹撰：《范文正公集》，商务印书馆 1937 年版。

[43] [唐] 房玄龄等撰：《晋书》，中华书局 1974 年版。

[44] 费成康主编：《中国的家法族规》，上海社会科学院出版社 1998 年版。

[45] 冯光荣、胡传淮编著：《蓬溪人》，四川省蓬溪县地方志办公室 1996 年印本。

[46] 冯国超主编：《黄庭经》，吉林人民出版社 2005 年版。

[47] 佛光大藏经编修委员会编：《佛光大藏经》，（台湾）佛光出版社 1994 年版。

[48] [日] 冨士谷笃子主编，张萍译：《女性学入门》，中国妇女出版社 1986 年版。

[49] 傅润三编：《漫谈寺院文化》，宗教出版社 1999 年版。

[50] 高大伦、范勇编译：《中国女性史》，四川大学出版社 1987 年版。

[51]《高僧传合集》，上海古籍出版社 1991 年影印本。

[52] 高叔平编：《蔡元培教育文选》，人民教育出版社 1980 年版。

[53] 宫大中著：《龙门石窟艺术》，上海人民出版社 1981 年版。

[54]《古今图书集成》，中华书局 1934 年影印版。

[55] [清] 顾嗣立编：《元诗选三集》，中华书局 1987 年版。

[56] 顾廷龙主编，《续修四库全书》编纂委员会编：《续修四库全书》，上海古籍出版社 2002 年版。

[57] 归有光著，周本淳校点：《震川先生集》，上海古籍出版社 1981 年版。

[58] [宋] 郭茂倩编撰，聂世美、仓阳卿校点：《乐府诗集》，上海古籍出版社 1998 年版。

[59] 郭武著：《道教与云南文化——道教在云南的传播、演变及影响》，云南大学出版社 2000 年版。

[60] [唐] 韩愈撰，严昌校点：《韩愈集》，岳麓书社 2000 年版。

[61]《合江李氏族谱》，光绪二十一年（1895 年）刊本。

[62] 何广棪著：《李易安集系年校笺》，台北里仁书局 1980 年版。

[63] [清] 何启、[清] 胡礼垣撰：《新政真诠》，光绪格致新报馆排印本。

[64] 柯劭忞撰：《新元史》，吉林人民出版社 1995 年版。

[65] [清] 蘅塘退士编：《唐诗三百首》，山西人民出版社 1994 年版。

[66] [宋] 洪迈撰，何卓点校：《夷坚丁志》，中华书局 1981 年版。

[67] 胡文楷编著：《历代妇女著作考》，上海古籍出版社 1985 年版。

[68] [元] 胡祗遹：《胡祗遹集》，吉林文史出版社 2008 年版。

[69] 胡珠生编：《宋恕集》，中华书局 1993 年版。

[70] [元] 黄溍：《颍川郡太君江氏墓志铭》，商务印书馆缩印常熟瞿氏上元宗氏日本岩崎氏藏元刊本。

[71] [清] 黄任、郭庚武纂：《泉州府志》，乾隆二十八年序刊本。

[72] 黄时鉴校：《通制条格》，浙江古籍出版社 1986 年版。

[73] 黄新宪著：《中国近现代女子教育》，福建教育出版社 1992 年版。

[74] [南朝梁] 慧皎等撰：《高僧传合集》，上海古籍出版社 1991 年版。

[75] [宋] 计有功撰：《唐诗纪事》，上海古籍出版社 2008 年版。

[76] 金天翮撰，陈雁编校：《女界钟》，上海古籍出版社 2003 年版。

[77] 经元善、虞和平编：《经元善集》，华中师范大学出版社 1988 年版。

[78] [清] 经元善：《居易初集》，光绪二十九年上海同文社铅印本。

[79] 卡莫迪著，徐钧尧等译：《妇女与世界宗教》，四川人民出版社 1992 年版。

[80] [清] 康熙御定：《全唐诗》，中华书局 1960 年版。

[81] 康有为著，章锡琛、周振甫校点：《大同书》，古籍出版社 1956 年版。

[82] 康有为撰，姜义华、张荣华编校：《康有为全集》，中国人民大学出版社 2007 年版。

[83] [元] 柯九思等撰：《辽金元宫词》，北京古籍出版社 1988

年版。

[84] 赖永海主编：《中国佛教百科全书》，上海古籍出版社 2000 年版。

[85] [清] 蓝鼎元撰：《闽漳浦鹿州全集》，清光绪六年（1880）重修跋、闽漳浦素位山房代印本。

[86] 蓝吉富撰：《禅宗全书》，（台湾）文殊文化有限公司 1989 年版。

[87] 蓝煦：《天方正学》，清真书报社 1925 年重印本。

[88] [宋] 黎靖德编，王星贤点校：《朱子语类》，中华书局 1986 年版。

[89] 李楚材编：《帝国主义侵华教育史资料》，教育科学出版社 1987 年版。

[90] [宋] 李焘著：《续资治通鉴长编》，中华书局 2004 年版。

[91] [宋] 李昉等编：《太平广记》，中华书局 1961 年版。

[92] [宋] 李昉等撰：《太平御览》，中华书局 1960 年版。

[93] [唐] 李复言撰：《续玄怪录》，中华书局 1985 年版（《丛书集成初编》本）。

[94] [清] 李圭著，陈尚凡、任光亮校点：《环游地球新录》，湖南人民出版社 1980 年版。

[95] 李国祥、杨昶主编，吴柏森等编：《明实录类纂》，武汉出版社 1992 年版。

[96] 李季平、王洪军主编：《太平广记社会史料集萃》，齐鲁书社 1999 年版。

[97] 李经纬等主编：《中医大辞典》，人民卫生出版社 2004 年版。

[98] 李澎田主编：《顾太清诗词天游阁集》，吉林文史出版社 1989 年版

[99] [清] 李汝珍著，张友鹤校注：《镜花缘》，人民文学出版社 1955 年版。

[100] 李修生主编：《全元文》，江苏古籍出版社 1998 年版。

[101] [唐] 李延寿撰：《北史》，中华书局 1974 年版。

[102] [唐] 李延寿撰：《南史》，中华书局 1975 年版。

[103] 李一氓主编：《藏外道书》，巴蜀书社 1992 年版。

[104] 李尤白撰：《梨园考论》，陕西人民出版社 1995 年版。

[105] [唐] 李肇撰：《国史补》，上海古籍出版社 1979 年版。

[106] [明] 李贽撰，张建业主编：《李贽文集》，社会科学文献出版社 2000 年版。

[107] [明] 李贽撰：《初谭集》，中华书局 1974 年版。

[108] [明] 李贽撰：《焚书》，中华书局 1975 年版。

[109] [明] 李贽撰：《续焚书》，中华书局 1975 年版。

[110] [清] 厉鹗撰：《玉台书史》，《说库》本。

[111] [意] 利玛窦、金尼阁著，何高济等译：《利玛窦中国札记》，中华书局 1983 年版。

[112] 联合国教科文组织编：《世界教育报告——1995》，中国对外翻译公司 1997 年版。

[113] 梁汝成、章维标注：《蒙养书集成》，三秦出版社 1990 年版。

[114] [清] 梁廷枏撰：《粤海关志》，北京文殿阁 1935 年版。

[115] 梁乙真著：《中国妇女文学史纲》，上海书店出版社 1990 年版。

[116] 梁占梅编著：《中国妇女奋斗史》，建中出版社 1942 年版。

[117] 林吉玲著：《二十世纪中国女性发展史论》，山东人民出版社 2001 年版。

[118] 林艺：《圣洁的心旅》，云南教育出版社 1995 年版。

[119] [清] 林鍼：《西海纪游草》，岳麓书社 1985 年版。

[120] [英] 呤唎著，孟宪承译：《太平天国外纪》，商务印书馆 1926 年第 3 版。

[121] [英] 呤唎著，王维周译：《太平天国革命亲历记》，上海古籍出版社 1985 年版。

[122] [宋] 刘斧撰辑，王友怀、王晓勇注：《青琐高议》，三秦出版社 2004 年版。

[123] 刘凯选编：《历代巾帼诗词选》，安徽文艺出版社 1986 年版。

[124] 刘荣伦、顾玉潜编著：《中国卫生行政史略》，广东科技出版社 2006 年版。

[125] 刘志琴主编，李长莉编：《近代中国社会文化变迁录》，浙江人民出版社 1998 年版。

[126] 吕美颐、郑永福著：《中国妇女运动》，河南人民出版社 1988 年版。

[127] 吕振羽著：《殷周时代的中国社会》，生活·读书·新知三联书店 1962 年版。

[128] 罗炳良主编：《张之洞劝学篇》，华夏出版社 2002 年版。

[129] [宋] 罗大经撰：《鹤林玉露》，中华书局 1983 年版。

[130] 罗绍志、田树德著：《曾国藩家世》，江西人民出版社 1996 年版。

[131] 罗伟国：《佛藏与道藏》，上海书店出版社 2001 年版。

[132] [英] 马林诺夫斯基著，费孝通译：《文化论》，中国民间文艺出版社 1987 年版。

[133] 马欣来辑校：《关汉卿集》，山西人民出版社 1996 年版。

[134] 毛佩之辑：《变法自强奏议汇编》，台湾文海出版社影印本。

[135]《民国丛书》编辑委员会编，陈垣著：《南宋初河北新道教考》，上海书店出版社 1989 年版。

[136] 牟宗三著：《生命的学问》，广西师范大学出版社 2005 年版。

[137] 南怀瑾著述：《原本大学微言》，复旦大学出版社 2003 年版。

[138] [宋] 欧阳修、宋祁撰：《新唐书》，中华书局 1975 年版。

[139] 彭芸荪著：《望江楼志》，四川人民出版社 1980 年版。

[140] 彭遵泗编述：《蜀碧》，中华书局 1985 年版。

[141] [宋] 普济：《五灯会元》，中华书局 1984 年版。

[142] [宋] 普济著：《中国佛教典籍选刊》，中华书局 1984 年版。

[143] 钱伯城、魏同贤、马樟根主编：《全明文》，上海古籍出版社 1994 年版。

[144] 钱定一编：《中国民间艺人志》，人民美术出版社 1987 年版。

[145]《钦定大清会典事例》，商务印书馆 1909 年版。

[146] 卿希泰主编：《中国道教史》，四川人民出版社 1990 年版。

[147]《清朝野史大观》，中华书局 1936 年版。

[148] [清] 邱心如著：《笔生花》，中州古籍出版社 1984 年版。

[149] [清] 秋瑾著：《秋瑾集》，上海古籍出版社 1979 年版。

[150] 全国妇联妇女干部学校妇女业务教研室编：《马恩列斯论妇女》，人民出版社 1978 年版。

[151]《全唐诗》，中华书局 1985 年第 3 版。

[152]《全元文》，凤凰出版社 2004 年版。

[153] 任继愈主编:《宗教大辞典》,上海辞书出版社 1998 年版。

[154] [清] 阮元校刻:《十三经注疏》,中华书局 1980 年版。

[155] [日] 山川丽著,高大伦、范勇译:《中国女性史》,三秦出版社 1987 年版。

[156] 山东民族事务委员会编:《中国回族教育史论集》,山东大学出版社 1991 年版。

[157] 陕西省地方志编纂委员会编:《陕西省志》,陕西人民出版社 2001 年版。

[158] [明] 沈德符撰:《万历野获编》,中华书局 1959 年版。

[159] 沈茂骏编:《康南海政史文选(1888—1898)》,中山大学出版社 1988 年版。

[160] 沈士龙、胡震亨同校:《(汉)杂事秘辛》,中华书局 1991 年版。

[161] 沈薇薇译注:《山海经译注》,黑龙江人民出版社 2002 年版。

[162] 沈云龙主编:《近代中国史料丛刊》,台湾文海出版社 1977 年影印版。

[163] 释宝唱著,王孺童校注:《比丘尼传校注》,中华书局 2006 年版。

[164] [唐] 释道世著,周叔迦、苏晋仁校注:《法苑珠林校注》,中华书局 2003 年版。

[165] 释迦格尼班丹久美:《珀东班钦传》,西藏藏文古籍出版社 1991 年版。

[166] 舒新城编:《中国近代教育史资料》,人民教育出版社 1961 年版。

[167] 水镜君、[英] 玛利亚·雅绍克著:《中国清真女寺史》,生活·读书·新知三联书店 2002 年版。

[168] [美] 司德敷(Milton T. Stauffer)编:《中国基督教教育事业统计》,商务印书馆 1932 年版。

[169] [宋] 司马光编著,[元] 胡三省音注:《资治通鉴》,古籍出版社 1956 年版。

[170] [宋] 司马光著,王根林点校:《司马光奏议》,山西人民出版社 1986 年版。

[171] [宋] 司马光撰:《司马温公家范》,吴兴刘氏留余草堂校刊本。

[172] 司马迁撰:《史记》,中华书局 1982 年第 2 版。

[173]《四部丛刊初编》,商务印书馆缩印江南图书馆藏明弘治刊本。

[174]《四部丛刊续编》,上海涵芬楼景印常熟瞿氏铁琴铜剑楼藏明抄本。

[175] 四库全书存目丛书编纂委员会编:《四库全书存目丛书》,齐鲁书社 1996 年版。

[176]《四库全书荟要》,台湾世界书局 1985 年版。

[177] [明] 宋濂等撰:《元史》,中华书局 1976 年版。

[178] [宋] 宋敏求撰:《春明退朝录》,中华书局 1980 年版。

[179] 宋育仁撰:《庸书二篇附续富国策四卷》,丙子三月文芸阁石印本。

[180] [宋] 苏辙撰:《龙川略志》,中华书局 1985 年版。

[181] 孙作云著:《诗经与周代社会研究》,中华书局 1966 年版。

[182] 谈允贤著:《女医杂言》,明万历十三年锡山谈氏纯敬堂刊本。

[183] [清] 谭嗣同著:《仁学》,中华书局 1958 年版。

[184] 谭正璧著:《中国女性文学史话》,百花文艺出版社 1984 年版。

[185] [清] 汤漱玉辑:《玉台画史》,《说库》本。

[186] 汤用彤著:《汤用彤学术论文集》,中华书局 1983 年版。

[187] 汤用彤著:《汉魏两晋南北朝佛教史》,中华书局 1983 年版。

[188] 唐圭璋编:《全宋词》,中华书局 1965 年版。

[189] 唐振常著:《蔡元培传》,上海人民出版社 1985 年版。

[190] [宋] 陶穀撰:《清异录》,中华书局 1985 年版。

[191] [元] 陶宗仪撰:《辍耕录》,中华书局 1985 年版。

[192] [元] 陶宗仪撰:《南村辍耕录》,中华书局 2004 年版。

[193] [元] 陶宗仪纂:《说郛》,壬戌海宁张宗祥序刊本。

[194] 涂又光著:《中国高等教育史论》,湖北教育出版社 1997 年版。

[195] [叙利亚] 托太哈著,马坚译:《回教教育史》,商务印书馆 1943 年版。

[196] [元] 脱脱等撰:《宋史》,中华书局 1985 年新 1 版。

[197] [宋] 汪元量撰,孔凡礼编:《增订湖山类稿》,中华书局 1984 年版。

[198] [清] 王昶编：《金石萃编》，扫叶山房 1921 年版。

[199] [宋] 王谠著：《唐语林》，中华书局 1958 年版。

[200] [宋] 王谠撰：《唐语林》，上海古籍出版社 1978 年版。

[201] 王国维著：《静庵文集》，辽宁教育出版社 1997 年版。

[202] 王明编：《太平经合校》，中华书局 1960 年版。

[203] [宋] 王溥撰：《唐会要》，中华书局 1955 年版。

[204] 王启龙：《八思巴生平与〈彰所知论〉对堪研究》，中国社会科学出版社 1999 年版。

[205] [宋] 王钦若等编纂：《册府元龟》，凤凰出版社 2006 年版。

[206] [五代] 王仁裕撰，曾贻芬点校：《开元天宝遗事》，中华书局 2005 年版。

[207] [元] 王实甫著，王季思校注：《西厢记》，上海古籍出版社 1978 年新 1 版。

[208] [清] 王士祯原编，郑方坤删补，[美] 李珍华点校：《五代诗话》，书目文献出版社 1989 年版。

[209] [明] 王世贞撰：《弇山堂别集》，中华书局 1985 年版。

[210] [明] 王守仁撰：《王阳明全集》，国学整理社 1936 年版。

[211] [清] 王韬著，陈尚凡、任光亮校点：《漫游随笔》，湖南人民出版社 1982 年版。

[212] 王文濡主编：《笔记小说大观》，江苏广陵古籍刻印社 1983 年重订本。

[213] 王延梯辑：《中国古代女作家集》，山东大学出版社 1999 年版。

[214] [宋] 王林撰：《宋朝燕翼诒谋录》，中华书局 1985 年版。

[215] 王云五主编：《万有文库》，商务印书馆 1936 年版。

[216] 王占英、王东生主编：《宋词三百首》，内蒙古人民出版社 2005 年版。

[217] 王政、杜芳琴主编：《社会性别研究选译》，生活·读书·新知三联书店 1998 年版。

[218] 王治心著：《中国基督教史纲》，青年协会书局 1940 年版。

[219] 魏全瑞主编：《隋唐史论牛致功教授八十华诞祝寿文集》，三秦出版社 2007 年版。

[220] [宋] 魏泰撰：《临汉隐居诗话》，中华书局 1985 年版。

[221] [清] 魏源著，陈华等点校注释：《海国图志》，岳麓书社 1998 年版。

[222] [唐] 魏徵等撰：《隋书》，中华书局 1973 年版。

[223] [清] 吴任臣撰：《十国春秋》，中华书局 1983 年版。

[224] [清] 吴汝纶：《东游丛录》，日本三省堂书店 1902 年印本。

[225] [宋] 吴淑撰：《正统道藏》，台北艺文印书馆 1977 年版。

[226] 吴廷燮等纂：《北京市志稿》，北京燕山出版社 1998 年版。

[227] 吴相湘主编：《湘乡曾氏文献》，台湾学生书局 1974 年版。

[228] [唐] 武则天：《武则天集》，山西人民出版社 1987 年版。

[229] [明] 锡山安国刊：《颜鲁公文集》，《四部丛刊初编》本。

[230] 夏东元编：《郑观应集》上册，上海人民出版社 1982 年版。

[231] 夏晓虹编：《梁启超文选》下册，中国广播电视出版社 1992 年版。

[232] [明] 萧洵撰：《故宫遗录》，北京古籍出版社 1983 年版。

[233] 冼剑民、陈鸿钧编：《广州碑刻集》，广东高等教育出版社 2006 年版。

[234] 冼玉清著：《广东女子艺文考》，商务印书馆 1941 年版。

[235]《香艳丛书》，国学扶轮社校辑 1914 年上海印本。

[236] [清] 谢延庚修：《光绪江都县续志》，清光绪十年（1884）刻本。

[237]《辛亥革命前十年间时论选集》，读书·生活·新知三联书店 1963 年版。

[238] [元] 辛文房著：《唐才子传》，古典文学出版社 1957 年版。

[239] 杏林著：《宋代才女传》，山东友谊书社 1989 年版。

[240] [元] 熊梦祥著，北京图书馆善本组辑：《析津志辑佚》，北京古籍出版社 1983 年版。

[241] 修君、鉴今著：《中国乐妓史》，中国文联出版社 1993 年。

[242] 徐陵编，吴兆宜注：《玉台新咏》，中国书店 1986 年版。

[243] [清] 徐士銮辑，舒驰点校：《宋艳》，浙江古籍出版社 1987 年版。

[244] [清] 徐松撰：《宋会要辑稿》，中华书局 1957 年版。

[245] [加] 许美德（Ruth Hayhoe）著，许洁英主译：《中国大学

1895—1995》，教育科学出版社 2000 年版。

[246]《续修四库全书》编纂委员会编：《续修四库全书》，上海古籍出版社版。

[247] [宋] 薛居正等撰：《旧五代史》，中华书局 1976 年版。

[248] [唐] 薛涛著：《薛涛集》，明万历三十七年（1609）洗墨池刻本。

[249] [清] 严可均辑：《全后汉文》，商务印书馆 1999 年版。

[250] 杨家骆主编：《中国近代史文献汇编》，台湾鼎文书局 1973 年版。

[251] [明] 杨谈允贤，[清] 任树仁撰：《女医杂言》，中医古籍出版社 2007 年版。

[252] [宋] 杨仲良撰：《皇宋通鉴长编纪事本末》，黑龙江人民出版社 2006 年版。

[253] [唐] 姚思廉撰：《陈书》，中华书局 1972 年版。

[254] [元] 姚燧撰：《牧庵集》，中华书局 1985 年版。

[255] [宋] 叶梦得撰：《避暑录话》，中华书局 1985 年版。

[256] [明] 叶子奇撰：《草木子》，中华书局 1959 年版。

[257] [明] 佚名撰：《北平考》，北京古籍出版社 1983 年版。

[258] [宋] 轶名著，顾逸点校：《宣和书谱》，上海书画出版社 1984 年版。

[259] [元] 尹志平撰：《葆光集》，文物出版社、上海书店、天津古籍出版社 1988 年版。

[260]《景印文渊阁四库全书》，台湾商务印书馆版。

[261]"永乐北藏"整理委员会编：《永乐北藏》，线装书局 1440 年印本。

[262] 友生、景志：《数学家辞典》，军事译文出版社 1984 年版。

[263] [清] 于敏中等编纂：《日下旧闻考》，北京古籍出版社 1983 年版。

[264] [清] 余怀著，刘如溪点评：《板桥杂记》，青岛出版社 2002 年版。

[265] 俞庆棠著：《三十五年来之中国女子教育》，商务印书馆 1931 年印本。

[266]［元］俞希鲁编纂：《至顺镇江志》，江苏古籍出版社 1988 年版。

[267]［清］俞正燮撰，安徽古籍丛书编审委员会编纂：《俞正燮全集》，黄山书社 2005 年版。

[268]［唐］元稹著，孙安邦、蓓蕾解评：《元稹集》，山西古籍出版社 2005 年版。

[269]［唐］元稹：《元稹集》，中华书局 1982 年版。

[270]［明］袁黄：《训子言》，商务印书馆 1985 年版。

[271]［清］恽珠编：《国朝闺秀正始集》，道光十一年（1831）红香馆刊本。

[272]曾宝荪著：《曾宝荪回忆录》，香港基督教文艺出版社 1970 年版。

[273]张海鹏辑：《宫词小纂》，中华书局 1985 年版。

[274]张曼涛主编：《中国佛教通史论述》，大乘文化出版社 1978 年版。

[275]张其勤等编，吴丰培校订：《番僧源流考》，西藏人民出版社 1982 年版。

[276]张庆芝著：《中国历代女名人录》，国际文化出版公司 2009 年版。

[277]［明］张三丰著，方春阳点校：《张三丰全集》，浙江古籍出版社 1990 年版。

[278]［清］张澍编辑：《三辅旧事》，中华书局 1985 年版。

[279]［清］张廷玉等撰：《明史》，中华书局 1974 年版。

[280]［唐］张文成撰，李时人、詹绪左校注：《游仙窟》，中华书局 2010 年版。

[281]张玉法、李又宁主编：《近代中国女权运动史料》，台北传记文学出版社 1975 年版。

[282]［宋］张载著：《张载集》，中华书局 1978 年版。

[283]张政烺、日知编：《云梦竹简》，东北师范大学出版社 1994 年版。

[284]［清］张之洞著：《张文襄公全集》第 2 册。

[285]张志哲主编：《中华佛教人物大辞典》，黄山书社 2006 年版。

[286] 张治江等主编：《佛教文化》，长春出版社 1992 年版。

[287] 章义和、陈春雷著：《贞节史》，上海文艺出版社 1999 年版。

[288]《昭代丛书》，道光年间吴江沈氏世楷堂藏版。

[289] 赵尔巽等撰：《清史稿》，中华书局 1977 年版。

[290] [清] 赵翼撰：《廿二史劄记》，中国书店 1987 年版。

[291] [唐] 赵璘撰：《因话录》，中华书局 1985 年版。

[292] 赵之恒、牛耕、巴图主编：《大清十朝圣训》，北京燕山出版社 1998 年版。

[293] 郑观应著，辛俊玲评注：《盛世危言》，华夏出版社 2002 年版。

[294] [唐] 郑氏撰：《女孝经》，中华书局 1991 年版。

[295]《正统道藏》，台北艺文印书馆 1977 年版。

[296] [明] 郑太和著：《郑氏规范》，中华书局 1985 年版。

[297] 止贡丹增白玛坚赞：《止贡法嗣》，西藏藏文古籍出版社 1989 年版。

[298]《中国大百科全书》，中国大百科全书出版社 1985 年版。

[299] 中国社会科学院历史研究所宋辽金元史研究室校：《名公书判清明集》，中华书局 1987 年版。

[300]《中国伊斯兰教研究文集》编写组编：《中国伊斯兰教研究文集》，宁夏人民出版社 1988 年版。

[301]《中华基督教卫理公会百周年纪念册》，1947 年印本。

[302] 周道荣编选：《中国历代女子诗词选》，新华出版社 1983 年版。

[303] [宋] 周敦颐著，谭松林、尹红整理：《通书》，岳麓书社 2002 年版。

[304] 周口市地方史志编纂委员会编：《周口市志》，中州古籍出版社 1994 年版。

[305] 周清澍著：《元蒙史札》，内蒙古大学出版社 2001 年版。

[306] 周绍良主编：《唐代墓志汇编》，上海古籍出版社 1992 年版。

[307] 周永慎编著：《历代真仙高道传》，中国社会科学出版社 2003 年版。

[308] 朱寿朋编，张静庐校点：《光绪朝东华录》，中华书局 1958 年版。

[309] [宋] 朱熹撰，朱杰人、严佐之、刘永翔主编：《朱子全书》，上海古籍出社、安微教育出版社 2002 年版。

[310] [宋] 朱熹：《朱子语类》，中华书局 1986 年版。

[311] 朱有瓛主编：《中国近代学制史料》，华东师范大学出版社 1989 年版。

[312]《诸子集成》，上海书店 1986 年版。

[313] 邹鲁编著：《中国国民党史稿》，中华书局 1960 年版。

[314] 左丘明撰，鲍思陶点校：《国语》，齐鲁书社 2005 年版。

[315] 左远波著：《清宫旧影珍闻》，百花文艺出版社 2003 年版。

二、报 刊

[1]《爱国女学校甲辰秋季补订章程》，《警钟日报》1904 年 8 月 1 日。

[2] [美] 华惠德（I. E. Wallace）著，游捷译：《华南学院（Hwa Nan College）·初创时期的福建华南女子大学（第一部分）》，《教育评论》1990 年第 1 期。

[3]《缠足论衍义》，《万国公报》光绪十五年四月。

[4] 陈桂炳：《张问达〈劾李贽疏〉辨析》，《泉州师专学报》1987 年第 2 期。

[5] 陈以益：《女论》，《女报》1909 年增刊。

[6]《东方杂志》第 5 年第 1 期。

[7] 董家遵：《历代节妇烈女的统计》，《现代史学》1937 年第 2 期。

[8]《各省报界汇编》，《东方杂志》第 2 年第 1 期。

[9]《嘉兴爱国女学社简章》，《苏报》1903 年 6 月 16 日。

[10] 贾仲：《中华妇女缠足考》，《史地学报》1924 年 10 月第 3 期。

[11]《江苏》1903 年第 3 期。

[12]《教育杂志》第 3 年第 6 期（1911 年）。

[13] 康同薇：《女子利弊说》，《女学报》第 7 号。

[14] 李兴华：《关于汉文伊斯兰教碑文搜集整理出版的问题》，《回族研究》第 2 期。

[15]《两江总督端方奏选派学生赴美留学情形折》，《政治官报》光绪三十三年十二月二十五日。

[16] 廖斌权：《纠俗篇》，《女子世界》1904 年第 10 期。

[17] 卢翠：《女子爱国说》，《女学报》第 5 期。

[18] 拟莺：《上海创设中国女学堂记》，《万国公报》1899 年 6 月。

[19]《女公学书塾告白》，《中外日报》1899 年 8 月 25 日。

[20]《女子爱国说》，《女学报》1898 年第 5 期。

[21] 潘懋元：《女子高等教育：文化变迁的寒暑表——中国女子高等教育的过去、现在和未来》，《集美大学学报》2001 年第 3 期。

[22]《前两江总督札饬各属禁止缠足章程》，《东方杂志》第 6 年第 12 期。

[23] [清] 秋瑾：《致湖南第一女学堂书》，《女子世界》第 2 年第 1 期（1905 年）。

[24]《劝女学启》，《女学报》1898 年第 4 期。

[25]《日本东京调查员·外国特别调查》，《女子世界》第 2 年第 3 期（1905 年）。

[26]《上海新设中国女学堂章程》，《时务报》光绪二十三年十一月十一日。

[27]《史地学报》第 3 卷第 3 期（1924 年 10 月）。

[28]《顺天时报》1911 年 4 月 9 日。

[29] 孙邦华：《万国公报与晚清教育现代化——报刊传媒与现代教育》，北京师范大学博士后出站报告，2001 年。

[30] 谭吟瑞：《记祖父谭嗣同二三事》，《百科知识》1980 年第 2 期。

[31]《万国公报》光绪二十五年九月，1968 年台北华文影印本。

[32] 王稼冬：《李贽“人人平等”社会观发现新证》，《福建论坛》1984 年第 6 期。

[33] 王珺：《中国近代女子高等教育的发展及价值述略》，《武汉交通管理干部学院学报》，2003 年第 2 期。

[34] 王婷婷：《清末女子教育思想》，私立中国文化大学史学研究所硕士论文，1981 年台湾印本。

[35] 臧健：《中国妇女史研究的回顾》，《中国史研究动态》1993 年第 2 期。

[36] 张国艳：《我国女子高等教育发展现状、制约因素及对策》，《社科纵谈》，2000 年第 6 期。

[37] 张晓明：《学术参与：中国高等教育进程中的妇女》，华中科技大学博士学位论文，2003 年。

[38] 赵叶珠：《近代中国女子高等教育的产生及启示》，《江苏高教》，1997 年第 3 期。

[39]《中国女子禁烟会成立》，《顺天时报》1911 年 2 月 28 日。

[40]《中国日报》，1904 年 4 月 26 日。

[41]《中国新女界杂志》，1907 年。

[42]《中华女子实业进行会章程》，《神州日报》1912 年 6 月 11 日。

[43] 钟慧玲：《陈文述与碧城仙馆女弟子的文学活动》，《东海中文学报》2001 年第 13 期。

后　记

本书是在我的博士论文基础上经过增补修改完成的。它的面世凝聚了众多人的心血！首先衷心感谢华中科技大学的培养与教诲，特别是在教育科学研究院学习期间，朱九思先生、涂又光先生、姚启和先生、文辅相先生、刘献君先生所给予的谆谆教诲。先生们渊博的学识与高尚的师德，先生们治学的热情与严谨，先生们对学生的关爱与严训，先生们对学术自由良风的营造与传承……这一切的一切，对学生的成长给予了极大的帮助，学生将永远铭记在心！

导师文辅相先生（1937－2011）及师母佘杏元老师给予学生的教诲与帮助，是无法言表的。文辅相先生是我国高等教育学界的杰出学者、华中科技大学高等教育学科的重要奠基者和开创者，1996 年起担任华中科技大学高等教育学博士点首位博士生导师，长期担任全国高等教育学研究会常务理事，是教育部第一届高等学校文化素质教育指导委员会委员。先生学术上极为严谨，教育思想独树一帜，许多思想越过学术界直接影响到我国高等教育改革与发展的实践。自从 1997 年有幸与先生相识，就一直受到先生无微不至的关怀与教育。先生以崇高的人格、渊博的学识、精湛的教艺陶冶学生，永为世范！先生对本书的选题、谋篇布局、修改完善自始至终都给予了悉心的指导，提出了诸多宝贵意见；尤其值得称道的是先生一直带病悉心指导学生，十余年一直不辍，将生命置之度外，以培养后学为己任，在发病昏迷之前还嘱咐学生将该书稿修改出版。先生对学生的关爱，永世难忘！但非常遗憾的是，先生未能看到该书出版就已离去。在此，对导师表示深深的怀念！师母对学生的学业与生活也极为关心。在此，对师母致以深深的感谢！贾永堂博士、赵炬明教授、张晓明教授对本书也曾提了诸多宝贵意见和建议，对本书的形成与完善增色不少，在此特表感谢！

感谢在华中科技大学教科院求学期间张应强教授、沈红教授、别敦荣教授、陈敏教授、黄慧芳副教授、张顺柱副研究员、董中专老师、夏薇老师和徐海涛老师所给予的帮助！

衷心感谢加拿大多伦多大学安大略教育研究院潘乃容博士（Julia N. Pan，P. H.D.，Theory and Policy Studies in Education of Ontario Institute for Studies in Education of theUniversity of Toronto，Canada）对我长期的关心与帮助！她的教诲使我受益终生，她的鼓励使我坚持完成了学业。

该书作为西华师范大学校级重点项目"女子教育的历史经验与当代女子教育改革研究"的成果之一由校筹建博士点基金资助出版，在此感谢西华师范大学党政领导及学科建设处、科研处等领导对本书出版给予的支持！

感谢慈父杜克勤的鼎立支持！春去秋来，老人默默地承担了大部分家务，未能见到本书的形成便离开了人世，在临终时还谆谆教诲道："敬拜华中科大恩师，早日完成学业！"在此，对慈父表示深深的怀念！感谢贤妻郭明蓉研究馆员和爱子杜俊伟对我的鼓励与牵挂！在我攻读博士学位期间，郭明蓉女士不仅悉心育子，而且从未放弃对自己事业的追求，同时，她为本书做了大量的文字录入工作。

我的学友刘莉莉、周光礼、刘鸿、陈运超、王列盈等给予了诸多关心，我的硕士研究生彭雪明、王小红、严敏、曾庆红、杜永红、贺桂桢也为本书的文字录入和校对做了大量工作，在此一并表示衷心的感谢！

在本书的写作过程中，参考了大量的文献资料，能注明的尽量注明，可能也有遗漏者，在此向书中提到过的以及可能未提到过的文献的作者及出版者表示衷心的感谢！

最后，感谢所有为我成长和进步给予过教诲、关心与帮助的人们！

杜学元
2004年4月16日初稿于华中科技大学13公寓
2011年4月7日定稿于西华师范大学淑勤斋